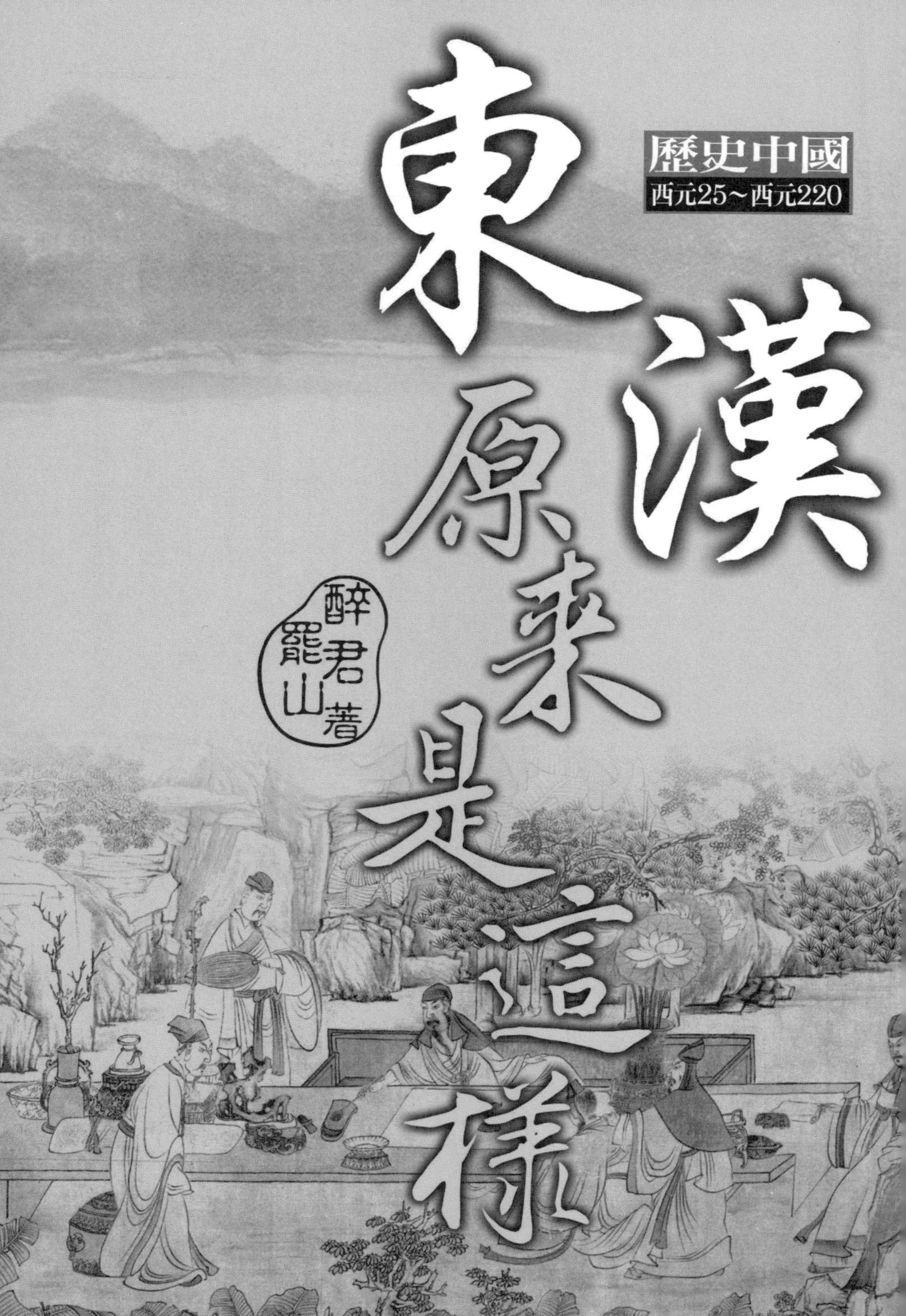
東漢原來是這樣
歷史中國
西元25～西元220
醉罷君山 著

# 目錄

# 一、從莊稼漢到開國皇帝

西元二十五年的農曆六月二十二日，在鄗縣南郊這麼一個小地方，劉秀在諸位將領的擁護下登基稱帝。沒有盛大的排場，沒有奢華的皇宮，東漢政權就是以這種低調的方式建立了。這一年劉秀三十一歲，年富力強。而在三年前，他還不過只是一個沒沒無聞的莊稼漢。如果不是王莽的暴政點燃天下反抗的烈火，劉秀可能與他的祖輩父輩一樣，雖然有著高貴的皇族血統，卻與皇室權力毫不沾邊，充其量就是擔任地方小官，絕不可能成為歷史上叱咤風雲的英雄人物。

在別人看來，劉秀無疑是時代的幸運兒，可只有他心裡最清楚，在這個混亂的年代，幸運絕不會從天而降。三年來一千多個日日夜夜，他經歷過多少九死一生，經歷過多少風風雨雨，經歷過多少生離死別。可是每次他都頑強地走過來，憑藉著強大的內心力量，一次又一次地跨越險峰，挑戰人生的極限。

在登基的那一刻，他腦海中迅速閃現過人生中一幕幕場景，有喜有悲，有笑有淚，他的人生起伏與時代大背景息息相關，這些都源於他的特殊身分：皇族後裔。

從少年時代起，他就似懂非懂地知道自己的家族史，父親劉欽總是以備感自豪的語氣告訴他：他們的先祖中有漢高帝劉邦、漢文帝劉恆、漢景帝劉啟。高帝開國，文景之治，這些都是何等偉大的事業呀。但是從六世祖長沙定王劉發（漢景帝的第六子）開始，其家族從皇室直系變成了旁系。

隨著時間的推移，經歷二百多年的時間，劉邦的子子孫孫已是枝葉茂盛，大多數劉氏子氏空有「皇族後裔」的身分，在現實生活中卻早已走向平民化了。

很早以前他就知道，他與帝國的皇帝是遠房親戚，可是這有什麼用呢？皇帝的親戚千千萬萬，大街上隨便抓一把，說不定有不少人都與皇室沾親帶故呢。每往後推移一代人，距離皇室直系便相去更遠。正是這個原因，劉秀家族一路衰落也容易理解了。他曾祖父是郡太守，祖父是郡都尉，到了父親劉欽時只擔任縣令。劉欽又死得早，留下三個兒子與三個女兒，只得寄養於叔父劉良家中，此時的劉秀與他的兄弟姐妹，完全就是草根平民了。

在他五歲的那年（西元前一年），帝國發生了一件大事。漢哀帝死了，繼位的漢平帝年僅九歲，外戚王莽獨攬大權。年幼的劉秀完全不會想到，他會與這位權臣有任何瓜葛，更不可能想像有朝一日，他會成為反抗王莽的英雄。此時的帝國表面上波瀾不驚，實則暗流湧動，因為野心勃勃的王莽並不滿足於「權臣」的角色，他扛著一把鎬子，要充當西漢帝國的掘墓人。

劉秀十一歲的那年（西元五年），帝國政壇再起動盪。這一年，十四歲的小皇帝漢平帝喝下一杯有毒的酒後暴斃，明眼人都看得出來，殺害皇帝的元凶，就是大權在握的王莽。顯然，王莽已經迫不急待地要向皇帝的寶座衝刺了。於是乎「上天顯靈」，據說某地出現一塊神奇的石頭，石頭刻著「告安漢公莽為皇帝」。於是乎王莽順天承命，當起了「假皇帝」，「假」在古代是「代理」的意思，就是代理皇帝。這時的大漢帝國，只有假皇帝，沒有真皇帝，劉姓皇族已經被排斥在皇帝寶座之外，改朝換代已是不可避免。

三年後，即劉秀十四歲時，王莽終於撕破薄薄的面紗，將「假皇帝」的「假」字輕輕撣去，龍袍加身，江山改朝換代，西漢王朝的歷史被終結，新莽王朝取而代之。劉氏從此失去了皇族身分，這件事，無疑令劉秀一家十分沮喪。在劉秀的成長過程中，長兄劉縯對他影響至深。劉縯性格剛強，儘管家道中衰，但他卻懷抱鴻鵠之志，以光復漢室為己任，只是由於勢孤力單，不得不暫且蟄伏，耐心地等待機會成熟。

劉秀的青年時代，是在王莽的統治下度過的。此時的他長大成人，充滿了浪漫的人生夢想。他溫文儒雅，喜愛讀書，深受儒學思想的薰陶。

在王莽執政的前幾年，社會倒還沒有多大的動盪。這位篡奪漢室的陰謀家掌控著龐大的國家機器，對政敵採取無情打擊，人數眾多的劉氏子弟對此也只能敢怒而不敢言，無法凝聚成一股強大的反對力量。可事實證明，王莽儘管是一名能翻江倒海的陰謀家，卻非治國的能手，他一意孤行地推行復古式的改革，試圖以自己的理解營建一個儒家天堂社會。但不切實際的改革最終一敗塗地，並導致天下大亂，民不聊生。饑寒交迫的底層民眾被迫揭竿而起，以武力反抗暴政，並最終匯聚為兩大起義洪流：綠林軍與赤眉軍。

從西元十七年始，下層民眾的起義與暴動以野火焚原之勢，席捲半個中國。劉縯、劉秀兄弟蝸居於南陽，這裡距離首都長安城很近，王莽在此駐紮重兵防守，倘若貿然起事，風險很大。堅強而果敢的劉縯散盡家財，結交天下英雄，為祕密起義做最後準備，一旦時機成熟，便可高舉「漢室」旗幟，加入倒莽的武裝鬥爭中。到西元二十二年，機會終於來了。這一年，綠林軍的一支武裝（史稱「新市兵」）在起義軍首領王鳳、王匡等人的率領下，竄入南陽並站穩腳跟。同時，南陽平林縣的豪傑陳牧、廖湛等人祕密召集一千餘人，發動起義，稱為「平江兵」，與王鳳等人的「新市兵」

遙相呼應。農民起義的烈火已經燒到南陽郡，劉縯必須當機立斷，發動起義，回應「新市兵」與「平江兵」。

「春陵起兵」成為劉秀生涯的一個轉捩點。劉秀的哥哥劉縯是春陵起義的領袖與靈魂人物，他招募了一支七八千人的隊伍，可是並不是每個劉氏子弟都有破釜沉舟的勇氣，有的人逃跑了，有的人躲了起來，暗罵說：「劉伯升（劉縯的字）要害死我們了。」可是在這個時候，一向溫文儒雅、敦厚老實的劉秀卻一反常態，他身著戎裝、佩帶寶劍，以實際行動響應哥哥的號召。在此之前，他不過是一名好學的儒生與勤奮的莊稼漢，誰能想到這麼一個循規蹈矩的人，竟然也有造反的勇氣呢？這無疑給其他劉氏子弟吃了一顆定心丸。

這一年，劉秀二十八歲。

誰也沒有想到，僅僅三年後，這個貌不驚人的年輕人可以披上龍袍，南面稱帝。似乎這僅僅是在童話中才可能出現的故事，可是他真的做到了。

對他來說，這三年已經足夠漫長，因為他的人生在這一千個日夜裡跌宕起伏，時而在壯志凌雲、躊躇滿志，時而跌落深谷，如履薄冰。大起又大落，大落又大起，前方總有數不盡的障礙，周圍總有形形色色的敵人，能活下來已經實屬僥倖，能屢仆屢起者，才是真正的英雄。

縱觀中國歷史，很少有哪位帝王像劉秀那樣屢屢與死神擦肩而過，他的奮鬥史富於傳奇色彩。下面我們看來看看他從平民走向皇帝過程中所經歷過的若干驚險片段，只有結合這些扣人心弦的真實故事，才能真正體會到這位非凡人物一句流傳千古的名言——「有志者事竟成」。

第一個驚險片段：宛城敗仗，隻身逃亡。

「舂陵起兵」後不久，急於求成的劉縯犯了一個嚴重錯誤，低估了王莽軍隊的實力，在兵力懸殊的情況下冒冒失失地進攻軍事重鎮宛城，結果遭到慘敗。駐守宛城的十萬名新莽軍隊對劉縯、劉秀兄弟的義軍窮追猛打，舂陵義軍的隊伍被打散了。劉秀騎著一匹馬落荒而逃，在半途中他遇到妹妹伯姬，便帶上妹妹，繼續南竄。跑了一段路後，又遇到姐姐劉元，他急忙叫姐姐上馬，可是當時追兵已越來越近，一匹馬馱三個人怎麼跑得動呢？在這個危急關頭，劉元把逃生的機會讓給了弟弟與妹妹，拒絕上馬。無可奈何之下，劉秀只得策馬前行，僥倖擺脫王莽軍隊的搜捕，但姐姐劉元及她的三個女兒都被莽軍抓獲並殺死。在宛城一役中戰死的人，還有劉秀的次兄劉仲以及劉氏宗族數十人。

第二個驚險片段：昆陽之戰，九死一生。

進攻宛城失利後，劉縯痛定思痛，為扭轉困局，他主動與新市兵、平林兵以及下江兵（綠林軍的另一支）聯合。南陽反莽武裝結束各自為戰的局面，組成一個強大的反莽聯盟，並接連挫敗莽軍的進攻。但是新組建的反莽聯盟隊伍來源五花八門，沒有統一的指揮系統，內部管理混亂。為了增強聯盟的凝聚力與號召力，四大義軍首領決定從劉氏宗親中挑選一人立為皇帝，建立政權。在劉氏宗親中，劉縯無疑是最有領導力與魄力的人物，但是散漫慣了的綠林軍首領不願意受其約束，寧可挑選一名傀儡為皇帝。於是，才能平庸的劉玄出人意外地被立為皇帝，實權則被綠林軍首領握在手中。劉玄被稱為「更始帝」，這個臨時拼湊起來的政權稱為「更始政權」，正式與王莽的「新莽政權」分庭抗禮，反莽運動由此進入一個新的階段。

從劉氏手中篡奪政權的王莽對於「更始政權」的建立驚慌失措，不惜調動全國武裝力量圍剿南陽，以期把新政權扼殺於搖籃之中。為應對王莽軍隊的反撲，更始軍隊也積極行動，兵分兩路，一路以主力部隊十萬人攻打南陽郡政府所在地宛城，另一路由劉秀等人率偏師經略昆陽等地。在昆陽，一向低調行事的劉秀光芒四射，憑藉一場以少勝多的奇蹟般的勝利而永載史冊。

王莽徵集全國精銳兵力共計四十三萬人，號稱「百萬」，殺氣騰騰地殺入南陽郡。可是他做夢都不會想到，這支看似無堅不摧的軍隊，第一戰便一敗塗地、土崩瓦解。當王莽軍隊撲天蓋地湧向昆陽城時，這座守軍不足萬人的小城池人心震動，要抵擋比自己多出五十倍的敵軍，這無異於螳臂擋車，怎麼可能呢？

在士氣渙散之際，正是劉秀力挽狂瀾。這位外柔內剛的年輕人身上有著別人無法想像的勇氣，他以自己的沉著冷靜穩定軍心，並親自率十三名騎兵突出莽軍的包圍圈，趕往鄰近的定陵與郾縣求援。僅憑十幾人要突破王莽軍隊的包圍圈，這幾乎是送死，但劉秀一生在危難時刻總是如有神助，他在莽軍包圍圈還未合攏時，在敵壘空隙間奔馳而過，竟然毫髮未損，堪稱奇蹟。

當劉秀率領一萬多名援軍趕回昆陽戰場時，昆陽在莽軍的猛攻之下已經危在旦夕。援軍的到來仍然無法逆轉敵強我弱的格局，論兵力，莽軍仍然比義軍要多出二十倍，劉秀所能憑恃的，只有勇氣、智慧以及運氣了。無畏的勇氣使人迸發出驚人的力量，在第一次衝鋒中，劉秀以少戰多，他連續砍殺數十名敵兵，在這種貼身肉搏戰中，他竟安然無恙，幸運之神又一次站在他這邊。

為了打擊敵人士氣，增強義軍的信心，他放出風聲，假稱劉縯正率十萬精兵馳援昆陽。另一方面，他著手制定一個極其冒險的計畫：組織一支三千人的敢死隊，採取黑虎掏心的戰術，直搗莽軍的指揮中樞。以三千人的微弱兵力衝擊四十萬重兵的莽軍中樞，這無異於自殺式的攻擊，況且劉秀是背水一戰，倘若失利，連一條退路也沒有。這是在敵眾我寡的戰場上不得不做出的冒險，偉大的將軍總有置之死地而後生的超凡勇氣，劉秀將扭轉戰局的希望寄託在這次敢死行動上。很幸運的是，他又一次成功了。劉秀的成功源於對手的狂妄自大，莽軍總司令王邑低估了義軍的戰鬥力，他以一萬多人迎戰義軍敢死隊，並嚴令其他各營不得輕舉妄動，他被劉秀散發的假情報迷惑了，擔心劉縯的十萬大軍乘機解圍昆陽。

面對數倍於己的敵人，敢死隊隊員奮勇拼死，以一當十，銳不可擋，他們知道只有向前衝才有生路，後退只有死路一條。兩軍相遇勇者勝，劉秀的敢死隊以一往無前的勇氣打敗對手。此時莽軍中樞指揮系統大亂，昆陽城的守兵果斷打開城門出戰，與劉秀的援軍相互策應。群龍無首的王莽軍隊土崩瓦解，走的走，逃的逃，誰也不願意為王莽效死。歷史上最不可思議的昆陽之戰就這樣以義軍的大獲全勝而告終，在整個戰役中，守城義軍與援軍總兵力加起來也僅有兩萬，卻奇蹟般地打敗了四十三萬人的莽軍。倘若沒有劉秀的果斷、勇氣與堅持，昆陽之役絕不可能成為光耀史冊的經典戰例。

第三個驚險片段：忍辱負重，如履薄冰。

明槍易擋，暗箭難防，政壇上的凶險遠甚於戰場。在劉秀取得昆陽大捷的同時，劉縯也取得攻克宛城的重大勝利，劉秀兄弟的驚人表現引起了更始政權「綠林派系」將領的恐懼，他們擔心劉氏兄弟將威脅到自己的權勢，於是一場陰謀出籠了。綠林派將領以「藐視皇帝」為名，唆使「更始帝」劉玄痛下殺手，處死功高震主的一代梟雄劉縯，並把魔爪伸向劉秀。

此時的劉秀還沉浸在昆陽之戰偉大勝利的喜悅之中，忽然傳來哥哥被殺的噩耗，他的心一下子跌入深淵。長兄劉縯不僅是他人生道路上的指路人，也是他心目中的偶像與英雄，但殘酷的政治鬥爭卻使得這位出類拔萃的人物「出師未捷身先死」，而且是被冤殺。劉秀心中的激憤之情，是別人所無法體會的，但他並沒有意氣用事，他明白自己正身陷巨大的危險之中，四周布滿了政敵，這些人恨不得將他置於死地。

要怎麼辦呢？劉秀的腦袋高速運轉，在哥哥死後，他在更始朝中已是勢單力孤，硬拼只能是死路一條。唯一的辦法，是豪賭一把，就像他在昆陽城外破釜沉舟的背水一戰，他要再來一次「置之死地而後生」的冒險。政敵們早已布下天羅地網，只要劉秀稍稍表現出怨氣或異心，立即有理由殺無赦。可是令他們料想不到的是，劉秀竟然自投羅網。

劉秀隻身從前線返回宛城，他做的第一件事，是向更始帝劉玄謝罪，隻字不提昆陽之戰的功勞，隻字不提長兄的冤情，不會見任何一位劉縯的部將，不參加弔唁，不穿喪服。這種低調的背後是驚人的自制力，劉秀明白自己身處狼穴，哪怕只要有一丁點的不滿，都可能招來殺身之禍。聰明過人的劉秀讓所有敵人抓不到任何可以問罪的理由，況且他在昆陽之戰後，已是名滿天下的英雄，這是他的一件防彈衣。

處處殺機，步步驚心，劉秀面對狂濤巨浪，沉著應對，絲毫不敢有任何大意。在虎狼之穴，他韜光隱晦，低調得不能再低調，終於保全自己的性命。這是他人生中最大的考驗，儘管他被架空了，無兵無權無勢，但只有一息尚存，總有捲土重來的機會。

第四個驚險片段：亡命天涯，屢瀕死境。

昆陽之役是倒莽戰爭的轉捩點，三個月後，新莽政權的首都長安城被攻破，王莽被憤怒的義軍砍成數截，短命的新朝覆滅了。然而王莽的敗亡，並不意味著戰爭的結束，相反，群雄混戰才剛剛開始。在逐鹿中原的諸多勢力中，最有希望勝出的便是在倒莽戰爭的成長壯大的更始政權。

為了安撫河北，更始帝劉玄重新啟用閒居中的劉秀，讓他以「大司馬」的身分持節北渡黃河，鎮撫河北諸郡。劉秀憑藉這個機會逃離狼穴，他得以擺脫政敵們的迫害，有了一個可以大展身手的空間。然而河北之行，卻是危機重重，陷阱廣布。當劉秀謀求在河北發展時，突然爆發了王郎稱帝的事件，令他措手不及，非常被動。

王郎假稱自己是漢成帝的兒子，佔據邯鄲城，自立為皇帝，很快從邯鄲到遼西的許多州郡，宣布歸順王郎政權。當劉秀北行到薊縣（今北京）時，王郎的勢力已席捲至此，這位爆發戶發出通緝令，以十萬戶的高額懸賞捉拿更始政權大司馬劉秀。很快，劉秀便發現自己身處極度危險之中，當他帶著鄧禹、馮異、王霸等人開車逃跑時，薊縣已經全城戒嚴，城門關閉。在這個緊急關頭，鄧禹、馮異等人用刀斧砸開城門，一行人這才得以狂奔出城。

亡命天涯的這段時間，是劉秀一生最為狼狽的日子。當時正是正月，天寒地凍，劉秀一行人餐風露宿，不敢進酒館旅社，饑寒交迫，所有人的臉都因寒涼而開裂。有一次實在餓得受不了，到一家小酒館吃飯時，酒保對他們的身分起了疑心，假稱王郎手下的一位將軍來了，劉秀等人臉色大變，差點露出馬腳。所幸的是，善於察言觀色的劉秀很快識破酒保的謊言，迅速鎮定下來，談笑自若，這才巧妙地掩蓋過去。

逃到下曲陽時，正好有一支王郎的軍隊往此行進，劉秀等人十分緊張，急忙奔往滹沱河，打算渡河而逃。可是打探路況的人回來報告說，找不到船隻，無法渡河。倘若不能迅速渡河，被王郎的軍隊逮住後，只有死路一條。怎麼辦？劉秀只能賭運氣了，當他們抵達河岸時，奇蹟發生了！河面竟然冰凍了！於是眾人蹈冰渡河，安全抵達彼岸，而此時的河冰又漸漸地消融了！

經歷九死一生的逃亡，劉秀終於抵達效忠於更始政權的信都郡，這裡成為他事業的新起點。

第五個驚險片段：單槍匹馬，絕處逢生。

在信都郡站穩腳跟後，劉秀開始招兵買馬，徐圖發展，附近一些郡縣陸續歸附。為了對抗王郎，劉秀策反了王郎手下實力派人物真定王劉揚，並娶了劉揚的外甥女郭聖通。這個政治婚姻使劉秀一舉兼併了劉揚十餘萬軍隊，成為國內群雄中一支不可忽視的力量。此後，劉秀的軍隊一路高歌猛進，直搗邯鄲，殺死王郎。

劉秀的異軍突起，令更始帝劉玄深感巨大的威脅。更始帝拋給劉秀一個「蕭王」的頭銜，並命令他火速進京，企圖重施故伎，削奪他的兵權。只是如今的劉秀已經羽翼漸豐，他以「河北尚未平定」為由，拒絕入京，正式與更始政權分道揚鑣。事實上，劉秀已經成為一股獨立勢力，他割據一方，雄視中原，他的理想並非當個地方軍閥，而是一統中國，再興漢室。

由於新莽政權覆滅，而更始政權又不能獲得民心，此時天下大亂，各路豪傑紛起，僅在河北便分布大大小小農民軍數十股，人數多達數百萬。為了安定河北的秩序，劉秀在剿滅王郎後，發動對農民軍的掃蕩，在第一期的作戰中，收降數十萬人。西元前二十五年，劉秀對河北農民軍發動第二期作戰，連戰連勝。然而，在頻繁的作戰中，劉秀也曾陷入困境，差點丟了性命。

那是在一次與農民軍的作戰中，劉秀過於大意，僅率少量騎兵追擊一股農民軍，結果反被打敗了。在戰鬥中，劉秀與其他騎兵被打散了，坐騎也被打死，他隻身一人，徒步爬上河邊的一處高地，眼看敵人就要包抄過來了，單憑一雙腿，肯定要被追上的。可是幸運之神又一次眷顧他，在千鈞一髮的時刻，他遇到了突騎王豐。王豐把自己的戰馬給了劉秀，這才使他得以死裡逃生。當他擺脫追兵後，卻又迷失了方向，在接下來的幾天，未能與自己的部隊取得聯繫。他孤身一人，單槍匹馬，只要遭遇一小股農民軍，便只有束手被擒的份了。但總算運氣不壞，在迸蕩數日後，劉秀終於有驚無險地返回大本營。

經過數番掃蕩，劉秀終於基本肅清了河北農民軍。儘管他所控制的地盤不及全國十分之一，但此時天下大亂，更始政權已無力控制局面，割據一方的軍閥或稱帝稱王，或以「將軍」的名義當起土皇帝。在這種情況下，劉秀倘若不稱帝，打響自己的招牌，那將在政治上陷於被動。於是在眾位將領的擁護下，劉秀終於在鄗縣正式登基為皇帝，東漢帝國的帷幕也由此拉開。

# 二、赤眉軍的興衰（上）

東漢在腥風血雨中艱難開國了。對光武帝劉秀來說，這不是事業的結束，而僅僅是一個新的開端罷了。

亂世的特點就是政權林立，相互殺伐。更始政權在反王莽戰爭充當領袖與主力軍的角色，然而王莽敗亡後，這個新興政權搖搖欲墜，根本無力成為領袖群雄的中堅力量。更始政權的前身是由四支義軍組成的聯合體，即新市兵、下江兵（以上兩支均為綠林軍系統）、平林兵以及舂陵兵（劉縯、劉秀的義軍）。這個政權從成立之初，便暴露出巨大的弱點，內部矛盾重重，為爭權奪利，以綠林軍為首的將領不惜殺害劉縯，排擠劉秀。被推上皇位的更始帝又是一個才能平庸之輩，沒有雄心，沒有抱負。很顯然，要依靠這樣一個傀儡皇帝來統一全國，這是不可能的事。於是乎投機家、冒險家紛紛登場，或自立為帝，或自稱為王，整個中國陷入一片內戰之中。

在更始政權劉玄稱帝後，第二個稱帝的人是劉望，他在汝南起兵，自立為皇帝。只是這個皇帝名不符實，僅僅兩個月後，就被更始政權的軍隊所撲殺。緊接著，王郎稱帝於邯鄲，並且在很短的時間內勢力擴展到了遼西。王郎的命運並沒有比劉望強多少，這個短命的政權也僅僅維持了六個月，就被劉秀擊滅。

在劉秀稱帝的這一年（西元二十五年），還有不少人在巨大的權力誘惑面前，鋌而走險。該年正月，劉嬰稱天子，然而僅一個月不到，就被更始軍隊所斬殺；四月，盤踞西南的公孫述於成都登基，國號成家；六月，與劉秀稱帝幾乎同時，赤眉軍擁立劉盆子為皇帝；十一月，劉永在睢陽自立為帝；十二月，盧芳在匈奴人的支持下，立為漢帝。

除了一大堆皇帝之外，還有許多人稱王或將軍，割據一方。秦豐擁眾萬人，自稱楚黎王；田戎據夷陵，聚眾數萬，自稱掃地大將軍；隗囂擁眾十餘萬，據天水，自稱西州上將軍；竇融據河西，自稱五郡大將軍等等。除此之外，還有大大小小的農民軍不計其數。

由上可見，劉秀雖然登基稱帝，可並不意味著他已君臨天下了，他還要透過漫長的戰鬥，才能實現一統全國的夢想。

對劉秀來說，最強大的對手是赤眉軍。

赤眉軍是中國歷史上著名的農民起義軍之一，其領袖人物是樊崇。樊崇是山東琅邪人，由於不滿王莽的苛政，他於西元十八年聚眾百餘人，在山東莒縣發動起義。儘管起初義軍勢單力薄，但在樊崇傑出領導下，仍然頑強生存下來，並在一年後發展到了萬餘人，轉戰於青州、徐州之間。西元十九年，由於關東連年饑旱，青州、徐州的饑民紛紛加入樊崇的起義軍行列，這支義軍很快擴展到了六、七萬人。山東義軍的發展引起王莽的擔憂，他在西元二十一年遣太師景尚率軍攻打青、徐農民軍。經過一年的較量，樊崇的起義軍打敗了王莽軍隊的圍剿，並殺死莽軍統帥景尚。至此，赤眉軍的勢力日盛。

為了剿滅樊崇，王莽又一次不惜血本。西元二十二年，他派遣太師王匡、大將廉丹統率十餘萬精銳部隊，對樊崇發動新的攻勢。為了避免在戰鬥中敵我難分，樊崇下令全體將士將眉毛塗成紅色，「赤眉軍」的名稱便由此得來。在成昌之戰中，赤眉軍大破莽軍，莽軍大將廉丹戰死沙場，王匡落荒而逃。自此，赤眉軍名震天下！

赤眉軍與綠林軍是新莽末期兩大農民起義軍，在反莽戰爭中做出卓越的貢獻。然而在政權建設上，赤眉軍卻遠遠落後於綠林軍。自從綠林軍與劉縯、劉秀的舂陵軍合併後，立劉玄為皇帝，建立更始政權，先後取得宛城會戰、昆陽會戰的重大勝利，並乘勝直搗黃龍，攻克長安城，顛覆王莽政權，顯然在政治上已經搶奪了先機。

現在王莽倒台了，誰才是新政權的合法帝王呢？長安的更始帝劉玄嗎？呸——樊崇顯然不能接受這個結果——你更始軍能夠把王莽政權推倒，我也能夠把你更始皇帝推倒！當今亂世，只有拳頭硬的人，說話才有份量，不是嗎？西元二十四年冬季，樊崇的赤眉軍兵分兩路，一路走武關，一路走陸渾關，浩浩蕩蕩殺向長安城。一場大戰已是勢在難免。

此時的劉秀還未稱帝，他正在河北與諸路農民軍苦戰，卻不忘關注關中局勢的變化。正所謂「鷸蚌相爭，漁翁得利」，對於精明的劉秀來說，他可不願放棄這個可以獲利的機會。於是他派遣心腹之將鄧禹為前將軍，領兵兩萬西進，窺視關中。

樊崇的赤眉軍兵分兩路，分進合擊，在弘農勝利會師。這下子更始帝可急了，他急急忙忙派討難將軍蘇茂率軍阻止赤眉西進，可是蘇茂卻被赤眉軍打得丟盔棄甲，潰不成軍。樊崇將赤眉軍整合為三十個營，每營一萬人，總兵力超過三十萬。旗開得勝後的赤眉軍士氣高漲，勢不可擋。更始政權宰相李松親自領軍，與赤眉軍一決死戰，可是仍然未能阻止樊崇前進的步伐，在是役中，更始軍戰死三萬多人，被迫後撤，樊崇的軍隊推進到了湖縣（河南靈寶縣北）。

令更始帝劉玄擔心的，絕不僅僅只是赤眉軍，劉秀麾下大將鄧禹也要混水摸魚。儘管劉秀此時尚未稱帝，但已經和長安更始政權分道揚鑣、劃清界線了。鄧禹的兩萬人馬向西進抵箕關（山西垣曲縣內），打敗了駐紮於此的更始軍隊，緊接著包圍河東郡政府所在地安邑（山西夏縣）。

長安更始政權在赤眉軍、劉秀軍的夾擊下，已是風雨飄搖。

為了解安邑之圍，更始政府派大將軍樊參率數萬人馬渡過黃河，進攻鄧禹。敵眾我寡，鄧禹臨危不亂，從容應戰，在解縣南郊與樊參展開大戰。更始軍隊遭到迎頭痛擊，大將軍樊參在戰鬥中被擊斃，更始軍隊再次一敗塗地。氣急敗壞的更始政府集結十餘萬軍隊，在綠林軍首領王匡、成丹的率領下，惡狠狠地殺向鄧禹，希望以此一役消滅這支窺視關中的劉秀兵團。

由於兵力懸殊，鄧禹終於吃不消了，首嘗敗績。按理說，王匡等人應該一鼓作氣追擊鄧禹，就算不能全殲這支軍隊，至少也要將其逐出更始政權控制的地盤。可是一件奇怪的事情發生了，王匡卻停止前進了。為什麼呢？原來王匡這個人極其迷信，在打敗鄧禹後的第二天，正是農曆六月二十六日，古代也用天干地支來記日，此日正是「癸亥日」。王匡認為，「癸亥日」不吉祥，這一天，不能打仗。為什麼這麼說呢，原來「癸」是「天干」的末字，而「亥」則是「地支」的末字。以古人的說法，「癸亥日」是「六甲窮日」，做什麼事都會倒楣。所以王匡這一天什麼都不做，這正好給了鄧禹喘息之機。

鄧禹可不是一般的人物，他是一位有戰略眼光，同時也有指揮天賦的將領，他毫不浪費這一天的時間，收攏敗軍，重新整合部隊，制定反攻計畫。對他來說，這一天太寶貴了。王匡要為自己的迷信而付出慘重的代價，他的疏忽讓鄧禹得以逆轉戰局。

第二天，即六月二十七日，王匡下令對鄧禹的兵營發動進攻。這時鄧禹已經排好兵、布好陣了，他知道王匡恃著人多勢眾，必定會前來破營，故而早早選定了有利地形，將精兵埋伏於兩側。王匡的十萬大軍逼近鄧禹營地，可是卻遲遲沒見鄧禹出兵迎戰，他傲慢地認為對手已經嚇破膽了。在更始軍隊接近營壘時，只聽得戰鼓聲「咚咚咚」地擂響了，這是鄧禹大軍反擊的信號。埋伏在兩側的伏兵突然殺出，憑藉有利地形，果斷地向更始軍隊發起反攻。以少戰多，鄧禹劍走偏鋒，以奇兵致勝。此役更始兵團大敗，王匡麾下大將劉均、楊寶等人均被鄧禹軍所殺，王匡落荒而逃。

此時距劉秀登基稱帝正好五天，鄧禹以一場輝煌的勝利向光武帝送上一份厚禮。喜訊傳來後，光武帝劉秀非常高興，他把鄧禹提拔為東漢政府的大司徒，位列三公，以褒揚其非凡勳績。

在兩個戰線上連遭敗績後，此時長安城已經亂得像一鍋粥了。河東郡已落入鄧禹的東漢軍之手，而樊崇的赤眉軍還在馬不停蹄地向長安進軍。更始政權風雨飄搖，已是窮途末路，要何去何從呢？我們說過，更始政權最初是由四支義軍組成，分別是新市兵、平林兵、下江兵及舂陵兵，自從劉縯被殺、劉秀自立後，大權便被新市兵、平林兵與下江兵所瓜分，更始皇帝劉玄不過是個傀儡罷了。

在一系列失敗後，這些個綠林好漢們開始打起退堂鼓了。平江兵首領張卬首先跳出來，糾集一批將領，提出放棄長安、返回南陽根據地打游擊的主張。可是你想想，更始皇帝劉玄在長安城內有得吃有得穿，有酒有美女，舒服慣了，現在要回南陽去過苦日子，他可不想去。傀儡皇帝不想走，怎麼辦？張卬的想法很簡單：發動政變，劫持劉玄，逃回南陽。

張卬鼓動一批將領，發動兵變，企圖劫持更始皇帝劉玄。但劉玄有警覺心，他從長安城逃了出來，逃到新豐。雖然劉玄只是個傀儡，可是現在人家把刀架脖子上了，狗急也要跳牆，如今他也不能不放手一搏。對於這些個綠林首領，他一個也信不過。當時駐紮在新豐的綠林首領有王匡（新市兵）、陳牧（平林兵）、成丹（下江兵）等人，雖然這幾人並沒有參與張卬的政變，可是更始皇帝劉玄不放心，不殺掉他們，他如坐針氈。

一條毒計出爐了。劉玄下令召見王匡、陳牧、成丹三人，陳牧與成丹兩人剛到皇帝那兒報到，馬上就被抓起來，二話不說推出斬首。王匡還未晉見，就聽到陳牧、成丹慘遭毒手的消息，他大驚失色，連夜帶著自己的部隊，逃往長安城內，與張卬會合。在赤眉軍大兵壓境之時，更始政權內部就自相殘殺起來，看來其覆滅只是遲早的事了。

長安的內亂對樊崇的赤眉軍來說，不啻為好消息。打從反莽起義以來，樊崇展現出卓越的軍事才能，但他的政治才能卻不敢令人恭維。這支名震天下的農民軍長於破壞，卻短於建設，特別是政權建設，幾乎一片空白。現在樊崇馬上要發動長安之戰，攻佔這座歷史名都，這時他發現必須要成立一個有模有樣的政府才行，這樣才不致於被人視為一群流寇。為了讓新政府顯得合法，他打算從劉邦的後裔中找個人出來當皇帝，擺擺樣子。

赤眉軍收羅來七十多名劉氏子弟，根據與皇族血緣遠近，挑選出三名候選人，用抓鬮的辦法來確定皇帝的人選。抓鬮的結果，十五歲的劉盆子被推上皇帝的寶座。此前劉盆子是被赤眉軍擄掠到軍中牧牛的，當時他還是一身牧童的裝扮，披頭散髮，赤著腳，衣衫襤褸。這一天他莫名其妙地帶到樊崇面前抓鬮，沒想到一抓，成了皇帝了。樊崇也顧不上這個小孩子穿著破破爛爛的，就一把將他推上交椅，然後帶領全軍將領，有模有樣地向他叩拜。你想這劉盆子原本見到這些個如狼似虎的赤眉將領都心驚膽戰的，冷不防突然成為眾人叩拜的對象，他神色慌張，不知所措，大汗淋漓，差點就嚇得哭出來。

就這樣，牧童劉盆子一夜之間成了皇帝，可是這是喜是悲呢？樊崇想依葫蘆畫瓢，弄出個有模有樣的政府，可是抬出這麼個皇帝，又豈能令天下人信服呢？

眼看赤眉軍離長安城越來越近了，更始政權不僅沒有像樣的抵抗，而反內鬥越演越烈。更始皇帝劉玄設計除掉陳牧、成丹後，派宰相李松、大將趙萌圍攻長安城內的王匡、張卬。這場大混戰持續了數個月，最後王匡、張卬等人被趕出長安城，更始皇帝又耀武揚威地回來了！可是這樣的勝利有什麼用呢？數十萬赤眉軍已經殺到了長安城外了。

被趕出長安的王匡、張卬索性向樊崇投降，然後又帶著赤眉軍圍攻長安。這座歷史名城一而再地遭到戰火的破壞，百姓流離失所。曾經盛極一時的更始政權，早已在內交外困之中奄奄一息了，如何能抵擋樊崇三十萬赤眉軍的進攻呢？長安的陷落一點也不出人意外，更始皇帝劉玄在逃跑途中被抓，宰相李松戰死，更始政府全體官員向樊崇投降。

就這樣，更始政權垮台了，赤眉軍佔據故都，勢力如日中天。

比起樊崇，劉秀堪稱是高明的政治家。在得知更始帝劉玄被俘的消息後，他馬上下了一道詔令，封劉玄為淮陽王，倘若有吏人敢殺害劉玄者，罪同大逆。其實劉秀對劉玄不僅談不上有好感，甚至還有殺兄之仇。在赤眉軍進軍長安時，他還派鄧禹窺視關中，屢屢打敗更始軍隊。現在更始政權倒了，他為什麼不落井下石、幸災樂禍，反而擺出保護劉玄的姿態呢？這就是他的聰明之處，一方面向世人表示自己不忘本，畢竟劉秀原來是劉玄的部下啊；另一方面也展示自己作為帝王的寬宏大量，不計前嫌，連殺兄之仇，他都可以置之一旁。

可是赤眉軍首領樊崇就沒有這個肚量了。剛開始時他還煞有其事地將更始帝劉玄封為「畏威侯」，這個名字一聽顯然就是貶義、充滿蔑視之意，後來扔給了一個「長沙王」的封號。可是樊崇橫豎看劉玄不順眼，留著總是一個禍根，倒不如殺了。該年（西元二十五年）年底，劉玄終於沒有逃脫死亡的威脅，他被赤眉軍縊殺，只能到陰間去做皇帝夢了。

長安淪陷、劉玄被俘後，更始政權的殘餘力量仍控制一些重要城池，其中朱鮪據守的洛陽城便是其中之一。

此時劉秀雖然已在鄗縣登基稱帝，可是鄗縣那麼個小地方，實在無法作為新興政權的首都。那麼哪個城邑適合呢？劉秀把眼光瞄向了洛陽城。

洛陽曾時一座繁華的城邑，只是如今也戰火紛飛了。鎮守洛陽的朱鮪是劉秀的死敵，他曾擔任更始政權的大司馬，當年劉秀的哥哥劉縯被殺，他就是始作俑者。後來更始帝劉玄派劉秀安撫河北，朱鮪擔心放虎歸山，拚命反對，使劉秀差點無法脫身。完全可以說，朱鮪是對劉秀傷害最大的人。如今更始政權土崩瓦解，朱鮪的洛陽已是孤城一座，不可能指盼得到任何援助，在這種情況下，朱鮪只能據城固守，負隅頑抗了。

劉秀兵團對洛陽城發動猛攻，朱鮪已無退路，因此抵抗特別頑強，幾個月過去了，漢軍仍然無法攻克洛陽。光武帝劉秀曾幾度派人勸降，可是朱鮪心裡想：我曾害死劉縯，又幾度加害於劉秀，他怎麼可能放過我呢？於是他拒不投降。當時劉秀手下有一員大將，名為岑彭，本是朱鮪麾下的一員指揮官，兩人交情不錯。光武帝劉秀便派岑彭前去說服朱鮪，能不付出重大傷亡而奪取洛陽城，這是最好的結果。

岑彭到了洛陽城下，向城內守軍高喊，要求見朱鮪。守軍認得岑彭，便向朱鮪報告。朱鮪便來到城樓上，與城下的岑彭遠遠地喊話。岑彭對朱鮪說，如今更始政權已經垮了，洛陽鐵定是守不住了，良禽擇木而棲，何必要吊死在一棵樹上呢？不如及早歸順劉秀，也可以保住榮華富貴。

朱鮪聽了後，苦笑著搖了搖頭說：「當年劉縯被殺，我就是主謀之一；後來皇上要派蕭王（指劉秀）到河北，我又出面阻撓。我手上是有血債的，所以不敢投降。」岑彭一聽，明白了，原來朱鮪並不是不想投降，只是心有顧慮。他回去見了劉秀，把朱鮪的話一五一十做了彙報。光武帝劉秀自然心裡有數，對岑彭說：「做大事的人不忌恨小小的怨仇，朱鮪倘若願意投降，我不僅不會誅罰，而且他的官職與爵位統統可以保留。我以黃河之水起誓，絕不食言。」

岑彭又一次到洛陽城下，把光武帝劉秀的原話告知朱鮪，以消除他的後顧之憂。朱鮪聽了不禁心動，可是他又動念一想，天下有這樣的美事嗎？自己幹了那麼多對劉秀不利的事，他就這樣寬容嗎？會不會是詭計呢？不會我一投降，就把我綁了殺了吧？他看看了城下的岑彭，命令手下人從城頭上扔下一條繩梯，對岑彭說：「你所說的，要是真實可信的話，就請從繩梯爬上城樓吧。」朱鮪要觀察岑彭的神色，倘若這些話只是他胡編亂造，一定不敢孤身進城。可是岑彭卻毫不猶豫，他一手抓住繩梯，就往城頭上爬。這時朱鮪看出來了，岑彭所說的，確實是可信的。人家劉秀對你殺兄之仇都可以不計前仇了，自己還能想東想西嗎？於是他決意放下武器，向光武帝劉秀投降。

朱鮪把自己五花大綁，跟隨岑彭去見劉秀，負荊請罪。我們必須說，劉秀確有寬廣之胸襟，他馬上令人給朱鮪解綁，並親自接見他，噓寒問暖，一句也沒提過去的恩怨。劉秀並不是不想報仇雪

# 三、赤眉軍的興衰（下）

定都洛陽後，劉秀的進攻矛頭直指長安。作為數朝古都，長安一直是全國政治中心，倘若能據有長安，劉秀便可以佔領戰略制高點，在群雄紛爭中脫穎而出。

此時的長安城已落入赤眉軍之手，長安百姓原本希望赤眉軍的到來能使這一地方的混亂局面得以安定，流離失所的民眾可以重建被戰火破壞的家園。可是他們很快就失望了。樊崇的赤眉軍雖然建立了以劉盆子為皇帝的政權，可是並沒改變流寇習氣，進了長安後，四處打家劫舍，甚至殺人放火。長安附近郡縣的百姓為了自保，紛紛屯建營寨，據險而守。

這種局面對劉秀的東漢軍隊無疑是有利的。攻打長安的重任又落在鄧禹身上，這位東漢大司徒揮師西進，進入左馮翊（當時長安京畿之地分為京兆、左馮翊、右扶風，又稱為三輔）。鄧禹的軍隊與綠林軍、赤眉軍不同，軍紀嚴明，他嚴令士兵不得燒殺搶掠，同時打出「漢」的旗號。長安附近的老百姓一瞧，呀，這才是真正的王師啊。於是鄧禹每到一處，總有許多人扶老攜幼，前來歸降，平均算下來，每天歸降的有一千多人。就這樣，鄧禹的軍隊迅速膨脹起來，他也聰明地虛張聲勢，對外宣稱「百萬雄兵」。不僅如此，鄧禹在政治宣傳上也有一套本領，他每到一處，遇到有百姓歡迎時，總要停車向大家致意，並且持東漢符節，慰勞大眾。這麼一來，在戰禍中煎熬許久的百姓終於看到了希望，大家歡歌快舞，洋溢著喜悅之情，據史書所記：「父老童稚，垂髮戴白滿其車下，莫不感悅，於是名震關西。」

這一年鄧禹年僅二十四歲，可卻已是老成持重的名將。

有了民眾的支持，鄧禹麾下的將士更是磨拳擦掌，紛紛請戰，要求直接進攻長城，趕走赤眉軍。可是出乎所有人的意料，鄧禹斷然拒絕直接攻打長安城。為什麼呢？他回答說：「我們的隊伍人數雖然多，可是真正能戰鬥的人卻不多。前面沒有充足的糧秣囤積，後面又缺乏後勤補給。」當初光武帝派遣鄧禹窺視關中時，僅僅帶領兩萬名士卒。從攻略河東郡到進軍長安，鄧禹一路招降納叛，他的隊伍早就不止兩萬人，至少膨脹了十倍以上，號稱「百萬」。可是鄧禹心裡很明白，這些投誠過來的軍隊，戰鬥力並不強，要打硬仗，還得靠自己那兩萬人。而他的對手樊崇，則擁有三十萬以上的武裝。在以往的戰爭中，赤眉軍展現出強大的戰鬥力，而且樊崇的軍事才能是不可以低估的。

鄧禹耐心地向麾下將士解釋：「赤眉軍剛剛攻克長安，財穀充實，鋒銳不可擋。但是赤眉軍本質是一股流寇，沒有長遠的規劃，雖然物資充裕，可是時間長了，內部必定有變，豈能長久地堅守長安城呢？應該先攻略長安周邊的上郡、北地與安定這三個郡，因為這三處地廣人稀，穀物、牲畜多。我們可以據此以為根據地，就地取糧，讓士卒得以從容休整，同時密切關注長安城內的變化，等待有利戰機的出現，到時必定可以達到奪取長安的目的。」

年輕的鄧禹在攻打長安一事上非常謹慎，他並不急於進攻。可在遠在洛陽城的光武帝可不這樣看，劉秀稱帝後，要向天下證明自己才是漢室政權的真正繼承人，解放漢室故都長安城便成為刻不容緩的事情。可是偏偏在這件事上，鄧禹自作主張，到了長安城邊上，卻折向北方去了，放棄了攻城，這無疑令劉秀相當不滿。

一封信從洛陽城內發出，交到了鄧禹手中，這不是普通的信件，而是光武帝劉秀的一封親筆信。這封信是這樣寫的：「大司徒您所做的是堯的事業，而長安城的賊寇不過是夏桀之類的暴徒。如今長安百姓終日惶恐不安，無所依歸，這正是擊滅流寇的良機。您應該要把握機會，進討毛賊，鎮撫西京（指長安），要維繫百姓之心啊。」

在這封信裡，字裡行間滲透著劉秀的不滿，他對鄧禹的戰略提出委婉的批評。

這裡要注意一點，光武帝並不是以詔書敕令的方式給鄧禹下命令，而是以私人書信的方式，這是給鄧禹很大的面子。顯然，光武帝劉秀並不想讓鄧禹難堪，與其說命令部下，倒不如說像是規勸一個朋友。為什麼呢？因為鄧禹與劉秀非同一般。

鄧禹與劉秀是都是南陽人，他們相識的經過很有趣。當年劉縯、劉秀在南陽舂陵起兵，兩兄弟在反莽戰爭中都做出卓越的貢獻，特別是劉秀在昆陽之戰中的神奇表現，令年輕的鄧禹心馳神往。可是不久後，劉縯被讒殺，劉秀遭到軟禁，鄧禹一直無緣與劉秀見面。直到更始軍隊佔據長安後，劉玄派劉秀安撫河北，鄧禹聽到這個消息後，便騎了一匹快馬，晝夜馳奔，終於在鄴縣追上劉秀。劉秀當時就問鄧禹：「你大老遠跑來幹什麼呢？難不成你想當官？想當官我也不能擅自任用你啊。」鄧禹笑道：「我只希望您的威德加於四海，我自當效微薄之力，能留下功績於竹帛史冊。」此時的鄧禹就看好劉秀，認定他有朝一日能一統天下。這就樣，兩人相識了，劉秀發現這個年輕人有著異乎尋常的戰略眼光，有勇有謀，很快就將他視為心腹與知己。此後鄧禹一直跟隨劉秀，跟著他逃亡，跟著他戰鬥，忠心耿耿，兩人名為君臣，實如兄弟。正因為如此，劉秀才把經略關中、攻取長安的重要任務交給鄧禹，這是對他莫大的信任。

可是令劉秀沒想到的是，鄧禹的軍隊已經打到長安城外，卻放棄攻城，轉而向北，這到底是怎麼回事嘛？所以他寫了這麼一封信，婉轉地批評鄧禹不思進取。

面對皇帝這麼一封信，鄧禹要做怎樣的選擇呢？鄧禹認為自己的戰略沒有錯，赤眉軍剛佔領長安，士氣旺盛，而且物質充足，這時攻打長安，那只會吃力不討好，這不是高明的戰略。「將在外，君令有所不受。」鄧禹決定要堅持己見，他回信給光武帝，詳細闡述自己的主張。與此同時，鄧禹大軍繼續向北挺進，奪取上郡諸縣，並在這裡徵兵，補充兵源，加強訓練，收集糧食，為進攻長安做充分的準備。

在進攻長安的問題上，鄧禹與劉秀的意見孰是孰非，並不是三言兩語可以說清的。鄧禹更多是從軍事角度看，剖析敵我優劣，先為不可勝，以待敵之可勝；劉秀更多是從政治角度看，攻奪舊都，據關中險地，安撫百姓，收拾民心，這些都是刻不容緩的。

鄧禹所料不差，赤眉軍內部一片混亂。

樊崇領導的這支農民起義軍，有很大的局限性。以前赤眉軍內部有一個簡單的約法：「殺人者死，傷人者償創。」這在人數較少時還管用，可是現在人數達數十萬之多，就難以約束了。儘管樊崇煞有其事地把牧童劉盆子推上皇帝的寶座，組建一個所謂的政府，只是這個政府空有其表罷了。

我們可以從一個例子看出赤眉軍內部的混亂。赤眉軍佔據長安後，迎來首個臘祭之日，這在當時可是一年內最重要的節日之一，傀儡皇帝劉盆子便在宮中舉行盛大宴會，新政府的官員們齊聚一堂。雖然身穿朝服，不改流寇本性，這些人還沒喝酒，就已經吵吵鬧鬧，亂成一團，剛開始是口角，然後就是武鬥。打不贏的一方，索性出了宮，糾集兵眾殺進來，於是整個宮殿裡亂得像一鍋粥，打的打，殺的殺，搶的搶。直到衛尉得到報告後，率軍隊入宮，格殺百餘人後，才結束這場鬧劇。這像什麼政府呢？把皇帝劉盆子看得心驚肉跳，魂飛魄散，這個有名無實的小皇帝日哭夜號，連身邊的人都覺得他好可憐。

劉盆子的哥哥劉恭看出來了，這個赤眉政府長不了，在群雄逐鹿中準會失敗，到時自己哥倆肯定會遭牽連，不如未雨綢繆。他跟弟弟商量，我們不是當皇帝的料，不如交出玉璽，跳離苦海，做個普通百姓吧。在新年（二十六年）的第一天，樊崇帶著文武百官上朝了。劉恭乘機提出來說：「諸位將軍推舉我的弟弟為皇帝，恩德深厚啊。只是即位以來，局勢比以前更混亂，實在沒有能力來領導國家。因此我跟弟弟商量了，他願意退位，當一個平民百姓，另選一位賢明智慧的人來當皇帝。這件事，希望諸位將軍好好考慮。」

這時有一名赤眉將領不耐煩在喝斥道：「要不要讓他當皇帝，你說了不算，這關你什麼事呢？」劉恭一聽，不敢再吭聲了。這時劉盆子也坐不住了，他從寶座上站起身來，解下玉璽，對著底下的一些大臣「撲通」跪倒，然後向諸位大臣磕頭：「如今設立了政府與文武百官，可是大家卻仍然幹著強盜的勾當，招致四方怨恨，不再信任我們。這都是因為你們選錯了皇帝。我願乞骸骨，做回平民，讓賢明而有能力的人來擔此重任吧。倘若諸將軍一定要殺了我劉盆子以推卸責任，我也只有一死了。」說到這裡，劉盆子已是淚流滿面了。

樊崇一看，傻了眼了。自古以來只有臣子拜皇帝，哪有皇帝跪著向臣子磕頭的呢？別看樊崇是個粗人，這點常識還是有的，既然他立了劉盆子，也不能坐視不管，皇帝威信掃地，對他也不是好事。於是樊崇帶著大家一起向劉盆子磕頭說：「這都是樊崇等人的罪過，有負陛下，從今日起，我等一定要約束自己，不敢再放縱了。」說完後也不管劉盆子同不同意，拉起來扯到皇座上，又硬把玉璽給他佩了。劉盆子說什麼也不肯，掙扎著，號哭著，對他來說，那人人想得到的寶座上是插滿針頭，坐上去只有痛苦與恐懼不安。可是他一個小孩子，被眾大漢架著，有什麼辦法呢？只能硬著頭皮繼續當他的皇帝了。

看看長安城的一齣齣醜劇鬧劇，就知道何以鄧禹斷定赤眉軍內部必亂。

赤眉政府基本上無所作為，既不能安定社會秩序，又沒有任何措施發展農業生產，只是坐吃山空。作為歷朝首都，長安儲備雖豐，也禁不住數十萬人無休止的揮霍。終於有一天，樊崇發現糧食已告急了，不夠吃了。對赤眉軍來說，這不是問題。這裡沒有糧食，就到別的地方去唄，中國這麼大，到哪都有得吃。於是赤眉軍做出一個重大的決定：撤出長安。

在撤出長安之前，赤眉軍可不想把肥肉扔給別人。他們盡情地搜掠，從皇宮到平常百姓家，金銀財寶，值錢的東西，能帶走的統統搶走。帶不走的呢，一把火燒了。據史料所記：「赤眉收載珍寶，大縱火燒宮室市里，恣行殺掠，長安城中無復人行。」多災多難的長安城又一次遭到洗掠，這次幾乎成為廢墟。

出了長安後，赤眉軍繼續向西挺進。這支隊伍人數龐雜，卻沒有什麼明確的目標，漫無目的地流竄。他們沿著山地西行，所過之處，凡有城邑之處，便大掠一番，然後繼續前進，就這樣，一路竄入安定郡、北地郡。

鑑於長安已是一座空城，鄧禹乘機南下，不費吹灰之力便佔領舊都。由於長安城只剩下殘垣斷壁，蕭瑟淒涼，鄧禹大軍便駐紮在昆明池附近。祭拜漢高帝劉邦後，鄧禹把前漢十一位皇帝的牌位送往洛陽，向光武帝劉秀彙報：漢軍已經光復長安城！

不過，長安之役未並結束。

一路西行的赤眉軍竄入隴縣，這裡是大軍閥、自稱為「西州上將軍」隗囂的地盤，隗囂組織軍隊，全力阻擊赤眉軍的西進。經過幾番血戰，赤眉軍前進的腳步被遏制了。此時已進入冬季，一場突如其來的大雪令赤眉軍損失慘重，山谷被積雪覆蓋，氣溫急劇下降，缺少冬衣的赤眉軍士兵很多凍死凍傷。怎麼辦呢？樊崇一看，向西挺進是不可能了，不如再次殺回長安城。於是數十萬赤眉軍調頭向東，一路殺向長安。

這回，鄧禹焦頭爛額了。首先，西漢諸皇陵遭到赤眉軍的洗劫。在赤眉西進時，雁過拔毛，能搶的早就搶了，現在殺回來時，已經沒什麼東西可搶了。這些赤眉首領一想，搶不到活人的，就搶死人唄。於是皇陵一座座被挖開了，墳墓內陪葬的金銀財寶被洗劫一空，連皇帝屍體上穿的金縷玉衣，也被剝了下來。當赤眉軍挖開呂后的墳墓時，還對這位西漢女強人的屍體污辱了一番。沒能保護好西漢皇陵，鄧禹有不可推卸的責任。其次，鄧禹的反攻被赤眉軍挫敗了。東漢軍隊與赤眉軍在鬱夷展開決戰，人多勢眾的赤眉軍打敗了鄧禹，逼近長安城。由於長安城已經破敗，城防不堪一擊，鄧禹不可能據城固守，只得放棄長安，退守雲陽。這樣，在撤出長安八個月後，赤眉軍又耀武揚威地回來了。

擺在樊崇面前的一個大難題是，赤眉軍要何去何從呢？長安城幾成廢墟，肯定是無法久留，這支從山東打出來的農民武裝，倘若返回山東，恐怕大家都作鳥獸散，卸甲歸田，這不是樊崇所願意看到的。向西的道路又被隗囂給堵死了，只能向南，往漢中求發展。當時漢中有兩股勢力，其一是漢中王劉嘉，其二是自稱「武安王」的延岑。

當時延岑駐軍於長安東南的杜陵，樊崇認為應該先拿延岑開刀，便派大將逢安率領大軍前去攻打。不想這個延岑十分驍勇，把前來進犯的赤眉軍打得落花流水，損兵折將達十萬人以上。鄧禹撤離長安後，一直密切關注赤眉軍的動向，當他得知赤眉主力傾巢而出、長安守備空虛時，便乘機引兵奇襲長安城。他差一點得手了，可惜的是，在關鍵時刻，赤眉軍將領謝祿率援兵前來，鄧禹的漢軍被打敗了，只得再一次匆匆撤退。

儘管赤眉軍兩度擊敗鄧禹，但在攻略漢中時，卻一敗塗地。逢安被延岑打敗後，樊崇又派遣另一員大將廖湛率領十八萬軍隊進攻漢中王劉嘉。雙方在谷口展開廝殺，赤眉軍再次大敗，廖湛在戰鬥中被劉嘉軍所殺。經過杜陵、谷口兩場大戰，赤眉軍遭到前所未有的失敗，實力大大削弱了。

儘管鄧禹指揮的東漢軍隊在長安戰役中表現差強人意，遠在洛陽的光武帝劉秀卻以高超的政治手腕化不利為有利，他指示鄧禹，以招降的手段，勸說漢中王劉嘉歸降東漢政府。為什麼劉秀有這個把握呢？這要從劉嘉這個人說起了。

當初更始政權推翻王莽的統治後，更始帝劉玄封了一批劉氏皇族子弟為王，其中劉嘉被封為「漢中王」。劉嘉有軍事才能，但他沒有多大野心，滿足現狀。當時其麾下有一名校尉名為賈復，此人志向高遠，劉嘉認為讓賈復待在漢中實屬屈才，便將他推薦給了正在撫定河北的劉秀，後來賈復果然成為東漢開國名將。更始政權被推翻後，劉嘉便成了一支獨立的勢力，盤踞漢中，擁兵數十萬，是一支可觀的軍事力量。可是後來他的部將延岑反叛，自立為王，於是兩方勢力你爭我奪，戰爭不斷。

劉嘉有本事，無野心，又曾幫過劉秀，兩人又同時皇族後裔，所以光武帝劉秀對他有好感。不光如此，兩人還有另一層關係，劉嘉的正娶夫人，就是劉秀姑媽的女兒，這就親上加親了。如今劉嘉既要對付叛變的延岑，又要對付赤眉軍，如果再與劉秀的東漢政權對抗，那麼就相當不妙了，所以光武帝有信心勸降劉嘉歸順。果不其然，在鄧禹的招降下，劉嘉思前想後，最後決定歸順東漢，這樣一來，劉秀少了一個勁敵，多了一支勁旅。

作為東漢政府大司徒與攻略關中的主帥，鄧禹的表現有失水準。長安城得而復失，又讓赤眉軍蹂躪皇陵，還吃了兩次敗仗。想當初，鄧禹剛入關中時，民眾夾道歡迎，可是如今數戰不利，自損威名，連老百姓也不免離心，原本歸附鄧禹的人陸陸續續離去。在這種情況下，光武帝劉秀不得不考慮更換將領了。

要派誰接替鄧禹呢？

光武帝劉秀心裡有一個合適的人選，這個人便是馮異。馮異是劉秀非常賞識與器重的一員虎將，不但作戰勇猛、有謀略，而且有學問，為人謙遜。據史書所記，馮異精通《左氏春秋》，是難得的儒將，自然深受酷愛儒學的光武帝青睞。在劉秀春陵起兵時，馮異卻是效忠王莽政權，曾經在戰場上讓劉秀吃了苦頭。有一回，馮異微服出行時，被漢兵逮個正著，押到劉秀跟前。劉秀非但沒有為難他，反而對他十分欣賞，馮異從劉秀的言談舉止中，看出此人不是庸碌之輩，而且治軍嚴謹，不擄掠百姓，遂歸降劉秀。當劉秀在河北落難時，馮異與鄧禹等人忠心不二，跟著他亡命天涯，這段經歷，也使得馮異在劉秀心中的地位，絕非他人所能及。在歷年的征戰中，馮異為光武政權立下赫赫功勞，可是他為人謙遜，從不言功。每當一場戰事結束時，諸位將領紛紛湊在一起，爭說自己的功勞。可這個時候，馮異總是獨自一個人，跑到一個偏僻的地方，找棵大樹，坐在樹下休息。時間長了，軍中將士便送給他一個綽號，叫「大樹將軍」。當時還有一個民意調查，當劉秀的部將及吏卒被問及最想歸屬哪個大將麾下時，眾人都說「願屬大樹將軍」。

如今長安禍亂，大司徒鄧禹作戰不力，導致百姓離心。這個時候，迫切需要有一個能重拾民心的將領出馬，安撫百姓以宣揚新政權的恩德。顯然，「大樹將軍」馮異是最合適的人選。當時光武帝劉秀手下的大將，不乏殘暴之輩，屠城之事時有發生，由於中國陷入戰亂已久，群雄割據，以暴制暴的思想很嚴重，以劉秀之雄才，亦難壓制手下大將屠殺無辜的情況。然而馮異有勇將之才，卻無殺伐之心，故而劉秀對他撫定長安抱以很大的期望。

在臨行前，劉秀給馮異說了一番語重心長的話：「征伐非必略地屠城，要在平定安集之耳。諸將非不健鬥，然好虜掠。卿本能禦吏士，念自修飭，無為郡縣所苦。」這番話，也道出劉秀的心事，日後他採取偃武修文的政策，絕不是沒有原因的。

馮異謹記光武帝劉秀的教導，受命西行。

劉秀擔心鄧禹對這個決定不服氣，貿然與赤眉開戰，便發了一道敕令給他，詳述自己對剿滅赤眉的信心與戰略。劉秀寫道：「千萬不要與窮寇爭鋒。如今赤眉沒有糧食，只能向東撤退。我以飽待饑，以逸待勞，只需折根樹枝，就可鞭打他們。諸位將領不必擔心，不得妄自進兵。」這既是寫給鄧禹看的，也是寫給馮異看的。顯然，光武帝劉秀已經成竹在胸。赤眉軍西進遇阻，南下又傷亡慘重，長安城幾為廢墟，不可久居，唯一的出路，就是向東鼠竄，逃回山東。赤眉軍要向東撤，只能從劉秀控制的轄區經過，到時布下天羅地網，必定可以把這支東流西竄的赤眉軍一網打盡。事實證明劉秀的戰略眼光相當驚人，日後的戰事與他所料一模一樣。

馮異到了關中後，不負光武帝所望，恩威並重，安撫百姓，加上他本人又極富人格魅力，於是附近獨立武裝勢力紛紛來降。

此時的赤眉軍已是窮途末路。糧食的緊缺，終於導致長安饑荒的蔓延。史書載：「三輔大饑，人相食，城郭皆空，白骨蔽野。」前漢帝都幾成地獄，每日都上演著人間慘劇。在這種情況下，活下來的人為求自保，聚集在一起，構築營壘，堅壁清野，保護最後的糧食免遭赤眉軍的劫掠。赤眉軍的糧食越來越缺乏，而馮異的大軍又在一旁虎視眈眈，樊崇意識到此地不能久留了，只能抱著僥倖的心理向東挺進。樊崇的這一計畫，早在劉秀的算計之內，這位文武雙全的東漢開國皇帝，早在東部布下口袋，就等著赤眉軍鑽進來哩。

赤眉軍的力量仍然不容小視，仍有二十多萬人，其行軍作戰是「流寇」模式，破壞性極大。倘若只是擊潰戰，這支流動性很強的武裝仍然會對東漢政權管轄的區域產生巨大的破壞力，因而劉秀的目標只有一個：必須全殲赤眉軍！

為了合圍赤眉軍，劉秀布下兩枚重要棋子：破奸將軍侯進率一支軍隊駐防新安，建威大將軍耿弇率另一支軍隊駐防宜陽。赤眉軍出關中後，倘若向東走，則耿弇的軍隊前往新安會師，倘若向南走，則侯進的軍隊前往宜陽會師，務必要將赤眉軍殲滅在洛陽以西，不能讓首都洛陽城遭到攻擊與劫掠。

樊崇的赤眉軍向東流竄，馮異在背後緊咬不放。追到華陰縣時，樊崇布下幾道防線，阻擊馮異。我們說過，樊崇這個人是有本事的，頗有指揮才能，赤眉軍在華陰暫時遏制住馮異的追擊。兩軍相持六十多天，大大小小的戰鬥數十次，儘管馮異收降赤眉官兵五千多人，但仍無法重創其主力。

這時有個人壞事了。

誰呢？

東漢大司徒鄧禹！

前面我們講到，鄧禹在長安久戰無功，光武帝劉秀被迫用馮異取而代之，馮異為「征西大將軍」，而鄧禹則被徵召回洛陽。不過鄧禹還沒走，赤眉軍就東撤了。你想想，鄧禹作為東漢大司徒，又是劉秀的親信，這樣無功而返，他臉上怎麼掛得住呢？所以他也不急著回洛陽，想要打幾個漂亮的戰役，為自己挽回顏面。只是此時鄧禹的部隊，與赤眉軍一樣陷入到糧食不足的窘境中，士兵們饑腸轆轆，可是他卻不管，催促手下將軍不斷對赤眉軍發動進攻。事與願違，鄧禹發動一次次的進攻，卻屢屢被赤眉軍挫敗，這更加令他氣急敗壞，不惜鋌而走險。

鄧禹的部隊渡過黃河，在湖縣排兵布陣，積極備戰。光武帝曾經告誡鄧禹，千萬不要與窮寇爭鋒，只要尾隨就行了，漢軍主力正在東面以逸待勞呢。可是急於立功的鄧禹把光武帝的警告拋諸腦後，他要求馮異配合自己，全力對赤眉軍發起總攻。馮異不同意，他解釋說：「我與賊寇相持數十日，雖然俘獲不少敵軍將領，可是敵寇仍然人數眾多。困獸猶鬥，對於這股賊寇，可以用恩信並施的手段將其瓦解，卻難以用武力手段擊破。如今皇上派遣諸將駐屯於澠池一帶，截其東歸之路，而我擊其西，東西夾擊，便可一舉擊破赤眉軍，這才是萬無一失的上策。」

儘管鄧禹的官銜比馮異要大，可是馮異是西征軍總司令，又嚴格執行光武帝劉秀的戰略主張，所以他雖心懷不滿，卻無能為力，沒有向馮異下命令的權力啊。怎麼辦呢？你馮異不打，我就自個打——鄧禹拿定主意，他太渴望獲得一次大勝利了。

欲速則不達。鄧禹心裡越想獲得勝利，越操之過急，結果適得其反。他派遣手下大將鄧弘對赤眉軍發動進攻，在鄧禹看來，樊崇已經是強弩之末，可事實證明，他還是低估了赤眉軍的戰鬥力。雙方你來我往，拼殺了一天，赤眉軍佯裝戰敗，把輜重車輛都拋棄了。這時，肚子餓得咕咕叫的漢軍誰也不想追擊，大家忙著爭搶糧食。其實赤眉軍的輜重車上哪有多少糧食呢？不過是裝著泥土，上面蓋著薄薄的一層豆子罷了。就在鄧弘的士兵忙著搶豆子時，赤眉軍突然來了個回馬槍，乘著漢軍混亂時反戈一擊，漢軍大敗。

眼看鄧弘的軍隊就要遭到滅頂之災，鄧禹急急忙忙前往營救。這時馮異也坐不住了，要是鄧禹有什麼三長兩短，自己也不好向光武帝交差啊，於是只得臨時改變作戰計畫，出兵相援。在鄧禹與馮異的反撲下，赤眉軍的攻勢被遏制了，鄧弘的殘兵敗將好不容易擺脫了困境。

馮異便對鄧禹說：「如今士卒饑餓且疲備不堪，不能再戰，應該立即休整。」可是鄧禹哪裡聽得進去呢？他獨自進軍，把自己的部隊又一次投入戰鬥。可是鄧禹確實很倒楣，這次進攻以慘敗而告終，不僅死傷三千餘人，剩餘的部隊也作鳥獸散，逃的逃，散的散，轉眼間跑得無影無蹤了。此時的鄧禹才發現大事不妙，他的身邊居然只剩下二十四名騎兵，回天乏力矣。沒辦法，鄧禹只得帶著這二十幾人，脫離戰場，逃往宜陽去了。這位大司徒想挽回顏面，不料卻只是讓他蒙受更多的羞辱罷了。

鄧禹的潰敗，令馮異率領的這支援軍陷入孤軍無援的境地，無力抵擋赤眉軍凶悍的進攻。馮異同樣狼狽不堪，為了擺脫赤眉的追擊，他把戰馬也扔了，帶著少數幾名隨從步行走小路，好不容易回到大本營，堅壁自守。幾天後，被擊潰的部隊陸陸續續返回大本營，馮異重新整頓軍隊，養精蓄銳。

經過一個月的休整，馮異的部隊恢復了元氣，糧草也得到補充，士氣也有所回升。此時赤眉軍並沒有繼續向東撤退，大概是已經偵察到劉秀的大軍正在新安、宜陽一線布防阻截，索性就賴著不走了。在這種情況下，馮異必須要有所行動，正面壓迫赤眉軍，迫使其東移。要如何擊敗才能擊敗赤眉軍呢？這段時間，馮異苦思冥想，終於想出了一個奇招。

時間已是建武三年（二十七年）二月，春暖花開的季節，馮異向赤眉軍首領樊崇下了一道戰書，約期會戰。樊崇不甘示弱，滿口答應了。到了會戰那天，雙方各自擺開決戰的架式。樊崇自恃人多勢眾，率先發起攻擊，以一萬人為先頭部隊，衝鋒陷陣。馮異故意示弱於敵，樊崇一看先頭部隊已佔優勢，便下令全軍出動，悉力進攻，馮異也把主力統統押上，一場大戰開打了。這場戰鬥從早上打到中午，在漢軍頑強的阻擊下，赤眉軍進攻的氣焰稍稍被壓制了。這時，一支奇兵出現了。

原來這是馮異安排的一支伏兵，穿著跟赤眉軍一模一樣的服裝，眉毛上染紅了。幹嘛這樣打扮呢？馮異就是要用這麼一支偽裝過的部隊加入混戰，讓赤眉軍分辨不出敵我，以奇致勝。其實這支偽裝的軍隊表面上看與赤眉軍穿著打扮毫無二致，實際上還是有細微的差別，這樣自己人認得自己人，不至於亂了套。這麼一支奇兵突然殺出，令樊崇措手不及，赤眉軍將士都愣了，到底誰是敵人呢？分不清了，冷不防就有一把刀捅過來。如此一來，原來佔有優勢的赤眉軍陣腳大亂，為了自保，有些人揮刀亂砍，有靠近我就砍，管他是敵是友。馮異這一招，確實令樊崇沒有料到，眼看軍心動搖，人人自危，這位赤眉首領無力阻止部隊的潰敗。

是役，馮異大獲全勝，並且一路追擊，追到了崤底（澠池附近），赤眉軍有八萬人放下武器投降。這個偉大勝利的消息傳到洛陽城，光武帝劉秀十分高興，給馮異發了一封賀信，這封信不長，但文辭並茂，足見劉秀的文學功底，全文錄於下：「始雖垂翅回溪，終能奮翼澠池，可謂失之東隅，收之桑榆。方論功賞，以答大勳。」這也是成語「失之東隅，收之桑榆」的出處。

此時赤眉軍雖然還有十萬之眾，卻被包圍於澠池、新安、宜陽三角地帶，四面楚歌。樊崇向宜陽方向潰退，打算突破漢軍的封鎖，南下荊州。可是光武帝劉秀早有準備，他御駕親征，統率大軍，趕在赤眉軍之前進抵宜陽，並且布下幾道封鎖線，嚴陣以待。

當樊崇行到宜陽時，發現漫山遍野都是東漢軍隊，而且得知光武帝親抵戰場，心中更是惶恐不安。走到這一步，除了投降之外，還有什麼辦法呢？樊崇不敢親自去與光武帝劉秀談判，便派小皇帝劉盆子的哥哥劉恭前往漢軍兵營。劉恭誠惶誠恐地進見光武帝劉秀，請求投降，他小心地問道：「劉盆子率領百萬之眾歸降陛下，不知陛下要如何待他呢？」光武帝答道：「只要投降，可饒你等不死。」劉恭在得到光武帝的保證後，回到赤眉大營，把情況給樊崇與小皇帝彙報了。

二月十九日（建武三年，西元二十七年），赤眉政權小皇帝劉盆子、首領樊崇等三十餘人，走出兵營，光著臂膀，向光武帝請降，同時交出了傳國玉璽。光武帝接受了，舉行了一個盛大的受降儀式，十餘萬名赤眉將士放下武器，這些武器堆積起來，足足有一個山頭那麼高。為了讓樊崇等人心服口服，受降次日，光武帝在洛水旁舉行一次閱兵儀式，讓劉盆子、樊崇等人在一旁觀看。只見漢軍陣容強大，兵精馬壯，紀律嚴明，這時劉秀回過頭，對樊崇等人說：「你們倘若後悔投降，我可以放你們回營，重新武裝，鳴鼓再戰以一決勝負。我不打算讓你們覺得勉強委屈。」樊崇等人哪裡敢嘴硬，紛紛說道：「今日我們得以歸順，如同脫離虎口回到慈母身邊，真是歡喜交加，哪還有什麼怨氣呢？」

至此，赤眉軍的歷史畫上一個句號。這支中國歷史上著名的農民起義軍，從西元十八年樊崇起兵反莽，到西元二十七年歸降東漢，前後十年時間。當其最盛時，擁兵數十萬，號稱百萬，盤踞長安故都，威震天下。其興也勃，其亡也忽，赤眉軍的興起是反抗王莽的暴政，而其衰亡則是由於自己的暴政。樊崇是赤眉軍的領袖與靈魂人物，但他身上的缺點與優點一樣明顯，他能征善戰，但在政治上卻是個矮子，在建立政權、奪取長安後，卻毫無政治建樹。赤眉政權來自平民，但並沒有為民眾帶來福音，相反卻以劫掠的方式維持其政權，這理所當然得不到任何擁護，走向衰亡是必然的。

在降漢之後，光武帝劉秀寬宏大量，不計前嫌，赤眉將士都得到妥善的安置。但是對於樊崇來說，無法接受從領袖到降將的巨大落差，最後他又一次鋌而走險，祕密聯繫自己的部將逢安，意圖謀反，最後事洩，兩人均被光武帝處死。其他赤眉將領，包括劉盆子在內，倒都得以善終。

消滅赤眉軍對光武帝劉秀來說，是意義深遠的重大勝利。但是他的敵人絕不僅僅只有赤眉軍，活躍在中國政治舞台上的武裝集團，仍有大大小小數十個之多。這些武裝集團，少則數萬人，多則數十萬人，軍閥們擁兵自重，割據一方。要一統天下，勢必要同這些武裝集團進行曠日持久的戰爭，只有笑到最後的人，才是真正的贏家。

# 四、下一個出局者（上）

光武帝劉秀從舂陵起兵到鄗縣稱帝，僅僅用時三載，而削平群雄，一統海內卻整整用了十二年的時間。統一中國之戰，是一場漫長而艱辛的戰爭。在這十二年裡，劉秀的東漢政權不僅要與諸路群雄血戰，也一次次地出現內部的叛反。但是大浪淘沙，歷史最終選擇了劉秀，選擇了東漢，這並不是沒有原因的。

從反莽戰爭始，劉秀便展現出其個人卓越的軍事才華與政治才能。他文武雙全，知人善任，有統禦之才。他器量恢宏，能把政治利益置於個人好惡之上。對於政敵哪怕是仇人，只要誠心歸順，他都能不計前嫌，不計恩怨，這使得他能用最低的代價取得最好的戰果。在他削平群雄的戰爭中，不戰而屈人之兵的戰例為數不少。與許多武裝集團單純憑恃武力不同，在劉秀的戰略中，軍事與政治是雙管齊下，這是他取勝的法寶。綠林軍建立的「更始政權」以及樊崇建立的「赤眉政權」最後都歸於失敗，主要原因就是政治建設不力，儘管這兩支武裝集團都曾經佔據帝都長安，但不能安撫百姓，整頓社會秩序，發展生產，建立一套行之有效的法律制度，僅僅以武稱雄，最終不可避免走向失敗。而東漢政權從一開始便有完整的行政機構，以前朝制度為借鑑，推行仁政，愛護人民，使得百姓在歷經戰亂後有一個休養生息的機會。得民心者得天下，光武帝在群雄割據中能一枝獨秀，脫穎而出，並不是沒有道理的。

統一海內的戰爭，可以分為兩個階段。第一階段是從建武元年到建武六年，在六年的時間裡，光武帝劉秀基本掃平中原諸雄與農民軍；第二階段是從建武七年到建武十二年，此期戰事主要是光武帝的東漢政權與公孫述的成家政權兩強相鬥，最終以公孫述的敗亡而結束戰爭。

我們先來看看第一階段的戰爭。此期戰爭的特點是戰鬥頻繁，東漢帝國在幾條戰線上同時作戰，這本來是軍事大忌，但光武帝劉秀卻能憑藉自己非凡才能，一一消滅對手，牢牢把握戰爭的主動權，收拾王莽敗亡以來的混亂局面，廓清中原。

東漢政權剛建立時，相比其他軍閥並沒有很大的優勢。在劉秀之前，已有不少人稱帝，在劉秀之後，仍有不少冒險家要過皇帝的癮。中國人的觀念，天子只能有一個，只要還存在兩個以上的皇帝，那戰爭肯定還要繼續。劉秀當然不願意成為像王郎、劉嬰那樣的短命皇帝，可是周圍遍布敵人，他要如何拓展生存空間呢？

此時的中國，大大小小的武裝集團，總計至少有數百萬人，幾乎到了全民皆兵的地步。東漢政權要生存，就必須不斷地與這些武裝集團戰鬥，擊破、消滅對手。憑藉著手下一批出眾的將軍，光武帝劉秀很快在中原颳起一股「東漢旋風」。

從建武元年六月到建武三年初，不到兩年的時間，東漢軍隊東征西討，碩果累累：景丹、耿弇討伐軍閥劉茂，降其眾十萬人；吳漢擊破檀鄉農民軍，收降十萬人；光武帝劉秀親征五校農民軍，收降五萬人；最重大的勝利便是擊破赤眉軍，使得這支著名農民軍的歷史被徹底終結。

儘管東漢勢力強勁崛起，但各地的割據勢力還很多，除了自立為帝的劉永、李憲、公孫述之外，還有楚黎王秦豐、齊王張步、海西王董憲、燕王彭寵、武安王延岑、周成王田戎、西州上將軍隗囂、河西五郡大將軍竇融等。這些軍閥實力不弱，割據一方，整個中國四分五裂，戰亂不休。

## 關中之役

自從赤眉軍從長安城撤出後，馮異、鄧禹的東漢軍隊尾隨而去，原先盤踞在漢中的延岑乘虛而入，控制長安城。以長安為中心的關中向來是兵家必爭之地，光武帝劉秀從上台伊始，就確立了攻略關中的戰略方針，鄧禹曾經一度佔據長安，但在赤眉軍的反撲下，又被迫退出。建武三年初，劉秀在宜陽收降赤眉殘餘力量十餘萬人後，又一次派馮異兵進關中，奪取長安的戰略並沒改變。

「征西大將軍」馮異重返關中，且戰且進，屯兵上林苑，逼近長安。據史書所記，延岑富有軍事才華，被當時就被認為是「用兵之良將」，這從他大破赤眉一役中可窺一斑，在那次戰役中，赤眉軍傷亡十萬人以上。他自恃兵強馬壯，打心眼裡瞧不起馮異的漢軍，打算趁馮異立足未穩之際，先下手為強。延岑糾集精兵，進攻上林苑。不想馮異早有防備，在上林苑之戰中，漢軍大破延岑兵團。此役的勝利奠定了光復關中的基礎，關中歸附於延岑的武裝勢力紛紛見風使舵，轉而向馮異投降。延岑見大勢已去，遂率殘兵敗將退走南陽。

馮異光復長安，只是此時的長安城破敗不堪，糧食緊缺，民不聊生。連年戰亂使得關中地區通貨膨脹，物價飛漲，一斤的黃金，竟然只能購買到五升的黃豆！在這種情況下，很多人為了生存，聚在一起為盜為賊，治安相當混亂。馮異的軍隊沒有糧食供給，幸而正是果實成熟的季節，部隊遂採摘樹上的果實為食，饑一頓飽一頓，勉強支撐。光武帝劉秀又派遣一支軍隊支援馮異，大批的糧食、布匹陸陸續續送抵關中，這才使得馮異走出困境。馮異對關中的群盜武裝一一清剿，解散其眾，飽受戰爭之苦的長安城總算有了安寧的一天。

## 擊破三王

關中戰敗後，延岑退走南陽，並攻佔幾座縣城。南陽是光武帝劉秀的故里，同時也是東漢許多開國大將的故里，當然容不得延岑隨意蹂躪。很快，由建威大將軍耿弇率領的一支軍隊在穰城（河南鄧縣東南）阻擊延岑，延岑再遭敗績，逃往東陽。另一支東漢軍隊在建義大將軍朱祜的率領下，進攻東陽，再次大破延岑。延岑落荒而逃，投靠另一位軍閥秦豐。

秦豐是東漢初割劇軍閥頭目之一，他是在王莽倒台後，聚眾起兵，攻佔宜城、黎丘等十餘縣，自號「楚黎王」。此時東漢的劉秀政權佔據洛陽、長安，在軍事頻頻取得勝利，秦豐深感威脅，他也有意擴張自己的勢力，遂將自己的女兒嫁給延岑，兩大軍閥攜手對抗東漢的進攻。

此時光武帝劉秀派遣岑彭為征南大將軍，率領三萬人馬南下，欲剿滅楚黎王秦豐。秦豐得悉消息後，派出一支軍隊在鄧縣阻擊岑彭。建武三年（二十七年）七月，岑彭的東漢南征兵團與朱祜追擊延岑的軍隊會師，大破秦豐部隊，緊接著一鼓作氣，包圍秦豐的老巢黎丘。但是要攻破黎丘並非易事，這座城池經秦豐多年苦心經營，兵多城固，糧食充足，岑彭多次強攻未能奏效，黎丘之圍演變為一場曠日持久的包圍戰。

為了減輕秦豐的壓力，新女婿延岑又一次在南陽郡內興風作浪，他率軍進攻順陽縣，企圖迫使岑彭從黎丘前線回師。可是光武帝劉秀料知延岑在幾番潰敗後，已經是強弩之末，他把收拾延岑的任務交給了在關中之戰中表現不佳的鄧禹，讓自己的小老弟有挽回顏面的機會。鄧禹這回卯足勁了，他一鼓作氣，把延岑打得狼狽而逃。自從出了關中後，延岑屢戰屢敗，兵力幾乎消失殆盡，差不多就是一個孤家寡人了。天地茫茫，他要何去何從呢？逃到黎丘與秦豐會合嗎？當然不行，現在黎丘已經被岑彭的大軍包圍了，他左思右想，只能逃到西南，投奔在成都稱帝的公孫述。公孫述倒是很器重延岑的才華，任命他為大司馬，並封了「汝寧王」，自此以後，延岑成了公孫述手下的一員大將。

黎丘被圍、延岑戰敗的消息傳到夷陵（湖北宜昌東），周成王田戎惶恐不安。說起田戎，也是東漢初一位響噹噹的人物，他與秦豐都是在王莽覆滅後興師起兵的，當時他佔據夷陵，自稱掃地大將軍，有軍隊數萬人。夷陵鄰近黎丘，因此當秦豐在黎丘被東漢軍隊包圍的消息傳來時，田戎感到大事不妙了，第一個念頭就是想投降東漢政府。

有一個人跳出來反對田戎向東漢投降，這個人是他的大舅子辛臣。辛臣拿了張地圖出來，攤開來，指著圖對田戎說：「您瞧瞧，東漢政府所控制的不過就是個巴掌大的地方，天下群雄，還有燕王彭寵、齊王張步、海西王董憲以及在西南稱帝的公孫述。如今最好的辦法，就是按兵不動，靜觀局勢的變化。」

田戎聽後不以為然，反駁說：「楚黎王秦豐那麼強大，仍然被東漢軍隊所包圍，何況是我呢？我決定要投降了。」他確實有自知之明，並做好投降的準備，可是沒想到事情卻意外地出現變化了。原來辛臣本質上就是個投機份子，他想著田戎一旦投降，自己也就一無所有了，不如乘機撈一把。於是辛臣把田戎的金銀財寶席捲一空，搶在他前面向岑彭投降，又反過來污蔑田戎。這下子田戎氣昏頭了，索性放棄投降的念頭，轉而與秦豐聯合，出兵對抗岑彭指揮的東漢南征兵團。

由於秦豐與田戎聯手，使得南征之戰曠日持久。這場戰事，從建武三年持續到建武五年，前後跨三年之久。田戎曾經試圖解黎丘之圍，可是被驍勇善戰的岑彭擊敗了，只得回到自己的老巢夷陵。秦豐勢單力孤、獨木難支。建武四年底，長期被圍困的黎丘城已是岌岌可危，岑彭的東漢軍隊在包圍黎丘之戰中，給秦豐武裝集團予毀滅性的打擊，前後殲敵九萬餘人。秦豐只剩下一千多名戰士，城內的糧食也即將耗盡。在這種情況下，黎丘的淪陷已不可避免。知人善任的光武帝劉秀把猛將岑彭調離黎丘，讓他轉而進攻田戎的老巢夷陵，收拾黎丘殘局的任務交給了建義大將軍朱祜。

征南大將軍岑彭在建武五年（二十九年）三月，對夷陵發起總攻。此役令田戎全軍覆沒，他的妻兒子女包括族人，幾乎全部被岑彭俘虜，手下的數萬名戰士最後也放下武器投降。田戎隻身逃跑，步延岑的後塵，前往成都投奔公孫述，公孫述同樣收留了他，並封他為翼江王。

三個月後，被困三年的黎丘城彈盡糧絕，楚黎王秦豐抱著僥倖的心理，向朱祜的東漢軍隊投降。朱祜接受他的投降，並用囚車將其押往首都洛陽城。可是東漢大司馬吳漢認為秦豐並非真心歸順，只是日暮途窮才想到投降求生，遂上書光武帝劉秀，彈劾朱祜有自作主張。最後，割據一方的軍閥秦豐落得了個身首異處的下場。

東漢南征軍統帥岑彭是一名非常優秀的將領，在圍攻黎丘的同時，他派遣積弩將軍傅俊經略江東，奪取東南大片土地。秦豐敗亡後，他把目光又盯向南方各郡的獨立勢力。自從王莽敗亡後，南方諸州郡的長官失去了中央政權的領導，遂各自為政。交趾牧鄧讓與岑彭是好朋友，他控制交州七個郡的土地，岑彭便寫信給他，勸他歸順東漢政府。同時，岑彭還派人前往南方其他各郡，勸降這些郡的長官。到建武五年底，交州七郡連同江夏、武陵、長沙、桂陽、零陵等郡全部歸順東漢。東漢政權的勢力擴及南方及東南，光武帝統一中國的步伐又向前大大邁進一步。

## 劉永、劉紆的覆滅

在光武帝劉秀的敵人中，劉永是特殊的一個。他與劉秀一樣，也是皇室後裔，同樣登基為帝，自命為漢帝國的繼承者，這就決定了兩人之間，勢必要有一人敗亡或撤去帝號，才能停止戰爭。

劉永的八世祖是梁孝王劉武（漢文帝的兒子），他的父親劉立在王莽當權時被殺，因為這個原因，在王莽倒台後，更始皇帝劉玄封他為「梁王」。然而更始政權卻沒有統一中國的能力，在西元二十五年，公孫述、劉秀先後稱帝，劉永也要過過皇帝的癮，遂於當年十一月，在睢陽自立為皇帝，仍延續「漢」的國號。稱帝之後，劉永心知自己的實力不夠強大，在這個憑拳頭說話的年代裡，沒有雄厚的武裝就難以有立足之地。那要怎麼辦呢？當時山東琅邪郡有一個武裝團夥，頭領名為張步，頗有軍事才能，擁有一支剽勇善戰的軍隊。劉永便以「輔漢大將軍」的官銜為誘餌，把張步召羅到帳下。張步果然有本領，他在劇縣（山東壽光東南）招兵買馬，擴充軍隊，然後一連奪取泰州、東萊等七個郡，成為山東地界的土霸王。

兩帝如何並存？戰爭不可避免。建武二年（二十六年），光武帝發動了對劉永的攻勢，東漢虎牙大將軍蓋延率領大軍進攻睢陽城。劉永的軍隊出城迎戰，可根本不是身經百戰的東漢軍的對手，很快被打得丟盔卸甲。睢陽城被包圍了，戰爭本無懸念可言，可是偏偏節外生枝。東漢將軍蘇茂原本隸屬更始政府，在洛陽之戰後跟隨朱鮪投降光武帝，可是他卻始終耿耿於懷，謀圖反叛，如今二劉交戰，機會來了。蘇茂乘機在淮陽造反，殺死淮陽太守，佔據廣樂，投靠劉永。

對劉永來說，蘇茂的歸降真是雪中送炭，他慷慨地任命蘇茂為大司馬，並封為淮陽王。可是遠水解不了近渴，在蓋延的猛攻之下，睢陽城終於被攻陷了。劉永在城破之前逃走了，當他逃到譙縣時，只剩下數十名跟隨者了，所幸的是在這個時候，蘇茂的援軍到了。蘇茂率領三萬人馬阻擊蓋延的東漢軍隊，雙方在沛縣展開血戰，這一戰，蘇茂被打得大敗。當皇帝有時也不是好差事，劉永只得再往東逃竄，退守湖陵。

在軍事取得優勢後，光武帝劉秀開始發動政治攻勢。他派遣伏隆為特使，持節出使青州、徐州，招降歸順劉永的郡縣。這些郡縣長官多數都是投機份子，一看到劉永吃了大敗仗，朝不保夕，便紛紛見風使舵，轉而歸附東漢政府。在這些地方割據勢力中，以張步最為強大。張步控制山東七個郡，名義上投靠劉永，實際上是一股獨立勢力。歸附劉秀或是劉永，張步並不在乎，他在乎的是哪個皇帝能給予他更多的權力。他派了一名使節跟隨伏隆到洛陽城，試探一下光武帝劉秀開給他的官職是否足夠吸引人。

過了一段時間後，伏隆回來了，帶給張步一頂官帽——東萊太守。這個結果對張步來說，簡直失望透頂，他掌控下的地盤便有七個郡，而現在光武帝劉秀才讓他當一個小小的東萊郡太守，這豈不是吃了大虧麼？此時逃亡到湖陵的劉永聽說東漢使節到了山東，為了拉攏張步，他拋出一個足夠吸引人的條件，封張步為「齊王」。要當東萊太守呢，還是當齊王呢？沒得說，人往高處走，在王爵的誘惑之下，張步最終選擇了實力平平的劉永，並處死使臣伏隆，與東漢政府徹底決裂。

儘管劉永以「齊王」的頭銜挽留了張步，可這並沒有給他尷尬的處境帶來轉機，狡猾的張步只想著建立自己的獨立王國，在軍事上並沒有任何支援劉永的行動。劉永逃到湖陵後，收攏殘兵，又招募新兵，兵力在十萬人以上。同時，東漢叛將蘇茂佔據廣樂（河南虞城），與劉永互為犄角，共同抵抗東漢的進攻。

然而，東漢軍隊的戰鬥力是剽悍的。建武三年（二十七年）四月，東漢大司馬吳漢率領大軍進攻蘇茂的老巢廣樂。劉永可不能置蘇茂生死於不顧，遂派部將周建率領十萬人馬，前往救援。吳漢在廣樂城外與周建的軍隊展開血戰，在戰鬥中，吳漢從馬背上摔落在地，膝蓋嚴重受傷，只得收兵回營。周建的援兵順利入城，與蘇茂會合。

由於主將受傷，加上敵人援軍的到來，東漢軍隊的士氣受到嚴重挫折。身為主將，這是考驗吳漢的時刻，他麾下的將軍紛紛進言道：「大敵當前，而將軍卻受傷臥床，這恐怕會影響到士氣軍心啊。」吳漢是一位堅強的漢子，聽到這後，他從床上一躍而起，包裹好傷口後，巡視兵營，並且殺雞宰牛犒勞將士。諸軍士見主將安然無恙，恐慌的情緒漸漸平靜下來，士氣倍增。

第二天早上，蘇茂與周建自恃在兵力上佔有優勢，主動出城與吳漢決戰。吳漢慨然應戰，他帶傷上陣，給士兵們帶來了必勝的信心。事實證明了東漢軍隊的戰鬥力更勝一籌，這場決戰終於以東漢軍隊大獲全勝而告結束。蘇茂的精銳盡失，廣樂城已無法堅守，他只得逃往湖陵與劉永會合。

正當吳漢想乘勝追擊時，不想後院起火。已經被東漢軍隊攻佔的睢陽城發生兵變，叛亂的士兵把東漢官員趕走，並迎回劉永。原本窮途末路的劉永看了一線生機，可是他的對手光武帝劉秀出手更快，絲毫不讓對手有鹹魚翻身的機會。東漢軍隊很快又包圍了睢陽城，指揮攻城的大將，就是前度攻破該城的虎牙大將軍蓋延。同時，吳漢的軍隊也馬不停蹄，挺進睢陽，與蓋延會師。睢陽之戰，決定著劉永最後的命運。

睢陽之戰持續了整整一百天。面對蓋延、吳漢的兇猛攻勢，劉永無力堅守，在這場艱苦的戰事中，他幾乎耗光了血本。棄城而逃成了唯一的選擇，在對峙三個多月後，劉永終於選擇了突圍，他率領蘇茂、周建等一些殘兵敗將，打算逃往酇縣。蓋延可不想讓劉永成為漏網之魚，他率領快騎窮追猛打。此時劉永軍隊已是士氣渙散，對未來悲觀絕望，劉永麾下大將慶吾，見到頹勢已定，無力回天，索性砍下劉永的人頭，向蓋延投降。可憐這位皇家宗室，皇帝的寶座還沒有坐熱，便身首分離，命赴黃泉了。

劉永死後，蘇茂與周建立其子劉紆為梁王，據守垂惠（安徽蒙城），繼續與東漢政權分庭抗禮。

建武五年（二十九年），光武帝派遣捕虜將軍馬武、騎都尉王霸率軍包圍垂惠。被光武帝劉秀譽為「久將習兵」的馬武想搶得頭功，率先對垂惠城發起進攻，然而他卻低估了梁王的實力。梁王劉紆的部將蘇茂祕密與五校農民軍聯合，會同周建的部隊展開反撲，馬武被打得大敗而逃。蘇茂與周建一路追擊，馬武遠遠看到王霸的營壘，便大聲呼救。可是王霸卻按兵不動，他分析道：「現在敵人剛打勝仗，士氣正盛，要是我們出兵相救，也會被擊敗的，徒勞無功罷了。」他不僅不出兵，反倒把營壘大門緊緊關閉，下令所有將士嚴陣以待。

馬武這下子沒脾氣了，得了，看來還得靠自己才行，只得硬著頭皮與蘇茂交鋒，且戰且退。看到友軍處境岌岌可危，王霸的部將們都坐不住了，紛紛請戰，可是王霸一概拒絕：「蘇茂的軍隊十分精銳，而且人多勢眾，難以爭鋒。如果我們冒冒失失地出去，與馬武軍無法協同作戰，失敗是必然的。各位稍安勿躁，再忍耐一下，等到蘇茂的軍隊筋疲力竭時，就可以一鼓作氣，打敗他們。」

所幸的是，馬武的部隊雖然落於下風，但東漢軍隊的戰鬥力十分頑強，在不利的局面下仍可勉強支撐。蘇茂與周建也想盡快解決掉馬武，遂把所有部隊全部壓上去。雙方你來我往，交戰一段時間後，體力均已嚴重透支。是時候出擊了，王霸這時下令打開營壘的後門，把生力軍投入戰鬥。這些在旁觀戰的士兵們個個都已經憋足一口氣，如猛虎下山，直撲蘇茂、周建的後側。蘇茂犯下的大錯，是急於消滅馬武，沒有留一支預備隊，因而在王霸精兵的包抄下，陷入腹背受敵的窘境。驚慌失措之下，蘇茂趕緊下令撤退，可是已經遲了，在王霸的衝擊下，梁軍大敗，逃回城中。

休整兩天後，不甘心失敗的蘇茂、周建又重新集結部隊，打開城門，前往王霸大營叫陣。可是王霸毫不理會，他正在擺慶功宴呢！漢軍不肯出戰，蘇茂便下令萬箭齊發，箭雨飄向營壘之中。據說有一支箭飛入王霸案几上的酒杯裡，他巋然不動，神色自若。這時部將們對梁軍的挑釁很氣憤，摩拳擦掌，要出營與蘇茂一決死戰。王霸仍然那麼從容，他說：「不必如此。蘇茂的軍隊遠道而來，糧食不夠，所以想要速戰速決。他想打速決戰，我們偏偏不打，閉壘不出，時間一長，他們不攻自潰。這就叫不戰而屈人之兵。」不戰而屈人之兵，這是上等的戰略。王霸是對的，漢軍圍而不戰，垂惠城內人心惶惶，誰也不相信這座孤城能堅守多久。叛變終於發生了。周建的侄子周誦乘梁軍外出挑戰時，改弦易幟，換上「漢」家旗號，拒絕蘇茂、周建入城。

這戲劇性的一幕令蘇茂、周建大驚失色，不敢在城外久留，遂各自率軍離去。周建在途中病死，蘇茂先是投奔海西王董憲，後又投奔齊王張步。梁王劉紆也落荒而逃，他的下場與父親如出一轍。建武五年，梁王劉紆被自己的手下軍士所殺，腦袋被砍下來，這也意味著梁政權最終灰飛煙滅了。

# 五、下一個出局者（下）

在劉秀統一中國的十二年戰爭中，建武五年（二十九年）是戰事最頻繁的一年，該年東漢政權先後消滅燕王彭寵、周成王田戎、楚黎王秦豐、梁王劉紆、齊王張步等割據勢力，為統一中國打下堅實的基礎。

## 彭寵之死

彭寵與劉秀一樣，是南陽郡人，他的父親彭宏在西漢末年曾擔任過漁陽太守。王莽敗亡後，更始政權拜彭寵為漁陽太守。當時天下群雄割據，彭寵的部將吳漢勸他歸從劉秀，彭寵經過反覆考慮後，接受吳漢的建議，並派吳漢、王梁、蓋延等人率三千人馬前往協助劉秀。可以說，在劉秀稱帝前的一段困難日子裡，彭寵是幫了他大忙。在劉秀與王郎作戰時，彭寵徵調精銳突騎，開往前線支援劉秀，並且千里轉運糧食，確保後勤供給。

可是劉秀稱帝後，彭寵開始感覺心裡不平衡了。光武帝劉秀任命鄧禹為大司徒，王梁為大司空，吳漢為大司馬，這三個職位又稱為「三公」，權力僅次於皇帝。「三公」中有兩個，即王梁與吳漢，都曾是彭寵的部將，他們都後來居上，官職反倒在彭寵之上。這下子彭寵有了強烈的失落感，他曾經歎道：「如果王梁與吳漢都位列三公，那麼我理應封王才是，莫非陛下已把我忘了嗎？」

其實彭寵是個非常有才能的人，由於戰亂，當時中國北方諸郡都破敝不堪，唯獨漁陽郡成為一方樂土。為了管理北方諸郡，光武帝任命朱浮為幽州牧，成為彭寵的頂頭上司。朱浮能文能武，喜歡附庸風雅，擺顯自己的文才，不太看得起彭寵。彭寵也是好勝心很強的人，認為朱浮這種人不配當他的上司。兩人的矛盾愈發激烈，朱浮就時不時向朝廷打小報告，說彭寵購囤糧食及金銀財寶，祕密集結部隊，用意難測。

那麼光武帝劉秀又是怎麼看這件事呢？他不一定相信彭寵想要謀反，可是彭寵一向對自己未能得到提拔而心有怨言，因而劉秀耍了一個並不太高明的伎倆，他讓朱浮的小報告傳到彭寵耳中，這是一種無聲的警告。不久後，光武帝徵召彭寵入京。彭寵擔心皇帝偏聽朱浮的一面之辭，便上書劉秀，要求與朱浮同時進京，以當面對質。然而這個請求並未獲得光武帝的批准，彭寵擔心一旦進京便會遭遇不測，怎麼辦呢？他猶豫不決了。彭寵的妻子是一個相當剛強的女人，她對丈夫說：「如今天下還未安定，群雄割據，漁陽乃是大郡，兵強馬壯，何必因為別人的一折奏章而離開這裡呢？」

聽了妻子的一席話後，彭寵又召自己的親信臣僚前來商議，大家對朱浮這個人都非常討厭，都勸彭寵不要前往京城，以免遭奸人的陷害。聽了眾人的意見後，彭寵最後一咬牙，好，不是我想謀反，如今人為刀俎，我為魚肉，不能不反了。於是他拒不奉詔，宣布獨立，並點兵兩萬，攻打朱浮所在的薊城。

在彭寵叛變這件事上，光武帝劉秀要負很大的責任，他的處理是不恰當的。從此以後，兩人分道揚鑣，從君臣變為戰場上的對手。

劉秀深知漁陽騎兵的厲害，他不敢小看彭寵，便派遊擊將軍鄧隆，前往協助朱浮。朱浮雖然號稱文武雙全，但實際上武略遠遜於文才，他把自己的部隊駐紮在雍奴，把鄧隆的部隊駐紮在潞城，兩支部隊相距一百里遠。當光武帝得悉朱浮的布防後，大驚道：「兩座營壘相距這麼遠，根本不能相互支援，這兩名將軍必敗無疑。」劉秀的判斷是正確的，彭寵抓住朱浮布防上的弱點，集中兵力攻打鄧隆，大敗東漢軍隊，朱浮想要救援已是來不及。

彭寵挾勝利之餘威，一鼓作氣包圍薊城，朱浮只得據險而守。這場圍城戰持續了數月之久，薊城的情況惡化了，在糧食耗盡後，出現了人吃人的人間慘劇。只是朱浮還算命大，在他最狼狽之時，上谷太守耿況派出騎兵救援，好不容打開一個缺口，朱浮乘機落荒而逃。朱浮逃跑後，薊城無力再戰，舉白旗向彭寵投降。攻陷薊城之後，彭寵自立為「燕王」，並一鼓作氣攻克右北平，同時也攻略上谷郡的幾個縣，成為北方一支不可忽視的武裝力量。為了對抗劉秀的東漢政府，彭寵以重金賄賂匈奴，向匈奴人借兵助戰，同時與山東地界的張步武裝集團聯合。

建武四年（二十八年），在得到匈奴人的援助後，彭寵準備突襲東漢軍隊設在良鄉、陽鄉的兩個據點。這個情報被上谷太守耿況所偵知，他當機立斷，派兒子耿舒率領一支奇兵先下手為強，奔襲匈奴援軍。匈奴人在沒有防備的情況下，被打得措手不及，損失了兩名親王。彭寵的布署被打亂了，只得放棄原先的計畫。

在劉秀眼中，彭寵是最危險的敵人之一。可是彭寵的結局卻令人十分意外與震驚，因為他既非死於戰場，也非死於部將的叛亂，而是死於幾個奴僕之手。整個過程有點令人難以思議。

彭寵夫人是一位性格剛強同時也迷信的女人，她曾經做了幾個惡夢，在夢中看到許多怪異的事情。她把自己的夢告訴了卜筮者、望氣者等江湖術士，這些術士們異口同聲地認為，這是發生內部兵變的徵兆。彭寵也很擔心，便把一些懷疑對象調往外地。可是讓他沒有想到的是，事變還是發生了，而且只是幾個奴僕策劃的。

這些奴僕又叫做「蒼頭」，蒼頭原本是指青巾裹頭的軍隊，在戰國時代是隸屬於貴族的私人武裝，後來逐漸成為家奴的名稱。與一般奴僕不同的是，蒼頭有一些軍事色彩，有時也充當近侍武裝。有一天，彭寵在房間裡齋戒，感覺有點累便睡著了。這時蒼頭子密等三個人突然闖了進來，用繩子把彭寵綁在床上。他們是出於什麼目的呢？史書上沒有寫，或許子密就是東漢政府潛伏在彭寵身邊的臥底，或許是出於對彭寵的仇恨，反正原因是搞不清楚了。

這次綁架行動是精心策劃的，因為子密的每個步驟都是經過了深思熟慮。他假傳彭寵的命令，把彭寵的下屬、侍衛全部支走；並把其他奴婢都抓起來，分開來關禁閉。當然，子密沒有忘掉把彭寵夫人騙到內室，當彭夫人走入房內時，發現彭寵被五花大綁在床上，心知情形不對，她驚叫道：「家奴反了！」可是已經晚了，子密等人揪住她的頭髮，將她甩出去，並扇了一個大巴掌。這時彭寵對夫人喊道：「你快去給他們幾個準備行裝吧。」這時彭寵還以為幾個家奴不過就是想要撈些金銀財寶。

子密與另一位家奴押著彭夫人，把彭家的金銀玉器等貴重物品洗劫一空。由於彭寵被綁著當人質，彭夫人沒敢喊出聲來，她也以為這些家奴得了錢財後就會逃之夭夭，可是焉知子密等人一不做二不休。子密取了寶物後，裝在一個大行囊裡，又備了六匹馬，回到房內，又強迫彭夫人縫製兩個錦囊。等到天色快暗下來時，子密又強迫彭寵寫了一封信，作為出城辦事的信物。可憐彭寵一世英雄，被幾個家奴耍得團團轉。他本想著天黑後，這幾個人逃跑後，自己就沒事了。但是子密卻要斬草除根，他最終舉起屠刀，殺死彭寵夫婦，然後把兩人的腦袋砍下來，裝在錦囊中。三人挾著寶物，駕著馬車從容離去，由於有彭寵的手令，一路上通行無阻。出了彭寵的地盤後，便飛奔向洛陽，向光武帝劉秀邀功請賞去了。

一代梟雄竟落得如此下場，徒令人唏噓而歎。彭寵遇害的第二天，他的下屬見房門緊閉，沒見到他出來，便心生懷疑，遂破門而入，只見彭寵與夫人都倒在血泊之中，項上腦袋已被砍去。所有人大驚失色，王宮內一片混亂。諸位大臣便擁立彭寵的兒子彭午為燕王，可是燕國國師韓利見彭寵已死，大勢已去，不如另找東家。於是韓利發動政變，殺死彭午，同樣砍下他的腦袋，交給了駐紮在良鄉的東漢征虜將軍祭遵。祭遵得悉彭寵已死，果斷發兵，在韓利的配合下，很快佔領漁陽。彭寵家族遭到滅頂之災，宗族成員全部被處死。就這樣，割據一方的彭氏武裝集團土崩瓦解了。

## 耿弇破張步

彭寵家奴作亂，為光武帝劉秀除去了心腹之患，可謂是得來全不費功夫。當初為了對抗強大的東漢政權，彭寵北結匈奴，南連張步，構成了一個鐵三角「反漢聯盟」。彭寵意外身死，令盤踞山東的張步有唇亡齒寒之感。

張步曾經投靠自立為天子的劉永，並撈到了一個「齊王」的封號。不過他並不像蘇茂那樣對劉永忠心耿耿，而只是熱中於在自己的地盤上當草頭王。由於彭寵奪取薊城並自立為燕王，東漢政府不得不把更多的兵力用於北線戰場，這也讓張步獲得了發展的良機。西元二十七年（建武三年），張步趁東漢無暇東顧之機，在山東地界攻城掠地，將自己的地盤從七個郡擴展到了十二個郡，完全佔據齊地，成為名副其實的「齊王」。

彭寵死後，東漢政府終於可以騰出手來解決張步了。建威大將軍耿弇自告奮勇，向光武帝請纓討伐張步。

耿弇是光武帝麾下最傑出的一員戰將，是中國歷史上著名的軍事天才。他足智多謀、英勇善戰，為東漢開國立下赫赫戰功。在劉秀稱帝後，耿弇被任命為建威大將軍，時年僅二十二歲，是最年輕的大將軍。耿弇主動請纓，令光武帝劉秀喜出望外，任命他為東征軍統帥，全權負責攻略齊地。

討伐張步之役，也是耿弇戎馬生涯的代表作。

建武五年（二十九年），耿弇率部東征。張步對此是有所防備的，他布下一道防線：大將軍費邑駐紮在歷下（山東歷城縣），其餘主力分守祝阿、泰山、鐘城等地，嚴陣以待。可事實證明這條防線遠遠談不上堅不可摧。耿弇率部度過黃河後，率先進攻祝阿。祝阿之戰進行得十分順利，東漢軍隊只花費了半天的時間，便攻陷城池。耿弇故意留出一個缺口，守城的士兵一看可以逃跑，誰也不想抵抗，紛紛從缺口處奪路而逃，撤向鐘城。

鐘城的齊軍聽說祝阿才半天就淪陷，瞠目結舌，對東漢軍隊的戰鬥力抱有恐懼之心。當祝阿的逃兵湧向鐘城後，鐘城的軍隊人心惶惶，也加入逃跑的行列。沒過多時，鐘城的人全跑了，幾乎成了一座空城。耿弇兵不血刃，輕鬆佔領鐘城。

在連失兩城後，齊王麾下大將軍費邑不敢怠懈，為了預防逃兵的再次出現，他派自己的弟弟費敢坐鎮巨里（山東歷城縣西），嚴防死守，以遏制漢軍的攻勢。耿弇派出先頭部隊，威脅巨里，並嚴令全軍積極備戰，準備各種攻城器具，三天後對巨里發動總攻。可是這不過是耿弇聲東擊西的伎倆，他故意讓齊軍俘虜得悉攻城計畫，並暗中命人放鬆對俘虜的看管，讓他們中的一些人得以有機會逃走。這些逃走的俘虜把耿弇攻城計畫帶給了大將軍費邑，費邑自以為得到絕密的情報，遂在三天後親自率領三萬名精兵，前往救援巨里。可是他做夢都沒想到，他已經中了耿弇的圈套了。

在偵知費邑正率精兵趕來時，耿弇大喜，他召集部將道：「我之所以大張旗鼓，擺出進攻架式，目的就是想把費邑的精銳部隊引誘出來。現在他上鉤了，我們不在野戰中消滅他們，難道要去進攻高牆固壘的城池嗎？」這就是耿弇的計謀，與其攻敵於城，不如戰敵於野。在曠野上交鋒，身經百戰的東漢兵團擁有絕對的優勢。耿弇留下三千人監視巨里，其他的部隊埋伏在費邑兵團所必經之地的一處山崗。在費邑三萬人馬進入埋伏圈後，耿弇的伏兵從兩側殺出。猝不及防的齊軍陣腳大亂，在一片混戰中，齊軍統帥費邑被斬於馬下。

這是典型的圍城打援戰術，在擊破三萬援兵後，耿弇將費邑的首級懸掛在巨里城下示眾。城內守軍見大將軍身首異處，不能指盼得到增援了，人心震恐。費邑的弟弟費敢不敢戀戰，棄城而逃。耿弇在攻取巨里後，又掃蕩周邊齊軍營壘四十餘座，平定濟南郡。

費邑敗亡後，張步把防禦重點放在西安（山東淄博西）與臨淄二城，他派弟弟張藍防守西安城，有部眾二萬餘人，臨淄城則有守軍一萬多人。耿弇的軍隊開進到西安與臨淄中間地帶，究竟要先進攻哪一座城呢？耿弇親臨前線，察看戰場，發現西安城雖然小，但十分堅固，而且張藍的部隊是精銳之師，並不容易對付。而臨淄城雖然大，但守備比較弱，反倒容易攻破。於是他又一次施展詭計，假稱五天後將對西安城發動總攻。

張藍同樣出現判斷上的失誤，他嚴陣以待，可是五天後漢軍並沒有前來進攻。耿弇聲東擊西的伎倆又一次得逞，他虛晃一槍，轉而進攻臨淄城。他的戰略思想是打速決戰，因為勞師遠征，倘若陷入持久戰的陷阱中，將十分不利。耿弇出其不意地奔襲臨淄，同樣以快刀斬亂麻的方式，僅用半天時間便攻陷臨淄。臨淄失守後，張藍大驚失色，他的退路被漢軍截斷，遂棄城而逃，逃回張步的大本營劇縣（山東昌樂縣）。

臨淄這麼快就丟失，張步相當惱怒，他決定親征，與耿弇的漢軍決一死戰，重新奪回臨淄。此時張步的兵力要遠多於耿弇，他集結大軍，號稱「二十萬」，氣勢洶洶地殺向臨淄，駐紮於城東，準備對耿弇發起反撲。

耿弇在臨淄城內給光武帝劉秀寫了一封信，闡述自己的戰術：「臣據守臨淄，挖深塹，築高壘。張步從劇縣來攻，疲勞饑渴。如果敵人前進，我則誘敵深入然後反擊；如果敵人退卻，我將尾隨其後追擊。我軍依靠堅固的營壘，士氣旺盛，且以逸待勞，以實擊虛。不出十天半月，定可得到張步的首級。」

在實際戰鬥中，耿弇嚴格遵守自己定下的戰術法則。他先在淄水河畔布陣，這時張步的部將重異前來叫陣。耿弇並沒有把對手放在眼裡，這裡漢軍中精銳部隊「突騎」請求發動進攻，但耿弇沒有同意。他不是擔心突騎打不敗重異，而是擔心打敗敵人先頭部隊後，張步會知難而退，這樣就無法打一場殲滅戰。於是他下令前線部隊佯裝不敵，向後退卻，以誘敵深入。

張步看到漢軍後撤了，哪裡肯放過呢？他下令全線追擊。耿弇派劉歆、陳俊兩部阻擊齊軍，自已則率精銳突騎出擊，將張步的大軍攔腰截斷。張步軍隊的陣形被衝擊得一片混亂，在混戰中，被訓練有素的漢軍打得大敗。在此役中，耿弇身先士卒，在戰鬥中，他的大腿被飛來的流矢射中。他沒有退卻，而是拔出配刀，把箭桿砍斷，堅持戰鬥在第一線以鼓舞士氣。雙方血戰到了天黑，各自鳴金收兵。

此時光武帝劉秀並沒有在首都洛陽，而是在距耿弇不遠的魯縣。他收到耿弇發來的信件後，對戰況頗感擔憂，決定要親自率軍支援耿弇。耿弇可不想讓皇帝操心，他要在光武帝到來之前，打敗張步。於是漢軍主動出擊，迎戰張步，這是一場硬仗，從早晨戰到黃昏，人數不佔優勢的漢軍再次大破敵軍，張步的士兵死傷無數，屍體填滿溝壑。耿弇估計張步在兩度遭到重創後，肯定無心戀戰，退回劇縣老巢。於是他在晚上時，悄悄派出兩支部隊，埋伏在張步撤退所必經之地。果不其然，張步連敗兩場，又風聞光武帝劉秀正率大軍趕來，心裡惶恐難安，遂下令班師。結果在半途上，又被耿弇的伏兵所截殺，齊軍遺屍無數。耿弇追擊八十里，張步兩千輛輜重車全都落入漢軍手中。

幾天後，光武帝劉秀抵達臨淄，慰勞耿弇的部隊。他高度評價耿弇伐齊的功績，將其與西漢名將韓信伐齊相提並論。一向注重不戰而屈人之兵的光武帝同時強調，倘若張步能歸順東漢，他將不計前嫌（張步曾殺漢使伏隆）。最後，他對耿弇說：「將軍以前提出平齊大策，我常以為目標過於高遠，難以做到，但事實證明，有志者事竟成！」

「有志者事竟成」，已經成為一句勵志名言，其典故正是出自此。這句話既是對耿弇的讚揚，也是光武帝劉秀奮鬥的真實寫照。一個二十八歲還在種田的人，沒有一點神童的特質，卻能實現削平海內，一統天下的偉業，這種偉業的最初泉源，不正是發自於內心的「志向」麼？

光武帝親自壓陣，耿弇為先鋒，直奔張步老巢劇縣。此時的張步已如驚弓之鳥，光一個耿弇他就屢戰屢敗了，如今皇帝親臨，實力更加強大，試問劇縣又如何守得住呢？很快，張步就棄城而逃，逃往平壽。

這時蘇茂率一萬多人前來救援，可是他對張步卻已經十分不滿了。蘇茂原本是劉永、劉紆的部將，在劉永父子先後敗亡後，他便投奔齊王張步。因為蘇茂與東漢軍隊的作戰經驗相當豐富，張步在攻打臨淄前，召他前往。可是蘇茂尚未抵達，張步就冒冒失失發起對耿弇的進攻，被打得慘敗。蘇茂見到張步後，批評道：「耿弇統領的是南陽精兵，當年以延岑之英勇善戰，尚且成為耿弇的手下敗將，大王您怎麼就輕率地進攻他的營壘呢？既然您召我前來，難道不能多等一會嗎？」張步半晌說不出話，只能囁囁而言：「唉，我無話可說。」

光武帝的情報網相當龐大，他很快就知道蘇茂與張步兩人有矛盾，於是便放出風聲，他們兩人中的哪一人能殺死對方，就封為列侯。這時張步知道「齊王」是當不成了，能當個列侯也不錯。於是他翻臉不認人，殺死蘇茂，出城向耿弇投降。光武帝沒有食言，封張步為「安丘侯」。這樣，又一支雄據一方的軍閥被東漢政權掃平了。

## 皇帝李憲的下場

王莽敗亡後，天下未定，想當天子的人多的是，李憲就是其中的一人。李憲在王莽當權時，便擔任廬江屬令。到了王莽末年時，天下大亂，當時有一股為王州公為首的農民軍在江淮一帶攻城略郡。王莽以李憲為偏將軍，討伐王州公，大破農民軍。王莽垮台後，李憲便割據一方，自稱「淮南王」，擁兵自重。可是他對「淮南王」這個名銜還不知足，還想當皇帝。於是在西元二十五年（漢光武帝建武三年），他在淮南自立為皇帝。這時的他佔據九座城，擁有十餘萬武裝部隊。

當時，過了皇帝癮之後，隨之而來的便是代價。在群雄割據的年代裡，李憲並不是一個突出的人，實力也平平。建武四年（二十八年），光武帝派遣揚威將軍馬成進攻李憲，並很快把李憲的老巢舒縣團團圍困。這場圍困戰持續了一年半之久，到了建武六年，馬成終於取得重大進展，攻破舒縣。李憲奪路而逃，可是在逃跑途中，被手下的一名軍士斬殺，該軍士持著李憲的首級向漢軍投降。至此，這個短命的政權就告結束了。

## 董憲與龐萌

董憲是赤眉軍的悍將之一。早在反莽戰爭時，董憲就是赤眉軍的重要將領，他曾經在西元二十二年（王莽地皇三年），率數萬赤眉軍大敗王莽軍隊，殺死王莽手下大將廉丹，這就是著名的「成昌之戰」。後來董憲脫離樊崇的赤眉軍，在東海郡割據自雄。劉永稱帝後，董憲接受他的統治，並被封為「海西王」。

西元二十八年（建武四年），董憲的部將賁休突然叛變，獻出蘭陵城投降東漢政府。得悉消息後，董憲立即從老巢郯縣出發，親自率軍包圍蘭陵。這時賁休緊急向東漢政府請求援助，光武帝劉秀馬上指示虎牙大將軍蓋延、平狄將軍龐萌前往救援。劉秀對兩位將領發出的指示是：「大軍應該直搗董憲的老巢郯縣，則蘭陵之圍可解。」這就是圍魏救趙之計。可是蓋延過於謹慎了，他認為蘭陵城已經危在旦夕，如果不救就來不及了。

董憲並非浪得虛名，他頗長於兵略。在得知東漢援軍前來的消息後，他故意向後撤退，蓋延見狀，以為董憲膽怯了，便率軍進城與賁休會合。不料董憲很快又捲土重來，又一次包圍了蘭陵城。蓋延見狀害怕了，他趕緊趁董憲的包圍圈尚未穩固之際，突圍而出。這時他才想起光武帝的吩咐，便揮師殺向郯縣。遠在首都洛陽的光武帝得到快報後，批評道：「起初我吩咐蓋延直搗郯縣，是要出其不意，董憲不知底細，必然會回師保衛老巢。如今蓋延既吃了敗仗，董憲也心裡有數了，豈能攻郯縣以解蘭陵之圍呢？」果然不出劉秀所料，蓋延既不能攻下郯縣，最後蘭陵也被董憲攻陷了。

更糟的是，東漢兩員大將，蓋延與龐萌兩人嚴重不和。據史書記載，龐萌「為人遜順」，深得光武帝劉秀的信任，劉秀甚至多次對人說：「可以托六尺之孤，寄百里之命者，龐萌是也。」建武五年（二十九年），光武帝又下達詔令，要求蓋延與龐萌發動對董憲的進攻。可是這份詔令，只發給蓋延，卻沒有發給龐萌。龐萌心裡非常不高興，認為肯定是蓋延在背地裡說自己的壞話。兩人原本就不和，因為這件事，龐萌對蓋延更加不滿，這種不滿情緒累積到了一定時候，終於爆發了。

怨恨之心，導致了龐萌的叛變。龐萌突然率領自己的部隊襲擊蓋延，蓋延全然無備，被打得大敗而逃。正所謂一不做，二不休，攻打了蓋延，龐萌便走上一條不歸路，他主動與董憲聯合，反過來對付東漢。龐萌把部隊駐紮在桃鄉之北，自稱「東平王」，公然與光武帝為敵。

這下子可把光武帝給氣瘋了，怪自己有眼無珠，他對眾將說：「我向來把龐萌當作社稷之臣，各位將軍不會笑話我說的吧！這個老賊，應當要誅滅他全家才能解恨，諸位將軍要勤操兵馬，會師睢陽。」

然而龐萌的叛變著實令光武帝頗感狼狽。龐萌大破蓋延後，揮師攻破彭城，接著又包圍了桃城。此時劉秀正在蒙縣（河南商丘東北），聽到桃城被圍，立即親自率輕騎兵前往馳援。當了皇帝之後，劉秀並不是坐在皇宮裡享受，而是經常親臨戰場指揮作戰，這一點在中國皇帝史上也是少有的。劉秀率領輕騎兵日夜兼程，所有人員都疲備不堪，紛紛請求就地休整，可是劉秀不答應，一直挺進到離桃城僅六十里地的任城時，方才允許安營紮寨。

光武帝劉秀急行軍數百里，是為了給桃城將士吃一粒定心丸。果然，在得知皇帝親自前來救援的消息後，桃城所有士兵都相當振奮，深信皇帝不會棄他們於不顧。龐萌急於攻下桃城，傾盡全力進攻，然而桃城守軍英勇抵抗，城池始終固若金湯。在這期間，光武帝劉秀急令吳漢、王常、蓋延、王梁、馬武、王霸等將領前來會師，準備給龐萌予致命一擊。各路漢軍紛紛趕到任城與光武帝會合後，對桃城外龐萌部隊發起總攻，龐萌大敗，只得連夜逃走，前往投奔董憲。

桃城解圍後，劉秀移駕湖陵，把打擊目標鎖定在海西王董憲。一場大戰難以避免。董憲集糾數萬人，駐守昌慮（山東滕縣東南），同時又說服五校農民軍與之聯合，據守建陽（山西嶧縣西）。光武帝劉秀繼續進軍，距離董憲約一百里地，安營紮寨。這時諸位將領紛紛請戰，光武帝不允許出戰，他與農民軍有過許多次的交鋒，深知農民軍的弱點，他們剽掠如風，流動性很強，只要糧食耗盡，必定就要退走。東漢開國時有許多名將，以致於我們時常忽視身為皇帝的劉秀，其實他是名將中的名將。局勢不出劉秀的判斷，不久後，五校農民軍糧食吃完了，他們必須到其他地方去掠奪，於是一哄而散。董憲找來的盟軍就這樣不戰而走，這時光武帝劉秀果斷地下達出擊令，漢軍從四面

# 六、書生與梟雄

光武帝劉秀是中國歷史上出類拔萃的皇帝，他長於兵略、久經沙場，卻始終不脫儒生之氣質。建武六年，中原初定，只有邊陲的隗囂、公孫述仍割地自雄。這時的光武帝對戰爭產生了厭倦的情緒，打算以和平手段收降隗囂、公孫述。他曾經對諸將領說：「暫且把這兩人置之度外吧。」可是隗囂與公遜述並不想放棄權力，遂使戰爭又持續了數年之久。

我們先來了解一下隗囂其人。

隗囂成名很早，在少年時代，他便以知書通經而聞名隴右。當時王莽的國師劉歆也風聲隗囂的美名，把他召入京師，引為國士。劉歆死後，隗囂又回到了隴右故里。當時天下動盪，反莽起義風起雲湧，起義的浪潮也席捲到了隴右邊陲地區。西元二十三年，隗囂的叔父隗崔聚眾起兵，殺死王莽派來的官員，起義軍推舉隗囂為上將軍。隗囂的勢力發展很快，這得益於他確立了「承天順民，輔漢而起」的方針，移檄郡國，數莽罪惡。起兵後不久，隗囂很快得到各方回應，軍隊擴大到了十萬人，他分遣諸將攻下隴西、武都、金城、武威、張掖、酒泉、敦煌等郡，成為西北王。

王莽政權垮台後，隗囂歸附於長安更始政權，更始帝授予他右將軍之銜。但不久之後，赤眉軍大舉進攻長安，更始政權的將軍們想要放棄長安，企圖劫持更始帝劉玄返回南陽。這件事，隗囂也參與了。更始帝劉玄發覺部將們的陰謀們，反戈一擊，誘殺多位將軍。隗囂害怕遭到毒手，遂逃回天水，重新招攬舊部，仍然稱雄一方，自封為「西州上將軍」。

隗囂與劉秀頗有共同點，他們都是沙場宿將，但同樣也是儒雅的文人。此時天下大亂，而隗囂統治下的西州則成為一片難得的淨土，當時大量的士人從長安一帶湧入西州避難。隗囂自年輕時起，就被認為是名士，他也喜歡結交其他名士，而且不論對方的出身與貴賤，他都一視同仁。正因為如此，隗囂聲名遠揚，有許多豪傑紛紛前來投靠他，其中包括後來大名鼎鼎的馬援。

光武帝開國後，主要精力用於平定關中及山東，暫時騰不出手來對付隗囂。這時太中大夫來歙自告奮勇前往西州遊說隗囂，他對光武帝說：「以前在長安時，我跟隗囂是好朋友。他當初起兵時，打著輔佐漢室的旗幟，倘若我願意前往勸降，他定會歸附陛下。」建武三年，來歙前往西州，見到老朋友後，就勸他歸降東漢。隗囂並沒有答應，但他派出使者往洛陽覲見光武帝。光武帝很早以前就聽聞隗囂好士博學的雅名，對他有好感，便寫了一封信給他，採用對等國家的禮儀，並沒有居高臨下的傲慢。

當時天下稱帝的人不少，但有實力的只有劉秀與公孫述。究竟要投靠誰呢？隗囂十分謹慎，他決定派馬援前往成都，到公孫述那裡探個虛實。為什麼要派馬援去呢？原來馬援與公孫述都是茂陵人，打小光著屁股玩大的好朋友，交情非常深厚。西元二十八年（光武建武四年），馬援動身出發了，他一路上想著到了成都見到老朋友後，公孫述一定非常高興，到時兩個人又可以像以往那樣聚在一起喝酒、談笑風生了。可是馬援錯了。如今的公孫述已不再是當日一起光屁股的小孩了，他可是皇帝啊。當了皇帝，威風就來了，公孫述見到馬援時，不僅沒有表現出昔日好友的熱情，反倒高高在上，擺弄一套繁文縟節，擺明就是炫耀自己。

回到西州後，隗囂讓馬援評價公孫述的為人。馬援答道：「公孫述不過就是井底之蛙，沒有雄才大略，我們不如歸附洛陽的劉秀。」於是隗囂又派馬援前往洛陽，去打探光武帝劉秀的底細。

馬援馬不停蹄直奔洛陽，見到光武帝劉秀。劉秀以布包頭，下殿相迎，完全沒有皇帝的架子。馬援不禁感歎道：「當今之世，非獨君擇臣也，臣亦擇君矣。我與公孫述是同鄉，打小就是好朋友，可是我到成都時，他坐在寶殿之上，衛兵嚴密戒備後，才允許我進殿。如今我遠道而來，陛下這樣疏以防範，萬一我是刺客怎麼辦？」劉秀笑道：「你不是刺客，你只是說客！」馬援嘆服道：「天下反覆，盜用帝王稱號者不可勝數。今見陛下，恢廓大度，如同漢高祖，果然是真天子啊。」

在洛陽待了三個月後，馬援動身返回西州。隗囂聽說馬援回來了，十分高興，二人整整聊了一晚上。隗囂向馬援詢問東漢政府的情況，馬援回答說：「我到洛陽後，皇上接見我數十次，每次見面時都有說不完的話，總是從晚上聊到天亮。皇上英明果斷，有勇有略，非他人可以相比。而且他開誠布公，沒有任何隱藏，豁然大度，頗與漢高帝相似。不僅如此，他博覽經學，通達政事，能文善辯，前世君王沒有人可與之相比。」馬援把劉秀捧上天，隗囂很不以為然，便問道：「那依你之見，他與漢高帝相比如何？」馬援答道：「他不如漢高帝。漢高帝比較隨性，無可無不可。當今皇帝則喜歡處理政事，舉止很有節制，而且還不喝酒。」隗囂一聽，又不高興了，頗有責怪地說：「照你這樣說，他反倒是勝過漢高帝嘛。」

儘管馬援極力勸隗囂歸順東漢朝廷。可是隗囂當了幾年的西北王後，不想受制於他人，他找了種種理由搪塞，就是不願歸順。

隗囂認為如今天下群雄割據，與當年的戰國時代頗為類似，他真實的想法，是想成為像戰國七雄那樣割據一方的勢力。我們不能小看隗囂，他手下的人才是很多的，其中包括著名的史學家班彪。考慮到班彪對歷史掌故十分熟悉，隗囂就召他前來，問道：「以前周朝衰亡時，戰國並起，爭雄天下，經過好幾世才得以統一。我想合縱與連橫的故事，大概又要在今天重演了吧。」

對歷史有深刻研究的班彪回答道：「周朝的廢興，與漢朝十分不同。周朝分封五等諸侯，諸侯們各自為政，這種制度導致了弱本強枝，最終周室衰落而諸侯興起。可是漢朝卻不同，漢朝繼承秦朝的制度，改分封諸侯制為郡縣制，因而皇帝有獨裁之威，大臣不可能長期把持權柄。只是到了漢成帝時，過分倚重外戚，這才最終導致王莽擅權，竊國盜位。這十幾年來，天下騷動，各地兵變頻發，但都打著劉姓漢家的旗號。如今割據州郡的豪傑，都沒有戰國七雄歷代累積下來的雄厚資本，而百姓又思念漢朝，因此漢室必興，這是可以預知的。」

隗囂聽了後搖搖頭說：「你只是看到愚昧的人習慣於劉氏旗號，因此斷定漢室必興，這種分析是不嚴密的。以前秦國垮台，劉邦逐鹿天下而得之，那時候人可以說也思念漢朝嗎？」依這位軍閥所見，天下並不必然是劉氏的，正如漢取代秦一樣，也將會有其他豪傑來取代漢的。

我們必須說，隗囂的歷史眼光是不錯的，但就當時的形勢而言，劉秀統一天下的格局已露雛形。各路英雄豪傑紛紛敗在東漢軍隊手下，劉秀已經成為眾多政權中最有實力者，而且他還以劉邦後裔的身分打著漢室的旗幟，可謂是佔據得天獨厚的條件。班彪無法說服隗囂，只好投奔河西的竇融。

此時的隗囂已經開始有裂土為王的野心，他經常自比為西伯。西伯的本意是西方諸侯之長，一般是指周文王。隗囂之所以很自負，是因為他文武雙全。他飽讀經典，是當時聞名天下的名士，同時他也頗長於兵略，打過很多勝仗。「西州上將軍」這個頭銜已經滿足不了他的欲望了，他渴望給自己戴上一頂王冠。可是謀臣鄭興站出來反對說：「以前周文王已經佔有三分之二的天下，還對殷商朝廷稱臣；周武王聯合了八百個諸侯，卻還耐心地等待時機的成熟。高帝劉邦征戰多年，仍以使用『沛公』這個稱號。如今您雖然德行昭明，卻沒有像文王、武王那樣有數代人的累積；雖然兵威頗盛，卻沒有漢高帝的赫赫戰功。在這種情況下，您卻想要做不可做的事情，豈不是自找禍患嗎？」

這一番話，把隗囂稱王的念頭打消了。可是他既不當王，也不歸附東漢政府，這令光武帝劉秀有所不滿。劉秀決心要試探一下隗囂的底線，他要求隗囂出兵攻打西南的公孫述。可是隗囂不願意，他藉口北面受到匈奴人支持的盧芳政權的威脅，拒絕出兵。光武帝劉秀明白了隗囂的真實意圖，他就是想割據一方，抗拒東漢統一中國。

為了勸降隗囂，劉秀讓馬援、來歙兩人去做他的思想工作。馬援和來歙與隗囂的私人關係特別好，他們都勸他歸順東漢，前往洛陽覲見皇帝，並說明光武帝已承諾授予他高官厚爵。

此時自立為漢帝的劉永、自立為燕王的彭寵先後敗亡，隗囂的內心也大為震動。他雖然不情願歸降，但還是象徵性地派長子前往洛陽覲見光武帝。在隗囂集團內部有兩種不同的聲音，一是以馬援為代表，力主歸附東漢；一是以武將王元為代表，力主獨立。

王元反對隗囂投靠洛陽，在他看來，群雄戰爭遠未結束，成敗尚未可知。他說道：「如今南有公孫述，北有盧芳，其他地方稱王稱公者尚不下十數人。您如果聽從迂儒的話，捨棄王業之基，委曲求全，那麼就有覆亡的危險了。天水（隗囂老巢）是完整而富饒之地，兵強馬壯，只要我們向東發展，奪取函谷關，就可立下萬世不拔之基。即便不能做到這點，只要我們養精蓄銳，據險而守，也足以曠日持久。耐心等待天下時局的變化，就算圖謀王位不成，也足以稱霸一方。總而言之，魚不可脫於淵，神龍不可以失勢，失勢後的神龍只不過就是一條小蚯蚓。」這種話，隗囂喜歡聽，這讓他覺得自己志向遠大。再說了，西州這個地方，地勢險要，易守難攻，就算自己不能擴張土地，也足以自保。但是我們不要忘了，王莽篡位奪權，他的新王朝只存在短短的十四年，這麼短的時間，不足以改變人們心中漢室天下的觀念。如今劉秀中興漢室，天下士人，理所當然都要歸附東漢政府。很快，隗囂身邊所招羅的士人，很多人都離開西州，投奔洛陽去了。

在經歷多年的征戰後，光武帝劉秀想偃武修文，用和平手段來解決公孫述與隗囂。可是在建武六年（三十年），公孫述卻先下手為強，進攻東漢控制的荊州。對劉秀來說，這又是考驗隗囂的一次機會，於是他下詔命令隗囂出兵，從天水南下，攻擊公孫述。隗囂再次祭出拖刀計，他答覆說：「通往蜀地的白水關險峻難行，而棧道又年久失修，破敗不堪。公孫述這個人性情嚴酷，內部不和，須等到他罪行昭彰時，再出兵討伐，這才能得到蜀地軍民的回應。」這明擺著是在打太極，就是不願意出兵。現在光武帝可以確信了，隗囂終究不肯為他所用。

但劉秀還要給隗囂最後一次機會。他再一次派來歙奉璽書前往天水。來歙非常希望老朋友能接受劉秀的詔書，可是隗囂仍然遲疑不決，久久沒有做出答覆。這時來歙憤怒了，他激動地對隗囂吼道：「朝廷認為您明白是非，知曉興亡的道理，所以皇上親自寫信給您。您已經把兒子當作人質送往洛陽，可為什麼還要聽信佞惑之言呢？難道您想被誅滅全族嗎？」來歙不僅僅是來當光武帝的說客，而且是以朋友的身分來勸說隗囂。隗囂一直視來歙為好友，認為他是一個有信義的人，言行一致。可是這一天，他的話說得太直了。不僅如此，來歙甚至拔刀想刺隗囂，這應該只是激動之下做出的舉動，並非真的想刺殺。可是隗囂被來歙這個舉動震怒了，他殺心頓起，如果不是眾人苦苦相勸，來歙的腦袋就要搬家了。

事到如今，隗囂與東漢政府正式決裂。他派部將王元據守隴坻，砍伐樹木欲阻塞道路。嚴密監視隗囂的東漢軍隊發現有異動，立即出兵攻擊，可是卻被隗囂打得大敗而逃。隗囂果然有兩下子，他在得勝後緊追不捨，東漢軍隊極為狼狽。幸好捕虜將軍馬武率領精銳部隊斷後，苦苦支撐，才總算幫助大部隊安全撤退。

戰爭機器一旦運轉，就難以停下來了。

在這些年的戰爭中，東漢軍隊的戰鬥力是舉世公認的，罕有敗績。可是不料與隗囂的第一回合交鋒便敗下陣來，這令光武帝劉秀頗為難堪。必須要派出更強大的兵力！於是三路漢軍齊集西線，分別由建威大將軍耿弇、征西大將軍馮異、征虜將軍祭遵統率。

隗囂要先下手為強，他乘漢軍主力尚未抵達之際，派大將行巡率兩萬人馬，前往進攻栒邑。馮異得知消息，立即下令火速進軍，必須在敵人發動攻擊之前趕到栒邑。此時部將們勸阻說：「敵人剛剛打了一個勝仗，士氣旺盛，兵力強大，在這個時候不可與之爭鋒。我們應當先停止前進，再仔細考慮下一個步驟。」

馮異答道：「不是這樣的。敵人大兵壓境，才打了一個小勝仗，就想得寸進尺。如果讓他們攻下栒邑，長安地區將全線動搖。以我們現在的兵力，還不足以發動反攻，但卻足以防守。我們應當趕在敵軍之前到達栒邑，以逸待勞，這並不是要跟他們一爭雌雄。」於是漢軍馬不停蹄，晝夜兼程，早一步到達栒邑，然後緊閉城門，偃旗息鼓，假裝什麼事也沒發生。與東漢軍隊相比，隗囂的部隊輸在情報上，他們還完全蒙在鼓裡，不知道漢軍主力已經抵達。行巡率領西州兵團直撲栒邑，在他看來，這座小城守備力量不強，根本不能抵擋西州兵團的進攻。馮異本來只是想據城力守，可是當他發現敵人完全沒有戒備時，他改變主意了。他在城上觀察到行巡的部隊鬆鬆垮垮的，便果斷出擊。原來平靜的城樓上突然鼓聲大作，此時城門打開了，漢軍勇敢地衝向敵人的營地。這時行巡才發現他完全低估了栒邑的守備力量，心裡一陣驚慌，匆忙上陣。結局並不出人意料，馮異兵團大獲全勝，行巡帶著殘兵敗回西州。

與此同時，征虜將軍祭遵也挫敗了王元的進犯。原本歸附隗囂的豪強們見風使舵，紛紛向東漢軍隊投誠。

事實上，多數人並不看好隗囂，包括他的好友馬援在內。當初馬援勸隗囂歸附劉秀的東漢政府，隗囂雖然沒有答應，仍派兒子隗恂入質洛陽，馬援也隨之前往。後來馬援聽說隗囂想獨立，便多次寫信批評他的政治立場。隗囂不僅不聽，反倒對馬援的勸告感到憤怒，覺得他胳膊肘外拐，對他便日益疏遠。如今隗囂終於與東漢政府兵戎相見，對馬援來說，必須立場堅定地表示自己的態度了。他上書光武帝劉秀，劃清與隗囂的界線，並表示要向皇帝當面陳述消滅隗囂的戰略。

原本禮待天下士人的隗囂，如今卻被這些士人紛紛拋棄了，明眼人都可以看出來，強大的東漢政權在英明的光武帝的統治下，一統中國的趨勢是難以改變的。光武帝召見馬援，馬援把隗囂的底細一一抖出，並且提出切實可行的進攻戰略。光武帝聽罷大喜，命馬援率領五千突騎，前往遊說隗囂的部將高峻、任禹等人，同時告諭歸附於隗囂的羌人首領，要他們認清形勢，明辨利害。這裡可以看出光武帝的胸襟，馬援既是隗囂的舊將，也是其好友，可是劉秀卻用人不疑，把精銳騎兵交給他，這是莫大的信任。這種信任獲得了巨大的回報，馬援動用自己的關係，策反了許多人，令隗囂的武裝力量大為縮水。

面對東漢政府的步步緊逼，隗囂使出拖延戰術，他寫了一封信給劉秀，在信中他寫道：「官吏百姓聽說朝廷大軍前來，驚恐萬分，只求自救，對此我不能禁止。」把戰爭的責任推卸到了官吏百姓身上，似乎與他一點也不相干。最後，他寫道：「現在要怎麼處置我，全在於朝廷。朝廷要賜我死，我就死；朝廷要加我刑，我就服刑；如果能讓我有洗心革面的機會，我就算是死也會不朽的。」

如果是在幾年前，劉秀也許會被隗囂的花言巧語打動。可是被隗囂忽悠多次後，劉秀再也不相信這些鬼話了，他寫了一封簡單的回信，重申立場：只要隗囂誠心歸附，可保證爵祿雙全。但劉秀在信的末了寫了一句話：「我年近四十歲了，在軍隊中待了十個年頭，厭倦了浮華不實的辭令，你要是不想歸順，就不必回信了。」

可以說，這是對隗囂的最後通牒。

事到如今，劉秀對隗囂失去耐心了。此時的隗囂就算想歸順，恐怕也要擔心皇帝變卦了。馬援曾經指出，中國共有一百零六個郡或封國，而西州僅僅只佔兩郡（隴西郡與天水郡），比重不到百分之二，用兩個郡的地盤來對抗東漢，豈非是螳臂擋車麼？在漢軍的威逼之下，隗囂不得不藉助於西南的公孫述。

原本想獨立的隗囂，最終投靠公孫述，對這位西南皇帝俯首稱臣。可以說，這是隗囂一步錯棋。馬援就曾經告誡他，公孫述不過是井底之蛙，無論能力上還是品德上，都與劉秀相去甚遠，其地盤及軍隊也不如東漢。在天下局勢明顯之時，隗囂卻向公孫述稱臣，豈非失策？當然，公孫述政權可以給隗囂一樣東西，封他為朔寧王。這個王號，是劉秀所不能給予的，因為依漢朝制度，非劉氏者不得稱王。

在得到公孫述的支持後，隗囂覺得腰桿子硬了，遂於西元三十一年（建武七年）秋率步、騎兵三萬人侵入安定。在雙方實力對比上，東漢強，西州弱，弱者卻要攻打強者，這並不是明智之舉。東漢將領馮異、祭遵等人率部抵抗，隗囂的進攻無法取得進展，只得退兵。

弱者惹怒強者，是要付出代價的。

自從來歙與隗囂反目成仇後，昔日的好友變成仇敵。來歙一心想要在戰場上打敗隗囂，一洩內心怒氣。建武八年（三十二年）初，來歙帶著兩千多人，伐山取道，祕密開闢一條小路，偷襲一處名為略陽的險峻要塞，並殺死守將。隗囂得到消息後，大驚失色，驚呼道：「漢軍怎麼來得這麼快？」與隗囂相反，光武帝劉秀則大喜道：「略陽是隗囂阻擊我軍西進的屏障，如今他們的心臟地帶已經被突破，要控制其他地帶就容易了。」來歙的冒險，為東漢打開西州大門提供了方便。

吳漢等東漢將領都認為這是一次絕佳的機會，可以乘機對西州發動大規模進攻。可是劉秀下達命令稱：「隗囂失去了略陽這一道屏障，勢必要以精銳力量重新奪取這座戰略要城。只要略陽城能夠堅守，讓隗囂軍隊在城下曠日持久卻不能攻克，到時敵人定然疲憊不堪，這樣我們就可乘勢西進了。」

劉秀的戰略思路固然清晰，可是對來歙而言，卻是巨大的考驗。隗囂集中了數萬精兵圍攻略陽，以前的朋友如今在戰場上生死相搏。來歙利用略陽險峻的地形固守。戰鬥相當激烈，他僅以兩千人的兵力，抵擋住對手數萬人的圍攻。略陽城久攻不下，隗囂把所有手段都用上了，他甚至在山上挖掘一條河道，用石頭築成堤壩，引水灌城。東漢守軍在極其艱難的情況下，守住了城池，所有箭都用盡了，來歙便把城內的房屋拆了，把木頭拿來製造箭矢與兵器。這樣，雙方耗了一個多月，略陽城仍然在來歙手中。

光武帝劉秀覺得是時候出擊了，他又一次御駕親征。由於西州遙遠且山巒眾多，道路不好通行，許多將領都勸光武帝不應該冒險。光武帝猶豫不決，這時他想到了馬援，便召他前來，聆聽他的意見。馬援說道：「隗囂的軍隊有土崩瓦解之勢，倘若進兵，必定可以大獲全勝。」為了演示西州的山川地形，馬援用米堆成地理模型，這也是世界戰爭史上最早的沙盤，只不過馬援是用米而不是沙來堆積。這個模型圖讓劉秀對西州地勢有了一個大概的了解，他興奮地說：「敵人的布署已盡在我眼中了。」

東漢軍隊浩浩蕩蕩地出發了，抵達高平縣後，竇融率涼州兵團數萬人前來會師。竇融原本也是一名軍閥，在王莽敗亡後，割據河西五郡，稱河西五郡大將軍，是一名地方實力派。建武五年，他正式向東漢政府投誠，被授予涼州牧之職。竇融不僅率涼州兵團前來助戰，還包括羌、小月氏等少數民族騎兵，兵力相當雄厚。

光武帝御駕親征，再加上竇融戰鬥力非凡的涼州兵團參戰，足以令西州軍隊膽寒。不戰而屈人之兵，是劉秀擅用的計策，他讓隗囂的舊將王遵寫信勸降其他將領，這一招乃是心理攻勢。除了自負的隗囂以及少數幾個頑固派之外，其他人都認為與東漢為敵，無異於以卵擊石，與其為隗囂送死，還不如自謀出路呢。於是隗囂的軍隊紛紛變節，他手下的十三名將軍、十餘萬名士兵以及所屬的十六個縣，全部向光武帝投降。

正在略陽前線作戰的隗囂一下子傻眼了。他還自以為手握重兵，足以對抗東漢，豈料手下這些人一下子都見風使舵了。這時攻打略陽已經沒有意義了，還是趕緊跑吧，於是他一溜煙逃到了西城（甘肅天水縣西南）。

劉秀仍然給隗囂指出一條活路，他再次下達詔令，交到隗囂手中：「倘若你能束手前來投降，保證你們父子相見，並且不會有其他意外。如果你想成為另一個英布，那就請便吧。」隗囂仍然不肯投降，或許他過於高傲，不想向光武帝低頭；或許他擔心一旦投降，只能任人宰割。事到如今，劉秀已經不給他面子了，他下令處決隗囂的兒子隗恂，隗恂是在三年前被送往洛陽當人質的。

此時的隗囂被困於西城，光武帝打算要畢其功於一役，只要殺死隗囂，則西州可定。只是一個意外的事件，導致隗囂絕處逢生。當時劉秀派吳漢、岑彭包圍西城，總攻即將打響。可不料一則消息傳來，在光武帝離開洛陽後，潁川郡、河東郡出現嚴重騷亂，盜賊蜂起，首都洛陽人心惶惶。為了避免後方有閃失，光武帝劉秀率一部分軍隊火速東返。

在離開前，光武帝交代大司馬吳漢：「來自各郡縣的地方武裝人數不少，消耗的糧食很大，一旦發生逃跑事件，就會動搖軍心，應該要把他們遣散掉。」可是吳漢正對西城發動進攻，他急於消滅隗囂，搶下頭功，遂將皇帝的吩咐拋之腦後，想要仰仗人多的優勢，一舉蕩平西州。然而西城作為西州最堅強的堡壘，其抵抗之頑強遠遠出乎吳漢的意料。東漢軍隊久攻不克，征南大將軍岑彭引水灌城，整個西城泡在水中，水位距城頭僅有一丈多。隗囂長年禮賢下士，他手下的將領們也不都是貪生怕死之輩，在西城保衛戰中，西城守將楊廣因過勞而病逝，另一名將領王捷眼看城池即將不保，寧可自殺也不投降。

兩件事情改變了戰爭的結局。其一，吳漢不願減少攻城兵力，沒有按光武帝的囑咐及時遣散地方武裝，使得東漢軍隊糧食消耗很快，加上攻城進展緩慢，來自郡縣的地方武裝人員開始信心動搖，逃兵不斷增加，嚴重影響軍隊的士氣。其二，在西城最危急的時刻，隗囂的部將王元、行巡等人從西南公孫述處搬來五千援兵。王元是一名出色的將領，他果斷對漢軍包圍圈發起突擊，並高聲喊道：「百萬大軍就要到來了。」這時漢軍本來就因為糧食問題而士氣低落，一聽說敵人強大兵團來援，更加驚恐失措。王元乘漢軍混亂不堪時，殺入城內。可是王元心裡很清楚，根本沒有百萬大軍，只有區區的五千名援兵罷了，西城不可久留。於是他護送隗囂，又殺出城去，在漢軍驚魂未定之時，突破包圍圈，安全地轉移到冀縣（甘肅甘谷縣）。

現在隗囂終於獲得了喘息之機，他乘機整頓軍隊，補充兵源。這時，東漢軍隊糧食耗盡，已經無法久留，吳漢只得下令燒掉輜重車輛，向東退卻。剛剛死裡逃生的隗囂可不想浪費這種反擊的機會，他果斷下令全線追擊。西州戰局突然急轉直下，形勢出現大逆轉，東漢軍隊先勝後敗，在隗囂的追擊下，狼狽而逃。岑彭留下來斷後，苦苦拖住隗囂的軍隊，這才使得大部隊得以安全撤離。

隗囂的反撲令光武帝親征所取得的戰果損失殆盡。天水郡與隴西郡又落入隗囂之手，原來叛變的軍隊，又脫離東漢而歸附隗囂。在光武帝統一中國的道路上，隗囂是最難纏的一位對手。他的防守反擊戰術十分成功，不僅在很短時間內收復失地，而且還佔領了安定郡與北地郡。

儘管隗囂僥倖地反敗為勝，然而西州經東漢軍隊的蹂躪後，已經敗敝不堪。東漢大司馬吳漢的戰術頗為野蠻，經常做大屠殺、搶掠等惡行，西州遭此一劫後，經濟受到極大的破壞，以至於到第二年時（西元三十三年，建武九年），隴西、天水爆發了嚴重的饑荒。這次饑荒嚴重到什麼程度呢？西州的統治者隗囂自己也只能吃粗糧，更不用說一般的老百姓了。

更糟糕的是，隗囂病倒了，而且一病不起，最終撒手人寰。這不知是幸或不幸。說幸，是因為當時與東漢對抗到底的群雄多數都沒好下場，隗囂好歹算是善終。可是隗囂如果不死，三國鼎立的局面會不會提前出現呢？他與公孫述聯合抵抗東漢，能否像後來孫權、劉備抵抗曹操那樣，最終三分天下呢？

隗囂之死，使得三分天下的可能性不復存在。西州大將王元、周宗等人擁立隗囂的兒子隗純為朔寧王，仍然以冀縣為大本營。為了聯合西州政權，西南公孫述派趙匡、田弇等將領率領一支軍隊前往援助隗純。

光武帝任命來歙為總監軍，馬援為其副手，節制駐紮在長安一帶的諸將領。來歙吸取上次漢軍失利的原因，強調應該貯備盡量多的糧食，到了建武九年八月，儲備的糧食達六萬斛，已經足以發動一場新的戰爭了。於是來歙率領馮異等五名將軍，進攻天水，討伐隗純。

此時的隗純，在軍事嚴重依賴公孫述的援助。到了建武十年（三十四年）初，馮異終於擊敗了趙匡、田弇兩人。經過數月的征戰，漢軍將士也疲憊不堪，大家都要求馮異先退兵休整一段時間後再戰。可是馮異堅持己見，他認為必須要咬緊牙關，一舉攻克隗純盤踞的冀縣落門。不過漢軍已是強弩之末，包圍落門後，久攻不下，積勞成疾的馮異也不幸病死軍中。

除了冀縣落門之外，西州軍隊還控制了高平城（甘肅固原縣），高平是安定郡的郡政府所在地，守城的大將是高峻。在此之前，東漢建威大將軍耿弇已經包圍高平城達一年之久，可是也無法攻下，戰事陷入膠著狀態。光武帝劉秀在洛陽坐不住了，他又一次御駕親征。

光武帝仍然沿用先禮後兵的軍事原則，派寇恂前往勸降。寇恂到了高平城外，把光武帝寫的詔書轉達給高峻。高峻見了詔書後，內心動搖了，便派自己的親信皇甫文出城見寇恂。皇甫文是高峻手下最有才能的謀士，也是一位主戰派，他見到寇恂後，一點也不卑躬屈膝，而是大義凜然，沒有一點要投降的樣子。寇恂憤怒了，他下令將皇甫文處死。這時諸將趕緊勸諫道：「高峻還有精兵一萬多人，擁有強弓勁弩，佔據交通要道，我們已經攻打多時，卻一直未能攻下。現在皇上想要勸他投降，而我們卻殺他的使者，這樣做就不好了。」可是寇恂不理會眾人的意見，堅持己見，把皇甫文當場斬首。

殺了皇甫文後，寇恂給高峻傳話說：「軍師（指皇甫文）無禮，我已經把他殺了。你若想投降，就趕緊投降。不投降的話，就堅守到底吧。」這是給高峻的最後通牒。正所謂兩國交兵，不斬來使，這本是戰爭中的潛規則。可是寇恂卻不守此規則，偏偏要殺來使，這完全出乎高峻的意料，使他意識到東漢政府必取高平的決心。在一番內心掙扎後，高峻最後選擇了投降。

事後，諸將問寇恂說：「您殺了高峻的使者，高峻反而前來投降，這是為什麼呢？」寇恂答道：「皇甫文是高峻的心腹，高峻對他言聽計從。他前來談判，可是話裡言間，沒有透露一點想要投降的樣子。我要是放他回去，正合他的心意；殺了他，卻足以讓高峻膽戰心驚，所以只能開城投降。」寇恂的分析雖然不無道理，可是擅殺來使，畢竟不是光彩的事情。

高平城的陷落，加速了隗純政權的滅亡。

到了十月，在來歙的率領下，漢軍對冀縣落門發起總攻。大難當頭，西州將領們都開始盤計自己的出路了，多數人最終選擇了背叛。周宗、行巡等將領把隗純抓起來，獻城投降。只有王元不投降，他一個人逃跑了，前去投奔公孫述。來歙並沒有處死隗純，畢竟他跟隗囂好友一場，不想把事情做絕了。光武帝看在來歙的面子上，對隗氏家人還算善待，只是把他們遷移到洛陽以東，沒有斬盡殺絕。可是隗純終究生活在恐懼之中，最終決定逃往匈奴，只是在逃亡途中，被漢軍捕獲，這次光武帝不再留情了，下令處死隗純。

隗純死後，只剩下西南的公孫述仍與東漢政府對抗。早在兩年前，光武帝攻打西城時，曾寫過一封信給岑彭，信中寫道：「人若不知足，即平隴，復望蜀。每一發兵，頭鬚為白。」這就是成語「得隴望蜀」的來源，隴是隗囂的地盤，蜀是公孫述的地盤，打敗隗氏後，下一個目標就是公孫述了。

# 七、西南帝國的終結

公孫述稱帝的時間比劉秀還要早兩個月，他是東漢初年叱咤風雲的人物。與隗囂一樣，公孫述成名比較早，他的祖父、父親都曾為官，因而他年輕時就當上清水縣令。很快，他的才識受到太守的賞識，便把五個縣交給他管轄。公孫述果然不負所望，在他的治理下，這五個縣政通人和，奸盜不發，成為模範縣。王莽天鳳年間（西元十四年至十九年），公孫述被提拔為導江卒正（即蜀郡太守），他的政治才能又一次得到證明，以辦事幹練而聞名。

王莽滅亡後，天下大亂，英雄豪傑紛起。當時蜀郡所屬的益州也爆發農民起義，宗成、王岑的義軍聚眾數萬人，殺死益州牧宋遵，佔據漢中。公孫述覺得時機成熟了，他邀請義軍首領宗成、王岑前往蜀郡共商大計。可是這支義軍的紀律性很差，所過之處燒殺劫掠，百姓苦不堪言。公孫述遂偽造更始政權的印綬，自稱「輔漢將軍」兼益州牧，出兵擊殺宗成、王岑，吞併其部隊。

少年便得志的人，自信心較他人要強。公孫述並不滿足當「益州牧」，既然天下群雄逐鹿，自己何不早立名號，搶佔先機呢？西元二十五年，他在成都自立為皇帝，國號成家，建元龍興。蜀地向來以「天府之國」而著稱，土地肥沃，兵力精強，由於四川盆地地形，這裡與外界相對分隔，成為當時中原人士避難的天堂。

公孫述稱帝後不久，赤眉軍擊破長安，更始政權覆亡。當時光武帝劉秀的東漢政權把精力放在對付山東群雄，只派鄧禹率一支為數不多的軍隊窺視關中。此時赤眉軍大肆劫掠，關中豪強不知道究竟要歸附誰。這時公孫述就敞開大門歡迎，許多人便前往投奔成家政權。公孫述把關中豪強頭目們封為將軍，大建營壘，訓練軍隊，特別發展注重突擊力強的車騎部隊。

在稱帝後的第二年，公孫述的武裝力量迅速發展到數十萬人。趁著關中混戰之機，公孫述派將領侯丹北上，奪取南鄭，控制漢中郡。緊接著，他又派將領任滿從閬中發兵，攻下江州，又向東挺進，佔領扞關。這樣，位於西南的益州，完全落入公孫述手中。

成家帝國的天子雄心勃勃，儘管他的地盤僅僅侷限於西南，但他早已鑄刻好了天下各州牧、郡守的大印。這一做法足以暴露出公孫述席捲天下的野心，他秣馬礪兵，在漢中郡囤積糧食，以作為進取關中的跳板。

西元二十七年（建武三年），公孫述派大將李育、程焉統率數萬精兵，會同據守陳倉的關中豪強呂鮪，聯手進攻長安三輔。然而這次進攻卻非常不順利，東漢名將馮異大敗李育、程焉兵團，迫使他們退回漢中；緊接著，馮異又進攻呂鮪的部隊，同樣取得勝利。第二年（西元二十八年，建武四年），公遜述又接連幾次進攻關中，但此時東漢與盤踞西州的隗囂聯合起來對付成家政權，致使公孫述徒勞無功。為了策反隗囂，公孫述派使節前往天水，送上大司空與扶安王的印信，想以此來誘降隗囂。這時的隗囂並不想與公孫述合作，遂殺來使。由於有隗囂威脅自己的側背，公孫述進取關中的計畫遭到嚴重挫折。

公孫述的政治才能不錯，可是與劉秀相比，他的軍事才能遜色不少。西元二十九年（建武五年），劉秀連連擊破山東諸雄，北起燕地，南到江淮都落入漢軍之手。可是公孫述卻沒能趁漢軍主力在東部作戰時，在西線打開局面。他只是收羅被東漢擊敗的延岑、田戎等人，卻沒能積極主動地向中原腹地進取。看來馬援把公孫述稱為「井底之蛙」，並沒有說錯。井底之蛙，自以為了不起，可是卻只看到一小片的天。

到了西元三十年（建武六年），一切都明朗化了。經過數年的血戰，群雄混戰的局面已經成為過去。大大小小十幾名草頭王被消滅了，而且幾乎都是被東漢政府所消滅。光武帝的政權已是堅如磐石，接下來該收拾隗囂與公孫述了。

劉秀希望採取和平手段解決，他多次寫信給公孫述，勸他放棄帝位。在信中，光武帝寫道：「您不是我的亂臣賊子，只是在混亂倉促之間，人人都想當君主罷了。如今您一天天地老了，妻子兒女還小，應該要及早做決定。象徵最高權力的天下神器，不是靠人力可以爭奪的，請您三思。」

對於劉秀的話，公孫述置之不理，你是皇帝，我也是皇帝，憑什麼要聽別人指手劃腳呢？可是一山不容二虎，天下也不能兩位皇帝並立，不能和平解決，勢必要武力解決。如果是要在戰場上見分曉，那麼公孫述的西南帝國，究竟要防守呢，還是進攻？

騎都尉荊邯是一位傑出的戰略家，他進言道：「如今東漢政權已控制天下四分之三的土地，倘若平定隗囂，那麼將控制九分之八的土地。而陛下僅有九分之一的土地，這麼丁點地盤，內要供皇室日用，外要供三軍補給，這導致百姓困苦不堪，沒法生存了。要按這樣發展下去，很快就因內部潰爛而爆發兵變，最後就只能是王莽的下場。依臣下的意見，如今英雄豪傑爭奪天下的野心還沒消失，仍然可以把他們招羅到麾下，應該抓住這個機會，火速出動國內精兵，主動出擊。」

荊邯說的英雄豪傑，就是投奔公孫述的田戎、延岑。田戎被封為翼江王，而延岑則被封為汝寧王，這兩位老兄都是不一般的將領，而是當時的風雲人物，東漢初軍閥巨頭。按照荊邯的設想，公孫述應該派派田戎佔據江陵，控制長江中下游，傳檄於吳楚之地，號召舊部，則在長沙以南必定所向披靡；另外派延岑兵出漢中，平定長安三輔之地，則天水、隴西兩郡（即隗囂部）必定拱手稱臣，到時憑關中之險，可以與東漢政府對峙。這個戰略是高明的，因為田戎在江南、延岑在關中有很強的號召力，如果讓這兩人出馬，乘東漢統治根基未深時，招攬舊部，則可以作為成家政權的兩翼。

公孫述對荊邯的戰略十分欣賞，便打算按他的設想，派田戎與延岑分道出擊，爭取戰爭的主動權。可是這一戰略遭到了以公孫光為首的保守派人士的強烈反對，公孫光是公孫述的弟弟，他認為此戰略過於冒險，以傾國之兵攻擊千里之外，將使國內守備空虛，萬一失利，則國家將毀於一旦。在公孫光等人的干涉下，公孫述最終不能堅持己見，兩翼出擊的計畫最終不了了之。

正是公孫述的無所作為，才使得東漢政府得以從容對付隗囂。在東漢的巨大壓力下，隗囂最終投靠公孫述，可是對公孫述來說，這遠遠算不上勝利，因為此時的東漢軍隊已經完全掌握了主動權。到這個時候，公孫述還不敢冒險把軍隊投入反擊，他只是對隗囂提供有限的支援，結果只能如荊邯所預料的那樣，東漢在戰爭中所取得的優勢越來越明顯。

西元三十三年（建武九年），隗囂在內憂外患中死去。直到這個時候，公孫述才慌了，東漢倘若「得隴」，下一步必然是「望蜀」。這位西南皇帝一方面派部將趙匡、田弇率軍隊援助西州少主隗純，一方面準備對東漢發動大規模的進攻。

翼江王田戎、大司徒任滿率領數萬名蜀兵，向東挺進。出了江關後，擊破東漢將領馮駿的軍隊，接連陷巫縣、夷道、夷陵等地，在長江江面上搭起浮橋，兩岸建城樓堡壘，在水面上立起一根根木樁，以絕航道。在地面上，則佔據險要之地，連山結營，以阻止漢軍從陸上發動進攻。

這裡我們不禁要提出一個疑問，何以公孫述到這個時候主動出擊呢？在東漢苦戰於山東時，成家政權要是能乘機東進，勢必會令劉秀措手不及。退一步說，劉秀集中力量攻打隗囂時，倘若公孫述能開闢第二次戰場，自然可以減輕隗囂的戰場壓力。可是公孫述卻一再浪費機會，直到東方群雄被消滅、隗囂病死之後，才對東漢發動進攻，這能挽回時局嗎？就連這次的進攻，都只是為防禦而展開的進攻，佔據險要之地後，就止步不前了，忙著阻航道，建碉堡，以消極的防禦取代積極的進攻。

在漢軍的圍剿下，隗純的老巢終於被攻破，西州併入東漢，這也意味著公孫述再無外援，只能與漢軍一決死戰了。現在，光武帝劉秀可以集中足夠強大的力量來對付公孫述了。建武十一年（三十五年），光武帝派征南大將軍岑彭對翼江王田戎發起進攻，田戎拒險而守，岑彭久戰無功。為此，東漢政府再派出一支六萬五千人的軍隊，由大司馬吳漢統領，與岑彭在荊門會師。

由於陸地地形險峻難攻，岑彭打算從水面突破蜀軍的防線，他收羅大大小小的戰船數千艘，精心策劃進攻方略。可是大司馬吳漢卻反對從江面發動進攻，他的理由是這些船需要許多水手，將消耗許多糧食，一旦糧食用完，就得無功而返。當年伐西州時，吳漢圍隗囂於西城，就是因為糧食耗盡導致前功盡棄，所以他吃一塹長一智，從經濟角度反對岑彭的戰略。

岑彭則認為，蜀軍兵力強大，不能在此決戰關頭時遣散水手。由於吳漢是大司馬，地位比岑彭要高，岑彭只得越級向光武帝上書。光武帝劉秀很快作出指示：「大司馬習慣於步騎作戰，不熟悉水戰，荊門之事，一概由征南大將軍作主。」這樣，岑彭得以將自己的計畫執行到底。

對漢軍從江面發動進攻，田戎是有準備的，他搭浮橋以攔截江面，在水上還立有木樁，木樁上有鐵鉤子，一旦船隻靠得近，就可能被鐵鉤子鉤住而不能進退。然而這些障礙並沒能阻止岑彭，他選擇的時機是非常好的，當時正好東風大作，漢軍戰船得以逆流而進。對田戎設下的浮橋、木樁，則採用火攻之術，當漢軍把火把投到木頭上時，在強風下很快就把橋、樁燒為灰燼了。

眼看精心設計的長江防線如此輕而易舉被突破，蜀軍上下一片恐慌。岑彭的水師乘風而進，所向無前，蜀軍大敗，僅溺死於水中者便多達數千人，田戎麾下大將任滿被殺，程泛被擒。田戎只退保江州（四川巴縣），據險而守。江州城池堅固，而且糧草充足，岑彭認為在短時間內難以攻破，遂留下一支軍隊包圍並監視田戎，其餘大軍繼續沿著長江挺進，直指墊江，攻破蜀軍據點平曲，繳獲了數十萬石的糧食，這對漢軍可謂是雪中送炭。

眼看東線戰局岌岌可危，公孫述不得不把希望寄託在北線戰場。他派隗囂的舊將王元率領軍隊駐紮在河池（甘肅徽縣），試圖阻止漢軍深入。來歙、蓋延率部進攻王元，大破蜀軍，攻陷下辯，乘勝而進。正所謂狗急跳牆，公孫述在戰場上屢遭敗績，不得不採取暗殺手段。他派刺客潛入漢營，行刺漢軍前線總指揮來歙。刺客行刺得手，將短刀刺入來歙體內，但卻未一刀斃命。來歙身負重傷，眼看性命不保，他緊急派人召虎牙大將軍蓋延前來。蓋延見到來歙後，心中大為悲慟，伏地痛哭。來歙衝著蓋延大聲叱道：「虎牙大將軍怎麼這樣子？如今我被刺客所傷，性命不保，無以報國，故而呼你前來，要把軍事重擔託付給你，可你卻像小兒女那樣哭個沒完。你別看我身上還插一把刀，我還是可以以軍法來斬你呢。」蓋延只得收起眼淚，站起身來，聆聽來歙最後的交代。來歙忍著巨痛，把軍務移交給蓋延，並寫了一封信給光武帝，表示「臣不敢自惜，誠恨奉職不稱，以為朝廷羞。」寫完後，他把筆一扔，自己握住刀柄，把刀子拔出，頓血鮮血噴湧，氣喪而絕。

光武帝得悉來歙遇刺的消息後，大為悲痛，決定御駕親征。當他抵達長安時，從前線傳來一個好消息：岑彭兵團取得了決定性的勝利！

自從岑彭沿著長江發起伐蜀之役後，節節推進，蜀軍望風而降，投降的部隊超過五萬人。他把投降的蜀軍整編為一支軍隊，交給副手輔威將軍臧宮。岑彭令臧宮率領五萬名降兵駐紮平曲一帶，與延岑對峙，自己則率領漢軍主力，以迅雷不及掩耳之勢，奔襲黃石，擊破蜀軍將領侯丹的兩萬人馬。岑彭確實是漢軍悍將，他用兵靈活，不拘一格。在連戰連勝後，他馬不停蹄，日夜兼程，急行軍兩千里，以雷霆之勢攻下成都南部重鎮武陽，並以精銳騎兵襲擊距離成都僅有數十里遠的廣都。東漢軍隊狂飆突進，席捲西南，成都為之震動。

公孫述完全被蒙在鼓裡，他誤判漢軍主力仍然駐留於平曲，故派延岑集結重兵於廣漢阻擊，不料岑彭的精兵卻打到成都附近，已經繞到了延岑兵團的後側，對蜀軍重兵集團形成夾擊之勢。公孫述大為震驚，他驚呼道：「漢軍怎麼來得這麼快？」可是已經來不及調整布署了，岑彭火速馳告臧宮，前後夾擊，圍剿延岑兵團。

可是此時臧宮卻遇到大麻煩了。他麾下的五萬人馬，都是由蜀地降兵改編而來。一下子多出一支這麼龐大的兵團，糧食供應不上，而剛剛投誠過來的士兵們情況也不穩定，不斷有人逃跑。臧宮對此憂心忡忡，想進攻吧，軍心不穩；想撤退吧，又擔心這些士兵乘機造反。這確實是兩難選擇。正好在這個時候，光武帝派謁者前來慰問岑彭，隨行的有七百匹戰馬。臧宮靈機一動，做出一個大膽的舉動，他向全體士兵宣布，皇帝送來了糧食與戰馬。他強行從謁者手中接管了戰馬，這可是假傳聖諭的重罪啊，可是臧宮管不了那麼多了，如果不能藉此時機重振士氣，那麼這支軍隊必定要崩潰。這些蜀地降兵聽說東漢皇帝這麼關照他們，心裡便注入一劑強心針，士氣起來了。

臧宮抓住這個機會，果斷出兵攻打延岑。他從水陸同時進軍，日夜疾進，水師則逆水行舟，步兵在左岸，騎兵在右岸，沿途鼓聲不斷，士氣愈加高漲。延岑登山觀察漢軍，發現旌旗獵獵，鼓聲震天，未戰先心虛。此時臧宮縱兵攻擊，雙方你來我往，勇者為勝。這役延岑兵團大敗，被斬殺及淹死者達一萬多人，原本清澈的長江水為之變渾濁了。眼看大勢已去，延岑慌忙逃往成都。臧宮與岑彭兩大兵團聯手，大破蜀軍，蜀軍投降者達十萬之多。漢軍如秋風掃落葉一般，橫行蜀地，當岑彭的軍隊抵達平陽鄉時，隗囂的舊部王元放下武器投降了。

鑑於岑彭的傑出表現，公孫述的覆亡已是指日可待。在這種情況下，光武帝劉秀停止親征，從長安返回洛陽。同時，劉秀寫了一封信給公孫述，分析禍福，希望他能放棄帝號，歸順漢室，並保證不追究其罪責。可是公孫述仍然頑固地拒絕了，他說：「廢興都是天命，豈有投降的天子呢？」我們必須說，公孫述是個有骨氣的人，可是這並不代表他有見識。說是天命，其實更在於人謀。想劉秀鄗縣稱帝時，無所憑恃，又身處四戰之地，日夜都為生存而戰。相反，公孫述稱帝時，據有易守難攻之地，無後患之憂，可以說比起劉秀要有利得多。可是十餘年過去了，劉秀憑藉積極主動，逐一消滅對手，堅定不移地朝著一統中國的方向努力；反觀公孫述，蝸居西南，就算偶爾經略關中，稍遇挫折就折回。由是可見公孫述想當皇帝，卻又不願為之艱苦奮鬥，滿足於小小的西南帝國，最終這個帝國當然無法持久。他的失敗，是天命呢，還是人力？

為了阻止岑彭最後一擊，公孫述又採取暗殺手段。他派出一名刺客，偽裝成逃亡的奴僕，混入東漢軍隊之中。入夜時分，刺客悄悄潛入岑彭的帳篷，將他刺死。繼來歙之後，又一員東漢虎將死於刺客之手。這種刺殺手段，固然可以圖一時快活，但最終卻會為公孫述及其帝國帶來巨大的災難。岑彭不僅是一員卓越的將領，同時人品也很好，帶兵打仗時，軍隊紀律相當嚴明，對老百姓秋毫無犯。岑彭死後，光武帝命令吳漢前往接替其位置。吳漢的到來，不僅讓成家帝國老百姓遭殃，也最終令公孫述付出慘重代價。

接到光武帝的命令後，吳漢從夷陵出發，率三萬人馬溯江而上，接管岑彭的軍隊。根據光武帝的指示，吳漢率先奪取廣都，距成都已是近在咫尺。據守成都的將軍們也意識到大勢已去，紛紛逃出城向吳漢投降，公孫述惱羞成怒，採取族誅的嚴厲手段，但仍無法制止叛逃事件的發生。

光武帝仍然不想令生民塗炭，他再次致信公孫述說：「儘管你刺殺了來歙、岑彭，但不必因此而懷疑我的誠意。現在你要是能投降，我可保全你的家族。這樣的詔書與書信，是不可能多次得到的，望你珍惜。」話說到這個份上，公孫述仍然抱定寧為玉碎、不為瓦全的決心。

可是戰場形勢對公孫述越來越不利。孤守江州的田戎在沒有援兵的情況下，苦苦支撐了一年，終於被漢軍擊敗，自己也成為階下之囚。光武帝深知困獸猶鬥的道理，他告誡前線總指揮吳漢：「成都仍有十多萬部隊，不可以輕敵。只要堅守廣都，坐等敵人來攻，不要輕易與之爭鋒。倘若敵軍不來，則步步為營以逼迫他們，等到他們筋疲力盡時，就可以全線出擊了。」

但是吳漢認為自己已處於絕對優勢，遂親自率步騎兵兩萬多人進逼成都，在距離成都約十里處設江北大營，並搭設一條浮橋，令武威將軍劉尚率一萬人駐紮於江南大營。兩處大營相距約二十里。這個戰略布署上報給朝廷後，劉秀非常不滿意，批評說：「吳漢既輕敵深入，又與劉尚相隔二十里，若遇到突發事件，兩軍根本來不及相互呼應。」

漢軍布防上的弱點，不僅劉秀看出來了，公孫述也看出來了。公孫述派一萬人馬牽制劉尚，另外以十萬之眾圍攻吳漢。吳漢果然陷於被動之中，狼狽不堪。如果不是蜀軍士氣渙散，吳漢這支兩萬人的軍可能早就全軍覆沒了。幸好吳漢還算機敏，他採取疑兵之計，在晚上神不知鬼不覺地通過江北搭設的浮橋撤向江南，返回廣都基地。此時吳漢不得不承認，他對戰局的把握，還不如遠在數千里之外的光武帝劉秀，他上書皇帝，檢討自己的指揮失誤。之後，吳漢採用了光武帝的戰法，並不主動攻擊，只是等到有利時機時才交鋒。這樣，在成都與廣都之間，漢軍與蜀軍交鋒八次，每次都穩佔先機，故而八戰八勝。

眼看漢軍已經慢慢逼近成都外城，公孫述寢食難安，便問延岑道：「事當奈何？」延岑慷慨地答道：「男兒當死中求生，豈可坐以待斃？」他建議公孫述，散盡錢財，組織一支敢死隊。正所謂重賞之下，必有勇夫，公孫述把庫藏的金銀都拿出來，拼湊了五千人的敢死隊。延岑也使用聲東擊西的計謀，表面上派出軍隊向吳漢挑戰，暗地裡則親率敢死隊祕密繞到吳漢的後方，出其不意地猛攻。久經沙場的吳漢沒想到敵人還能如此手段垂死掙扎，漢軍被打得大敗，連吳漢也失足落水，幸好關鍵時刻他揪住馬尾巴，才撿回一條命。

與蜀軍敢死隊的反撲相比，更要命的問題來了：漢軍的糧草僅能供應七天！這是吳漢最害怕的事情，因為當年他攻打隗囂時，也是因為糧食不足最後反勝為敗。如果此時撤退，那麼伐蜀一戰就會前功盡棄；如果不撤退，恐怕軍隊會因缺糧而不戰自敗。在這個時候，蜀郡太守張堪進言，強調公孫述已經面臨崩潰的邊緣，漢軍應咬緊牙關。吳漢也不想讓煮熟的鴨子飛掉，他決定兵行險招，示弱於敵，以引誘敵人出擊。

吳漢派臧宮為先鋒，攻打成都城北面的咸陽門。此時的成都已到危急關頭，為鼓舞士氣，公孫述親自率數萬人馬反擊，他命令延岑與臧宮交鋒。臧宮聽從吳漢之計，故意示弱，三戰三敗。蜀軍從早晨戰到中午，體力嚴重透支，肚子都餓得咕咕作響。這個時候，吳漢突然率數萬人馬投入戰場，蜀軍頓時大亂，連督戰的公孫述也無沒法制止軍隊的潰敗。更糟的是，在混戰中，漢軍將領高午正好遇到公孫述，他揮舞長戈，刺向公孫述，洞穿其胸。公孫述從馬背上摔下來，儘管被搶回城中，卻因傷勢過重而去世。

公孫述死後，蜀軍群龍無首，已經無法繼續抵抗。第二天，延岑終於打開城門，向漢軍投降。這樣，在立國十二年後，成家帝國終於煙消雲散。

伐蜀之戰，吳漢最終艱難地取勝。這位殘暴的將軍製造了駭人聽聞的暴行，他把公孫述家族全體屠殺，一個活口不留。連獻城投降的延岑，也遭到族誅的下場。不僅如此，吳漢縱容士兵燒殺搶掠，焚燒皇宮。光武帝劉秀得知消息後，大為震怒，下詔深責吳漢。其實在光武帝一統中國的戰爭中，漢軍屢有暴行，對此劉秀雖然不滿，可是戰事頻繁，必須倚賴這些戰將，故難以杜絕。在光武帝統治後期，他偃武修文，不喜談論軍事，這大概是不想讓歷史的慘劇重演吧。

# 八、男兒當死於邊野

劉秀用了整整十二年的時間削平群雄，一統中國。然而這並不意味著戰爭的結束，對新興的帝國來說，還遠遠談不上穩定與和平。在帝國北面，匈奴及匈奴人扶植的盧芳政權仍是一個巨大的威脅，西面有羌人的叛亂，南面蠻夷的叛亂。東漢初期，光武政權之下，可謂是將星閃耀，最著名的便是「雲台二十八將」，這二十八將都是東漢開國將領。可是還有一個人，不在二十八將的名單中，聲名卻超過名單上的任何一人。這個人便是中國歷史上大名鼎鼎的馬援。

馬援是一位充滿個性與傳奇的名將，其家族來頭不小。他是戰國時代趙國名將趙奢的後代，因為趙奢曾被封為「馬服君」，所以後代便以「馬」為姓。馬援生於西元前十四年，有關他年輕時代的史料甚少，只知道他十二歲那年父親去世，三位兄長將他撫養成人。

長兄馬況、次兄馬余，三兄馬員都很出色，在王莽時代時均擔任過二千石的官職，反倒是馬援表現平平。然而馬援雖然仕途不順，但他志向高遠，似乎他是為著某種使命而降臨人世，這使得他的兄長們對他刮目相看。漢代與新莽時代，儒學十分興盛，馬援也曾學過《詩》，但對於這種不能經世致用的學問，他不感興趣，怎麼辦呢？總不能總靠著兄長們過日子吧，馬援一想，不如去邊郡放牧，既可以了解邊關形勢，也可以交結英雄豪傑。馬援下定決心後，便前去向長兄馬況辭行。

馬況聽了之後，語重心長地對馬援說：「汝大才，當晚成。現在你想做什麼，就去做什麼吧。」不想意外發生了，馬援還沒到邊郡，馬況就去世了。兄弟情深，馬援回到家中，為兄長服喪一年，這一年時間，馬援不離墓所。

服喪期滿後，正好郡督郵這個職位有空缺，馬援便當了督郵，督郵的職責除了督送文書外，有時也要督送犯人。有一回，馬援督送一名囚犯到司命府，可能是對該犯起了同情心，索性半路把他給放跑了。這樣一來，馬援也不敢回到衙門了，隻身逃到北地。

幸好王莽這個人好大喜功，時常全國大赦，馬援私自放走重囚的罪也被赦免了。他便留在北地，開始其放牧生涯。馬援是個放牧能手，沒多長時間，他的牛、馬、羊數量就多了起來，他為人慷慨好施，許多江湖人士就前去投靠他，成為他的門客，人數多達數百人。這人手一多，使馬援的產業越來越大，他率門客們在隴漢一帶游牧，開荒種地，幾年下來，累積了一筆龐大的家產，牲畜數千頭，積糧數萬斛。西漢糧食價格在宣帝時最低時，邊郡每斛是八錢，在成帝時，最高達每斛四百錢，如果以每斛二十錢計，那麼馬援應該是一位百萬富翁了。

但是馬援並不滿足於當一名大農場主，他有經濟天下的宏偉抱負，他對門客們說：「丈夫為志，窮當益堅，老當益壯！」眼看著財富一天天地增多，他感慨道：「凡是殖貨財產，貴在能施捨賑濟他人，否則只不過一守財奴罷了。」於是散盡千金，將全部家產，饋贈給落魄的親朋舊友，自己只穿粗陋的衣褲。

到了新莽末期，兵災四起，王莽也不得不招募天下豪傑，馬援名聲在外，被舉薦為新成大尹（太守）。不久後，王莽敗亡，馬援逃到涼州避難。這一年（二十三年），馬援三十七歲。當時隗囂在天水起兵，自稱西州上將軍，馬援聽說隗囂這個人禮賢下士，便前去投奔隗囂，此時的馬援逐漸嶄露其軍政方面的才華，得到隗囂的器重，提拔為綏德將軍，參予軍政事務的決策。

公孫述與劉秀先後稱帝，隗囂派馬援前去拜訪兩位皇帝。經過一番考察後，馬援認為公孫述不值一提，劉秀才是真正的帝王。他建議隗囂歸附劉秀，可是隗囂首鼠兩端，馬援多次寫信規勸，卻沒有效果。建武六年（三十年），隗囂發兵反漢。馬援上書光武帝，以表心跡，與隗囂劃清界線。

擊敗隗囂後，光武帝佔領了西部地區，然而一個新的問題出現了。西部邊郡金城，羌人很多，從王莽時代開始，天下大亂，羌人也乘機造反，不斷向中國發動攻擊。西部邊郡如金城，基本上落入羌人之手。從光武一朝開始，東漢近兩百年的歷史，羌亂一直是帝國的心腹大患，基本上與帝國相始終。羌族是一個鬆散卻又堅忍的民族，民族性格剽悍如風，不亞匈奴。為什麼羌亂極難平定，並非漢軍的戰鬥力不行，而是戰爭的耗費極其驚人，大軍所需的糧草、軍備、武器都必須長途輸送。

金城郡毗鄰隴西，隴西曾是隗囂的地盤，馬援對這裡十分熟悉，所以要平定羌亂，非馬援莫屬。建武十一年（三十五年），馬援臨危受命，出任隴西太守，開始他獨當一面的輝煌軍事生涯。這一年，馬援已經四十九歲了。

馬援走馬上任，立即著手準備對羌人發動一次突襲，他率領三千名騎兵、步兵混成兵團，對臨洮（甘肅岷縣）的先零羌部落發動奇襲。先零羌人沒有料到馬援來得這麼快，被打得措手不及，遺下數百具屍體。馬援首戰告捷，俘獲馬、羊、牛等牲畜萬餘頭。在隗囂統治西州時，有不少羌人歸附隗囂，他們對馬援的大名也如雷貫耳。在馬援取得第一戰的勝利後，有守衛要塞的羌人八千多人，集體前來投誠。

與此同時，在隴西東南的武都郡，揚威將軍馬成也擊敗西羌的軍隊，平定了武都的羌亂。此時的羌亂中心轉移到浩亹（甘肅碾伯縣東），先零羌與其他羌部落數萬人據守於此，四處搶掠。馬援與北上的馬成兵團會師後，共同進剿浩亹。

羌人曉得馬援的厲害，不敢輕敵，便將妻兒老小、糧草輜重都轉移到允吾谷，企圖據險與東漢兵團相抗衡。馬援尋找到一條祕密小道，大軍連夜沿著小道開進，繞過羌人的正面防線，突然發動攻擊。羌人見漢軍從天而降，大驚失色，倉皇逃命，退守唐翼谷。

漢軍窮追不捨，羌軍據守唐翼谷北山，這裡的地形易守難攻。馬援足智多謀，深知正面強攻不易奏效，便使用疑兵之計，命令大軍從正面佯攻，暗地裡派遣數百名騎兵繞到羌軍背後，等到天黑之後，乘夜縱火，然後又敲鑼打鼓的，搞得震天響。羌軍一聽，漫山遍野都是戰鼓聲，一時便亂了分寸，黑夜中也搞不清是怎麼回事，以為被馬援兵團所包圍，慌亂中奪路而逃。

馬援見敵軍陣腳已亂，立即下令發起總攻，羌軍陣營一片混亂，跑得慢的便成為刀下之鬼，糧食輜重牲畜也顧不上了，統統留給了漢軍。羌軍在逃跑過程中，胡亂放了一通箭，飛箭漫天亂竄，有一支箭刺穿馬援的小腿，傷勢不輕，可是他忍痛指揮追擊，共擊斬羌軍一千餘人。

經此一役，馬援將羌人的勢力逐出金城，總共只用了半年左右的時間，他的軍事才華嶄露無遺。由於多年的羌亂，金城郡的漢人基本上都逃往外地避難，破羌縣（甘肅碾伯縣西）以西的地區更是荒涼，朝廷一些大臣認為應當放棄破羌縣以西的地區。馬援上書光武帝，力陳不可放棄破羌縣，那裡有堅固的堡壘，可以用來抵禦羌人的進攻，地處湟水谷地，土地肥沃，灌溉便利，一旦放棄該地，對帝國是巨大的災難。

馬援的分析有理有據，光武帝接受這個建議。馬援對金城郡的戰後重建發揮了巨大的作用，流落各地的難民紛紛返回，在他的主持下，設置行政官吏、修繕城郭、開導水田、勸民耕牧，肥沃的湟中谷地，又恢復勃勃生機。同時馬援也展開積極外交，鼓動周邊羌人部落前來歸降漢朝，維繫邊疆的穩定。

金城的硝煙剛散，武都的兵戈又起。

武都是羌亂的另一個重災區。武都地位嘉陵江上游，是漢人與氐羌雜居之地，羌人在此分布極廣。該區最大的羌部落參狼羌，勾結塞外其他羌部落，襲殺漢官吏百姓，武都郡風雨飄搖，血色滿天。

平定武都羌亂的重任又落在馬援身上。他親點四千名精兵南下，逐一擊破羌人據點，進抵氐道縣（甘肅清水縣西南）。這裡離國境線已經很近，羌人如果守不住這道防線，就得撤出漢帝國的邊境。羌軍佔據山嶺制高點，重兵防守，馬援兵團在山腳下，由於地勢陡峭，十分凶險，易守難攻。

馬援親自到前線勘察地形。經過仔細的觀察，他發現羌軍在防禦上出現了一個致命的錯誤：他們把軍營安置在山嶺上，卻忽視了對水源與水草的控制。馬援笑道：「羌虜容易破矣！」下令軍隊佔領水源與水草區，日夜守備，嚴陣以待。

漢軍採取圍而不攻的戰術。相持數日後，羌人缺水，牲畜缺草，此時才意識到問題的嚴重性，下山與漢軍爭奪水草。馬援命令大軍堅守，以強弓勁弩還擊。羌軍幾次突擊都沒有效果，軍心大亂，士氣動搖。羌族幾大部落的首領坐一起商討，只有一條路可以走，便是撤到塞外。這樣馬援以極小的代價迫使羌軍撤出帝國邊境，仍滯留在武都郡的一萬多名羌人，集體向馬援投降。

至此，隴右羌亂全部平定，東漢的西部邊疆獲得安定，這是馬援對國家的偉大貢獻之一。此後二十年，東漢帝國再沒有羌亂。在東漢帝國一百九十六年的漫長歷史中，漢羌兩大民族沒有兵戎相見的最長時間，就是馬援平羌後的這二十年。

建武十六年（四十年），馬援離開隴西，回到洛陽，任虎賁中郎將。就在這一年，南方發生了大規模的反叛。叛亂發生在交趾，即現在越南北部，當時是漢帝國的領土。交趾的叛變是由兩姐妹引發的，姐姐叫徵側，妹妹叫徵貳，是麊泠縣土族將領的女兒。徵側的丈夫被交趾太守蘇定所殺，她悲憤萬分，與妹妹徵貳聚眾起兵造反。隨後九真、日南（此二郡均位越南中部）、合浦（位於廣西）三郡越人紛紛起兵，響應徵側，反叛的烽火熊熊燃燒。很快越人佔據了六十五座城邑，共推徵側為王，後來被稱為「徵王」。

而對徵側勢力的膨脹，交州刺史以及諸郡的太守沒有力量反擊，僅得以自守。面對南方日益惡化的局勢，光武帝一面下詔勒令南方諸郡修車船、通道路、架橋樑，儲糧穀，進行戰爭前的準備，另一方面，委任馬援為「伏波將軍」，率軍南征。

馬援統率大軍南下，沿著海岸線前進，遇山開路，遇水搭橋，艱難地行進了一千多里，終於抵達交趾。建武十八年（四十二年）春，馬援兵團進抵浪泊（越南河內附近的西湖），在此與徵側的大軍相遇。雖然交趾人英勇作戰，但還是敵不過久經沙場的老將軍。馬援大破徵側軍隊，斬首數千級，降者萬餘人。

徵側姐妹不得不後撤至禁溪，馬援窮追不捨，屢戰屢勝，二徵的軍隊全部瓦解，四處逃散。徵側姐妹拒絕投降，躲進深山老林中繼續抵抗。直到第二年（四十三年）的二月初二，徵氏姐妹逃到福祿縣的喝門社。此時馬援兵團已將此地團團圍困，徵氏姐妹走投無路，投喝江自盡，隨後首級被斬下，傳送洛陽。

此次交趾的反叛，並沒有強大的武力作為後盾，然而交趾遠離中原，漢軍行軍作戰是極其艱難的。馬援兵團縱橫數千里，作戰時間超過一年，交趾遍布熱帶叢林，瘴氣濕重，毒蟲出沒，對北方而來的漢軍是一個巨大的危險。馬援用「下潦上霧，毒氣重蒸」八個字來描述這種令漢軍極度不適應的自然環境。

徵側覆亡後，戰爭並未結束。徵側的部將率殘眾南逃到九真郡，馬援率戰艦二千餘艘，戰士二萬餘人，從海路南下，登陸後向最後的叛亂者發動最後一波打擊，從無功到居風，一路橫掃，斬俘敵軍五千餘人，南方諸郡的叛亂，至此全部平定。

馬援平亂後的政績可圈可點，他在交趾、九真等地為當地百姓做了不少事，修城郭，興修水利工程用以農業灌溉，完善當地的法律制度。他還在交趾立了根大銅柱，上面刻了六個字：「銅柱折，交趾滅。」後來交趾人路過這裡時，就用石頭堆在銅柱下，久而久之，這根銅柱就被埋在石頭之下了。標銅柱於百越，足以見證昔日大漢帝國的強悍與威嚴。

作為一名軍人，馬援的人生信念是：「男兒要當死於邊野，以馬革裹屍還葬耳，何能臥床上在兒女子手中邪？」難能可貴的是，他踐行了這種信念。

南方的叛亂給馬援實現「馬革裹屍」夙願的機會。建武二十三年（四十七年），南方蠻夷諸部落發生叛亂。先是南郡蠻叛亂，光武帝派遣武威將軍劉尚率軍平叛。時隔不久，武陵蠻也爆發了大規模暴動。武威將軍劉尚統率一萬多人馬，沿著沅江逆流而上，深入到武陵蠻叛亂的武溪地區中。可是劉尚顯然對武陵蠻的力量過於輕視，輕視的後果是付出最慘重的代價。漢軍一萬多人陷入武陵蠻族士兵的包圍之中，武陵蠻憑藉對地形的熟悉與靈活多變的戰術，取了一次輝煌的勝利，劉尚兵團在深山叢林中全軍覆沒！

消息傳到洛陽，光武帝劉秀震驚了。誰能想得到，久經沙場的一萬多名精兵，竟然被一群南蠻吞掉。武陵蠻兵乘勝擴大戰果，轉而進攻武陵郡政府所在地臨沅（湖南常德），光武帝派李嵩、馬成率軍討伐。但面對神出鬼沒的武陵蠻，漢軍竟然不知所措，找不到擊破武陵蠻的方法。

南方密密的叢林、層層疊疊的山陵與濕熱的氣候，使得擅長在平地作戰的漢軍非常不適應。此時，已經六十二歲的老將馬援自告奮勇，願意帶兵出征。他有豐富的山地戰的經驗，也在交趾、九真一帶熱帶叢林中作戰過，是平定南方蠻夷叛亂的合適人選。

但是馬援已經六十多歲了，光武帝劉秀不肯讓他去。這位老將軍不服氣地說：「臣尚能披甲上馬！」他在皇帝面前策馬馳騁，身姿矯健，不亞當年。光武帝讚道：「矍鑠哉是翁也。」當即任命馬援為南征軍統帥，中郎將馬武、耿舒為副手，統率四萬大軍，南下武陵郡。臨行前，馬援對好友說了一番話：「我年老了，日子一天一天地過去，經常擔心一病而死，不能為國捐軀。今天得以統軍出征，若能為國家而死，甘心瞑目！」

建武二十五年（四十九年），南征兵團抵達武陵地區，在臨鄉遭遇到蠻族部落的軍隊。馬援親臨前線指揮作戰，大破武陵蠻，斬獲二千餘人。南方多山嶺，叢林茂盛，稍有不慎，很容易陷入敵軍的重圍之中，故而馬援行軍作戰非常謹慎，每到一地，必定要詳細勘察地形，思考作戰方略。這種謹慎的態度卻引起副將耿舒的強烈不滿，他不斷地抱怨馬援的戰術，在寫給哥哥耿弇的信中，他把馬援比作西域的小商小販，「伏波類西域賈胡，至一處輒止。」可正是這種謹慎與穩重，令漢軍能穩紮穩打，連戰連捷，逼近到武陵蠻的心臟地帶。

此時在馬援面臨有兩條道路可以選擇。一是穿越壺頭山，這條線路的優點是路程短，但是山嶺陡峻，叢林密布，水流湍急；第二條線路是繞行充縣，先剿滅充縣一帶的蠻夷軍隊，這條線路相對安全，便於大軍穿行，但是路途遙遠，後勤補給十分困難。

在選擇進軍的線路上，馬援與耿舒的意見相左。耿舒建議走充縣這一線路，而馬援則認為繞行遠路，既耗時間，又耗糧草，不如穿越壺頭山，直插向蠻夷的咽喉地帶。只要蠻夷的主力被擊破，充縣的敵軍將士崩瓦解。兩人相持不下，只好將兩種方案呈報洛陽政府，請求皇帝的裁決。深諳兵略的光武帝劉秀顯然支持馬援的方案，於是四萬大軍開始了一次艱難的行軍。

武陵蠻深知壺頭山戰略地位的重要性，一旦壺頭山被馬援兵團佔據，那麼蠻族主力將被困死在山間地帶，所以派出重兵據險而守。壺頭山戰役戰得十分艱難，加之南方河流進入汛期，河水暴漲，水流湍急，漢軍的水師軍艦無法順利沿河發動攻擊。炎熱的天氣使得傳染病迅速蔓延，漢軍的許多士兵都得病，主帥馬援也不幸身染疫疾。

馬援將指揮部設在河岸巖石鑿開的洞穴裡，以避熱騰騰的暑氣。畢竟是上了年紀的人，身體的免疫力差了許多，但是馬援還是忍著病痛的折磨，拖著羸弱之軀，走出洞口，觀察敵情，堅持指揮大軍作戰。馬援頑強的意志力令左右侍衛感動不已，無不為之流涕。

但是馬援畢竟是人不是神，他的病情不但沒有好轉，反而越來越惡化，終於他倒下了，他聽到了死神的召喚。但他沒有後悔，坦然接受。為國家而戰死在沙場上，不正是自己的夙願嗎？死亡是生命的組成部分，能夠以自己選擇的方式平靜走向死亡，不也是人生最後的幸福嗎？馬援病死軍中，時年六十三歲。他實踐了「馬革裹屍」的信念，這種信念也成為激勵後人的精神力量。

在馬援彌留之際，他沒有想到，一個巨大的陰謀正悄悄地醞釀著。南征兵團副將耿舒透過其兄長耿弇，將軍隊受疫疾傳染而陷於困境的責任統統推到馬援身上。而此時，與馬援有過節的梁松也乘機在光武帝面前進讒言，誣陷馬援。英明一世的光武帝劉秀竟然也頭腦發昏，勃然大怒，撤銷馬援的侯爵位。此時馬援病故，對這一切毫不知情。只是後來馬援舊交朱勃上書皇帝，力陳馬援的功績，此事方才告一段落。

馬援之死，並沒有影響到戰爭的結局。他的戰略，最後證明是正確的，雖然漢軍付出了慘重的代價，傷亡人數超過兩萬人，絕大多數是死於疫疾。但是漢軍佔據壺頭山之後，蠻族戰士在漢軍的圍困之下，缺乏糧食，既饑餓，又疲憊。戰役的最後階段，雙方比的是意志力，哪一方的意志力更勝一籌，將獲得最後的勝利。

副將耿舒在陷害馬援上頗有本事，但漢軍最後的勝利，並不是他的功勞，而是監軍宗均。宗均對諸位將領說：「現在我們傷亡很重，而敵軍也處在崩潰的邊緣，於今之計，不如我們假傳聖旨，招撫他們，各位以為如何？」又是一次假傳聖旨，所有的將領都不敢吭聲。

宗均對將領們說：「忠臣在外，只要有利於國家安定的，必要時可以獨斷專行。」於是他像前輩馮奉世、陳湯那樣，命令兵團司馬呂種，帶著一紙假聖旨，進入蠻族軍營內，向蠻人宣揚政府的恩德與信譽，漢軍主力則森然有序地在蠻夷營地前列陣，以示兵威。

已經疲憊不堪的蠻族人內部出現了嚴重的分歧，最後主和派佔了上風，刺殺了主戰派的首領，接受宗均的招撫。這次規模浩大的南方叛亂，終於在馬援去世後數月，完全平定。宗均以最後的勝利，為馬援的戎馬生涯畫上了一個圓滿的句號。

# 九、草原帝國，曇花一現

從戰國後期始，匈奴便成為中國最強勁的外敵。西漢立國後，與匈奴進行了曠日持久的戰爭，特別是在漢武帝時代，在名將衛青、霍去世的輪番打擊下，匈奴開始走向衰落。到了漢宣帝時，匈奴由於王位之爭走向分裂，陷入內戰。西元前五十一年，呼韓邪單于歸附漢帝國；西元前三十六年，西漢名將陳湯萬里遠征，斬殺郅支單于，至此匈奴結束分裂。呼韓邪單于統一匈奴後，迎娶王昭君，此後漢匈兩國保持了數十年的和平。

和平局面在王莽當權時被打破。王莽篡漢後，欲把匈奴單于由「王」降為「侯」，這激怒了匈奴人，他們拒絕接受新莽政權的詔令。為了逼匈奴就範，王莽欲發兵三十萬攻打並企圖將匈奴分割為十五個小國，這終於導致匈奴反叛，北疆戰爭的烽火重新點燃。

王莽敗亡後，各路英雄豪傑紛紛自命為皇帝，繼劉玄稱帝後，王郎、公孫述、劉秀、劉盆子等人先後稱帝，一時間國家四分五裂。匈奴人也想混水摸魚，撈取資本，於是立了一個中國皇帝，此人姓盧名芳。

這個盧芳有什麼本事呢？盧芳原安定三水（甘肅固原北）人，身世神祕。他自稱是漢武帝劉徹的曾孫，本名劉文伯，但誰也搞不清他真實的身分。新莽後期，天下大亂，盧芳的家鄉三水，是一個羌人、匈奴人的安置區（屬國），這些外來移民對王莽政權十分痛恨，對盧芳漢室宗族的身分毫不懷疑，由是盧芳夥同屬國的羌人、匈奴人起兵反抗王莽。

更始皇帝劉玄重建漢政府後，委派盧芳為騎都尉，鎮撫安定以西的地區。西元二十五年，更始政權在赤眉軍的打擊下瓦解，盧芳便自立為上將軍、西平王。然而在群雄並立的亂世，盧芳只是一個小勢力罷了，為了鞏固自己的勢力，他積極謀求羌人與匈奴人的支持。匈奴呼都單于看中盧芳的皇室身分，他不想也沒有必要去甄別這個身分的真假。呼都單于說：「以前我們匈奴尊事漢室，現在應該是漢室尊事匈奴的時候了。」於是率數千名騎兵，迎盧芳到匈奴，宣布立盧芳為漢朝皇帝。

正當中原陷入大戰時，北方邊郡軍閥割據。李興在五原、田颯在朔方、石鮪在代郡都自稱將軍，獨霸一方。西元二十九年（建武五年），呼都單于派出使節抵達北方諸郡，李興等人同意迎回盧芳。同年十二月，傀儡皇帝盧芳在匈奴人的支持下，返回中國，控制北方五郡（定襄、朔方、五原、雲中、雁門）。這些原本抵抗匈奴人入侵的北方重鎮，反倒成為匈奴人進攻中國的橋頭堡，匈奴騎兵不斷向周邊發動侵略。

針對匈奴人囂張的氣焰，光武帝劉秀派出使節抵達匈奴，會晤呼都單于，要求匈奴騎兵撤出中國，恢復漢匈兩國的外交。但呼都單于有盧芳偽政權這張王牌在手，對劉秀的要求根本不加理睬，依然頻頻南侵。

西元三十一年，盧芳的偽政權爆發內訌。起因是偽漢皇帝盧芳與五原軍閥李興因為權力之爭產生矛盾，盧芳仗著有匈奴人在背後撐腰，誅殺了李興。這事引起了北方諸郡軍閥們的強烈不滿，最終導致眾叛親離。朔方軍閥田颯、雲中軍閥喬扈一怒之下，向東漢劉秀政府投降，宣布朔方郡與雲中郡併入東漢政權，這使盧芳的勢力範圍從原先的五個郡銳減為三個郡，實力大打折扣。

隨著東漢軍隊在全國戰場的節節勝利，劉秀開始將目光對準了匈奴人及盧芳偽政權。建武九年（三十三年），光武帝手下悍將、大司馬吳漢率四位將軍，共計五萬人的大軍，開始對盧芳偽政權發起強大的攻勢。

偽漢皇帝盧芳派將領賈覽、閔堪在高柳一帶防禦吳漢大軍，匈奴單于緊急調集大批騎軍南下參戰。經過一番血戰之後，吳漢大軍抵擋不住，不得不撤退。看來匈奴的軍事力量絕不容低估，此役的勝利，令匈奴人輕視東漢軍隊，認為中國再也無法恢復到西漢強盛時代的軍事水準。

然而吳漢很快就還以顏色。建武十年（三十四年）正月，大司馬吳漢再次率領六萬大軍，第二次征討盧芳。匈奴人派遣數千騎兵南下參戰，會合盧芳部將賈覽，在平城與吳漢軍隊展開決戰。是役吳漢挽回面子，擊敗了匈奴與盧芳的聯軍。

由於光武帝決心發動「平蜀戰役」，吳漢不久後被調往西南戰場。建武十二年（三十六年），吳漢擊破西南公孫述勢力，至此，光武帝劉秀基本上完成了統一全國的使命。下一步，就是要解決北方盧芳偽政權並遏制匈奴勢力的南下。

中國數十年的內亂，給匈奴重新崛起提供良機。匈奴人既控制了盧芳偽政權，又頻頻南下，燒殺搶掠，掠奪大量的人力與財物，使國家的實力大大增強，再次成為中國的勁敵。平蜀之役結束後，劉秀派驃騎大將軍杜茂統領大軍，屯駐北方諸要塞，重新修建碉堡與烽火台，抵禦匈奴與烏桓的入侵。杜茂的軍隊與匈奴、烏桓軍隊打了大大小小數百戰，始終無法取得決定性的勝利。

建武十三年（三十七年），偽漢皇帝盧芳仗著匈奴人的支持，出兵攻打雲中郡。雲中郡本來是盧芳控制的五個郡之一，但是在六年前投降東漢政府。然而這次圍攻戰不僅曠日無功，反而後院起火。留守偽漢政府首都的盧芳手下大將隨昱，密謀投降東漢政府。隨昱計畫劫持盧芳，作為獻給光武帝的見面禮。盧芳得知消息後，大驚失色，倉皇帶了十幾名親信出逃匈奴。隨昱獻五原郡投降東漢政府，被光武帝任命為五原太守。

匈奴單于大為震怒，出動精銳騎兵南下，入侵河東地區。面對匈奴人囂張的氣焰，北方州郡軍民傷亡極重，久經戰亂的百姓生活陷於水深火熱之中。建武十五年（三十九年），光武帝從憐恤百姓的角度考慮，將雁門、代郡、上谷等幾個兵禍重災區的軍民共計六萬餘人，全部遷徙到居庸關、常山關（河北唐縣西北）以東，以避匈奴的兵鋒。北方雁門等諸郡成為無人區，匈奴人遂越過長城，湧入塞內。

在匈奴軍隊的護送下，盧芳再次返回中國境內，在高柳（山西陽高）繼續當他的傀儡皇帝。東漢政府設高額賞金購求盧芳，此時中國內亂結束，匈奴單于越發覺得盧芳已經沒有利用價值了，便對東漢政府的高額賞金動了心。匈奴單于想用盧芳與東漢政府交易，然而盧芳雖然是一個傀儡皇帝，但絕不是一個傻子。建武十六年（四十年），盧芳主動歸降東漢政府，被光武帝封為「代王」。他準備入洛陽朝見光武帝，走到半途時，卻接到命令，要他一年後再前往京師。又過了一年，朝見的日期不斷被推遲，盧芳心中恐懼，深怕東漢政府反悔，心生叛意，建武十八年（四十二年）終於又逃亡入匈奴，十餘年後在匈奴病死。

帝國的北疆仍然局勢嚴峻。

除了匈奴之外，北方少數民族烏桓與鮮卑也侵擾帝國邊境。建武二十一年（四十五年），烏桓入侵代郡以東，馬援率三千騎兵反擊，無功而返。同時，鮮卑以一萬多名騎兵入侵遼東，遼東太守祭肜率數千人迎戰，鮮卑騎兵大敗，在逃亡渡河過程，落水而死的超過五千人。經此一役，鮮卑軍隊不敢再近中國邊塞。

運氣不佳的匈奴人在此時遭遇到天災（四十六年），連年旱蝗災害，赤地數千里，全國又一次陷入大饑荒之中，人口與牲畜總數銳減一半以上。這次天災對匈奴的命運有著深遠的影響，匈奴趁中國內亂再度崛起為軍事大國，對東漢帝國頻頻用兵，在戰略上居於主動地位，然而這次致命的天災，將其累積多年的優勢統統消除了。

大饑荒使匈奴的實力遭到重創。烏桓與匈奴的關係本來就十分緊張，幸災樂禍，乘機出兵，席捲匈奴漠南地區。飽一頓餓一頓的匈奴騎兵怎麼敵得過身強力壯的烏桓騎兵，一潰千里，向北部與西部大撤退，一時間漠南地區成為真空地帶。

匈奴蒲奴單于擔心東漢政府會藉此機會發動報復性的打擊，便派使節抵達中國，希望與東漢政府和親。其實蒲奴單于的擔心是多餘的，光武帝劉秀無意在北方大打出手。經過數十年的戰爭，飽受內戰之苦的中國正恢復元氣，百廢待興，光武帝無意將國家重新拖入與強敵匈奴曠日持久的戰爭之中。

在經歷大饑荒以及烏桓入侵後，匈奴無力南下與漢帝國爭鋒，遂將擴張的目標對準西域。西域一直是漢帝國對外經略的重點，自西漢張騫提出「斷匈奴右臂」的計畫以來，中國軍界向來認為，欲徹底打敗匈奴，必先控制西域。王莽篡權後，西域諸國脫離中國的控制。當中國陷於內亂時，匈奴藉此良機重新控制了西域諸國。匈奴人在西域的統治是極其殘酷的，諸國必須向匈奴繳交大量的苛捐雜稅，因此許多國家反倒懷念起西漢帝國時的都護時代，那是一個安定的時代。

西域國家想擺脫匈奴的奴役，只能向東漢政府求助。建武十四年（三十八年），與中國關係一直良好的莎車國與鄯善國派使節到東漢首都洛陽，請求重新設立西域都護府。然而這一請求遭到光武帝的拒絕，他認為內亂甫定，國力仍然有待恢復，而西域過於遙遠，要重新控制西域，勢必要使滿目瘡痍的中國再受戰爭之苦。

建武十七年（四十一年），莎車國王再度派遣使者抵中國，請求東漢政府設立西域都護。光武帝劉秀左右為難，最後想了一個折衷的方法，頒給莎車國王「漢大將軍」的大印。西域諸國獲悉莎車國得到東漢政府的支持後，紛紛脫離匈奴的統治，轉而歸附莎車國。豈料莎車王是一個野心勃勃的人，他以「漢大將軍」的大印四處招搖撞騙，對不聽其號令的西域國家不斷征討，並要求諸國繳交重賦，其統治比匈奴人還要殘酷。

建武二十一年（四十五年），西域車師、鄯善、焉耆等十八個國家聯合派遣王子入侍中國，懇請東漢政府設立西域都護，以保護西域諸國。十八位王子聲淚俱下，頓首痛哭，然而劉秀仍然認為中國內亂甫定，北方邊境未寧，婉言拒絕。

光武帝劉秀在西域事務上的消極態度很快便產生負面作用。建武二十二年（四十六年），得知東漢政府無意設立西域都護之後，莎車王更加肆無忌憚，向東擊破鄯善，擊殺龜茲國王。鄯善王再次上書光武帝：「願再次遣送太子入侍，懇請漢政府設西域都護；如果西域都護不來，我們只能被迫投靠匈奴了。」

光武帝的回覆給鄯善王潑了一桶冷水，劉秀答道：「現在漢帝國的使者與軍隊都無法派遣，如果西域諸國力不從心，東西南北，任你們自擇了。」光武帝這番話，無異將西域拱手讓給了匈奴。收到回信後的鄯善王，從頭到腳一片冰冷，只好投靠匈奴。不久之後，位於西域交通咽喉地帶的車師國也被迫投降匈奴。

由於光武帝不願介入西域，使得因饑荒而實力大減的匈奴得以捲土重來，控制鄯善、車師這兩個地處西域交通咽喉的國家，進而再度控制整個西域。

光武帝一生雄才大略，然而獨在西域問題上處理不太好。西域特殊的地理位置，決定了它是漢、匈兩國必爭的戰略要地。而且西域是絲綢之路重要的一段，對東漢帝國有著巨大的經濟利益，經西漢時代一百多年的經營，漢帝國在這裡的根基十分牢固。東漢政府本來可以毫不費力地控制西域，設立西域都護府，可是這個機會浪費了。日後東漢政府耗費了十數年的時間，才能得以重新控制該地。

儘管東漢政府沒有主動出擊匈奴，又放棄了西域，但局勢卻向著有利於中國的方向發展。建武二十四年（四十八年），匈奴爆發權力之爭。統領匈奴南方八部的右奧鞬日逐王比自立為「呼韓邪單于」，與蒲奴單于形成南北對峙的局面。匈奴再度分裂為南匈奴、北匈奴兩部分。

小呼韓邪單于採取了與老呼韓邪單于相同的作法，派出使節前往東漢帝國首都洛陽，表示願意成為中國的藩屬，為中國抵禦北匈奴的進攻。對光武帝來說，這真是意外的驚喜，北疆最嚴重的匈奴入侵，竟然由於大饑荒、匈奴烏桓戰爭以及匈奴分裂、南匈奴歸附而得以解決。

在南匈奴歸附前後，東漢政府又以大量的錢財招降了東北疆的勁敵烏桓與鮮卑。烏桓與鮮卑兩大落部見錢眼開，願意臣服於東漢帝國。這兩大部落的前身是被匈奴冒頓單于所滅的東胡部落，與匈奴積怨甚深，所以時不時出兵攻打北匈奴。中興不久的匈奴帝國很快便走下坡路，國力一日不如一日了。

由於南匈奴的內附，使得北匈奴與中國之間有了一道屏障，中國的北疆在經歷數十年腥風血雨之後，終於迎來了彩虹。受匈奴兵禍最重的雲中、五原、朔方、北地、定襄、雁門、上谷、代郡等八個郡因避戰禍而背井離鄉的百姓們，終於在建武二十六年（五十年）回到了家鄉故土，重建戰爭後的家園。

# 十、允冠百王：儒家帝王的典範

明代著名思想家王夫之是這樣評價光武帝劉秀：「光武之得天下，較高帝而尤難矣！自三代而下，唯光武允冠百王矣。」

「允冠百王」的意思，就是說超越所有的帝王。無論在武功、文治、道德修養等方面，光武帝劉秀都堪稱一流，而以集三者之長於一身的君王，在歷史上可謂是鳳毛麟角。漢高祖劉邦與明太祖朱元璋都以布衣起兵，最後登上九五之尊，武功赫赫，可是他們兩人殘殺功臣，於德有虧。在眾多帝王之中，能在武功、文治與道德三方面同光武帝劉秀一較高低者，只有唐太宗李世民。然而李世民的事業起點很高，在起兵之際，其父李淵已是手握重兵之封疆大吏。而劉秀雖然是皇族之後，卻只是平民百姓的身分，南陽起兵之際，所以憑恃的力量是少而又少，其一統中國的難度，顯然也要比李淵、李世民父子較為艱難。李世民儘管並不殘暴，但仍有玄武門殺兄奪位之舉，在道德修養上，不及光武帝之淳正。

光武帝的武功，前面幾章早有細述，這裡不再重複，重點說說他在文治上的成就與一些個人故事點滴。

## 偃武修文，崇尚儒術

光武帝劉秀本人是一名傑出的軍事家，他在軍事上的才能，要超過當時所有的將領，可是他從來都不是一個窮兵黷武的好戰份子。他從平民到帝王，是經過艱苦的奮鬥，其間沉沉浮浮，歷盡滄桑，對戰爭帶給人的苦難是有深切的體會。他不是一個野心家，而且從內心深處厭惡戰爭，在他看來，「武」的本意就是「止戈」，戰爭的目的是為了和平。在統一中國的戰爭中，他幾乎對所有的對手，都是一而再地勸降，盡可能地避免流血。

在建武十二年消滅公孫述、完成統一大業後，光武帝更不願把精力投放在軍事上。據史書所記：「帝在兵間久，厭武事，且知天下疲耗，思樂息肩，自隴、蜀平後，非警急，未嘗復言軍旅。」有一回，皇太子向光武帝請教攻戰之事，光武帝沒有直接回答，只是淡淡地說：「以前衛靈公問及戰陣之事，孔子不答。這不是你該問的事。」

也正是因為這個原因，光武帝後期更加慎戰。面對匈奴人的挑釁時，他寧可將邊關諸郡的百姓遷移他處，也不願意重開戰火，令生靈荼炭。當西域諸國希望東漢政府設立都護府時，光武帝也一口拒絕。這些都是「偃武」的表現。

劉秀在年青時即接受儒學教育，曾在長安學習《尚書》，他對儒學的興趣終生未改。在東漢建國後，他下令興建太學，設置博士，傳授儒家經典。他對儒士十分敬重，經常與大儒徹夜談論經典。正所謂上行下效，皇帝的做法，自然也影響到了大臣們，於是從上而下形成了一股學習儒學的風氣。鄧禹、賈復等將領知道光武帝要偃武修文，他們倒是很知趣，主動交出兵權，回家研究儒學經典。後來耿弇等人也效法，交出「大將軍」印，其他武將也紛紛交出兵權。

崇尚儒學與獎勵士節是一體兩面。光武帝非常重視士人的氣節，這種氣節就是孟子所說的「貧賤不能移，富貴不能淫，威武不能屈」。比如說，光武帝曾以董宣為洛陽令，當時劉秀的姐姐湖陽公主有一個家奴，仗著主子家的權勢殺了人，躲藏在公主家，衙吏們沒法前去逮捕。有一回，湖陽公主出門時，這名家奴一起出行，坐在車上。董宣得知消息後，便在夏門亭等著，待公主的車馬到時，立即攔住，將家奴當場正法。這件事令湖陽公主惱羞成怒，告到皇帝那兒。光武帝剛開始氣壞了，傳董宣上殿，董宣毫無畏懼地說：「陛下放縱家奴在光天化日之下殺人，這樣如何能治理天下？」說罷董宣用腦袋撞柱子，寧願撞死，也不願認罪。光武帝怒氣漸消，不治董宣之罪，但要求他向公主道歉。董宣不肯，光武帝命人強行按他的頭，要他向公主磕頭，但董宣兩手撐地，絕不低頭。這就是氣節，就是「威武不能屈」。最後光武帝只得把他無罪釋放，湖陽公主不滿地說：「你貴為天子，竟然管不了一個縣令？」光武帝笑著說：「這就是天子與百姓不同的地方。」事後，為了獎勵名節，他賞賜董宣三十萬錢以作表彰，董宣搏擊豪強的事蹟傳遍京師，皇親貴族無不震慄。

正是在光武帝的宣導之下，東漢成為中國歷史上最為崇尚氣節的朝代。史學家司馬光後來評論說：「自三代既亡，風化之美，未有若東漢之盛者也。」近代思想家梁啟超也說：「東漢尚氣節，崇廉恥，風俗稱最美，為儒學最盛時代。」東漢的氣節可以從兩個方展現出來：其一，在對外戰爭中，絕少出現叛變者，也就是漢奸非常少；其二，無論政治多麼黑暗，總有一大批儒士不畏強暴，挺膺責任，捨生赴死，取義成仁。

## 人性化的法律制度

光武帝出身於民間，對民間疾苦的了解，遠非宮廷貴族子弟所能及。他是一個非常富有人情味的皇帝，因此他治下的法律也展現出人性化的特點，從這個角度看，他頗為類似西漢明君漢文帝。

最能展現制度人性化的一面，當屬光武帝多次下詔解決奴婢問題。奴婢問題由來已久，在西漢末年時由於地主豪強兼併土地非常嚴重，致使大量平民喪生生活根本，不得不淪為奴婢。而兩漢之交的戰爭，又導致更多人因戰亂而淪為奴隸，奴婢數量之龐大，已到令人觸目驚心的地步。為了解決奴婢問題，光武帝從建武二年至建武十四年，十二年間，九次下達詔令，內容是釋放奴婢及保障奴婢人身權利。這些詔令是不斷擴大釋放奴婢的範圍以及保護措施，有一個循序漸進的過程。

建武二年（二十六年），光武帝下詔：「民有嫁妻賣子欲歸父母者，恣聽之，敢拘執，如論律。」首批被釋放的是違反人倫的「嫁妻賣子」，就是出於生活所迫，妻子被丈夫賣掉，兒子被父母賣掉的這些人。建武六年（三十年），詔令王莽時沒入為奴婢者，皆免為庶人；建武七年（三十一年），詔「吏人遭饑亂及為青徐賊所略為奴婢下妻，欲去留者，咨聽之。敢拘制不還，以賣人法從事。」這兩道詔令大大擴大了釋放奴婢的範圍。

對於釋放奴婢，光武帝採取了一個相當人性的做法，就是法律上允許奴婢自願選擇離去與否。這一點很重要。在王莽時代，王莽也曾想要一攬子解決奴婢問題，他的做法是一刀切，嚴禁買賣奴婢。可是王莽卻沒有考慮到一個後果，這些奴婢一旦離開主人，並不是每個人都有生存的能力。劉秀則意識到這點，因此他允許奴婢自由選擇去留。選擇離開的，恢復平民的身分，選擇留下的，則政府必須要保護他們的基本人身權利不受侵犯。

建武十一年（三十五年），光武帝又發布三道非常重要的詔令。其中一道詔令是：「天地之性人為貴，其殺奴婢，不得減罪。」另一道詔令是：「敢炙灼奴婢，論如律。」這兩道詔令意在保護奴婢的人身安全。當時奴婢是很沒社會地位的，被人視為私人財產，不僅可以隨意欺辱，甚至生命安全都沒有保障。相反，倘若奴婢反抗打傷了主人，依舊法則當處死。故而光武帝又下詔令：「除奴婢射傷人棄市律」。這些詔令無疑具有人道主義的精神，對改變社會陋習產生了積極的作用。

在之後幾年裡，光武帝又頒布多道詔令，補充完善解決奴婢問題的措施。光武帝並沒有徹底廢除奴婢制度，實際上這是任何一個封建王朝都無法解決的。但他仍然解放了大量的奴隸，限制了奴婢制度的蔓延，並切實保護這些社會最底層百姓的基本權利，這些成就在古代是了不起的。

光武一朝的法律制度比較寬鬆，劉秀多次下詔恤刑，九次大赦天下，並專門派人出巡探察冤獄，維繫社會的公正力量。從東漢政權成立伊始，光武帝就非常注重法制建設，早在建武二年，他就對「獄多冤人，用刑深刻」的現狀深感不滿，他強調法律應當公正，「刑罰不中，則民無所措手足」，為此他召集有關人員，「議省刑法」。

可以說，光武帝劉秀的開明統治，上承西漢文景之治，下開東漢明章之治，最重要的是，他結束了中國混亂無序的局面，使得百姓在經歷戰亂後，有了一個相對安定、公正的社會環境。

## 保全功臣

在中國歷史上，「兔死狗烹」的悲劇一再重演。許多封建王朝的開國功臣都難逃被誅殺的下場，因為飛鳥被射盡以後，弓箭就沒用了，兔子被捕殺完了，獵狗就沒用了。天下平定了，那麼將領們的兵略，謀臣們的智慧，反而讓統治者感到害怕，這就是所謂的「功高震主」。皇帝最怕別人造反，而死人是不會造反的。可是在光武帝一朝，未殺一個功臣。

在漢明帝時，繪中興功臣二十八人畫像於南宮雲台，號稱「雲台二十八將」，這些是對東漢開國功勳最著的功臣。二十八將分別是：鄧禹、吳漢、賈復、耿弇、寇恂、岑彭、馮異、朱祜、祭遵、景丹、蓋延、銚期、耿純、臧宮、馬武、劉隆、馬成、王梁、陳俊、杜茂、傅俊、堅鐔、王霸、任光、李忠、萬脩、邳彤、劉植。後來又補充了王常、李通、竇融、卓茂四人，共計三十二人。

二十八將也好，三十二將也好，這只是一份不完整的清單。有幾個重要的人物沒有列入名單中，比如馬援、來歙等人。為什麼漢明帝會把馬援、來歙給遺漏了呢？這是因為這兩個人比較特殊。馬援的女兒是漢明帝的皇后，也就是說，他是漢明帝的岳父；而來歙與光武帝是親戚，他是劉秀的表哥。為了避嫌，馬援與來歙都未列入。

在這些將領中，有些人是死於戰場，比如來歙與岑彭都是在攻打公孫述時遇刺，馬援是在平定南蠻的戰爭中染病身亡，其餘大多數人都得以善終。開國功臣中，光武帝不曾殺害其中的任何一人。

為什麼在歷代反覆上演的屠戮功臣事件，在東漢卻得以避免呢？這顯然與光武帝劉秀的修為有關。他從來不是一個嗜殺之人，而是一個重感情、重交情的人。作為一名帝王，他並非冷冰冰的，而是富有人情味。他把這些功臣視為兄弟，推心置腹，在他的私人信件中，並沒有高高在上的架式，他自己稱呼「吾」而不是使用「朕」這個字眼。他所受的儒學教育，讓他有「仁慈」之心，甚至在寫給隗囂、公孫述等對手的信件中，仍然流露出情真意切。光武帝的胸襟寬廣，只要是真心投誠，既往不咎。包括曾經參與殺害其兄劉縯的朱鮪，他仍然接受其投降而不追究殺兄之仇。在來歙、岑彭等愛將遇刺後，他寫信給公孫述，強調只要投降，不必顧慮東漢政府會秋後算帳。即便對於敵人，能不殺的，他也不願意殺，更何況對於功臣。

但這裡我們還要討論一個問題，光武帝就沒有擔心功臣造反嗎？事實上，光武帝就遇到幾次嚴重的叛變事件，包括彭寵、龐萌等人的叛變。不要忘了，吳漢曾經是彭寵的部將，而龐萌則是光武帝認為可以托孤的大臣。劉秀信任到認為可以托孤的人，居然都叛變了，還有什麼人可以值得信任呢？可這就是劉秀非凡、偉大之處，他沒有受這些人叛變的影響。吳漢曾是彭寵的部將，可是劉秀照樣信任；馬援曾是隗囂的部將，劉秀沒有懷疑他的忠心。這種胸襟，確非常人所有。

那麼這種胸襟又是從哪來的呢？是從自信中來的。劉秀的自信，源於他非凡的才能。他不僅能駕馭將領，也能帶兵打仗。他初出茅廬時，便以昆陽之戰而聲名遠揚，此役可列為中國歷史上最經典的戰例。在統一中國的戰爭中，劉秀的軍事才能更是得到淋漓盡致的展現。諸葛亮曾評價他說：「光武神略計較，生於天心，故帷幄無他所思，六奇無他所出。」就是說光武帝的英明神武有兵略，這是天賦，運籌帷幄、妙計奇謀都在眾人之上。這種軍事天賦給予他強烈的自信，自然不會因為手下大將的戰功卓著而嚴加防患。反觀漢高祖劉邦，被韓信稱為最多只能統率十萬大軍，而韓信則自稱帶兵是「多多益善」，這怎麼能讓劉邦吃得好飯、睡得好覺呢？

在劉秀身上，有一種豪俠的氣質，這也使他極富個人魅力。早年劉秀被更始皇帝委派出巡河北，與他素昧平生的鄧禹騎馬追趕，就是想跟隨其左右，而這個時候劉秀還未發跡呢。能散盡家財給親朋好友的馬援，是胸懷大志、光明磊落的豪傑，他一見到劉秀時便深深為其氣質所吸引。正是這種氣質，吸引著許多優秀的人才彙集到他的身邊。

劉秀對諸將領有很高的駕馭本領，他從不吝惜於讚美之辭。比如他評價鄧禹：「謀謨幃幄，決勝千里。」當諸將領紛紛談論自己功勞時，賈復總是不言語，劉秀就說：「賈君之功，我自知之。」論及耿弇平齊時，讚歎道：「有志者事竟成。」馮異破赤眉，劉秀讚其：「始雖垂翅回溪，終能奮翼黽池，可謂失之東隅，收之桑榆。」諸如此類，舉不勝舉，都可以看出劉秀十分懂得讚賞別人，並以此來激勵他們。反過來，這又使得諸將領更加效忠於他。

在平定群雄後，劉秀偃武修文，未嘗不是削弱諸將權勢的一種手段，引導他們從武轉向文。這種手段，比宋太祖的「杯酒釋兵權」要高明。事實上，自從平定公孫述後，列侯之中，除鄧禹、李通、賈復等人得以參議國家大事外，其作功臣皆不用。由是可見，劉秀也並非毫無防患，只是手段太高明了，所以有了皆大歡喜的結局。

## 劉秀與陰麗華的愛情故事

劉秀年輕時，還只是一名勤於稼穡的農夫與窮酸的儒生，有一次他到新野時，見到了一位美女，名喚陰麗華，油然而生好感。此時的他還只是一位沒沒無聞的草民，自然不敢向心儀的女子表達愛慕之情。在遊學長安期間，有一次他見到了執金吾（首都衛戍司令）出行的盛大場面，據史料所載：「執金吾緹騎二百人，持戟五百二十人，輿服導從，光滿道路，群僚之中，斯最壯矣。」他不禁對人生產生了美好的遐想，憧憬著自己的事業與愛情，並慨歎道：「仕宦當作執金吾，娶妻當得陰麗華。」正所謂相由心生，在心中立志的那一刻，成功的種子就已經種子了。若干年後，他不僅娶到心儀的女子陰麗華為妻，而且身分地位遠遠超過當初「執金吾」的目標，成為君臨天下的漢室皇帝。

更始元年（二十三年），劉秀在昆陽之戰得贏得了偉大的勝利。可就在這個時候，更始皇帝劉玄卻對劉縯下毒手。在哥哥被殺後，劉秀忍辱含垢，夾起尾巴做人。他內心陷入巨大的痛苦之中，這個時候唯一讓他寬心的，便是迎娶心儀許久的大美人陰麗華。這是劉秀起兵後難得的清閒時光，新婚夫妻如膠似漆，恩恩愛愛。然而不久後，劉秀被派往鎮撫河北，並由此開始他人生最為動盪的一段歲月。在王郎軍隊的追殺下，劉秀幾無立身之地。為獲得實力派人物劉揚的支持，他迎娶劉揚的外甥女郭聖通，這可視為政治聯姻。

劉秀稱帝後，把陰麗華接回洛陽，夫妻得以重聚。這時一個問題出現了，究竟要立誰為皇后呢？從感情上說，劉秀深愛陰麗華，想立她為后；可是此時郭聖通已生下皇子劉強，對皇帝來說，這意味著有接班人了。陰麗華從大局考慮，堅持拒絕接受皇后之位，而讓予郭聖通。建武二年，郭聖通正式被冊封為皇后。

據史書所載，郭聖通「雖王家女，而好禮節儉，有母儀之德」，可是劉秀內心真正愛的女人只是少年時苦苦追求的陰麗華，陰麗華不僅漂亮，而且「性雅寬仁」。建武九年，陰麗華家遭遇不幸，她的母親與弟弟出行時遭到盜賊劫殺。由於陰麗華七歲喪父，與母親的感情非常好，這件事令她痛苦萬分。見到陰麗華傷心欲絕的樣子，劉秀也很心痛，為了安慰陰麗華，他下了一道詔書：「吾微賤之時，娶於陰氏，因將兵征伐，遂各別離。幸得安全，俱脫虎口。以貴人有母儀之美，宜立為后，而固辭弗敢當，列於媵妾。朕嘉其義讓，許封諸弟。未及爵士，而遭患逢禍，母子同命，湣傷於懷。」並且追封陰麗華的父親、弟弟為侯。

這道詔書可視為郭聖通失寵的信號，皇帝等於是向天下人宣布，郭聖通皇后的位置，是陰麗華讓給她的，而陰麗華才是有資格成為皇后的人。這道詔書安慰了陰麗華，卻傷了郭聖通。郭聖通醋意大發，「數懷怨懟」，可這樣做的結果，卻只能使她越發被光武帝疏遠。她未能保持其「母儀之德」，最終在皇后保衛戰中徹底失敗。

建武十七年，光武帝終於廢除郭聖通皇后之位，理由是：「皇后懷執怨懟，數違教令，不能撫循他子，訓長異室。宮闈之內，若見鷹鸇。既無《關雎》之德，而有呂、霍之風，豈可托以幼孤，恭承明祀。」這些指責是非常嚴重的，甚至把她與西漢的呂后、霍顯相提並論。呂后殘害劉邦寵愛的戚夫人，霍顯毒殺漢宣帝寵愛的許平君。顯然，是女人的嫉妒心最終毀了郭聖通，光武帝絕不會讓自己深愛的陰麗華遭遇到戚夫人與許平君的下場。

一代美女陰麗華最終成為皇后，對於劉秀與陰麗華的愛情故事，這是個圓滿的結局。劉秀是一代明君，而陰麗華是一代名后。據史書所載，陰麗華「在位恭儉，少嗜玩，不喜笑謔。性仁孝，多矜慈。」對於妃嬪無數的帝王來說，愛情多數只是傳說。可是劉秀是例外，他對陰麗華的摯愛終生不渝。陰麗華死於明帝永平七年，死後與光武帝合葬於原陵。

當代學者南懷瑾先生說過：「自秦、漢以後，可以稱為帝王體制時代較為賢良的后妃，為數實在寥寥無幾。以開國創業的那些帝王來說，除了漢光武的陰麗華和朱元璋的馬皇后以外，即如李世民的長孫皇后，還當退居其次。」這算是給陰麗華予極高的評價了。

# 十一、明章之治：短暫的盛世

西元五十七年，一代雄君光武帝劉秀去世，他的兒子劉莊繼位，史稱漢明帝。在中國歷史上，長壽的王朝有一個共同的特點，就是前幾位君王都是比較有作為的，漢明帝也不例外。漢明帝劉莊原名劉陽，他的母親就是陰麗華。劉莊在少年時便嶄露出非凡的天賦，他在十歲時便精通《春秋》，這令酷愛儒學的光武帝感到非常吃驚。

劉莊原本並沒有被冊立為太子，皇太子是郭聖通的兒子劉強。可是在建武十七年時，郭聖通被廢除皇后，改立陰麗華為皇后。由於劉秀這個頗有人情味，他認為劉強並沒有犯什麼錯誤，不忍心廢掉其太子位。可是這樣做卻令劉強恐懼不安，哪裡有母親被廢黜了，兒子還能當太子的道理呢？他一而再地向父親表示，自己願意卸去太子之位，退居親王之位，專心奉養母親。劉秀內心掙扎許久，終於在建武十九年下詔書，改立劉莊為太子。劉莊成為皇太子後，仍然十分勤奮好學，師從著名儒學博士桓榮，把《尚書》一書領會貫通了。

漢明帝剛剛繼位，就有人想把他從皇帝的寶座上拉下來。誰呢？他的親弟弟劉荊。

劉荊對哥哥當上皇帝大為不滿，在劉秀的諸多兒子中，劉荊跟父親長得最像，而且頗有才能。在光武帝屍骨未寒時，劉荊便偷偷地給前廢太子、現在的東海王劉強寫了一封信。在信中，劉荊大談劉強無罪卻被廢掉太子之位，以及郭聖通皇后被廢黜受辱之事，他勸東海王劉強起兵造反，奪取天下。在信中，劉荊還寫道：「當年高祖起兵時不過是個亭長，父皇興起於舂陵窮鄉僻壤之間，何況您是父皇的長子、原先冊封的儲君呢？應該像秋霜那樣肅殺萬物，而不要成為圈欄內的羔羊。如今陛下駕崩，市井之徒也想要乘機當強盜撈一把，滿足自己的欲望，何況是王兄您呢？」

這可是大逆不道之言啊。自從郭聖通皇后被廢後，劉強終日生活在惶恐不安之中，擔心遭到陷害。如今劉荊居然慫恿他造反，這豈不是要推著他往火坑裡跳嗎？收到這封信後，劉強嚇壞了，別說造反，他連藏著這封信的勇氣也沒有。他立即下令將劉荊派來的信使拿下，連人帶信，一起上交給漢明帝。

漢明帝一看氣壞了，可是一來父親剛死，二來劉荊也是自己的親弟弟，不忍心下手。他把信扣下不公開，當作沒這件事，只是不敢讓劉荊待在身邊，把他打發到河南宮去居住。但是受到這件事的驚嚇，廢太子劉強卻一病不起，不久後便死了。

可是劉荊並沒有因為這件事而收手，他巴不得天下大亂，以便混水摸魚。其實他早就被封為山陽王，吃穿不愁，可是人的野心沒有極限，他的目的是想取代哥哥而成為大漢天子。他私下請來了占星術士，整天在家裡與這些法師討論法術，要憑藉超自然的力量，令平靜的天下再掀波瀾。可是漢明帝早就派人盯緊了這個不安份的弟弟，很快他就收到消息，知道劉荊在裝神弄鬼。但漢明帝是一個篤信儒家教義的人，孝悌二字放在心上，仍然不願懲罰劉荊，只是把他封為廣陵王，調到距離首都遙遠的地方。

劉荊所希望的天下大亂並沒有到來。漢明帝是一位非常有手段的君主，有著高超的統禦術。光武帝保全功臣，可是這些功臣散枝開葉，家族勢力極其強大，倘若失去控制，後果就很嚴重。漢明帝採取拉攏、打擊、抑制相結合的方法，牢牢地控制手中的權力。他邀請位列功臣之首的鄧禹出任太傅，鄧禹的地位極高，扛他出來，自然可以壓得住眾人。在永平三年，他令人繪「雲台二十八將」圖，以示不忘諸臣之功。這些都是拉攏的手段。

對於特別強勢的家族，則採取打擊抑制手段。當時最炙手可熱的家族當屬竇氏家族，竇融是最後歸附東漢的地方軍閥，光武帝對其最為優待，竇氏家族出了一公二侯，娶了三位皇室公主。也正因為這個原因，竇氏家族成員目空一切，貪贓枉法之事時有發生。漢明帝決定打擊其氣焰，永平二年（五十九年），時任護羌校尉的竇林因貪污而被逮捕，死於獄中。此舉令竇氏家族的首領竇融大為恐慌，乖乖交出權力，辭職回家。竇融去世後，其長子竇穆因賄賂罪被逮捕下獄，竇穆的兩個兒子竇勳、竇宣也被逮捕，父子三人後來都死於獄中。

漢明帝統禦有方，政權的過度倒是波瀾不驚，國家並沒有出現大的動盪。這可令劉荊失望了。劉荊賊心不死，他很迷信，在廣陵為王時，招羅一班術士、巫師、算命家等。永平九年（六十六年），劉荊再也不想等待了，他想造反起兵。他找來了一個會看相的術士，問道：「我長得與先帝很像，先帝三十歲時就得天下，我今年也三十歲了，可不可以起兵呢？」世界上就是有這種唯恐天下不亂的人，這名看相的術士聽了嚇壞了，怕惹禍上身，便悄悄向地方政府告發劉荊的陰謀。劉荊知道事情敗露了，這時他才感到大禍臨頭，自己跑去向官府自首。

漢明帝第三次開恩，赦免劉荊的罪行，仍然讓他當廣陵王，但剝奪其實際權力。到這個時候，劉荊應該吸取教訓了吧？可是他並沒有，他又搞起他的旁門左道，招羅巫師搞祭祀、詛咒一類的把戲。結果不出人意料，他又一次進了監獄。鑑於劉荊反覆犯下重罪，審判官最後判其死刑，上報給皇帝。劉荊得悉消息後，在獄中自殺身亡。

權力具有一種魔力，令人不惜為之鋌而走險。在永平十三年（七十年），漢明帝的另一個弟弟楚王劉英也密謀造反。劉英愛黃老之術，而且他還是中國最早的佛教徒之一，按理說應該看破紅塵，行出世之道。可是他卻把道法與佛法作為奪取權力的本錢，豈知佛法雖然無邊，豈能成為野心家的工具呢？在東窗事發後，劉英被逮捕入獄，以大逆不道之罪被判死刑。可是漢明帝仍然念著手足之情，未治劉英之罪，只是撤銷其「楚王」之封爵。劉英最終選擇與劉荊同樣的下場，自殺身亡。

本來這樁謀反案隨著劉英之死應該告結束，可是一個意外之事件，導致了最終成為一件牽扯極廣，死上千人的大獄。原先在劉英謀反之前，早有人把這個驚天陰謀報給了司徒虞延，然而虞延卻認為劉英乃是皇帝的弟弟，不相信所謂的陰謀。更嚴重的是，他沒有及時向漢明帝彙報。當謀反的陰謀成為現實時，虞延知情不報，究竟是有何居心？漢明帝下詔嚴責，虞延自知無法自圓其說，只得選擇自殺。虞延自殺身亡後，漢明帝更加相信劉英謀反案的背後，牽扯到許多高官貴族，遂下令窮究到底。

由楚王謀反興起的大獄，持續了一年之久。許多與謀反案根本不沾邊的人，只因為被種種真假難辨的口供捲入這樁大獄之中。在嚴刑逼供之下，人們為了自保，往往委打成招，隨便說個人名。這樣，謀反案牽連的人越來越多。上至皇親國戚、諸侯，下至州、郡的豪傑。被處死或流放者達一千多人，被抓住監獄中的還有數千人之多。

抓的人越來越多，可是這個案件卻遲遲不能結案。此時的漢明帝失去了理智，堅信劉英謀反只是露出冰山的一角，在朝廷內外，一定有一大批人在醞釀著更大的陰謀。從京城到地方，人人自危，擔心哪天被反咬一口，便鋃鐺入獄，輕則流放，重則喪命。

負責審理此案的侍御史寒朗是一個正直的官員，他眼看著冤獄遍地，心中不忍，遂越權直接向漢明帝上書，認為大多數涉案之人都是遭到別人的誣告。漢明帝大怒，責問道：「你是與誰一起寫這份奏章？」寒朗答道：「是我一人所寫。」漢明帝又責問：「你為什麼不向司徒府、司空府、太尉府彙報，而越權上書？」寒朗答說：「因為我自知這樣做會受到滅族的處分，不敢牽連到別人。」漢明帝仍然一臉怒氣地問：「你怎知會滅族？」寒朗也豁出去了，便直言道：「我審理此案已有一年，不能窮究真相，反倒要替被囚的嫌疑犯喊冤，自知這樣做將遭到滅族之災。可是我之所以要說，是希望陛下能有所覺悟。參與審理此案的官員，都知道這個案子重大，寧可抓錯人、殺錯人，也不願放錯人，這樣做可以免於被追究責任。因此，審問一個犯人，就可以牽連出十個人，審問十個犯人，就可以牽連出百個人。這麼一來，真不知多了多少冤情。別人怕惹禍上身，不敢跟陛下說這些。我今天冒死說出來，也可以死而無悔了。」

所幸的是，寒朗遇到的並非一個昏君。漢明帝一直是個很理性的人，可是這次真是失去了理智，是寒朗的一番話把他喚醒。他沒有治寒朗的罪，自己也反思一下問題出在哪。兩天後，漢明帝親自到監獄中提審囚犯，發現確如寒朗所言，許多人只是被誣入獄。就在這一天，漢明帝就釋放了一千多名犯人，因為他們都是無辜者。由於此案涉及到的高層人員太多，馬皇后也向漢明帝進言，漢明帝終於意識到自己犯下大錯，他是個有作為的皇帝，而且也並不殘暴，在冷靜下來之後，終於撤銷對此大獄的窮究，那些蒙冤者總算得以昭雪。

儘管在漢明帝統治的十八年裡，出現過楚王謀反大獄，但是我們站在公正的角度上說，這僅僅是個例。總體上說，漢明帝在位期間，國家很安定，他出台了許多政策以改善民生。《後漢書》是這樣評價漢明帝的：「明帝善刑理，法令分明，日晏坐朝，幽枉必達。內外無倖曲之私，在上無矜大之色。斷獄得情，號居前代十二。故後之言事者，莫不先建武、永平之政。」

他是一位相當勤政的皇帝，日理萬機，更難能可貴的是，他廣開言論之門。永平八年，漢明帝下達一道詔令，要求各政府部門坦率批評政府，用不著有所顧忌。各部門官員均可以用密摺的形式，直言政府的得失。漢明帝每每看到批評的意見中肯，便自責所犯的過失，並把密摺的內容交給文武百官傳閱。後來，他又下了一道罪己詔：「群僚所言，皆朕之過。民有冤情卻不能處理，官吏作惡卻不能禁止。而且還輕率地使用民力，用於修繕宮殿樓宇，開支都沒有節制，喜怒無常，時常會有差錯。我必須要經常回顧以前的戒訓，誠惶誠恐，唯恐品德尚淺，時間長了會懈怠。」

正所謂忠言逆耳，而漢明帝則能虛懷接受，並主動要求眾官僚批評其政，這是非常難得的。也正因為這樣，終明帝一朝，政事上並未有大的過失。國家日益富民，百姓安居樂業。如果說光武帝是開國之君，而漢明帝則是守成之君。開國固難，守成亦不容易。歷史上的一些短命王朝，比如秦朝與隋朝，開國者秦始皇、隋文帝皆雄才大略之人，定數百年戰亂，可是繼任者不能守成，龐大的帝國很快就土崩瓦解。東漢帝國能享國祚二百年，與漢初幾位君王的有作為是分不開的。

治國的根本，一在於制度，二在於吏治。漢明帝的做法，有點類似於西漢的「蕭規曹隨」，基本上沿用光武帝所制定的各項政策。不過漢明帝政風相對苛察，法紀嚴肅，不要說一般的官吏，連朝中公卿也時常獲罪。每年朝廷都要對地方官員實行考核，既要考核最優秀的，也要把最差的上報朝廷，以此作為提拔或罷免的參考。這樣的制度，多少限制了官員貪污腐敗瀆職。

漢明帝在文治上的最大成就，便是崇仰儒術。東漢是儒學最為昌盛的時代，前三任皇帝，光武帝、明帝與章帝都是儒術的大力宣導者，其中又以漢明帝之功最大。

永平二年（五十九年），登基不久的漢明帝以身作則，為崇揚儒術作出表率。這一年，他前辟雍（國立大師），對儒學前輩宗師行「養老禮」，以大儒李躬為「三老」，以老師桓榮為「五更」。漢明帝先到禮殿，坐在東廂，然後派使節用車馬恭迎李躬、桓榮於太學講堂，皇帝親自在門屏處迎接兩位上師。行過禮後，皇帝走東邊的階梯，李躬、桓榮由西邊階梯上。上了階梯後，皇帝向兩人行禮，李躬進殿後，朝東而坐，桓榮朝南而坐。朝廷重臣，三公九卿，有的擺案几，有的擺鞋子，皇帝親自動手切肉，送到兩位碩儒面前，舉杯祝福。禮畢後，桓榮與他的學生們升堂而坐，皇帝親自為他的臣屬們講解儒學經典，諸位大儒手執經卷，時不時提出質問，學術氛圍濃厚到了極點。這是百年未有的盛典，漢明帝以此隆重的儀式，開尊師重道、崇揚儒學之風氣，對西漢儒家興盛實有不可磨滅之貢獻。

桓榮在漢明帝還是太子時，就成為他的老師，明帝即位後，仍以師禮尊待。有一回，明帝前往太常府，他讓桓榮坐在最尊貴的位置上，在老師面前擺設案几與手杖，會同百官及學生數百人，一起聽桓榮講解經典。在討論問題時，有學生向明帝提問，明帝謙虛地說：「老師在這裡，怎麼輪到我回答呢？」後來桓榮得了重病，明帝前往探視，到了桓宅路口時，他就下車步行，並且手捧經冊，恭恭敬敬地進門。到了病榻前，明帝扶著老師，看到老師受病魔的折磨，不禁涕流滿面。後來凡是前來探病的王侯、將軍、大臣，沒有人敢乘車到其家門口，都效法皇帝，遠遠下車，徒步而入。

由於皇帝身體力行，上自太子、王侯，下至大臣子弟、功臣子孫，沒有一人不接受儒家教育。

漢明帝又專門創立一座學堂，外戚子弟就學於此，並聘請通精儒學五經的經師以及德高望重的學者教授課程。不僅貴族如此，包括期門武士、羽林軍這些武夫，也必須要粗通《孝經》的章句。儒學教育，已經成為國家的正統教育，其影響力也不斷拓展，歸附於漢室的南匈奴，也派貴族子弟來前學習。

儒家講究「以孝治天下」，在這點上，明帝也是做出表率的。明帝的母親陰麗華死於永平七年，在她死後十年，有一天晚上，明帝在夢裡夢到了父親劉秀與母親陰麗華，全家團圓歡樂。夢醒後，那麼栩栩如生的感受，令皇帝懷念起父母，不由悲從心生。第二天，他前往返父母的陵園掃祭。在陵墓之旁，有仿造父母生前居住的房間（寢殿），裡面擺設著生前的用品。當明帝看到母親用過的床及床頭的鏡子、梳妝用品時，見物思情，禁不住淚流滿面。左右的人都被他的孝心所感動，大家也紛紛落淚，不敢仰視。

永平十八年（七十五年），漢明帝英年早逝，去世時年四十八歲，正值壯歲。不過在東漢近兩百年的歷史裡，漢明帝的壽命還算長的，東漢的短命皇帝特別多，這也成為後來政局動盪的一個重要因素。在去世前，漢明帝留下遺詔：在陵墓旁不建寢殿與祭廟，把自己的牌位安置在母親陰麗華寢殿的更衣別室中。意思就是到了地下，他還要孝敬奉養自己的母親。看來陰麗華不僅有一個好丈夫，更有一個好兒子，地下有知，當心花怒放了。

漢明帝去世後，其子劉炟繼位，是為漢章帝。

漢章帝也是一位明君，與父親相比，他的性情更加寬和，這得益於母親馬太后的教導。馬太后是名將馬援的女兒，在永平三年時，被漢明帝冊封為皇后。在主持後宮期間，她的美德得到眾人的肯定，她才智過人，而且十分節儉，母儀天下。更難能可貴的是，她熟讀典籍，對《易》、《春秋》、《周官書》以及董仲舒的著作都有涉獵。馬太后其實並非漢章帝劉炟的生母，而是養母，但她視同己出。正是在馬太后的督教下，劉炟從小喜愛儒術，而且寬宏大量。

即位之初，漢章帝即下詔，要求各部門要「慎選舉，進柔良，退貪猾，順時令，理冤獄。」鑑於明帝一朝政風苛察，尚書陳寵上書提出：「夫為政猶張琴瑟，大弦急者小弦絕。陛下宜隆先王之道，蕩滌繁苛之法，輕薄棰楚以濟群生，全廣至德以奉天心。」漢章帝認為陳寵所言極是，故而在政事上務求寬厚。

然而政事過於寬厚，也帶來了一些負面影響。比如許多文武官員都很不稱職，不負責任，工作效率低下等等。由於光武帝保全功臣，經過光武、明帝兩朝後，這些功臣家族仍然聲勢顯赫，這些家族壟斷了許多政府要職。人才的選拔大多看出身背景，而非考察實際的能力與水準。後來漢章帝也意識到這些負面因素，在選拔官吏上，更注重個人品德（特別是孝德）與才能。

整體來說，漢章帝時代是一個黃金時代，社會安定，政治也比較清明。漢章帝統治，可以稱得上是「仁政」，注重民生經濟，勸農桑，減徭役，輕賦稅。在法律制度上繼承西漢文景之治的人道主義傳統，廢除酷刑逼供，解妖言之禁。為鼓勵人口增殖，凡有婦女懷孕，賞賜三斛糧食，免其夫一年人頭稅；婦女生子，則免其夫三年人頭稅。這些都是很有人性化色彩的政策。

漢章帝對儒學的尊崇，不讓光武、明帝。在建初四年（七十九年），漢章帝召集大儒在白虎觀舉行一次重要集會，這次集會的目的是辨明《五經》的同異之處。五經是儒家五部重要經典，即《詩》、《書》、《禮》、《易》、《春秋》，可是五經成書時間不同，作者各異，自然有許多矛盾之處。這次集會即是為了解決這一問題，參加集會的大儒包括丁鴻、樓望、成封、桓郁、班固、賈逵等人。這次討論的結果，彙編為一冊《白虎議奏》，也稱為《白虎通義》，這部書被作為官方典籍公布，對後世儒學產生很大的影響。

可惜的是，漢章帝死得早，去世時年僅三十一歲。漢明帝與漢章帝統治時期，是東漢最為和平安定的時期，後世稱其為「明章之治」。東漢「明章之治」與西漢「文景之治」都是古代歷史上為數不多政治清明的時代，只是由於明帝與章帝都不長壽，兩任皇帝任期合計只有三十一年，因而明章時代的各項政策，尚未能有充足的時間深耕細作，故而其規模與影響力，仍不及西漢的「文景之治」。

# 十二、通往西域之路

光武帝自統一中國後，偃武修文，奉行休生養息的政策，療治國家所受的戰爭創傷，故而無論是對匈奴還是西域，均採取休兵的原則。漢明帝即位之初，延續父親的外交政策，在對外經略上比較慎重。

由於匈奴的分裂，南匈奴歸附漢朝，成為帝國防禦北匈奴的一道防線。不過由於北匈奴的勢力要遠遠強於南匈奴，經常有騎兵南下騷擾邊關。比如在永平五年（六十二年），北匈奴連續發兵，進攻帝國邊城五原及雲中，南匈奴及時出兵，擊退了北匈奴的進犯。永平七年（六十四年），北匈奴派出使者抵達洛陽，請求與東漢帝國開通邊境貿易。明帝劉莊希望透過改善雙邊貿易，互利互惠，減少軍事衝突，便答應了北匈奴的請求。

此後，東漢帝國與北匈奴開放邊貿，互通使者。

第二年（永平八年，六十五年），東漢帝國派遣越騎司馬鄭眾出使北匈奴。鄭眾出塞後，途經南匈奴的地盤，意料地發現了一樁大陰謀。原來南匈奴的實力派人物須卜骨都侯暗中與北匈奴往返來，打算要叛變漢室，投降北匈奴。可是正當須卜骨都侯祕謀反叛時，鄭眾的使團剛好到來，他以為事情敗露了，嚇得神色慌張、魂不守舍。這引起了鄭眾的懷疑，便留下幾個人暗中監視須卜骨都侯。果不其然，慌亂中的須卜骨都侯派人給北匈奴送信，結果信使被鄭眾派去盯梢的人逮了個正著。

鄭眾把這件事彙報給朝廷，並向漢明帝上書建議說：「應該派遣大將屯駐南匈奴附近，以防止南、北匈奴之間的祕密往來。」漢明帝採納了鄭眾的建議，設立「度遼將軍」以監督管理匈奴事務，並以中郎將吳棠為第一任度遼將軍，調黎陽虎牙營，分別屯駐在五原城與曼柏城。鄭眾的建議遠見卓識，後來度遼將軍與護羌校尉、使匈奴中郎將、護烏桓校尉成為管理帝國邊疆少數民族的四大將校，在維護邊疆穩定上發揮極其重要的作用。

在揭露須卜骨都侯叛變陰謀後，鄭眾使團繼續北上，抵達北匈奴王庭。匈奴單于擺起大架子，要求鄭眾行叩拜禮。作為漢帝國的使節，鄭眾堅決不從。單于大怒，包圍漢使的帳篷，並且不提供水與火。此時正值三月，北方氣候仍非常寒冷，沒有水尚且可以克服，但晚上沒有火溫暖身子，很快便會凍僵了。

單于用意很明顯，就是要逼迫鄭眾向自己屈膝。此時寒風呼嘯，凍徹全身，鄭眾表現得異常堅強勇敢，他拔出佩刀，揚言寧可自殺，也不願意屈膝。由於北匈奴剛與東漢政府達成雙邊貿易的協定，而鄭眾是第一位遠道而來的東漢使節，倘若他暴死於此，北匈奴單于也不好向漢朝皇帝交代。不得已之下，單于只得下令釋放漢使，並提供給生活用品，隨後又派出使節與鄭眾一起返回洛陽。回到洛陽後，鄭眾向漢明帝劉莊彙報了出使北匈奴的成果，但沒有提及自己寧死不受辱的英雄之舉。

儘管漢匈兩國互有使節來訪，可是北匈奴依然不斷地擾亂北疆。東漢帝國北方沿邊諸城，白天都得關閉城門，以防北匈奴騎兵的襲擊。在這種情況下，漢明帝卻幻想著用外交手段來羈縻匈奴，準備派遣使者再次出使匈奴。

鄭眾上書反對，他上一折奏章說：「北匈奴之所以要求漢帝國派遣使者，是為了離間漢與南匈奴的關係，並且藉此更好地控制西域三十六國。現在北匈奴在西域諸國大做宣傳，聲稱要與漢帝國和親，這使西域中想要擺脫匈奴、歸附漢室的國家深感絕望。如此一來，南匈奴將人心動搖，南匈奴久居漢地，對帝國的山川地勢瞭若指掌，一旦產生反叛之心，將是帝國的心腹之患。」

漢明帝不聽勸諫，又派鄭眾為使節出使匈奴。鄭眾很不服氣，再次上書：「臣前奉旨出使匈奴，不拜匈奴單于，結果單于派兵扣押臣。今日再度出使，必定再次受辱，臣誠不忍手持漢節向匈奴人叩拜，這將有損大漢之威。」明帝仍然不接受。鄭眾沒有辦法，只好動身啟程，但半路上仍然繼續上書明帝，據理力爭。明帝大怒，下令召回鄭眾，投入監獄。

不久後，皇帝發一道特赦令，鄭眾被釋放出獄，但丟了官，返回家鄉。後來明帝從匈奴人口中得知鄭眾不辱使命、寧死不拜單于的英雄之舉，咨嗟不已，差人打聽鄭眾的下落，召回朝內，委以軍司馬一職。

其實，反對與北匈奴媾和的，絕不僅僅只是鄭眾一人。漢明帝時代，由於多年的和平局面，使得東漢社會經濟發展迅速，國家實力大大增強。此時的東漢帝國，已經逐漸恢復到西漢強盛時代的水準。在這種背景下，討伐北匈奴的呼聲越來越高。

耿秉是主戰派的代表人物。他是名臣之後，其父耿國，在光武一朝曾擔任黃門侍郎、射聲校尉、駙馬都尉等。耿秉子承父業，是個文武雙全的名將。他體魄強健，腰帶八圍，且博聞強記，精通《司馬兵法》，富有韜略，是將帥之才。

永平十五年（七十二年），耿秉多次上書皇帝，請求發動討伐北匈奴的戰爭，主動出擊，以保護北疆的安全。耿秉在奏章中提出自己的戰略計畫：「應當先出擊白山（天山），控制伊吾，擊破車師，然後與烏孫等國互派使節，以斬斷匈奴人的右臂。在伊吾地區，駐有匈奴的南呼衍王兵團，如果擊破之，就等於折斷匈奴人的左腳。斷匈奴右臂，復折其左腳，然後就可以對匈奴本土發動正面攻擊了。」

這個戰略計畫，是西漢張騫「斷匈奴右臂」計畫的修訂版，但思路是一致的：要打敗匈奴，就必須奪取西域。漢明帝把耿秉的計畫交由竇固、祭彤、馬廖、耿忠等人討論，最後做了一點修改。考慮到漢軍進攻天山時，北匈奴必會派兵增援，因此向西域出擊的同時，應該出兵直接進攻北匈奴，以牽制其兵力。

皇帝批准了這個作戰方案，在忍耐多年之後，東漢帝國終於要大展拳腳了。為了保證「斷匈奴右臂」計畫的實現，東漢政府打算分四路出擊。永平十六年（七十三年）四路大軍集結完畢，討伐北匈奴之戰開始了。

第一路由奉車都尉竇固任主將，耿忠為副將，率酒泉、敦煌、張掖三郡的衛戍部隊以及盧水羌部落等胡人戰士，共計一萬二千人，從酒泉出發，目標是直指天山，殲滅匈奴在西域的軍事力量。

第二路由駙馬都尉耿秉為主將，騎都尉秦彭為副將，率武威、隴西、天水所招募的壯勇以及羌胡軍隊，共計一萬人，從張掖居延要塞出發，目標是匈奴本土的匈林王部。

第三路由騎都尉來苗任主將，護烏桓校尉文穆為副將，率太原、雁門、代郡、上谷、漁陽、右北平、定襄七郡的衛戍部隊，以及烏桓、鮮卑部落的軍隊，共計一萬一千人，目標是進攻匈奴的東部。

第四路由太僕祭肜擔任總指揮，度遼將軍吳棠為副手，率領南匈奴的騎兵以及河東、西河羌胡部落騎兵共計一萬一千人，出高闕，越過陰山山脈，向匈奴中部發動攻勢。四路大軍，共計約四萬五千人，在數千里的戰線上同時對北匈奴發起進攻。

竇固兵團的作戰任務最為重要，要擊敗徹底擊敗匈奴，必須首先斬斷匈奴與西域的聯繫。自從王莽兵敗西域後，西域基本上就脫離了中國，現在是重新與西域交通的時侯了。北匈奴在西域的軍事力量主要是南呼衍王的軍隊，其據點是伊吾盧城（簡稱伊吾，新疆哈密）。竇固兵團進至天山，與南呼衍王的北匈奴軍隊遭遇，北匈奴軍大敗，棄屍千餘具。竇固乘勝追擊，追抵蒲類海（新疆巴里坤湖），佔領南呼衍王的老巢伊吾盧城。這樣，竇憲兵團完成預定的任務，他留下一名宜禾都尉及一部分士兵駐守伊吾盧城，並派假司馬班超出使西域諸國。

再來看看其他三路大軍北伐匈奴的戰況。

耿秉兵團橫穿大漠六百餘里，尋殲北匈奴匈林王部。北匈奴人聞訊遠遁，耿秉追擊到三木樓山，未遇敵軍主力，最後無功而返。來苗兵團也遇到相同問題，深入匈奴境內，未遭遇敵人，最後也空手而歸。

與耿秉、來苗相比，祭肜顯得十分不幸。祭肜兵團的主力是羌胡騎兵與南匈奴騎兵，南匈奴左賢王與祭肜合不來，兩人時常發生衝突。祭肜渴望立功於匈奴境內，兵團一直深入匈奴境內九百里。根據預定的目的地，祭肜兵團應該進軍至涿邪山。可是南匈奴左賢王不想繼續進軍了，便謊稱已經抵達涿邪山。祭肜信以為真，遂班師回國。可不曾想到，一場災難從天而降。祭肜與副將吳棠被舉報並沒有行軍至涿邪山，政府下令調查，以「逗留畏懦」的罪名，關押進監獄。這件事本來祭肜並不應承擔責任，因為他被南匈奴左賢王騙了。調查清楚後，祭肜與吳棠被釋放出監獄。然而出獄後不久，祭肜既為北伐顆粒無收而羞愧，又為被人陷害入獄而激憤，愧憤交加，竟然吐血而亡。

三路進攻匈奴本土的漢軍都無功而返，但東漢帝國已經向匈奴發出挑戰的信號。不甘示弱的北匈奴很快便以牙以牙，當北伐軍撤回國內後，北匈奴的騎兵很快便抵達中國邊境，向雲中郡發動猛攻，雲中太守廉范率領雲中郡的守兵堅守城池。

敵眾我寡，倘若時間拖長了，對人數居於劣勢的守軍越不利。怎麼辦呢？廉范來回踱步，突然靈機一動，計上心頭。

他命令每位士兵自製兩把十字型木架，把十字木架的三個端頭點燃，左右手各持一把，相當持六支火炬，在軍營中來回行走。北匈奴人遠遠看到城內火光閃閃，移動著的火簇那麼多，以為漢軍有大批的援軍已經入城。倘若雲中城得到大量的兵力補充，那就難以攻克了。北匈奴人決定放棄攻城，連夜收拾行裝，準備次日撤退。廉范準確判斷出北匈奴人的動向，這是敵人防備最為疏漏的時候，必須抓住時機，果斷出擊。

次日凌晨，北匈奴人還沒來得及撤退，廉范便率兵出擊，出其不意，攻其無備，斬殺數百人。這時匈奴兵營亂得跟一鍋粥似的，大家搶著馬匹就逃，馬匹橫衝直撞，來不及上馬的人被撞得掀倒在地，繼而被後面的無數馬匹從身上踐踏而過。死於馬蹄之下的匈奴人，超過一千人。

第二年（永平十七年，西元七十四年），東漢帝國第二次出師西域，作戰任務有兩個：其一，清除匈奴在西域的殘餘兵團；第二，佔領西域的咽喉之地車師國。

奉車都尉竇固仍然擔任遠征軍統帥，駙馬都尉耿秉、騎都尉劉張為副將，從敦煌郡的崑崙要塞出發，全軍共有一萬四千名騎兵。在去年的西域會戰中，北匈奴南呼衍王丟掉了伊吾盧城，殘軍撤退到天山。

東漢遠征軍進軍到蒲類海附近，與南呼衍王殘部在天山山麓地帶再度會戰，又一次大破北匈奴。然而，在奪取車師的問題上，主帥竇固與副將耿秉意見不統一。這裡我們先說說車師的概況。車師是進入西域的門戶，正因為其戰略地位的重要性，在西漢時，漢匈兩國為爭奪車師爆發多次戰爭。自鄭吉擊破車師後，車師國被一分為二，分別為車師前國與車師後國。東漢建國後，由於光武帝劉秀對經營西域持消極的態度，車師重新投靠北匈奴。東漢政府要重新經營西域，必先奪車師。

當時竇固軍團的位置，距離車師前國與車師後國大體路程相當。竇固力主打車師前國，車師前國位於天山南側，容易進攻，而車師後國在天山北側，時值冬季，翻山越嶺會深受嚴寒之苦，會削弱軍隊的戰鬥力。但是耿秉則力主打車師後國，因為車師前王是車師後王的兒子，如果老子投降了，兒子就會跟著投降，故而車師後國比較難打，但是卻可以取得一箭雙鵰的奇效。

竇固正在猶豫不決之際，耿秉奮身而起，慨然說道：「請准許我來打先鋒。」說罷翻身上馬，率領前鋒部隊向北進發。竇固還有什麼話可說呢？不得已，只得命令大軍在後跟隨，兵鋒直指車師後國。一路上耿秉行進在最前頭，翻山越嶺，挑戰冰雪、寒冷與饑餓，終於抵達車師後國。車師軍隊匆匆應戰，耿秉大破車師，斬獲數千人，並且繳獲馬、牛等牲畜十餘萬頭。

車師後王安得大驚失色，以車師這樣的小國想要抵擋漢軍的強大力量，無異於以卵擊石，自取滅亡。只有投降一條路，車師後王安得打開城門，帶領數百人，準備向耿秉投降。誰知此時節外生枝，竇固軍團司馬蘇安，想要拍上司竇固的馬屁，便差人前往告戒車師後王，要他不得向耿秉投降，而必須向竇固投降。車師後王聽到這個消息後，又躲進城內，只派手下的大將向耿秉投降。

耿秉大怒，披甲上馬，帶領精銳的騎兵急馳到竇固的軍營，入見竇固道：「車師後王準備要投降，至今沒有親自出降，請准許末將前往，將車師王梟首示眾。」竇固聽罷大吃一驚，急忙阻止道：「不能這樣，會壞大事的。」耿秉厲聲道：「受降如受敵，現在車師王已是戰敗之敵，只能無條件地投降。」說罷率領精銳騎兵，揚長而去。

耿秉擺出了強攻的架勢，派人前往車師後國的都城，向車師後王安得下達最後通諜：如果不馬上出門投降，必攻破城池！車師後王嚇得六神無主，慌忙出城脫帽跪地，抱著馬足，恭迎耿秉的大軍，耿秉接受車師後王的投降。果然不出耿秉所料，車師後國一投降，車師前國緊接著宣布脫離匈奴，歸附東漢政府。

這次奇襲的成功，令耿秉威震西域。耿秉是東漢最堅決的主戰派，正是他鍥而不捨地努力，才使明帝下定決心北伐匈奴，而且他幾乎全程參加了對匈奴的重要會戰，是漢軍的靈魂人物。

奪取車師後，漢明帝恢復了西域都護與戊己校尉。西域都護由陳睦擔任；戊己校尉在漢史中，有時是一個校尉，有時是兩個校尉，漢明帝時設置為兩校尉，戊校尉由耿恭擔任，駐屯於車師後國的金蒲城；己校尉由關寵擔任，駐屯於車師前國的柳中城。

漢帝國的力量再度介入西域。不過，畢竟西域脫離漢政府已經達數十年久，漢帝國在西域的根基仍十分脆弱。在竇固大軍撤退之後，人數不多的戊、己駐屯兵團，面臨著匈奴人勢力的嚴重威脅。他們必須在虎窺狼視的極度惡劣條件下，堅守自己的據點，保衛東漢帝國在西域的基地。

# 十三、硬漢傳奇：耿恭喋血疏勒城

永平十八年（七十五年）初，漢明帝詔令竇固班師回朝。東漢在西域的軍事力量，只有象徵性的兩支屯墾部隊，分別由耿恭與關寵擔任校尉的戊、已兵團，各有數百人馬，還有一位耿恭與關寵的頂頭上司、西域都護陳睦。

耿恭兵團駐紮在天山北側車師後國的金蒲城，關寵兵團駐紮在天山南側車師前國的柳中城。此時數萬名北匈奴騎兵正集結在邊境線上，打算重新奪回車師。三月，北匈奴的鐵騎越過邊境線。兩萬名匈奴騎兵在左鹿蠡王的率領下，直逼車師後國。

已歸附東漢的車師後王安得率軍迎戰北匈奴，但他明白自己顯然不是匈奴人的對手，故而緊急向耿恭發出求救信。耿恭的屯墾兵團總共只有數百人，與匈奴的二萬騎兵相比，實在少得可憐，但他還是派出三百人前往支援車師後王。在這三百名漢兵只不過是杯水車薪，無法改變戰局，最終在北匈奴騎兵的打擊下，全軍覆沒。北匈奴騎兵轉而全力進攻車師後王，大破車師的軍隊，並陣斬後王安得。車師後國的局勢急轉直下，北匈奴鐵騎長驅直入，直奔耿恭所在的金蒲城。

史書中沒有詳細記載耿恭的軍隊人數，僅僅知道戊、已兵團各有數百人的屯墾部隊，數百人具體是多少人呢？假設以上限來估算，就是九百人，耿恭派出救援車師後王的三百人全軍覆沒，他剩下的部隊，不會超過六百人了。以不足六百人的小部隊，能否頂得住匈奴二萬騎兵的進攻，守得住金蒲城呢？

這是對耿恭意志與勇氣的考驗！

我們先來了解一下耿恭的身世。

耿氏家族在東漢初期可謂是群星閃耀，為東漢帝國的建立與崛起立下汗馬功勞。耿恭的祖父耿況及其六個兒子，全部成為東漢開國將領，他的六個兒子分別是：耿弇、耿舒、耿國、耿廣、耿舉、耿霸；其中耿弇更是成為東漢一代名將。父親耿廣英年早逝，耿恭很早便宜成為一個孤兒，但他繼承父業，勤奮好學，為人慷慨有義氣，志向高遠，足智多謀，史書稱他有「將帥之才」。

此時耿恭以數百人守金蒲城，面對匈奴兩萬騎兵，形勢十分嚴峻。顯然，以區區數百人要擊退數萬匈奴人是不可能的，除了要鬥勇之外，還要鬥智，必須要充分運用心理戰術，挫傷匈奴人進攻的銳氣。足智多謀的耿恭把一種毒藥塗抹在箭簇上，這並不是一種致命的毒藥，但是一旦被射傷後，毒藥便會在人的皮膚上發生化學反應，中箭的傷口會有一種強烈的灼燒感，繼而傷口潰爛，令人痛苦無比。

耿恭站在城頭上，衝著匈奴人喊道：「漢家神箭威力巨大無比，只要中箭者必有怪異的反應！」這下匈奴人可嘗到「神箭」的厲害了，只要中箭受傷者，很快便巨痛難忍，創口處灼燒得似乎肌肉要爆炸開來。毒藥並不致命，但是給匈奴人所帶來的心理上的壓力，要遠遠甚於其實際的殺傷力。

儘管匈奴人首戰告挫，耿恭的處境仍然很艱難。這時金蒲城突然暗雲密布，暴雨傾盆。耿恭構想一個大膽的計畫：主動出擊，偷襲匈奴人的兵營。這真是一個不可思議的念頭，以區區數百人的守城部隊，對一支兩萬人的大軍發動反突擊！冒雨出擊收到了奇效，毫無防備的匈奴人面對從天而降的漢軍，傷亡頗多。左鹿蠡王驚呼道：「漢兵有如神助，真是可怕。」遂解圍而去。

耿恭保住了金蒲城，但他估計北匈奴人很快還會殺回來，金蒲城的守備條件不是很好，必須另選一處可以長期堅守的城池。疏勒城是一個很好的據點，城雖不大，但城體堅固，旁邊有一小河流，可以為城中補給水源。在西域，沒有比水更為重要的物質了。五月，耿恭把殘餘部隊調往疏勒城，修繕城防工事。不過面對匈奴人的絕對優勢的兵力，耿恭仍顯力不從心。

不出所料，匈奴人又一次捲土重來了。七月，左鹿蠡王兵臨疏勒城下，發動進攻。疏勒城雖然小，但頗堅固，北匈奴人久攻不下。此時季節正由夏入秋，天氣酷熱，疏勒城的飲水全依賴於從城邊流過的小河。北匈奴人在河流的上游處把河道堵塞，使水流改向。這一招實在是厲害，在乾旱缺水的西域，用不上幾天的功夫，耿恭跟他的部隊將全軍覆沒！

原本清澈的小河成了乾涸的河道，耿恭憂心忡忡。他全力在城內鑿井，希望尋找到可以飲用的地下水。這是一個極其嚴峻的時刻，沒有水，所有人都得渴死。幾天過去了，挖掘地下水源卻沒有任何進展。守軍在城中多個地方鑿井，已經挖得很深了，但仍然沒有一滴水冒出來。所有人都乾渴到了極點，已臨近生存的極限了。為了生存，所有能喝的東西，不論味道如何，都得強迫自己喝，戰士們甚至從馬的糞便中榨取水汁來喝！

作為衛戍司令的耿恭，親自下坑挖井，一直挖到十五丈深，仍然不見水源！難道是天意亡我！不會的。耿恭仰天說道：「當年貳師將軍李廣利拔刀刺山，飛泉湧出；現今大漢國家強盛昌明，自有上蒼保佑，豈會是窮途末路！」說罷整好衣裳，對井而拜，禱祝神明的佑護，拜完之後下井再挖。蒼天不負有心人，終於一股清泉噴湧而出！

終於找到地下水源了！所有的人都跪倒在井邊，歡聲雷動，高呼萬歲，激動之情溢於言表。耿恭扛著一桶水走上城頭，衝著城下的匈奴人，將水潑出去。這是對匈奴人示威：你們的陰謀破產了！我們有水了！

左鹿蠡王大感意外，眼中露出迷惘的神情，看來漢軍果真有神靈庇佑，他又一次做出撤軍的決定。

然而故事還遠未結束。

儘管耿恭守住了疏勒城，但車師後國已經重新落入北匈奴之手。北匈奴在西域的勢力極劇膨脹，天山南側的車師前國也岌岌可危。在匈奴人的威逼利誘之下，焉耆國與龜茲國倒向匈奴，出兵進攻車師前國。在焉耆與龜茲軍隊的聯合打擊之下，東漢的西域都護府被攻破，西域都護陳睦殉職。北匈奴乘機大舉南下，侵入車師前國。東漢校尉關寵的屯墾部隊數百人屯柳中城，北匈奴軍隊將柳中城團團圍住，關寵率部艱難抵抗。

從疏勒城與柳中城發出的求援信如雪片般地傳到帝國首都洛陽。然而這一年，帝國發生了一件大事：漢明帝去世，漢章帝繼位。每當政權交接之時，總是多變之秋，因此帝國權力核心的注意力都集中在新政權的穩定上。救援西域一事，一而再地被推延了。

東漢帝國的援軍遲遲未到，車師前、後國不得已又向北匈奴投降。車師軍隊會同匈奴軍隊，再度對疏勒城發動進攻。

這是一次耗時達數月之久的圍城戰。

耿恭憑藉自己的軍事才華，屢屢挫敗北匈奴與車師軍隊的進攻。車師軍隊只是在北匈奴的威逼下，勉強地加入戰鬥，並非真心與漢軍為敵，有時甚至偷偷地幫助耿恭。耿恭之所以能在強敵圍困中堅持數月之久，其中一個原因便是得到車師後國王后的幫助。車師王后有漢人的血統，她祕密派遣心腹之人，暗中幫助耿恭。王后多次為耿恭提供情報，洩露北匈奴的作戰計畫與分布情況；同時，王后還祕密為耿恭提供糧食，這是疏勒城得以堅守的重要原因。

然而糧食問題還是非常嚴重，車師王后畢竟不能明目張膽地把糧食送入疏勒城中，只能乘匈奴人不注意時暗中進行。在糧食供應不上的日子裡，耿恭與守軍只能煮皮革吃。皮革來自甲衣與弓弩，漢兵軍裝上的皮甲一般是用犀牛皮製成的，把皮甲一片片剝下來，放在水中煮爛了，吃到肚子裡充饑。皮甲是何等堅硬之物，可想而知，這種食品是何等的難以下嚥。軍裝上的皮甲吃完了，就煮弓弩上的皮革吃。就這樣，耿恭和他的部下忍受常人難以想像的苦楚，頑強地生存下去。在此時此地，死亡倒成為一種幸福，死了，就不會有折磨了。

對於耿恭的堅忍不拔，北匈奴單于十分佩服，他知道耿恭已經陷入絕境，無法支撐多久了。這等的勇士，殺之可惜啊！單于從心中冒出惜才之情，他派使節進入疏勒城，勸降耿恭。

使節傳話給耿恭：「你如果歸附匈奴，單于將封你為白屋王，並且把女兒嫁予你。」耿恭假裝答應了，請北匈奴使節一同上城頭。不料到了城頭後，耿恭當著北匈奴單于的面，拔出刀子，一刀結果了使節的性命，並將其屍體放在火堆上炙烤。北匈奴單于看得是咬牙切齒，快氣瘋掉了，他調集更多的軍隊，發動更猛烈的進攻，但疏勒城依然巋然挺立。

秋去冬來，苦戰幾個月後，耿恭又遇到另一個難題：軍隊沒有禦寒的衣服。原先穿的甲衣，都被當作食物煮著吃光了。如果沒有衣服，軍隊很難度過漫長的冬天，必須派一個人去離疏勒城最近的敦煌郡，設法弄一批冬衣，最好順便再補充些人馬。但是耿恭知道，是否出兵援救，這絕不是敦煌太守能自作主張的，必須有朝廷的詔令。耿恭把這個任務交了心腹范羌，范羌即刻啟程，向敦煌進發了。

耿恭在前線苦鬥之際，東漢朝廷內部也正進行著一場激烈的爭論。東漢新上台的漢章帝召開公卿會議，討論援救西域耿恭、關寵一事。司空第五倫以為國家新君初立，國事未定，不宜勞師遠征。司徒鮑昱挺身而出，反駁第五倫的謬論，鮑昱說：「現在把別人置於危險之地，情勢緊急時卻要拋棄他們，這樣做的結果，外則縱蠻夷之暴，內則傷死難之臣。試問日後匈奴犯塞寇邊，陛下將以何人為將呢？如今耿、關兩部人數都不足百人，而匈奴圍困久而不下，由是可知匈奴人的的戰鬥力不怎麼樣。陛下可令敦煌、酒泉太守，各率領二千人的精兵，晝夜兼程，前往拯救。北匈奴的部隊，久暴於野，已經疲憊不堪一戰，必定不敢戀戰。臣以為整個救援計畫，將在四十天內完成。」

鮑昱的建議得到壓倒性的支持。這年冬季，酒泉太守段彭、謁者王蒙、皇甫援率領張掖、酒泉、敦煌三郡以及鄯善國軍隊共計七千人，開始展開救援行動。前往敦煌籌集冬衣的耿恭部下范羌也隨著大軍一同出發。

轉眼已是次年的正月（七十六年），經晝夜兼程的趕路，七千人的援軍終於抵達柳中城。柳中城的衛戍司令關寵經過數月艱苦卓絕的守城戰，已經心力交瘁。當援軍終於到來時，關寵卻因積勞成疾，一病不起，死於軍中。關寵守衛柳中城的經過，史書上沒有詳細的記載，但可以想像得出，這是何等艱鉅的一場戰事！

段彭指揮七千人馬反擊車師前國，兵臨車師前國王城交河城，大破車師前軍，擊斃車師軍隊三千八百人，另俘虜三千餘人，繳獲駱駝、馬、牛、羊、驢共三萬七千頭。車師前國再次向漢軍投降，北匈奴見漢軍兵威正盛，不敢交鋒，捲鋪走人。

此時，營救關寵一部的作戰任務已經圓滿完成了。然而在營救耿恭一事上，軍隊內部又出現了分歧！救援軍的副將、謁者王蒙認為漢軍經過千里行軍，又在交河城打了一場大仗，戰士們已經疲憊不堪。而耿恭的疏勒城仍然在數百里之外，而且音訊全無，說不定疏勒城已經被北匈奴攻破、耿恭等人已經全體遇難了呢。

所有的高級將領都沒有吭聲，大家心裡都明白，救援耿恭，首先必須翻越白雪皚皚的天山，此時正是寒冷的正月，大雪滿山，有些地方的積雪，超過一丈，其行軍的難度之大，可想而知，光行軍路上部隊減員的人數，都會超過所拯救出來的耿恭的部隊。

可是仍有不輕言放棄者。一個強大的國家，不應該置英雄們的生死於不顧。耿恭的部將范羌泣血請求救援疏勒城，全體戰士無不動容，紛紛要求追隨范羌前往疏勒城。段彭、王蒙諸將最後決定由范羌率領二千名戰士，翻越天山，前往疏勒城，救出耿恭餘部。

范羌沒有耽誤時間，即刻啟程。雄偉的天山山脈將車師國分割為南北兩部，通往疏勒城的道路遙遠而難行，天公不作美，在這個時候又飄起大雪，行軍更加艱難。二千名漢軍克服了種種惡劣的環境，終於翻過白雪覆蓋的山脈。

此時的疏勒城仍然在漢軍手中，只是數百人的守軍，如今只剩下二十六人。在堅守疏勒城的數百個日日夜夜裡，耿恭與他英勇的部隊如同在地獄中苦苦掙扎，缺水、缺糧、缺衣以及無休止的戰鬥，可是他們卻創造了非凡的奇蹟，甚至只剩下二十六人，還能勉強守住城池。顯然，匈奴人相信寒冷與饑餓足以擊垮這支意志堅強的軍隊，他們只要坐等，疏勒必成一座死城。可是匈奴人沒有料想到，漢軍竟然會為拯救這幾十個人，冒著大雪，急行軍數百里，翻越巨大的山脈，這簡直是不可思議。

范羌的援軍終於抵達疏勒城下，這時已是深夜。城中耿恭的部隊，遠遠聽到人喊馬嘶，打破夜的寧靜，他們以為又有一支北匈奴的騎兵來了，所有人大驚失色。可是就在這時，只聽到城下有人大喊道：「耿校尉——，我是范羌，大漢帝國派遣軍隊來迎接校尉了——」

范羌，真的是范羌嗎？城上所有的人聽清了，看清了，這真的是大漢的軍隊！他們扔掉武器，在城頭上歡呼雀躍，激動的淚水奪眶而出，城頭上「萬歲——」的呼聲在不遠處的山谷間迴盪著。無數個日夜，他們堅守著這彈丸之地，以區區數百人，頑強地頂住匈奴數萬大軍一波接一波的進攻，疏勒城在戰火的洗禮中已經千瘡百孔，但仍然堅強地屹立著。城門打開了，耿恭與其他二十五名勇士，與前來救援的戰士相互擁抱在一起，熱淚滿面，泣不成聲！

第二天，耿恭與他的二十五名士兵踏上的返鄉之程。可是戰鬥還沒有結束。

北匈奴人很快發現漢軍飛越天山，解救了耿恭的部隊，單于馬上派出騎兵跟蹤追擊。無論是耿恭的餘部還是范羌所帶來的援兵，都已經疲憊不堪，必需要翻過天山山脈，進入車師前國，才會相對安全。耿恭率領諸將士一邊還擊，一邊撤退。在成功地阻止匈奴騎兵後，翻越天山山脈，擺脫了敵人的堵截。

三月初，這支疲敝卻英勇的隊伍終於抵達漢帝國的邊關：玉門關。從疏勒城撤退的二十六名勇士，生還玉門關的，只有十三人。其餘十三人，或死於阻擊匈奴追擊的戰鬥，或是由於體力不支，死於撤退的途中。

中郎將鄭眾親自在玉門關迎接英雄的歸來，為耿恭接風洗塵，所有的人都肅然起敬，對這位渾身是膽、堅忍不拔的名將表現由衷欽佩。

曾出使匈奴不辱使命的鄭眾慨然上書皇帝，極力讚揚耿恭的功勳：「恭以單兵守孤城，當匈奴數萬之眾，連月逾年，心力困盡，鑿山為井，煮弩為糧，出於萬死，無一生之望。前後殺傷丑虜數百千計，卒全忠勇，不為大漢恥，恭之節義，古今未有。宜蒙顯爵，以厲將帥。」

《後漢書》的作者范曄，給耿恭守疏勒城給予極高的評價，義薄雲天，與前漢的蘇武相交輝映。范曄評道：「余初讀蘇武傳，感其茹毛窮海，不為大漢羞。後覽耿恭疏勒之事，喟然不覺涕之無從。嗟哉，義重於生，以至是乎！」

鑑於漢軍在西域受挫，漢章帝下詔罷除西域都護與戊己校尉的編制。此時西域都護陳睦已戰死，戊校尉耿恭返回國內，己校尉關寵病死，東漢帝國在西域的駐軍僅剩下在伊吾盧的屯墾部隊（宜禾都尉）。次年（七十七年），漢章帝撤回伊吾盧的屯墾部隊，自此，「斷匈奴右臂」計畫流產了。

可是東漢帝國在西域的出擊並非完全失敗，當漢章帝下詔撤回西域所有人員時，有一個人沒有奉詔回國，而是憑藉自己的勇氣與毅力，孤身在西域奮鬥近三十年，完成了前無古人，後無來者的英雄壯舉，這個人就是班超。

# 十四、投筆從戎：四十歲男人的奮鬥

班超出生於史學世家。父親班彪是東漢著名的史學家，哥哥班固繼承父業，也成為一代史學巨匠，妹妹班昭也是一個了不得的人物。史學巨著《漢書》，始於班彪，經班固的整理，最後成於班昭。但是班超竟然沒有走上與其父、其兄、其妹一樣的道路，是什麼原因使他放棄成為史學家的機會，而選擇了一條充滿荊棘的英雄之路呢？

班超生於西元三十二年（建武八年），此時中國尚未統一。父親班彪歸順東漢政權，光武帝劉秀很器重班彪的才華，但是班彪志不在做官，潛心做學問，所以也沒當什麼大官，就只是縣令之類的芝麻官，他一方面撰寫《史記後傳》，補充史記自漢武帝之後的史料，一方面花了很多時間在教育子女上，所以班固、班超、班昭兄妹們在父親的影響下，都有非常好的學術修養。

歷史對班超的影響非常的深遠，在父親的教導下，班超對《史記》以及父親所著的《史記後傳》中的人物都非常了解，但是他並沒有象父親與兄長那樣立志成為史學家，而是沉醉在歷史人物的英雄事業中。他心目中最偉大的英雄，當屬勇闖西域的博望侯張騫與刺殺樓蘭王的西漢勇士傅介子。

西元五十四年（是年班超二十二歲），父親班彪去世，這使得家庭的經濟情況變得糟糕。漢明帝永平五年（六十二年），哥哥班固被召入首都洛陽，擔任校書郎，班超與母親隨同來到了洛陽。因為生活貧困，他不得不為官府抄一些文書，工作非常的辛苦，薪水又非常少。此時他年過三十了，卻一事無成，因而常鬱鬱不開心。

有一天，他在抄文書，抄得很累時，他突然停下來，把筆一扔，憒然歎道：「大丈夫無它志略，猶當效傅介子、張騫立功異域，以取封侯，安能久事筆研閒乎？」這就是成語「投筆從戎」的來歷。可是別人都笑話他，一個三十多歲的人，只會抄寫文書，還在做建功立業、萬里封侯的白日夢。可是班超卻鎮定自若地答道：「小子安知壯志之志哉！」

不久後，班超遇到了一個相士，那人仔細端詳了班超的面相後說：「你是個布衣書生，但是卻有萬里封侯之相。」相士解釋說：「你有燕子狀的下巴，老虎狀的脖子，燕頷虎頸。燕子是能飛之鳥，說明你的事業乃是在遙遠之鄉；老虎是能吃肉之獸，吃肉表示富貴，此乃萬里封侯之相啊。」

但是機會並沒有馬上到來，迫於生活的壓力，班超仍為官府抄文書，賺點小錢養家餬口。這樣過了幾年，此時漢明帝崇尚儒術文學，很賞識班固的才華，多次召班固入宮廷侍讀。有一天，皇帝突然心血來潮，問班固道：「你弟弟現在哪呢？」班固答道：「家弟班超現在為官府抄寫文書，賺錢供養老母。」漢明帝便把班超擢拔為蘭台令史。

這樣班超由一個給官府打雜的臨時工轉為正式的文職人員，雖然生活的處境已經比原先要好多了，但與他「效傅介子張騫立功異域」的夢想差距還遠得很。歲月蹉跎，日復一日，年復一年。在蘭台待了幾年後，上司犯了法，班超受到牽連，連這個小官也丟了，又成了一介草民了。

到了永平十五年（七十二年），班超已經四十歲了，仍然一事無成。這一年，在耿秉的請戰下，漢明帝決心牛刀小試，派遣耿秉、竇固等將兵屯駐涼州，備擊北匈奴。竇固兵團的任務是進擊西域，這是東漢帝國軍隊第一次進入西域。時為布衣的班超決定從軍，到令他心馳神往的西域去。

班超與竇固攀上一點關係。原來竇固的父親竇友，是東漢初期重要軍閥竇融的弟弟；而班超的父親班彪，曾經在竇融手下當差。竇融最後歸降光武帝劉秀，班彪是出過不少力的。班、竇兩家算得上世交，因為這層關係，竇固接納了班超，並給了他一個掛名的頭銜「假司馬」，就是代司馬。

很快，班超就令竇固刮目相看了。在與匈奴人的戰鬥力，班超衝鋒陷陣，神勇無敵，手刃多名敵兵，他在戰場上的英勇表現讓竇固留下深刻的印象。

這場戰鬥是東漢帝國經營西域的開始。自從王莽時代西域脫離中國後，至今已經五十多年，漢帝國在西域的根基已蕩然無存。為了使西域各國重新歸附漢帝國，必須派遣使者出使諸國。當時西域諸國多歸附北匈奴人，北匈奴使團頻頻出入，出使西域，是一項極為艱鉅的任務，誰可以完成此任務呢？竇固心中理想的人選，就是在戰場上膽略過人的假司馬班超。

班超慨然接受這項艱鉅的任務，與他一同出使的，還有軍中從事郭循，以及軍士三十六人。出使的目的地是西域東部小國鄯善，鄯善與車師一樣，是進入西域的必經之道，戰略地位十分重要。要打通西域，必須先與鄯善交通。然而在地理位置上與鄯善鄰近的北匈奴，豈會拱手相讓呢？這是一次充滿危險的外交任務。

班超使團一行人共三十八人，跨上三十八匹戰馬，拜別竇固，揚塵而去。班超此時不曾料想到，這一去，竟然是三十年之久。他將把自己的餘生，全部獻給西域的事業。

這一年，班超四十一歲。

班超一行人風塵僕僕地來到了鄯善國。鄯善國就是西漢時的樓蘭國，班超的偶像傅介子，便是在這裡刺殺樓蘭國王，威震西域。偶像建功立業之地，激發了班超心中的萬丈豪情，他要在絕域做出一番轟轟烈烈的事業。

鄯善（樓蘭）是漢匈兩國爭奪的重點，也是進入塔里木盆地的咽喉要地，兵家必爭之地。光武帝時，鄯善多次請求漢帝國設置西域都護，保護西域諸國，但是光武帝拒絕了，不得已之下，鄯善與車師歸附了匈奴（四十六年）。鄯善國王聽說漢使到來，不敢怠慢，舉行一次盛大的宴會，為班超一行人接風洗塵，班超轉達了東漢政府聯合鄯善國共同打擊北匈奴的意願。鄯善國王滿口答應，並為班超等人安排了食宿。

班超等人在鄯善小住了幾天，發現有一件事不太對勁。當他談到聯漢抗匈的事宜時，鄯善國王開始變得閃爍其辭，顧左右而言他，而且對使團的接待規格也開始降低了。班超對他的手下說：「你們是不是覺得鄯善國王有點不對勁呢？」

班超的部下說：「胡人就是這個樣子，沒有什麼禮儀的觀念，應該沒有其他的原因。」

班超搖了搖頭說：「不對，我判斷一定是北匈奴的使團已經到了鄯善國，所以國王心中猶豫不決，不知應該站在哪一邊。明眼人在事情發生前就可以發現苗頭，何況現在事態已經這麼明顯了。」

部屬們聽了將信將疑，班超便使出一計，他差人把鄯善國王安排的侍者喚入帳內，假裝不經意地問說：「匈奴使團已經到好幾天了，他們現在是住在什麼地方呢？」侍者聽了大吃一驚，以為東漢使團已經獲悉內情，便老實交代說：「他們住在離這三十里的地方。」眾人聽了侍者的回答後，不禁佩服班超驚人的判斷力。為防走漏消息，班超命令左右將侍者捆了起來，綁得結結實實的，扣押在帳內。

班超有自己的打算，這天晚上，他把三十六名軍士都招到自己的帳內，請他們喝酒，只有從事郭循沒在邀請的行列。酒能壯膽，班超請軍士們喝酒，就是要壯壯他們的膽。喝到酒酣時，班超站起來說話了：「諸位與我都來到絕域，目的只有一個，希望能建功立業，以求富貴。今北匈奴使者才來數日，鄯善王對我們就不太尊敬了，如果鄯善王把我們這些人抓起來獻給匈奴人，我看不僅性命不保，就是這副骸骨都要成為荒郊野狼的口中之食了。你們說該怎麼辦？」

眾軍士你看我、我看你，講不出個辦法，酒氣上湧，紛紛說道：「現在咱們處境危險，您說咋辦就咋辦，是死是活，全聽從司馬。」

「好——」班超將拳頭砸向案頭，「不入虎穴、焉得虎子！當今之計，只有趁黑夜時分，潛入匈奴帳中縱火，他們不知咱們人數的多寡，必然驚恐萬分，這樣我們就可以將其全部殲滅。只要消滅這些北虜，令鄯善王破膽，則功可成、事可立了。」

這時有一名軍士站起來說話了：「這件事情，事關重大，還是要與從事郭循商量一下吧。」

班超惡狠狠地瞪了一眼，怒吼道：「吉凶決於今日！從事不過是一名文官俗吏罷了，讓他知道這事，一定嚇得腿發軟，這事準成不了，一旦洩漏了這個密謀，我們就死得不明不白了，這不是壯士所為！」

眾人的酒勁正上來，又給班超一激，便慨然道：「好，全聽司馬的安排。」

月光暗淡，繁星點點。匈奴使者營舍外，數十條人影閃過。時間已經是下半夜了，颳起了大風。班超安排十人躲在匈奴營舍後，每個人身上都帶上一把鼓，班超囑咐他們道：「等會看到大火燒起來之後，就大聲敲鼓，並且高聲叫喊，喊得越熱鬧越好。」其餘的二十六名軍士都持著刀劍與強弩，埋伏在門外。然後就順著風向點火，頓時間匈奴使者的營舍大火熊熊燃燒起來。

那十名鼓手看到火光四起，趕緊「咚咚咚」地擂鼓，又大喊大叫的。睡夢中的匈奴人被火光與鼓聲驚醒了，驚慌失措，爭先恐後往門外衝。雖然匈奴人人數有一百三十餘人，比班超要多出一百人左右，但是被困在營舍內，只有大門一個出口，卻被班超與二十六名勇士死死地攔住了。

諸位想想，二十七人攔住一個大門，裡面的人再多，也沒法出得來。班超手持大刀，大喝一聲，頂在大門口，出來一人砍殺一人，班超親手格殺三名匈奴人，其餘的二十六名軍士殺了三十餘人。其餘的匈奴人呢？連走出大門的機會也沒有，火越燒越旺，不是被燒死，就是被濃煙窒息而死。一百三十多人的匈奴使團，竟然無一漏網，被班超以三十多人的劣勢兵力消滅得乾乾淨淨。

拂曉時分，班超看匈奴營舍燒得差不多了，便率諸軍士回到漢使館中，差人去招來從事郭循，把奇襲匈奴使團的過程詳細地告知郭循。郭循一聽大吃一驚，吃驚之後，又一臉的沮喪。班超心細如針，他曉得像郭循這種文官俗吏，大事是不敢做的，但是別人做了，他又想要貪功。

班超舉起手拍拍郭循的肩膀，對他說：「你雖然沒有參加昨晚的行動，但是班超豈敢獨攬這份功勞呢？這功勞算你一份。」郭循一聽，一掃臉上的陰霾，頓時笑顏逐開。這時，班超差人把鄯善王請到使館內。鄯善王剛剛睡醒，還不知曉發生了天大的事情，一進到使館內，班超厲聲喝問道：「大王既與漢使交通，又為何背地裡與匈奴使者往來？」鄯善王這一聽嚇得臉無人色，剛想狡辯，卻一眼瞥見廳堂內擺著數十個匈奴人的首級，更是渾身發抖，連連謝罪。

班超向鄯善王宣揚東漢帝國的恩德，然後對鄯善王說：「自今以後，勿再與北匈奴往來了。」鄯善王向班超叩首道：「願意歸附大漢，絕無二心。」由是派人將自己的兒子送入漢帝國作為人質。

竇固接到班超發回的消息後，心中大喜，便上了一折奏章，極力稱讚班超的功勞。

面積廣闊的塔克拉瑪干沙漠，將西域的通道分為南北二支，北道有焉耆、龜茲、姑墨、溫宿、尉頭等國，南道有拘彌、于闐等國。北道諸國距離北匈奴近，南道諸國距離匈奴比較遠，國家也相對比較小。竇固的設想是先打通南道，要打通南道，則要派遣使者進入南道最大的國家：于闐。

竇固向漢明帝上書，請求另選使者，出使于闐。為什麼要另選使者呢？原來班超的官職太低，只是假司馬。漢明帝很佩服班超的壯舉，他對竇固說：「班超是個人才，怎麼不派他去呢？何必另選他人。現將班超提拔為軍司馬，讓他再創奇功。」

朝廷一紙詔書，班超以軍司馬的官職領銜出使于闐。于闐是南道大國，竇固擔心班超的兵力太少了，打算再拔數百人馬。班超上書竇固道：「于闐是西域大國，而且路途遙遠，現在多帶數百人，倘若遇到不測，受到攻擊，數百人也無濟於事，而反成為累贅。我只需要追隨我的這三十幾名軍士便足矣。」的確，出使西域，重要的不是人多，一旦兵戎相見，不過增加了數百名送死者罷了，更需要依靠使者的勇氣與智慧。

出使于闐絕不是一件容易完成的任務。

在光武帝時，莎車國曾經稱霸西域。到了明帝永平四年（六十一年），莎車王賢派兵數萬欲征服于闐，但是于闐在國王休莫霸的率領下，奮起抵抗，挫敗了莎車國的攻勢，並且反客為主，圍困莎車。不幸的是在圍城戰中，國王休莫霸中流矢身亡。于闐國人便另立休莫霸的兒子廣德為國王。次年，于闐王廣德發諸國兵三萬人再次進攻莎車，誘殺了莎車國王賢，併吞了莎車國。于闐國在西域的崛起，引起了北匈奴的注意。為了扼制于闐勢力的擴張，北匈奴人夥同其嘍囉國出兵進攻于闐。于闐王廣德抵擋不住，向匈奴人投降，並被迫放棄了莎車國的土地。為了進一步控制于闐，匈奴派遣使者監護于闐。

班超便是在這種背景下出使于闐，其困難程度可想而知。

匈奴駐于闐使者聽說東漢帝國要派遣使團前來，就暗中施展詭計，收買了于闐的大巫師。于闐是一個宗教色彩比較濃的國家，大巫師的地位很高，國王對大巫師的話也是言聽計從。

大巫師在于闐國王面前說了許多漢使團的壞話，班超使團到達之後，于闐王對漢使團不冷不熱的。大巫師乘機又煽風點火，假裝神靈附體，對于闐王說：「天神發怒了，質問大王為何要心向著漢國，漢使團有一匹馬，黑嘴黃身，快去索取來祭祀我！」

于闐王不敢怠慢，派宰相前去漢使館，向班超求取這匹馬。班超心思縝細，覺得這裡面有文章，便細細盤問，終於明白是大巫師在搞鬼。他當即對于闐宰相說：「既然是大巫師要求這匹馬，那沒問題，只是漢家的馬匹也不能隨隨便便給人，務必請大巫師親自來取。」

大巫師真的親自前來索馬，班超立即將他擒獲並斬殺，然後將其首級送往于闐王處，于闐王大驚失色。班超責備于闐王輕信大巫師的挑撥離間，于闐王早就聽說班超在鄯善國誅殺匈奴使者的壯舉，百聞不如一見，這下可見識了班超的厲害，於是決心歸附漢室，便下令誅殺匈奴派來「監護」的使者。

于闐歸降漢朝，對西域諸國產生很大的影響，特別是南道諸國，本來國力便不如于闐，更是望風而降，紛紛遣子入侍。至此，王莽篡漢六十五年後，漢帝國再通西域，班超居功至偉。

西域南道諸國基本上歸附漢帝國，在北道諸國中，龜茲國實力最強。龜茲的國王是匈奴人所立，倚恃匈奴人的支持，稱霸一方。龜茲國出兵攻打西部的疏勒國，殺死了疏勒國王，派龜茲的貴族兜題為疏勒國王，疏勒成為龜茲的附屬國。

疏勒東南是莎車國，莎車的東南，便是班超所在的于闐國。班超考慮到，要斬斷匈奴的右臂，就必須解決歸附匈奴的龜茲國。而當務之急，是先控制龜茲人佔領的疏勒國。可是班超只有數十名屬下，要憑藉這數十人來平定疏勒國，他做得到嗎？在班超看來，疏勒國內最大的矛盾，便是其國王並非疏勒人，而是入侵者龜茲人。因為是戰敗國，疏勒國人忍氣吞聲，但內心中對龜茲心懷不滿。對此，班超洞若觀火。

第二年（西元七十四年，永平十七年），班超祕密帶領自己的幾十名軍士，抄小路進入疏勒國。到了距離疏勒王城槃槖城九十里處，班超先行派遣得力幹將田慮帶幾位弟兄進入王城，面見疏勒國王兜題，臨行前，班超囑咐田慮說：「疏勒國王兜題本來不是疏勒人，國人必不聽命於他，如果兜題拒不投降，你想辦法把他抓起來。」

田慮入疏勒王城遊說兜題，兜題見漢使人少，沒有實力，不放在眼裡，毫無投降之心。田慮決定使用武力手段，他乘兜題不備，將其打倒在地，劫為人質。兜題的衛兵大驚失色，但是大王被劫持，誰也不敢輕舉妄動，大家你看我，我看你，然後一哄而散。田慮馬上派人馳馬上報班超，班超火速啟程，進入王城。

雷厲風行是班超做事的一貫作風，他到了王城之後，馬上召集疏勒國的文武官員。班超說：「你們已故的國王，是被龜茲人殺死的，龜茲人又派了自己人來當你們的國王，疏勒百姓敢怒不敢言，各位都是國家棟樑，現在兜題已經被擒下，你們是願意繼續臣服於龜茲呢？還是是選擇自己的國王呢？」

大家都知道國王兜題被漢使扣押起來，沒有後顧之憂，便你一言我一語地說開來了，把龜茲人罵得個狗血噴頭，紛紛提議另立國王，已故的疏勒國王尚有一兒子在世，單名一字「忠」，正好可以立為國王。於是班超立忠為疏勒王。

兜題被押上來，班超指著兜題，向文武大臣問道：「這個人要怎麼處理？是要殺了他呢？還是放他回龜茲呢？」眾人都咬牙切齒地說：「當然要殺了他。」班超搖搖頭說：「殺了他無益於事，不如把他遣送回龜茲，這樣也好叫龜茲人知曉漢帝國的威德。」眾人皆答道：「一切願聽漢使的安排。」

就這樣，班超兵不血刃，搞定疏勒國。

到這個時候，班超的下屬無不對他的膽略、勇氣、智謀佩服得五體投地。在鄯善奇襲匈奴使團，在于闐計斬大巫師，在疏勒勇擒疏勒王，愈出愈奇，愈出愈妙。然而這些令人目瞪口呆的成就，只是班超西域事業的開始罷了。

正當班超在西域南道的事業蒸蒸日上時，北道卻出現了重大的變局。永平十八年（七十五年），北匈奴在西域展開反撲，殺車師後王安得，攻金蒲城，而後圍困疏勒城（此疏勒城位於車師後國，位於西域的東部地區；而班超經營的疏勒乃是一個國家，位於西域的西部地區，不可混淆）。塔里木盆地北道國家焉耆、龜茲發兵攻打西域都護陳睦，陳睦全軍覆沒；緊接著，車師國向匈奴投降，匈奴兵圍柳中城。龜茲軍隊擊殺陳睦之後，轉而聯合姑墨國，向西進攻疏勒國。此時屯駐西域的漢軍全線告急，班超已是處於孤立無援的危境。

面對強敵壓境，班超並沒有驚慌失措，他與疏勒新國王各領一部將士，守衛王城槃橐城。龜茲與姑墨聯軍攻城時間長達一年多，竟然無法攻破槃橐城，只好悻悻離去。

東漢帝國在西域的戰略嚴重受挫，漢章帝決定撤出西域，詔罷西域都護與戊己校尉。朝廷考慮到班超勢單力薄，擔心他不能抵擋得住龜茲與姑墨聯軍的進攻，同時下詔徵還班超。皇帝的詔書傳達到疏勒國，要求班超立即放棄疏勒，返回國內。班超大吃一驚，一旦自己離開，龜茲軍隊必然捲土重來。倘若疏勒失守，勢必危及于闐。于闐一旦重新受匈奴人的控制，那麼南道諸國將會完全脫離東漢帝國，這是多米諾骨牌效應。然而，皇帝的詔令就是最高指示，皇命難違。

更為感到震驚的是疏勒國人，在這個生死關頭，東漢政府竟然要召回漢使。在這一年多的時間裡，班超一直與疏勒人並肩戰鬥，抵抗龜茲軍隊入侵，也使疏勒人認識到班超不僅智勇雙全，而是有信用、有情義之人。班超以自己的行動贏得了疏勒人的信任、尊敬與愛戴，但此時，他卻突然被召回國，疏勒人無不感到失望與沮喪。

車馬都準備好了，班超與他的三十幾位勇士就要離開疏勒國。此時突然發生了一件令人震驚的事。疏勒都尉黎弇對前途感到絕望，他說：「漢使棄我，我必復為龜茲所滅，誠不忍見漢使去。」一說罷橫刀自剄。

當班超離開疏勒行經于闐時，于闐的王侯百姓，將班超等人團團圍住，不肯讓班超等人走。于闐王一臉悲戚，對班超說：「于闐對待漢帝國，如同兒子對待父母一般，誠不可去啊。」一于闐一些文武大臣，紛紛跑上前去，抱住班超坐騎的四條腿，不肯讓馬匹行走。

此情此景，誠可感動天地。恁是鐵石心腸的人，也斷然被感動，何況班超乃是有情有義之人。

班超想起年輕時的雄心壯志，他要成為像張騫那樣偉大的人物，如果離開西域，恐怕此生心願不能了。偉大的人物，必定會有偉大的魄力，即便是皇帝的命令，也要抗上一回。他很清楚，此時的他除了數十名軍士之外，再也得不到東漢政府的支持，如今西域局勢惡化，未來之路勢必更加艱險，他只能孤身奮鬥。

他決定留下來，為建立不朽的功業而奮鬥！

# 十五、隻手擎天：孤膽英雄的真實寫照

班超在西域的奮鬥，是中國歷史上的傳奇篇章。他不僅是東漢時代最偉大的英雄，也是中國歷史上最偉大的英雄。他幾乎僅憑個人的勇氣與智慧，降服西域五十餘個國家，如此偉業，空前絕後。不獨中國歷史，舉諸世界歷史，奮鬥於異域，而卒能成大業的，能與班超比肩者，亦不過鳳毛麟角罷了。

西域國家眾多，政治局勢非常複雜，由於東漢軍隊的撤出，北匈奴的勢力有捲土重來之勢。即便是歸附漢室的國家，也遠遠談不上忠心，背叛是司空見慣的事。班超在西域諸國遊走，隨時可能遭遇不測的危險，倘若沒有足夠的機智、膽略、勇氣與機謀，就可能陷入萬劫不復之境地。

當班超奉詔離開疏勒國後，疏勒國馬上陷入危機之中，北部的兩座城池倒戈，向龜茲投降。龜茲讓尉頭國（尉頭國是龜茲的嘍囉國）派軍進駐二城，疏勒的局勢迅速惡化，連王城槃橐城都開始人心動盪了。

可是班超又回來了，槃橐城到處洋溢著喜悅之情，疏勒人都相信，班超的到來，將使疏勒轉危為安。班超與疏勒王忠詳細分析當前的局勢，認為應該先將反叛的北方二城奪回，殺一殺投降派的氣焰。班超率領疏勒軍隊反攻北方二城，城內百姓本來就不願意投降龜茲，紛起以作內應，很快兩座城池便收復了。尉頭國駐紮在兩城的六百多名士兵被殲滅，班超捕殺了反叛的疏勒將領。

叛亂被班超以迅雷不及掩耳之勢平定，疏勒國轉危為安。這是疏勒國的第一起叛亂，在以後的日子裡，這個國家還將多次爆發叛亂。

班超的敵人，主要是西域北道諸國。北道諸國以龜茲最強，此外尚有焉耆、姑墨、尉頭、溫宿等國。匈奴經營西域數十年，對北道諸國有很強的影響力與控制力，這些國家基本上都歸附匈奴。班超除了三十六名鐵桿部下之外，可以動員的力量，就是西域歸附漢室諸國的軍隊，主要集中在南道。但是這些國家的軍隊，要麼戰鬥力不太強，要麼相互之間矛盾很大，所以要徹底擊敗北道諸國，絕非易事。

班超必須聯合更多的力量，包括西域西部的康居、月支、大宛等國家，他頻頻派遣使者到這些國家，以求聯合。

章帝建初三年（七十八年），班超決心對北道發動有限的打擊，目標選擇姑墨。姑墨實力比較弱，且靠近龜茲，是龜茲的嘍囉國。姑墨的國王也是由龜茲人擔任的，在國內不得人心。姑墨曾與龜茲聯合進攻疏勒，打擊姑墨，可以挫一挫龜茲國的鋒芒。班超動員了疏勒、康居、于闐、拘彌四國軍隊，共計一萬多人，向姑墨發動進攻，包圍石城。經過數天的戰鬥，終於攻破石城，姑墨軍隊被斬殺七百人。

這次勝利激發了班超的鬥志，他雄心勃勃，欲叵平北道諸國。

建初五年（八〇年）他上書漢章帝，在奏章中分析了西域的形勢：西域頑固拒漢者，龜茲與焉耆二國，而龜茲國強，若擊破龜茲，則西域可復。當時龜茲遣子白霸入侍漢帝國，應該立龜茲的侍子白霸為龜茲王，派遣數百名軍士護送白霸返西域，在莎車、疏勒一帶肥沃的土地上屯墾，不需費漢帝國一錢一糧，即可自給自足。北道的姑墨、溫宿兩國，都被龜茲人統治，國人對龜茲早就懷恨在心，如果可以招降姑墨、溫宿兩國，那麼龜茲便會勢力大削，可不攻自破了。

漢章帝讀到班超的奏章後，召集公卿大夫開會，商討派兵赴西域的事宜。這件事傳出去後，有一位名為徐幹的勇士，有志於立功絕域，便上書漢章帝，表示願意奮身從軍，出塞作為班超的副手。漢章帝大喜，便以徐幹為假司馬，並在國內招募前往西域的壯士。

西域的氣候乾旱，環境惡劣，一般人去了是受不了的，所以招募的全是剽悍之徒，有兩大來源：一是監獄關押的囚犯，監獄中不缺不怕死的人，給他們一個立功贖罪的機會；一是前來應徵的遊俠好漢壯士，共計一千餘人，徐幹率領這支由囚徒與冒險份子組成的雜牌軍出發了。

徐幹的雜牌軍來得正是時候。班超遇到麻煩了。

疏勒都尉番辰叛變！莎車國叛變！

這是疏勒爆發的第二次叛亂。疏勒將領番辰認為東漢的軍隊已經全部撤出西域，僅憑班超一人之力，絕對無法與強大的龜茲國抗衡。他暗地裡向龜茲投降，起兵攻打班超。

與此同時，莎車國也叛變。莎車國叛變是有背景的，這還要莎車與于闐的關係說起。莎車與于闐是宿敵，兩國多次爆發戰爭。西元六十一年，于闐王廣德率三萬人攻破莎車，殺莎車王，吞併其國。後來北匈奴發龜茲等國的軍隊，兵圍于闐，迫使于闐王投降，並重新立莎車國王。班超通西域後，先後降服于闐與疏勒，而莎車夾在這兩國之間，只好也歸附漢室。不過，由於莎車王乃是匈奴、龜茲所立，對班超陽奉陰違也就不奇怪了。在疏勒都尉番辰叛變後，莎車國也緊接著叛變。

此時班超處境相當危險，他所在的疏勒國不僅面臨番辰的叛亂，而且北有龜茲的威脅，南有莎車的威脅。倘若不能迅速鎮壓叛亂份子，疏勒可能會遭到龜茲與莎車的兩面夾擊。所幸的是，番辰的叛亂選錯了時機。

當疏勒都尉番辰發動叛變時，徐幹率領的一千多名生力軍正好趕到。班超遂與徐幹會合，對叛軍發動進攻，把番辰的叛軍殺得落花流水，潰不成軍，擊斃叛軍一千多人，番辰落荒而逃，不知所終。

挫敗番辰的叛亂之後，班超並沒有馬上對莎車國發動進攻。班超的判斷是，龜茲國是西域最硬的釘子，如果不拔去這根釘子，西域諸國就會不斷有叛變的事情發生。可是龜茲是塊硬骨頭，不好啃。龜茲外有北匈奴的支持，又有焉耆作為盟友，掌控了姑墨、溫宿、尉頭、莎車等國，軍事力量在西域諸國中僅次於烏孫，不過烏孫位於天山北側，甚少捲入天山南側諸國的事務。

要牽制龜茲，必須要有烏孫的鼎力相助。班超再度上書漢章帝，請求漢帝國派遣使者與烏孫交通，班超在上書中寫道：「烏孫大國，控弦十萬，故武帝妻以公主，至孝宣皇帝，卒得其用。今可遣使招慰，與共合力。」漢章帝採納了班超的意見，與烏孫國互通使節。

烏孫與東漢帝國聯合，對於穩定西域局勢有很大的影響。儘管龜茲不斷發兵攻打疏勒，但由於有烏孫的牽制，不得不有所節制。同樣，班超也沒有實力對龜茲發動強有力的反擊，畢竟他的基本部隊，除了跟隨他到西域的數十人之外，便是徐幹帶來的以囚徒和冒險份子組成為小部隊，兵力十分有限。這樣，西域戰局陷入膠著狀態。

轉眼過了三年。到了建初八年（八十三年），烏孫派往漢帝國的使者即將回國，漢章帝派衛侯李邑護送烏孫使者以及烏孫王子前往烏孫。同時，為了表彰班超在西域的重大貢獻，漢章帝將班超擢升為將兵長史。將兵長史擁有調遣軍隊作戰的許可權，實際上是委任班超為西域的軍事長官，可以調動管轄下西域各國的軍事力量。班超的副手徐幹由假司馬升為軍司馬。

此時距班超出使西域已經過了十年。對於班超的個人生活，史書沒有記載，但我們幾乎可以肯定，在四十歲以前，班超還是一個單身漢，他是在疏勒娶妻生子。他的妻子是誰，現在搞不太清楚，很可能是疏勒人。在這十年中，班超的三個兒子陸續出世，長子班雄，幼子班勇，次子的名字沒有留下記錄。

李邑護送烏孫使者經過塔里木盆地南道，到達于闐，得知龜茲軍隊又一次對疏勒展開進攻，北上烏孫的路被截斷了。李邑不敢冒險通過，為了掩飾自己心中的恐懼，他上書皇帝，認為經營西域絕對不可能成功的，並且詆毀班超，說班超只知道「擁愛妻，抱愛子，安樂外國，無內顧心。」

班超聽說這事之後長歎息一聲說：「我雖然不是曾參，卻遇到曾參的三至之讒，恐怕時人所見疑了。」於是忍痛休胡妻，以示對帝國的忠心。什麼叫三至之讒呢？這是曾參的一個故事，當時魯國有一個跟曾參同名的人，殺了人，有人跑去跟曾參的母親說，你兒子殺人了，曾母當時正在織布，她笑著說，我兒子怎麼會殺人呢？不理會；過了一會兒，又一個人跑來告訴曾母，你兒子殺人了，曾母仍然繼續織布，還是沒理會；又過一陣子，第三個人跑來告訴她，你兒子殺人了，這下曾母慌了手腳，扔了機杼，翻牆而逃。所以讒言多說幾遍，就成了真的了。班超心細如針，這種事，不能不防小人。

不過班超還算走運，倘若遇到昏君，恐怕此生心願難遂，還好他遇到的是漢章帝。章帝對班超非常的信任，也知道班超志向高遠，忠心耿耿，他看到李邑的上書後，十分不滿，下詔責備李邑：「縱使班超擁愛妻、抱愛子，這也是人之常情，倘若班超如你所說一無是處，他如何能使思鄉心切的一千多名部下，與之同心同力奮戰在絕域呢？」

看來章帝並不糊塗，他命令李邑前往班超處，受班超的節制，並且發給班超一份詔書說：「如果李邑適合在域外工作，你便把他留下來。」班超並不想留下李邑，由於北行的道路不通暢，他便命令李邑護送烏孫王子返回洛陽。

軍司馬徐幹勸說：「李邑這個人，在皇上面前詆毀你，想要破壞我們在西域的事業，要是讓他回到首都，豈不是更有機會說你的壞話嗎？我看還是把他留在西域穩妥一些，另遣其他人護送烏孫王子回洛陽，這樣不是更好嗎？」

班超搖搖頭說：「此言差矣。李邑詆毀污蔑我，這種人要是留在西域，成事不足，敗事有餘，不如遣他回京，省得日後為患無窮。超自認為問心無愧，何懼人言？倘若只是為了報復，硬把李邑強留在西域，不是忠臣所為。」

漢章帝的信任與支持，是班超開拓西域事業的堅強後盾。章帝元和元年（八十四年），東漢政府再度增兵西域，由假司馬和恭率領一支八百人的小分隊，支援將兵長史班超。這時班超手中的漢軍數量增加到約二千人，雖然數量仍然偏少，但他已經準備對反叛的莎車國展開攻勢了。

班超在得到和恭率領的八百人援軍之後，又徵發疏勒與于闐的軍隊，進攻莎車國。莎車國位於疏勒與于闐之間，兩面受敵，頗為狼狽。莎車王祕密與疏勒王忠聯繫，以大量的金銀財寶賄賂疏勒王，疏勒王在得到這些財物後，臨陣反戈，撤出戰鬥，退保疏勒西部的烏即城。

疏勒王忠突然叛變，這大大出乎班超的意料。疏勒曾為龜茲的奴僕國，正是班超驅除龜茲人的勢力，立忠為疏勒國王。而且這些年來，班超始終與疏勒王一同抗擊龜茲人的入侵。那麼，疏勒王為什麼會叛變呢？

最根本的原因，恐怕是疏勒王認為班超沒有力量擊敗龜茲。首先，從東漢政府兩次增兵西域來看，一次由徐幹率一千餘人增援，一次由和恭率八百人增援，這表示東漢政府無意在西域大舉用兵。以區區不足二千人的軍隊，要擊敗強大的龜茲國，無異於癡人說夢。其次，班超入西域十年來，除了一次主動進攻姑墨斬殺七百人外，其餘時間均是被動防守龜茲等北道諸國的入侵；班超不僅在北道毫無進展，甚至連南道國家莎車也叛變，歸附龜茲。對此，疏勒王有理由對未來局勢持悲觀態度。再者，前一年發生了李邑對班超的詆毀中傷，也說明在漢帝國內部對經營西域有完全不同的兩種態度。種種原因，使得疏勒王忠最終選擇了叛變之路。

班超在西域的奮鬥，其艱辛程度，遠遠超過常人的想像。西域各國錯綜複雜的關係，如一團亂麻，很難理清楚。特別是夾縫中生存的小國，為了自身的利益，今日歸附這個利益集團，明日歸附另一個利益集團，這是司空見慣的事。古代史書中簡單地把此現象歸結為西域胡人性格的反覆無常，這是有失公允的。

班超對疏勒王忠的叛變迅速作出反應。

憑藉他在疏勒十年所建立的威望，多數人仍然忠於漢室。班超迅速改組疏勒的政府，立疏勒貴族成大為新的疏勒王，然後暫時放棄對莎車的進攻，轉而進攻疏勒叛軍的據點烏即城。

圍攻烏即城的戰役持續了半年之久，仍然無法破城，因為攻城的兵力太少了。形勢對班超很不利，北面要防龜茲及其嘍囉國的入侵，南面要防莎車國的反撲。更嚴重的問題是，康居國也捲了進來。疏勒王忠多次派人前往康居國，請求康居國出兵援助，康居王也察覺到班超的處境很不妙，權衡利弊之下，決定支持疏勒王忠的叛亂。

康居的軍隊翻山越嶺，向疏勒叛軍的據點烏即城挺進。一旦康居軍隊抵達，班超勢必要放棄對烏即城的包圍，如此一來，將變得非常的被動，甚至有可能在叛軍與康居軍的反撲下，被迫撤出疏勒。必須想辦法讓康居軍隊撤軍，這只能走外交途徑了。

當時中亞一帶，勢力最強的當屬大月氏國。

東漢時代的大月氏，還有另一個叫法，叫貴霜帝國。月氏在西漢初被匈奴滅國後西遷中亞，其國家本有五大部落，一百多年後，貴霜部落最後吞併其餘四個部落，更改國名為「貴霜」，當時在大漢帝國仍然沿用舊稱「月氏」。貴霜帝國開始強盛，開疆拓土，向西攻打安息國（帕提亞帝國），佔領伊朗高原東部，向東擊滅罽賓（喀什米爾一帶），然後又南下擊破天竺（印度），迫使天竺臣服，當之無愧是中亞與南亞的霸主。

當時月氏與康居剛剛和親，兩國關係不錯。班超祕密給月氏王送去錦帛財物，請他出面，制止康居國救援疏勒叛軍。長期以來，月氏與中國井水不犯河水，無意得罪強大的東漢帝國。月氏王便派人前往康居國，勸康居王勿與中國為敵。康居王最終與班超達成協定，疏勒王忠在康居軍隊的護送下，到康居國避難，烏即城全體守軍向班超投降。

疏勒王的叛變差點毀掉班超在西域奮鬥的成果。如果不是班超以靈活的外交化解了這次危機，極可能陷入四面楚歌的困境。

班超意識到西域叛變的暗流湧動，究其原因，是匈奴在西域的影響力仍然不容小視。北道諸國唯龜茲馬首是瞻，而龜茲是堅決站在匈奴人一邊。南道諸國對匈奴、龜茲心懷恐懼，叛變隨時可能發生；另一方面，東漢帝國政府高層，對經營西域的意義仍然低估，只把經營西域限定為有限戰爭，並不投入重兵。西域的得失，更多是憑藉班超的個人能力。所幸的是，班超正是最佳人選。

班超平烏即城後，整個外部形勢對他開始有利了。首先是北匈奴在內憂外患之下，不得不與漢帝國和解，互通商貿；其次是北匈奴開始出現大量的叛逃事件，逃到漢帝國的人數越來越多。北匈奴的衰弱，使龜茲等北道諸國不敢貿然對疏勒發動進攻。班超鑑於疏勒國內部的不穩定因素很多，也沒有騰出手來解決南部莎車國的叛變，此後幾年時間，西域形勢相對平穩。

然而前疏勒王忠並不甘心失敗。他逃到康居國之後，仍然幻想著殺回疏勒，奪回國王寶座。他極力遊說康居國王，並最終向康居國借到了一支軍隊。元和三年（八十六年），前疏勒王忠率領借來的康居軍隊，駐紮在損中，並祕密使人前往龜茲，密謀與龜茲國聯手奪回疏勒。他的如意算盤是，先向班超詐降，取得班超的信任，然後與龜茲軍隊內應外合，佔領疏勒。

班超獲悉前疏勒王忠的陰謀，他將計就計，假意允許忠的投降。忠大喜，率少數人馬進入槃橐城，將大部隊埋伏於城外。班超故裝不知情狀，大擺酒宴，趁疏勒王忠不備，將其擒下並處死，隨後突襲康居軍隊，擊斃七百餘人，其餘人逃回康居。

第二年（八十七年），外部形勢對班超更為有利。這一年，鮮卑軍隊入侵北匈奴，北匈奴慘敗，優留單于被斬殺。北匈奴的慘敗，對歸附北匈奴的西域國家是一個莫大的震動，這些國家包括龜茲、焉耆、姑墨、溫宿、尉頭、莎車等。

班超敏銳地發現，收拾莎車的機會到了。

章和元年（八十七年），班超調集于闐、疏勒等國的軍隊，共計二萬五千人，開始進攻莎車國。這是班超到西域後所發動最大規模的一次進攻。莎車國的位置正好在于闐與疏勒之間，這根釘子不拔除，則南道不能暢通。

莎車國緊急向龜茲國求援。龜茲國王統率龜茲軍隊，派遣左將軍率溫宿、姑墨、尉頭三國聯軍，共計五萬人，晝夜兼程，開赴莎車國。

班超召集將校與于闐王開會，共同商討作戰計畫，多數將領都認為應當放棄對莎車的進攻，軍隊返回國內休整。但是班超奪取莎車的意志不變，他在會上提出一個大膽而冒險的作戰計畫：假裝撤退，令莎車人喪失警覺心，然後再殺個回馬槍，一舉端掉莎車國。

第二天，聯軍分兩路撤退。班超率軍向西疏勒方面撤退，于闐王率軍向東于闐方面撤退。臨行前，班超製造撤兵混亂的局面，還故意讓莎車的俘虜們得知撤退的方向，讓一部分俘虜有機會逃跑。這些俘虜將情報彙報給了莎車王，莎車王派出快馬通知正在行軍途中的龜茲王。龜茲王聞訊大喜，他命令溫宿王急速度領八千騎兵，趕赴莎車國的東界，務必截住于闐王的退路。自己則親率一萬精兵，急馳莎車國的西界，坐等班超軍隊返回疏勒。

班超得知龜茲王中了調虎離山之計後，馬上停止行軍，派人與于闐王取得聯繫，約定當天晚上兩路軍隊重新殺回莎車王城。天將曉，雞鳴時分，班超的大軍連夜行軍，殺回莎車王城之下，隨即發起總攻。莎車人以為班超的軍隊早已遠遁無蹤，豈料他又殺回來了。班超的大軍一鼓作氣，攻破莎車王城，搗破其兵營，擊斃五千餘人，其餘部隊繳械投降。這個冒險的作戰計畫大獲成功，莎車王向班超投降。

還在邊界等侯截擊的龜茲諸國援軍苦等了一天，沒有見到班超大軍的影子，卻傳來莎車國已經被攻破的消息。龜茲王大驚失色，莎車一丟，意味著從于闐經莎車到疏勒的通道已經全部被班超所掌控。龜茲王不敢戀戰，只得下令班師撤退。

莎車之戰，是班超在西域指揮的最重要的戰役。此役既是智勝，也是險勝，如果班超無法迅速攻破莎車王城，那麼結果難以預料。班超在此役中充分利用軍事欺騙，調動敵軍主力，化被動為主動，在敵人認為最安全的時侯猛烈一擊，從而扭轉戰局，奪得勝利，堪稱是其軍事生涯中的代表作。

從此班超威震西域。

# 十六、西風烈：羌戰進行時

西北的羌亂幾乎貫穿於東漢兩百年的歷史，儘管西羌並非強敵，可是由於羌戰的持續時間長，範圍廣，破壞性大，嚴重地消耗東漢帝國的國力，成為東漢時代邊疆最大的不穩定因素。

羌乃是東方一大民族，歷史非常久遠。

在戰國時代，羌族出現了一位劃時代的英雄，此人稱為「無弋爰劍」，秦厲公時（前四七六年—前四四三年在位），爰劍被秦國人俘獲，成為一名奴隸。在秦國待了數年之後，爰劍找到一個機會，成功地逃跑。在逃跑過程中，遭秦人的搜捕，他躲進一處山洞之中，秦人發現後，放火燒山洞，但是爰劍僥倖地活了下來。在返回途中，爰劍遇到一名女子，該女子受了劓刑，鼻子被割掉，以髮蒙面。患難之中，兩人結為夫妻，歷經千辛萬苦後，爰劍終於返回自己的部落中。

爰劍的傳奇經歷，使得族人認為他乃是神的化身，於是推舉他為部落的首領（酋豪），當時部落居住在河湟地區，以狩獵維生。爰劍把他在秦國為奴隸期間所學到的種田與畜牧方法傳授給族人，使其部落擺脫了原始的狩獵經濟，遠近的羌人紛紛前來歸附。此後，爰劍的子孫世代成為羌人的部落首領。

到了爰劍的曾孫忍、舞時，羌人開始大規模遷移。忍的九個兒子與舞的十七個兒子，後來全部分立門戶，形成二十六個部落，成為羌人勢力的核心。遷移與開拓，使羌人進入一個大發展的時代，逐漸成為一個龐大的民族。到了東漢時，羌人分布極廣，與漢人多有雜居，但最集中分布區是所謂的「羌中」之地，即青海湖附近，湟水谷地與黃河上游谷地。

《後漢書》是這樣描寫羌人：「不立君臣，無相長一，強則分種為酋豪，弱則為人附落，更相抄暴，以力為雄。殺人償死，無它禁令。其兵長在山谷，短於平地，不能持久，而果於觸突，以戰死為吉利，病終為不祥。堪耐寒苦，同之禽獸。雖婦人產子，亦不避風雪。性堅剛勇猛，得西方金行之氣焉。」

羌是一個大民族，但在政治組織上是半原始部落群的鬆散結合，沒有形成一個統一國家，生存環境的惡劣，使羌人性格堅忍無比。然而羌人有其弱點所在，即行軍作戰「不能持久，而果於觸突」，即作戰時爆發力強，但是持久作戰能力差，這與其組織上的鬆散有關係。

羌人各部落之間關係亦極其複雜，部落之間的戰爭與衝突非常頻繁，然而在關係到羌人的重大利益上，各部落之間也可以交質解仇，共同對外。羌與漢的矛盾同樣非常複雜，既有種族間的矛盾，亦有經濟上的衝突及以政治上的矛盾，這使得東漢時代的羌戰背景極為複雜。

自馬援於建武十二年（三十六年）擊破參狼羌之後，東漢二十年無羌戰，這也是東漢漢羌戰爭史上最長的和平時期。

光武中元元年（五十六年），曾被馬援平定過的武都參狼羌再度反叛，參狼羌人掠殺當地官吏與百姓。武都太守無能為力，向隴西郡求援，隴西太守劉盱派五千人入武都作戰，與武都太守聯手平息這次叛亂。然而這只是羌戰的開始罷了，此時羌人諸部落中，以燒當羌的實力最為強大。

燒當其實是一個人的名字，他是爰劍的第十八世孫。燒當強健勇猛，後來便以他的名字為部落的名稱，是為燒當羌的由來。

燒當羌起初並不是一個強大的部落，而是居住在貧瘠的黃河北面的大允谷，地小民貧，經常受到先零羌與卑湳羌的侵犯。到了燒當的玄孫滇良時，燒當羌開始崛起。當時實力強大的先零羌遭到馬援的迎頭痛擊之後，損失慘重，這給燒當羌提供了一個絕佳的機會。滇良是一個很有本事的部落首領，他聯合其他部落，共同對抗先零羌與卑湳羌，最終大破先零羌，奪得先零羌的居住地大榆谷。由此燒當羌取代先零羌，成為羌人中最強盛的部落。

武都參狼羌的反叛，點燃了平息二十年之久的羌戰。燒當羌的酋豪滇吾（滇良之子）扮演羌人領袖的角色，他率步、騎混成兵團五千人，猛攻東漢帝國隴西郡的邊關要塞。當時隴西邊關的守軍中，有不少是羌人，這些羌人也紛紛倒戈，加入滇吾軍的行列，使得羌軍的力量得到加強。

隴西太守劉盱在枹罕、允街兩次阻擊滇吾軍，均被擊敗，損失了五百多人。不得已之下，劉盱上書請求朝廷的援助。朝廷急派謁者張鴻率諸郡的軍隊入隴西作戰，然而在允吾谷、唐谷遭到兩次毀滅性的打擊。滇吾兵鋒極盛，又從隴西郡竄入金城郡。

此時，剛剛登上帝位的漢明帝意識到隴西羌亂的嚴重性，下詔起用東漢開國名將馬武。馬武被任命為捕虜將軍，率領四萬人的兵團投入戰場。入金城後，馬武兵團在浩亹與燒當羌軍相遇，首戰小勝，羌軍損失六百人。滇吾絕非泛泛之輩，他作戰勇猛，且善於謀略，面對馬武的四萬大軍，滇吾且戰且退。退到洛者谷時，滇吾利用地形優勢，突然反戈一擊，馬武兵團損失了一千餘人。

馬武豈甘心吃敗仗，急令兵團火速跟進，尾隨滇吾軍出關，深入追擊，並最終在東邯、西邯追上了滇吾部。滇吾的兵力與馬武兵團本來就頗為懸殊，一陣大戰，羌軍陣亡四千六百人，被俘一千六百人。燒當羌部落另有七千人向馬武投降，後被遷移安置在三輔（西漢首都長安周邊地區）。走投無路的滇吾向東漢政府投降，之後東漢與羌的和平局面又得以維持十五年之久。

民族問題始終是高懸在漢、羌之間的達摩克利斯之劍。

到了章帝建初元年（七十六年），一樁漢官吏強奪羌婦的事件，令漢羌戰火重燃。金城郡安夷縣的一名縣吏，強搶一位卑湳羌少婦為妻，該少婦的丈夫怒從中燒，殺死了這名縣吏。這個事件迅速導致民族關係的惡化，卑湳羌人決定逃離安夷縣，返回青藏高原上的羌人區。安夷縣令帶領衙役追擊，直至邊塞之外。卑湳羌人反擊，殺死安夷縣令以及追捕的衙役，然後夥同勒姐羌、吾良羌兩個部落，進犯金城郡。

戰爭迅速升級。隴西太守孫純派軍隊緊急馳援金城郡，與金城郡的守軍一同抵抗卑湳羌的進攻，斃俘數百人。朝廷任命吳棠為護羌校尉，全權負責對西羌的戰事。

原燒當羌酋豪滇吾的兒子迷吾，此時也居住在金城郡。他雄心勃勃，欲恢復燒當羌以往的強盛，於是祕密聯絡燒當羌的舊部，密謀脫離東漢，逃回羌中。建初二年，迷吾在族人的支持下起兵。金城太守郝崇大驚失色，連忙率部截擊迷吾。迷吾在荔谷一帶設下埋伏，伏擊漢軍，郝崇大敗，陣亡二千餘人。

吳棠作戰不力，被撤職，以武威太守傅育接任護羌校尉。此時羌人諸多部落紛紛起事，與迷吾遙相呼應，聲勢浩大。迷吾與封養羌部落首領布橋結盟，以五萬之眾侵掠隴西郡與漢陽郡。

面對西線的巨大壓力，漢章帝不得不動用漢軍最精銳的部隊。建初二年八月，以車騎將軍馬防為主帥，長水校尉耿恭為副帥，率領最精銳的北方五校以及各郡射手共三萬人，抵達前線。

此時耿恭因堅守疏勒城而聲名大噪，他心裡瞧不起馬防，因為馬防是皇太后的兄弟，憑著外戚身分才當上位高權重的車騎將軍。由於主帥馬防與副帥耿恭二人不和，便兵分兩路，耿恭率一部分人馬北上，而馬防則率軍向西南突進。

此時封養羌對隴西郡南部重鎮臨洮（甘肅岷縣）發動強大的攻勢，臨洮是隴西郡南部都尉的駐地，在羌軍的猛攻下，岌岌可危。車騎將軍馬防決定先解臨洮之圍。由於通往臨洮的道路非常難行，馬防派兩名軍司馬率數百名騎兵，先抵達離臨洮城十餘里處的地方，搭起軍營，把漢軍的旗幟插得漫山遍野，實施軍事欺騙。

羌人果然中計，誤判漢軍主力已經到達，於是向西逃竄。臨洮解圍後，馬防率部追擊，殺羌軍四千餘人。眼見大勢已去的迷吾率燒當羌部落向馬防投降，另一位酋豪布橋則率封養羌二萬餘人退守臨洮西南的望曲谷。望曲谷的戰役持續了幾個月之久，終於在次年（七十八年）正月取得了重大進展。馬防兵團強攻望曲谷，封養羌陣亡數千人，軍隊被困谷中。無奈之下，布橋率剩餘的一萬多人向馬防投降。

此時，耿恭在北方戰線上也取得重大勝利。駐守在枹罕的耿恭部，受到諸羌部落攻擊，隨著迷吾與布橋的投降，其餘羌部落大為震動。耿恭乘機反擊，殲滅羌軍一千餘人，繳獲牛、羊等牲畜四萬餘頭。諸羌部落首領最後決定全體向耿恭投降，總計有勒姐羌、燒何羌等十三個部落，共數萬人。

這次勝利成為耿恭的封筆之作，因為他的一折上書，惹怒了車騎將軍馬防。耿恭向朝廷建議，為了徹底防止羌人叛亂，應該由竇固坐鎮涼州，車騎將軍馬防屯守漢陽，以威懾諸羌。在漢代，車騎將軍地位尊崇，位比三公。而耿恭卻建議由車騎將軍馬防駐守漢陽郡，這是對馬防的譏諷，暗示馬防的能力有限。這豈不是要把馬防氣瘋麼？

馬防指使監營謁者李譚誣陷耿恭「不憂軍事，被詔怨望」，結果耿恭被捕入獄，後來被釋放返回故里，死於家中。

隨著馬防與耿恭的勝利，西疆又恢復短暫的和平局面，只是和平的時間似乎越來越短了。

八年後，章帝元和三年（八十六年），燒當羌的首領迷吾再次揭竿而起，率領羌人叛逃出塞。迷吾的弟弟號吾，率部攻打隴西邊界。隴西郡督烽掾李章，不過是一個負責烽火的小官吏，率軍迎戰，竟然大敗羌人，俘虜號吾，並押解到隴西太守張紆跟前。

號吾對張紆說：「殺了我一人，無損西羌的實力，如果你把我給放了，那麼我保證諸羌部落一定罷兵，不再侵犯邊塞。」張紆同意了，釋放號吾。號吾也確實遵守承諾，在他的勸說下，迷吾放棄進攻東漢邊塞，解散諸羌部落的聯軍，並率部撤退到黃河北岸的歸義城。

一場衝突眼看很快就會平息了，不想節外生枝。護羌校尉傅育對張紆的懷柔政策相當不滿，他企圖透過武力手段解決燒當羌的叛亂。但此時迷吾與號吾均向張紆投降了，如果出兵攻打，沒有正當的理由。那怎麼辦呢？傅育招募了一批人，前往羌、胡各部落，企圖挑拔羌人與胡人的矛盾，以收漁翁之利。但是這個伎倆太露骨了，很快便被羌人與胡人看穿了。這使得漢、羌原本脆弱的民族感情再次崩潰，憤怒的羌人部落紛紛逃出塞外，投靠燒當羌酋豪迷吾。

羌人的叛逃給傅育予口實，他上書朝廷，請求徵發邊郡軍隊數萬人，出擊西羌。章和元年（八十七年）三月，在邊郡軍隊尚未集結完畢時，迫不急待的傅育便率自己麾下的精銳騎兵三千餘人，對迷吾的燒當羌部落展開進攻。

迷吾得知傅育出動的消息後，馬上下令撤除廬帳，即刻撤退。傅育焉肯就此罷手，領著三千騎兵急追不捨，到了夜幕降臨時，追到了一處名為三兜谷的地方。傅育見羌人一路狂逃，根本就不去防備羌人的反撲。入夜時分，迷吾悄悄率羌軍包圍了三兜谷，突然發動襲擊。漢軍慘敗，護羌校尉傅育戰死，陣亡的官兵八百八十人。傅育戰死，隴西太守張紆接任護羌校尉。

此時從諸郡調來的軍隊已經陸續到達隴西，為了更好地指揮前線作戰，張紆將駐地移到離邊界更近的臨羌（隸屬金城郡），並且留下一萬名士兵在臨羌屯墾。迷吾在擊殺傅育之後，向北撤到西海（青海湖）附近，又聯合河湟一帶的羌部落，對金城郡發動進攻。然而迷吾在選擇作戰方向上犯下大錯，此時金城郡重兵集結，正嚴陣以待哩。張紆以精兵迎戰迷吾，雙方在木乘谷狹路相逢，迷吾大敗而回。

失利後的迷吾又盤計著投降的事宜，他派了一名譯者前往臨羌，向護羌校尉張紆求降。張紆同意了。在此之前，張紆曾經釋放過迷吾的弟弟號吾，所以迷吾對他很信任，沒有任何戒心。幾天後，迷吾與八百名羌人頭目前往臨羌投降。張紆設酒宴，款待諸羌豪。可是迷吾萬萬沒有想到，張紆已在酒中下了毒。

一頓飯後，包括迷吾在內的八百名羌豪，無一生還，全部被殺。在得手之後，張紆率部傾巢而出，奔襲毫無戒備的諸羌部落，群龍無首的羌人根本無法抵擋，一哄而散，遺棄下數千具的屍體。

張紆的大屠殺，造成極為嚴重的後果。以招降之名，毒殺八百名羌人重要頭目，這無疑是駭人聽聞的。這引起羌人極大的仇恨，羌是一個大民族，雖然部落甚多，內鬥之事時有發生，然而在一致對外上，仍然有一種向心力。這次屠殺使得漢羌關係極劇惡化，戰爭迅速升級。從此，羌亂成為東漢無法擺脫的心腹之患，成為帝國的第一大外患。

迷吾的兒子迷唐在一腔悲憤之中，與其他羌部落交質解仇，通婚結盟，盤踞於大榆谷與小榆谷，以此為基地，不斷地向東漢邊塞發動進攻。羌人的團結，使得護羌校尉張紆很快陷入極其被動的境地。

張紆最終被解職，鄧訓臨危受命。鄧訓著實是護羌校尉的最佳人選。他是東漢開國功臣鄧禹的第六個兒子，從少年時代便胸懷大志，渴望為國家建功立業。東漢時期，儒學極為興盛，但是鄧訓這個人不喜歡讀書，經常被老爹鄧禹責備。儘管在文學上沒有什麼建樹，但鄧訓在軍政上非常有才華。他曾經擔任護烏桓校尉，負責管理烏桓部落。鄧訓對待胡人有一套辦法，他恩威並施，講信用，有原則，不仗勢欺壓胡人，因此深得烏桓人的信賴。鑑於鄧訓在外夷事務上的傑出才能與豐富的經驗，朝廷對他寄予厚望，希望他能夠解決日益嚴重的西羌問題。

鄧訓走馬上任之後，燒當羌首領迷唐正集結了一萬多人的騎兵，逼進東漢邊境要塞。迷唐憚於鄧訓的威名，不敢貿然發動進攻，遂將矛頭直指歸附東漢的小月氏胡人。小月氏與中亞的月氏（貴霜帝國）乃是同一祖源，小月氏人數不多，只有二三千人的騎兵，然而極其驍勇善戰，所以東漢政府經常使用小月氏的騎兵與羌人作戰。小月氏騎兵每每能以少勝多，成為羌人的眼中釘。

得知迷唐的計畫後，鄧訓命令軍隊進駐小月氏，以保衛其安全。鄧訓的部下說道：「羌人與胡人相互廝殺，這對我們很有利，正好可以以夷攻夷，我們還是不要保護胡人的好。」護羌校尉鄧訓聽罷直搖頭，回答道：「諸君此言差矣！正因為張紆不講信用，才造成諸羌部落聯合反漢。我們常駐軍的數量，總要保持在二萬人以上，糧秣的轉運量巨大，致使國庫空虛，涼州的官吏百姓，命若懸絲。以前諸胡部落之所以鬱鬱不得意，都是因為我們的恩德信用不夠，現在胡人安全受到威脅，正好以恩德相待，這或許可以收到好的成效。」

鄧訓在民族問題上有高人一等的見識，首先必須建立民族間的信任關係。他相信人心自有共通之處，即使是不同的民族與部落。漢羌之間屢屢爆發戰爭，其根源便在於相互間的不信任。

迷唐進擊小月氏，致使小月氏的難民紛紛外逃。鄧訓下令打開城門，接納小月氏的難民，並且派兵保護。迷唐的羌軍縱兵搜掠小月氏，一無所得，又不敢對其他的胡人部落發動攻擊，他也擔心打擊面太廣，反倒四處樹敵。

鄧訓的英明之舉馬上得到湟中諸胡人部落的熱烈擁護，胡人們奔相走告，紛紛說道：「以前漢官員經常想我們內鬥，現在鄧訓卻以恩信待我，打開城門，接納我們的妻兒老小，真是我們的再生父母啊！」這些胡人每見到鄧訓時，就歡天喜地地說：「我們願意聽從您的命令。」鄧訓也收養了數百人年輕力壯的胡人，作為自己的隨從。

羌人與胡人有一個風俗，以病死為恥，以戰歿為榮。所以一旦得了重病之後，往往操起刀子往自己身上捅，自殺現象非常普遍。鄧訓對羌胡這種習俗十分了解，所以每當有羌人胡人生病時，他便把這些人的手綁起來，不把兵器交給他們，另外派大夫為這些人看病，提供醫藥，治好了許多人。行動超越語言，鄧訓的所作所為，不能不令人佩服其胸襟。

人格的力量有時是非常之偉大，鄧訓即是如此，他一改張紆的欺詐手段，對羌胡以誠相待。不僅是胡人，也包括一部分羌人都為其人格所吸引，紛紛前來歸降，其中包括了迷唐的叔叔號吾，率八百名族人向鄧訓投降。鄧訓又讓已降的羌人去招降其他人，結果迷唐與其他部落交質解仇所組成的鐵血聯盟，面臨著不戰而潰的危險。

鄧訓召集湟中守軍、歸降的羌胡人共計四千餘人，向迷唐的據點發動進攻。由於結盟的諸羌部落紛紛背離而去，迷唐勢單力薄，難以抵擋，遂撤離大小榆谷，逃往西部的頗岩谷。

次年（八十九年），迷唐在獲得喘息之後，慢慢收攏舊部。由於頗岩谷的地理環境惡劣，迷唐遂率部東返大小榆谷。但是護羌校尉鄧訓卻不給迷唐機會，他派遣長史任尚率領六千名湟中守軍，以皮革縫製成船，置於木筏之上，強渡黃河，掩擊迷唐的燒當羌部落。

迷唐向北逃竄，任尚緊追不捨。到了晚上時，迷唐突襲任尚兵營，豈料任尚早有防備，激戰一夜後，燒當羌損失了三千八百人，其中二千名被俘虜，被擄獲的馬牛羊等牲畜共計三萬頭。這一戰，徹底阻止了迷唐返回大小榆谷的美夢，為了躲避漢軍的追擊，他逃到更遠的地方，向西行進一千餘里後，方才有了落腳之地。

鄧訓在任四年間，恩威並重雙管齊下，得到許多羌人部落的支持與信任，使得西羌的危局得以解除，他是東漢最成功的一位護羌校尉，只可惜尚未大功告成之際，便於西元九十二年病逝。鄧訓的成功之處，在於對待羌人以寬容之心，總攬大局，不計小過，以誠相待，付諸行動，不尚空談。

鄧訓之死，對羌胡部落是一大震撼。無論是漢官吏百姓，還是羌人胡人，都自發前往哀悼，每日多達數千人。

羌人、胡人以各種各樣的方式表達悲痛之情。有些人縱馬悲歌呼號；有些人以刀刺身，用自殘的方式表達對英雄的敬重。羌人們說：「鄧使君已死，我曹亦俱死耳。」金城一帶的百姓，家家為鄧訓立祠，作為保護神。這就是鄧訓，一位充滿人格魅力的英雄。

# 十七、帝國毒瘤：竇氏外戚的興起

東漢的皇帝大多短命，活過五十歲的皇帝寥寥無幾，而小皇帝卻比比皆是。小皇帝怎麼有能力來領導並統治一個國家呢？勢必只是朝中擺設，朝政必然落入母后之手。可是作為深宮裡的女人，要統治一個龐大的帝國談何容易，只能藉助於娘家兄弟親戚，於是外戚集團便在政治舞台上粉墨登場。

在光武帝與漢明帝兩朝，外戚並無勢力。這一方面得益於兩位皇后（陰麗華與馬皇后）的賢淑，另一方面也是皇帝有意識地預防外戚干政。外戚干政的嚴重後果，從西漢的歷史便可看出，篡奪漢室的王莽便是外戚集團的一員。漢明帝對外戚十分提防，據《後漢書》：「帝遵奉建武制度，無敢違者。後宮之家，不得封侯與政。」他在列「雲台二十八將」名單時，特地將岳父馬援排除在外，以絕外戚窺政之心。

可是到漢章帝時，竇氏外戚勢力迅速膨脹。漢章帝即位後，竇勳的女兒被選入宮中，成為竇貴人。竇貴人年輕貌美，深得皇帝的寵幸，不久後便被冊立為皇后。可是問題來了，幾年過去了，竇皇后卻一直未能懷孕生育。在封建王朝，選立太子是很重要的事情，由於竇皇后未能生子，漢章帝便立宋貴人所生的兒子劉慶為太子。

正所謂母以子貴，要是劉慶成了皇太子，那麼宋貴人遲早要取代竇皇后的。怎麼辦呢？當時章帝的妃子梁貴人也產下一子，名喚劉肇，竇皇后向皇帝提出要求，要撫養劉肇。由於漢章帝很理解竇皇后的心情，因為當年他也是被馬皇后撫養長大的，便同意竇皇后的要求，把劉肇交給她撫養。

可是漢章帝卻沒能料到，這位竇皇后的心可比當年馬皇后要狠毒得多。竇皇后有了養子之後，第一件事，就是要想方設法廢掉太子。想要廢掉太子，就得擠垮太子劉慶的生母宋貴人。竇皇后的娘家是大名鼎鼎的竇氏家族，竇氏家族在漢明帝時遭到打壓，甚至竇皇后的父親都死於獄中，可是這個家族的勢力仍然不容小視。竇皇后的母親是沘陽公主，漢章帝的姑媽，也很有權勢，母女倆聯合起來，足以對皇帝產生強大的影響力。

一樁針對宋貴人的陰謀展開了。在後宮要陷害別人，最好的辦法，莫過於以「巫蠱」罪指控。巫蠱就是邪門歪道，搞巫術詛咒。後宮女人們爭風吃醋時，又沒有什麼手段，就經常想用這種邪門歪道、藉助超自然的力量來施禍於他人。巫蠱之術在宮廷裡絕對是禁忌，可是仍有不少人偷偷摸摸的嘗試。在漢武帝時，曾因為巫蠱事件而屢興大獄，導致血流成河，數萬人死於非命。「巫蠱」之所以容易成為栽贓陷害的手段，是因為這種事情講不清道不明，因此竇皇后在等待機會，她要抓住宋貴人的把柄。

機會終於出現了。有一天，宋貴人病了。按理說，貴人生病，自然有御醫負責開藥治病。可是宋貴人比較喜歡用偏方，她想吃生菟絲，就託娘家的人帶入宮中。這個看似微不足道的小事情，卻足以改變一個人的命運。竇皇后早就在監視著宋貴人，當她得知貴人從宮外帶進生菟絲，不禁露出陰陰的冷笑。

竇皇后立即向皇帝打小報告，稱宋貴人從宮外弄到生菟絲，是想搞巫蠱，利用生菟絲來作法詛咒。這生菟絲與詛咒有什麼關聯，我們也不太清楚，大概是有某種巫術要使用這種材料。巫蠱向來是宮中嚴禁之事，一向尊崇儒學的漢章帝更是仇視這種亂力亂神的東西，他雷霆大怒，可憐的宋貴人連辯解的機會都沒有。

母親失寵，劉慶難保太子之位。很快，漢章帝下詔，廢除劉慶太子位，改封清河王。同時，竇皇后的養子劉肇被立為太子。宋貴人被囚禁，並被追查搞巫蠱之罪。提審宋貴人的太監是蔡倫，這是一個大家所熟悉的名字，中國四大發明之一，「造紙術」的發明者。在中國科技史上，蔡倫是偉大的人物，但在東漢宮廷鬥爭史上，他扮演著小人的角色。在蔡倫在窮究之下，宋貴人自知竇皇后欲置她於死地，遂服毒自盡。但宋貴人不會想到，四十年後，她的孫子成了東漢皇帝，並嚴厲追究當年陷害祖母之事，年老的蔡倫最終難逃一劫，也自殺身亡。

在這場宮廷鬥爭中，竇皇后大獲全勝，她終於如願以償地讓自己的養子劉肇成為太子。可是事情還沒完。雖然自己撫養劉肇，可是太子畢竟不是自己的親生的，他的親娘梁貴人還在宮中。要是等劉肇長大後，知曉自己的身世，說不定就要認親娘，到時竇皇后豈不是前功盡棄？付出母愛後，最終卻兩手空空，這是竇皇后所不敢想的。不行，得想辦法把劉肇的親娘除掉，讓他永遠都不知道身世的真相。

想到這裡，竇皇帝要把毒手伸向梁貴人。要打倒梁貴人，比打倒宋貴人要容易得多。現在竇皇后執掌後宮，又得到皇帝的寵幸，她在皇帝耳邊吹吹風，漢章帝對梁貴人就愈發疏遠了。為了打擊梁貴人，竇皇后實施攻心戰術。她動用竇氏家族的力量，偽造書信，以「謀逆」的罪名陷害梁貴人的父親梁竦。梁竦被捕入獄，隨後暴死於獄中。梁氏族人全部被貶謫到偏遠的九真（今越南境內），顯然竇皇后的目的，是防止梁家的人以後有機會告訴劉肇身世的真相。

父親被害，家人被流放，兒子也被搶走，而且搶走兒子的是這麼個狠毒的女人。這一切豈不都讓梁貴人肝腸寸斷，她孤獨無助，終日憂傷愁苦，生活在恐懼與絕望之中，終於一病而死。梁貴人之人，實死於竇皇后的迫害。

這樣，竇皇后把後宮的敵人一一清除。在她掃清對手的過程中，她的哥哥竇憲、弟弟竇篤都是出過力的，竇氏外戚崛起的時機到了。

在梁貴人死後不久，竇氏兄弟以火箭般的迅度竄起。有竇皇后作後盾，竇憲當上侍中兼虎賁中郎將，竇篤當上黃門侍郎。此時漢章帝正寵幸竇皇后，正所謂愛屋及烏，對竇氏兄弟也格外關照，不斷地賞賜他們，竇氏一時風光無限。

竇憲這個人很有野心，他利用外戚的招牌，四處結交士大夫，招募了一班賓客，不斷地擴展自己的勢力。對此，司空第五倫憂心忡忡，他上書漢章帝：「臣愚願陛下、中宮嚴敕憲等閉門自守，無妄交通士大夫，防其未萌，慮於無形。」顯然，第五倫已經隱隱感覺到，倘若讓外戚坐大，勢必成為帝國的毒瘤。可是漢章帝並沒有在意，這使得竇憲更加膽大妄為。

京城之中，誰都知道竇憲不可得罪，因為他妹妹正得寵於皇帝，甚至可以說，有控制皇帝的本事。王候、貴族、公主，包括陰氏外戚（陰麗華家族）都對竇憲十分畏懼，誰也不敢冒犯他。這更令竇憲目中無人，膽大包天，不可一世。他囂張到什麼程度呢？佔便宜居然佔到皇室公主頭上了。

當時竇憲看了一塊田園，這塊田園屬於沁水公主，她是漢明帝的女兒。竇憲想把這塊田園據為己有，便開出很低的價錢，明擺著是要強奪豪取。面對竇憲的強勢，以沁水公主之尊，竟然不敢拒絕，只得自認倒楣，吃啞巴虧。

過了一段時間，有一次漢章帝出行，路過該田園，見到這裡很別緻，便問竇憲這莊園的情況。竇憲假裝不知，暗地裡指左右撒謊，欺騙皇帝。可是漢章帝又不是傻瓜，覺得竇憲有所隱瞞，便暗中派人調查，這一查，把事實真相弄清楚了。這下子漢章帝勃然大怒了。他立即召竇憲前來，怒罵道：「公主的田園你都敢搶，還像趙高那樣指鹿為馬，欺上瞞下，居心叵測，實在令人感到恐怖。如今，貴為公主尚且遭到強取豪奪，何況是小民呢？我且告訴你，拋棄你竇憲，就如同拋棄一隻雛鳥或一隻死老鼠罷了。」

這是竇憲第一次意識到大禍臨頭，他嚇得面如土色。如果不是竇皇后出面，他恐怕在劫難逃了。竇皇后聽說哥哥出事了，她卸去皇后裝，改穿妃子的衣服，意思就是說我不配當皇后，要自降一級。她前去見漢章帝，跪倒在地，求皇上開恩。這漢章帝本來就是個寬厚之人，也禁不起女人的哀求，過了段時間後，氣了消了一大半。他做出如下的裁決：撤銷竇憲的官職，勒令他把田園歸還給沁水公主。

雖然竇憲沒有遭到應有的法律制裁，可是終漢章帝一朝，他再也不敢胡作非為了。西漢著名的漢宣帝曾經這樣說過自己的政術：「王霸道雜之。」作為一名君主，既要行王道，也要行霸道。就這點而言，漢明帝無疑要比漢章帝高明許多。漢章帝性格過於寬厚，才會導致外戚狐假虎威，囂張跋扈，像竇憲奪公主之田園，又欺瞞君上，最後也沒有治罪，這就埋下了禍根。

西元八十八年，漢章帝去世，年僅十歲的劉肇繼位，是為漢和帝，尊竇皇后為「竇太后」。皇帝年幼，竇太后臨朝稱制，她久居深宮，如何控制朝中一班文武大臣呢？能信賴的人，只有自家的兄弟。於是，在蟄伏多年後，竇氏外戚終於有了東山再起的機會。

於是竇憲以侍中的身分入宮主持機要，成為皇太后的代言人。竇憲的弟弟竇篤為虎賁中郎將，另兩個弟弟竇景與竇瑰為中常侍。一時間雞飛狗跳，兄弟四人全部身居要職，權勢薰天。現在已經沒有任何人可以約束竇憲了，他比以前更加狂妄，不把小皇帝放在眼中。倒是門客崔駰有遠見卓識，他以史實來警告竇憲，在西漢歷史上二十家外戚中，有十六家遭到悲慘的下場，能全身而退者，僅四家而已。為什麼呢？所謂「生而富者驕，生而貴者傲」，如今竇憲既富且貴，權傾天下，志驕氣傲，殊不知這往往是禍患之開端。

崔駰的苦口婆心，只是對牛彈琴，竇憲壓根就聽不進去。竇憲這個人心胸狹窄，睚眥之怨必要報復。前面說過，竇太后與竇憲的父親竇勳，在漢明帝時因罪被捕，暴死獄中。當時負責此案的主審官是韓紆，竇憲一直對他耿耿於懷，只是苦於沒有機會報復。如今他大權在握時，韓紆卻已經死了，可是竇憲卻仍不放過。「父債子還」，既然老爹死了，就以兒子償命。他派自己的門客刺死韓紆的兒子，砍下人頭以祭祀竇勳。

竇憲不經過法律途徑，就隨隨便便殺人，可誰也不敢治他的罪，這無疑更令他有恃無恐。不料他玩火玩過頭了，鬧出了一個天大的事。

這件事是這樣的：章帝死後，各封國都派遣代表前往首都參加章帝的葬禮，其中齊王劉石派了自己的兒子劉暢到洛陽。這劉暢想必是個風流倜儻之輩，為人八面玲瓏，很得竇太后的喜歡。這時竇太后還不到三十歲，年紀輕輕就守寡，儘管貴為太后，可是內心不免空虛。太后也是女人，需要有個男人能帶給她歡樂。這個時候劉暢的出現，無疑令她芳心暗動，於是乎便不時將他召入宮中。劉暢也樂不思蜀，就一直待在洛陽不走了。

這下子竇憲恐慌了。竇憲這個人，沒什麼本事，只是靠了妹妹才狐假虎威。可是誰都知道，兄妹的關係，畢竟不如情人的關係那麼密切。只要太后繼續與劉暢親密接觸，那麼下一個權勢薰天的人，就將是劉暢而不是竇憲了。在竇憲眼中，劉暢已經成為他通往權力頂峰的最大絆腳石，非除不可。

殺一個人，對竇憲來說不是難事。他豢養一批殺手刺客，如今正好可以派上用場。於是在一個月黑風高之夜，刺客潛入守衛森嚴的禁衛營中，刺死劉暢。

劉暢被刺，震動京師。竇太后十分震怒，立即令讓竇憲緝拿兇手。竇憲賊喊捉賊，裝模作樣作秀一番後，就找了一個替死鬼。他上報太后，殺人主謀就是劉暢的弟弟劉剛，理由是倆兄弟不和，自相殘殺。可是劉剛壓根就沒在洛陽，他正在六百里外的臨淄呢。可是沒關係，人沒在洛陽，可是刺客是他派來的。證據呢？沒有證據。可是竇太后卻信以為真，派侍御史前往青州逮捕劉剛。

竇憲的伎倆可以瞞得過太后，卻瞞不過其他人。誰都明白，在這皇城之中，天子腳下，敢殺死劉暢的人只有一個人，這個人就是竇憲。尚書韓稜對竇太后暗示道：「兇手就在京師，不應當捨近求遠，這樣做恐怕只會讓奸臣偷笑。」所謂的奸臣，韓稜沒有指姓道名。竇太后聽了很不高興，嚴厲批評韓稜，可是韓稜仍然固執己見。

這時有一個人自告奮勇前去青州審理此案，此人名為何敞，是太尉府的一名官員，為人剛直不阿。竇太后批准了，何敞便動身前往青州。必須說，這是一個危險的任務，竇憲一定會想方設法阻撓何敞辦案，甚至可能再次派出刺客行刺。可是何敞有勇氣，敢擔待，不怕死。竇憲越想施壓，只能使自己的罪行欲蓋彌彰。在何敞的努力下，案情終於水落石出，不僅劉剛無罪釋放，他還查出背後的主謀竇憲，並掌握了大量的證據。

在鐵的證據面前，竇憲一敗塗地。竇太后如夢初醒，她沒想到自己的哥哥竟然是背後的主謀，一怒之下，將竇憲軟禁的宮中。可是接下來的難題是，要如何處置竇憲呢？不殺嘛，不好向臣民交代；殺嘛，自折羽翼，以後要依靠誰來統治這個國家呢？竇太后內心非常矛盾，遲遲不決。

正好在這個時候，歸降漢室的南匈奴單于上書朝廷，請求討伐北匈奴。這個消息傳來，竇憲彷彿抓到了一根救命的稻草。他向自己的妹妹竇太后提出來，願意領兵征討北匈奴，將功贖罪。竇太后一聽，這倒是個兩全其美的好辦法，要是能為國家朝廷建立豐功偉績，那麼自然可以把所犯的罪行一筆勾銷了。

就這樣，竇憲絕處逢生了。

那麼南匈奴為什麼在這個時候，突然向朝廷提出攻打北匈奴呢？這背後又有怎麼樣的故事呢？

# 十八、勒石燕然：帝國的光榮之役

西元七十六年，東漢政府「斷匈奴右臂」計畫受挫，西域都護陳睦被殺後，漢章帝下令撤銷西域都護府，次年又從伊吾盧城撤走最後駐軍。然而，北匈奴並未在戰爭中取得優勢。

頻年用兵使北匈奴的經濟不斷地惡化，國內政局動盪，危機四伏。北匈奴的高級官員開始紛紛叛逃，在章帝建初八年（八十三年）到元和二年（八十五年）達到逃亡頂峰。建初八年，北匈奴大人稽留斯，率三萬餘人，到五原郡邊塞，向東漢政府投降；元和二年，前後投奔東漢的北匈奴人，共計有七十三批。

東部崛起的鮮卑逐漸成為匈奴人的勁敵。首先，鮮卑與匈奴是世仇，兩個民族有數百年的仇恨。東漢政府自光武帝以來，對外多採取羈縻政策，藉南匈奴、烏桓、鮮卑之力打擊北匈奴。不僅如此，北匈奴還受到北方丁零的威脅。同時，班超苦心經營西域，也極大地牽制北匈奴的勢力。

北匈奴勢力凋零之迅速，遠遠超出所有人的想像。在丁零、南匈奴、鮮卑的輪番打擊之下，北匈奴人不得不向荒寒之地撤退。到了章和元年（八十七年），匈奴遭到了一次致命的打擊。這一年，東方崛起的鮮卑，向北匈奴發動了一次大規模的軍事打擊，北匈奴的優留單于在此役中被殺死。這次慘敗令北匈奴國內陷入一片混亂，屈蘭儲等五十八個落部，共計二十八萬的人口，分別在雲中、五原、朔方、北地諸郡向東漢帝國投降。

曾經強大的北匈奴汗國，現在已經窮途末路了。

章和二年（八十八年），北匈奴的局面更加混亂不堪，國內發生饑荒，致使大批難民逃亡到南匈奴。南匈奴的休蘭單于敏銳地察覺到這是消滅北匈奴的最佳時機了，但是僅僅依靠南匈奴自己的力量，他還覺得力不從心，必須說服東漢政府，聯合北伐北匈奴。

該年七月，休蘭單于上書朝廷，請求討伐北匈奴。他在上書中說道：「現在北匈奴內部分爭不斷，正好是出兵討伐的良機，將北匈奴併入南匈奴，實現統一，這樣可以讓漢帝國再也沒有北面的威脅。臣等在漢地生息衍繁，開口仰食，漢政府每年賞賜，動輒億萬，我等常深感慚愧沒機會報效漢廷。所以我願發國內以及其他部落來降的精兵，分道並出，在十二月時在北匈奴境內會師。但是我等兵力單薄，懇請漢政府派遣執金吾耿秉、度遼將軍鄧鴻以及西河、雲中、五原、朔方、上郡各地太守，率漢軍各部併力北伐，希望以此一戰平定北匈奴。臣的國家命運成敗，就在今年了，現在已經敕令各部整飭兵馬。請求皇帝詳加省察並裁決。」

漢和帝劉肇年幼，休蘭單于的上書到了執政的竇太后手中。曾兩次作為主帥征討匈奴的竇固已去世，在征北匈奴一事上，最有發言權的，當屬最堅決的主戰派耿秉。竇太后急召耿秉入朝，將休蘭單于的上書交給耿秉看，請他發表看法。

耿秉答道：「以前武帝曾雄霸天下，想要令匈奴俯首稱臣，但沒有遇到好時機，沒能成功。如今天賜良機，北匈奴內亂紛爭，正好可以夷制夷，這對國家有莫大的利益，請太后許南匈奴的軍事行動。」同時，耿秉自動請纓說：「臣深受朝廷之恩，自當率軍出征，為國效命疆場！」

正是在這個時候，竇憲刺殺劉暢一事東窗事發，由於罪行深重，有被處決的危險。竇憲正好藉南匈奴請戰之機，主動向竇太后提出，願意立功贖罪，率軍遠征北匈奴。倘若能這樣，是最好不過了，竇太后既可免去哥哥竇憲一死，又可以堵住朝臣之口，這是兩全其美的辦法。

然而，令竇太后沒有想到的是，朝廷三公九卿一致上書反對參戰。

反對參戰的理由，歸結起來有以下幾個：第一，北匈奴已經向東漢政府提出和解，而且已多年沒有侵犯漢帝國的邊塞；第二，漢章帝剛剛去世不久，新皇帝還在守喪期間；第三，北匈奴剛剛遭到鮮卑的進攻而慘敗，逃往偏遠的史侯河畔，如果東漢大舉出兵，此為不仁不義之舉；第四，以夷制夷是東漢歷來的政策，讓北匈奴與鮮卑相互牽制，對帝國最有利，倘若北匈奴被消滅，鮮卑就會壯大並危及帝國的邊疆。

儘管反對參戰的呼聲很高，竇太后仍然堅持己見，因為這是唯一可以赦免竇憲罪行的機會。很快，竇憲被任命為車騎將軍，耿秉為副手。其實竇憲壓根就沒打過仗，軍事指揮主要得依靠耿秉。耿秉不僅是主戰派的靈魂人物，也是東漢最有才華的將領，戰功赫赫。在漢明帝時代，耿秉曾率軍深入北匈奴作戰，在西域戰役中又大破車師，後來擔任度遼將軍達七年之久，是漢軍中的名將。

永元元年（八十九年）六月，經過八個月的準備，北伐軍誓師出征。戰鬥人員總計四萬六千人，包括八千名東漢精銳騎兵，三萬名南匈奴騎兵，八千名羌與烏桓的騎兵，另外還配備了一萬三千輛的輜重車。

由於朝中大臣反對參戰，竇太后不得不做出妥協，把東漢帝國騎兵的數量壓縮到八千人。不過這支騎兵堪稱精銳之師，其組成包括：

北軍五校：北軍是守衛京師的屯衛兵，負責首都防衛與保衛皇宮安全。北軍五校指的是屯騎校尉、越騎校尉、步兵校尉、長水校尉、射聲校尉，共五個營，皆是精銳部隊。

黎陽、雍營及緣邊十二郡的騎兵。黎陽是東漢一個軍事大營，原先劉秀以幽州、冀州、并州三部騎兵起家，席捲天下，後在黎陽設立軍事大營，納三州騎兵。雍營是設在雍縣的兵營，協防京畿與歷代皇陵的安全。緣邊十二郡分別是：上郡、西河、定襄、雁門、朔方、雲中、代郡、上谷、漁陽、安定、北地、五原，這邊境十二郡的士兵多有豐富的戰鬥經驗。從兩營二十郡中，抽調了約四千五百人的精銳騎兵。

根據戰前計畫，大軍兵分三路出擊。第一路為竇憲與耿秉統率的八千名漢騎兵與南匈奴左谷蠡王的一萬名騎兵，從朔方郡的雞鹿要塞（內蒙古杭錦後旗西）出發；第二路為南匈奴休蘭單于率領的一萬名南匈奴騎兵，從滿夷谷出發；第三路大軍由度遼將軍鄧鴻統領的八千名羌、烏桓騎兵以及南匈奴左賢王的一萬名騎兵。

三路大軍將沿途清剿北匈奴軍隊，並會師於涿邪山。

竇憲、耿秉兵團是主力突擊兵團。耿秉行軍作戰有自己的一套方法，軍令簡單，不煩瑣，每當隊伍行軍時，他總是身披戰甲，走在部隊的最前頭。耿秉十分擅長使用遠端偵察兵，如果遠端偵察兵沒有發警報，士兵們便可以安穩睡大覺了；一旦有警報，軍隊必須在最短的時間內迅速擺好戰鬥陣形。

遠端偵察兵在戰爭中發揮了巨大的作用，當耿秉發現了北匈奴主力後，他當機立斷，派副校尉閻盤、司馬耿夔、耿譚、南匈奴左谷蠡王、右呼衍王率一萬名騎兵出擊。

閻盤、耿夔等將領率一萬騎兵追擊北匈奴主力，在稽落山與北單于的軍隊相遇。閻盤、耿夔的主力其實是南匈奴的軍隊，這次決戰，其實是南、北匈奴兩部的大會戰。南匈奴軍隊在閻盤、耿夔指揮下，奮勇作戰，大破北匈奴軍。

此時三路大軍已經在涿邪山會師，齊頭並進，與閻盤、耿夔的先頭部隊會合後，繼續向北攻擊，擴大戰果。竇憲、耿夔率領大軍從稽落山一直打到私渠北鞮海。這是一次戰果輝煌的戰鬥，可是非常遺憾的是，對於這次戰役的細節，並沒有留下太多的史料。當時隨軍從征人員中，還包括大名鼎鼎的史學家班固，不知為何他並沒有記下這次偉大勝利的詳細過程，只有從他的《封燕然山銘》中，我們才看到一點點的線索。大軍橫絕大漠，穿越鹽鹼地帶，與北匈奴軍多次交戰。在戰鬥過程中，北伐軍以靈活多變的陣形向北匈奴軍隊發動突擊，根據記載，漢軍的陣法有八種：一曰方陣，二曰圓陣，三曰牝陣，四曰牡陣，五曰衝陣，六曰輪陣，七曰浮沮陣，八曰雁行陣。

這是一次戰果輝煌的戰鬥，共擊斃北匈奴軍一萬三千多人，其中包括北匈奴左溫禺鞮王、屍逐骨都侯，還抓了不少俘虜。北單于僥倖逃跑，北匈奴損失牲畜的數量多達百萬頭。

此役的失利，使北匈奴原本不穩定的政局更加混亂。北匈奴小王裨將見到大勢已去，紛紛向竇憲與耿秉的北伐軍投降，計有溫犢須、日逐、溫吾、夫渠王柳鞮等八十一部，共計二十餘萬人。這是匈奴歷史上空前的慘敗。

這是東漢帝國對外戰爭史一次偉大的勝利。不過也應該看到，這次輝煌的勝利，是建立在北匈奴衰弱不堪的基礎上。如果把戰爭比成鬥牛場，衛青與霍去病是與一頭壯牛殊死搏鬥，而竇憲與耿秉則是擊殺一頭羸弱的老牛。後來人們總是將此役的勝利歸功於竇憲，其實真正的靈魂人物是耿秉。

這是一次威武豪邁的出征，出塞三千里。當竇憲、耿秉登上燕然山（蒙古杭愛山），那種豪情壯志，絲毫不亞於當年霍去病封狼居胥山。大筆桿子班固奉命寫了一篇流傳千古的銘文，刻在燕然山的石碑上，全文如下：

「唯永元元年秋七月，有漢元舅曰車騎將軍竇憲，寅亮聖明，登翼王室，納於大麓，唯清緝熙。乃與執金吾耿秉，述職巡禦，理兵於朔方。鷹揚之校，螭虎之士，爰該六師，既南單于、東烏桓、西戎氐羌侯王君長之群，驍騎三萬。元戎輕武，長轂四分，雲輜蔽路，萬有三千餘乘。勒以八陣，蒞以威神，玄甲耀日，朱旗絳天。遂陵高闕，下雞鹿，經磧鹵，絕大漠，斬溫禺以釁鼓，血屍逐以染鍔。然後四校橫徂，星流彗埽，蕭條萬里，野無遺寇。於是域滅區單，反旆而旋，考傳驗圖，窮覽其山川。遂逾涿邪，跨安侯，乘燕然，躡冒頓之區落，焚老上之龍庭。上以攄高、文之宿憤，光祖宗之玄靈；下以安固後嗣，恢拓境宇，振大漢之天聲。茲所謂一勞而久逸，暫費而永寧者也。乃遂封山刊石，昭銘上德。其辭曰：鑠王師兮征荒裔，剿凶虐兮截海外，夐其邈兮亙地界，封神丘兮建隆嵑，熙帝載兮振萬世。」

北單于逃遁到西海。竇憲派軍司馬吳汜、梁諷前往西海，見北匈奴單于。北匈奴此時已幾近崩潰，吳汜、梁諷向北單于宣揚大漢的恩威信義，遊說他效法西漢的呼韓邪單于，歸附漢政府。北單于率領殘軍餘部，隨梁諷返回私渠北鞮海，準備向竇憲投降，但此時竇憲大軍已經班師回國了。

竇憲回到國內，此時騎著高頭大馬的他，不再是謀殺劉暢的殺人兇手，而是一個凱旋歸來的帝國英雄。在這樣一個「民族英雄」面前，有什麼罪不可赦呢？竇太后這下心裡的石頭落地了，不僅死罪赦免，還將竇憲提拔為大將軍，位居三公之上。

這時，北單于派自己的弟弟、右溫禺王隨梁諷前往洛陽，向東漢政府請求歸降。可是竇憲十分傲慢，認為右溫禺王的級別太低，北單于應該親自到洛陽請降才可表誠意。竇憲的態度讓北單于十分不痛快，歸降東漢一事遲遲未決。竇憲決定對北匈奴再施加壓力，便於次年（九〇年）七月，坐鎮涼州，準備再次發動對北匈奴的打擊。惶恐不安的北單于只得派出使者前往涼州，向竇憲請降，並承諾親自前往洛陽朝見東漢天子。竇憲決定接受北單于的投降，十月，派班固、梁諷二人出塞迎接北單于。

然而就在這個時候，意想不到的事發生了。

南匈奴休蘭單于雄心勃勃，欲一統匈奴疆域。當他得知北單于歸降東漢政府時，心中大為不快，他緊急上書朝廷，請求出兵消滅北匈奴的殘餘力量。由於此時竇憲遠在涼州，竇太后自作主張，同意休蘭單于的出兵請求。休蘭單于派遣左谷蠡王率領南匈奴左右部八千騎兵，出雞鹿塞，悄悄地向北單于駐地挺進。

北單于正坐等竇憲派使者前來受降，然而還沒等來使者，卻等來了南匈奴的騎兵。入夜時分，南匈奴軍悄悄地抵達北單于的大營外。左谷蠡王的八千精騎發起突襲，北匈奴人倉促應戰，潰不成軍。北單于大驚失色，在親兵的保護下，奮起突圍，身披數創後，勉強率數百人突圍而去。來不及逃跑的北匈奴士兵，被殺死八千人，另有數千人被俘虜，其中包括北匈奴單于的閼氏（皇后）。

班固與梁諷的受降使團來得太晚了，等他們趕到時，戰場上遍地死屍，慘不忍睹，他們二人只得回涼州向竇憲回稟。竇憲聽到班固等人的彙報後，心知受降計畫已經被南匈奴人的進攻破壞了。

如此一來，北匈奴再度投降的可能性便微乎其微了。既然如此，何不趁北匈奴大敗之機，將其徹底消滅呢？只要消滅北匈奴，自己這個「帝國英雄」的光芒豈不是更加耀眼奪目嗎？

北單于遠遁到金微山（阿爾泰山），陸陸續續招攏舊部，手上的軍隊已不足二萬人了。此時的北匈奴不要說與漢帝國對抗，就是與南匈奴也無法抗衡了。南匈奴不斷地吞併北方部眾，現在有三萬四千戶，軍隊達到五萬人之多。

轉眼到了永元三年（九十一年），竇憲已經準備對北匈奴予致命一擊。他任命右校尉耿夔為兵團主將，司馬任尚、趙博為副手，統率大軍出居延要塞，目標是北匈奴單于所在的金微山，即今天的阿爾泰山。這次奔襲戰役，被稱為「金微山之戰」。這是一次超長距離的遠征，漢軍出塞五千里，這次行軍的難度之大，可想而知。

也許北單于確實過於低估漢軍遠征的決心，竟然沒有發覺耿夔統率的大軍正向金微山撲來。夜色降臨，耿夔親率八百名勇士向北匈奴營地發進攻，其餘部隊隨後跟上。北單于被嚇破膽了，他無心戀戰，拍馬便逃。這一戰，北匈奴被擊斃的人數達五千多人，其中包括不少匈奴小王，連北匈奴太后也被俘虜。

這是北單于兩年來的第三次慘敗，此役孱弱無比的北匈奴來說，堪稱致命一擊。雖然北匈奴仍然頑強地存在著，但是已經元氣大傷，難以威脅到大漢帝國的安全。

金微山之戰，既成就了耿夔的光榮之路，同時也成為對世界歷史產生重大影響的一次戰役。北匈奴被驅出中國北面的蒙古大漠地區，被迫逐漸向西遷移，這個虎狼民族的遷移，改寫了中亞乃至歐洲的歷史，這是後話。

# 十九、精確出擊：小皇帝政變記

由於討伐北匈奴建功，竇憲從殺人凶手變成了帝國英雄，不僅起死回生，還當上了大將軍，被封為「武陽侯」，身價暴漲。竇氏外戚集團再度顯赫，竇篤、竇景等也雞犬升天。可是竇氏兄弟並沒有因為前車之鑑而有所收斂，反倒橫行霸道，無法無天。特別是擔任執金吾的竇景，更是驕縱無度，其手下庸奴隨從，竟可以在光天化日之下強奪人貨、姦淫婦女，致使商賈閉塞，如避寇仇，造成極壞的社會影響，民憤極大。不僅如此，竇景還利用手中的權力，擅自調動邊境各郡的突騎以為己用，嚴重觸犯國家法律，可是有關部門不敢過問。

司空袁安憤而上書，彈劾竇景：「擅自徵調邊郡之兵，驚擾地方官吏與百姓，各郡太守沒有看到虎符，僅憑竇景的一紙書信就同意調兵，其罪當誅。」在漢代時，調動軍隊一定要有虎符作為信物，可是竇景就沒有虎符照樣可以調兵，可見地方官員只知有竇氏兄弟，不知有朝廷了。

當年偵辦審理劉暢案件的何敞是很正直的人，他密奏竇太后道：「竇氏兄弟在朝中專權，竇憲控制著全國武裝，竇篤與竇景則掌管皇宮警衛的大權。可是卻為非作歹，虐待百姓，驕淫奢侈，屠戮無辜，只圖個稱心快意。」

彈劾也好，密奏也罷，根本無法撼動竇氏外戚的權勢，只要有竇太后的庇護，這天下就是姓「竇」的天下。竇憲對何敞是恨之入骨，若以他的脾氣，早就派刺客結果何敞的性命了。可是自從刺殺劉暢之事曝光後，要是再行刺何敞，那傻瓜也知道是竇憲幹的。看來得忍一忍了，雖然殺不了何敞，卻可以給他穿小鞋，讓他離開京城去吃點苦頭。竇憲有主意了，濟南王劉康可不是善類，以傲慢驕縱而聞名，那就把何敞弄到濟南，去當劉康的太傅。就這樣，何敞被調離了京師，前往濟南。不過竇憲有些失望，因為劉康雖然是個壞小子，但卻很敬重何敞的耿直忠正，所以也沒為難他。

何敞一走，京師裡敢於反對竇憲的人更少了。竇憲也不餘遺力地擴充自己的實力，豐滿羽翼，他的親信包括鄧疊、郭璜、耿夔、任尚、班固、傅毅等，有文人也有武將。至於各州刺史、各郡太守、各縣縣令，又多是由竇氏所推薦，透過這種羅網，竇氏兄弟在國內呼風喚雨。

可是我們必須公正地說，並非所有的人都願意淪為竇氏的爪牙。從光武帝到漢章帝，三代君王尊崇儒術，獎勵名節，這也是培養正義的力量。位三公之列的司徒袁安、司空任隗就不懈地與竇氏集團鬥爭，竇氏兄弟大肆提拔官員為己所用，而袁安、任隗則堅持原則，對不能勝任的官員毫不留情地彈劾。在竇氏兄弟提拔的官員中，有四十多人遭彈劾罷免。對此，竇憲氣急敗壞，只是袁安與任隗聲望高，官也大，最後也只能無可奈何。

尚書僕射樂恢也是充滿正義感的人，他辦事公正，不避權貴，竇憲對他很討厭，想方設法要整他下台。可是樂恢非但沒有退卻，反倒上書漢和帝劉肇說：「陛下正年輕，繼承大業，諸位舅父不應該干涉王室之事。他們這樣做，是向天下顯露自己的私心。」可是上書皇帝有用嗎？自從千歲登基以來，劉肇就是個傀儡，一切政事取決於竇太后與竇憲。作為皇帝，他難道不痛恨竇氏兄弟的一手遮天嗎？可是痛恨有什麼用呢？還是得隱忍。樂恢給小皇帝寫的奏章，沒有得到回應，他心灰意冷，稱病辭職回到家鄉。這麼一來，倒讓竇憲佔了便宜。在竇憲的指使下，地方官吏對樂恢大加迫害，最後逼他喝下毒藥自殺。

樂恢之死，令天下人為之膽寒，竇憲的權力如日中天。

可是竇憲明白一件事，即便是對自己俯首貼耳的人，也不過是害怕他的權勢。要是有一天，竇太后有什麼三長兩短，那麼自己不但一無所有，還有很多人要他的命。未雨綢繆是必要的，必須有強大的外援，以便在關鍵時候用上派場。

那麼到哪裡尋找外援呢？竇憲想到了北匈奴。自金微山之戰後，北單于逃遁無蹤，北匈奴殘餘部隊，也不知首領的去向。北單于的弟弟于除鞬便自立為單于，率領數千名殘餘的匈奴人轉遷到金微山南側的蒲類海（新疆巴里坤湖），派出使者向朝廷請求投降。這對竇憲來說，可是一個機會。他乘機提出來，允許于除鞬投降並歸附漢室，條件是派出一名中郎將來監管北匈奴。竇憲的如意算盤，是把自己心腹安插在這支北匈奴殘部中，必要時以作為外援。

可是此議遭到司徒袁安、司空任隗的強烈反對。他們認為，如今已經平定大漠，北匈奴留下的部眾與地盤，理應由南匈奴接管，怎麼能夠再封于除鞬為單于呢？接受于除鞬的歸附，意味著帝國要花費一筆龐大的開支。為什麼要花錢呢？東漢時代的外夷政策以羈縻為主，恩威並重，威就是軍事威懾，恩就是慷慨施捨。東漢政府對於前來歸降的南匈奴，每年花費的開支高達一億零九十萬錢，給西域諸歸附國每年的拔款額也高達七千四百八十萬錢。現在北匈奴請求歸降，這意味著漢帝國的政府開支預算將更高、負擔更為沉重，所以司空袁安堅決反對。

可是朝廷裡誰說了算？還用說嗎，當然是竇憲竇大將軍，一連串令人眼花撩亂的輝煌戰績，加上太后親哥哥的外戚身分，誰撼動得了竇大將軍的位置呢？仗著權勢以及竇太后的支持，竇憲的提議最後得到皇帝劉肇的批准。果不其然，竇憲派自己的心腹之將耿夔前往蒲類海，授予于除鞬北匈奴單于的印綬，並以另一名心腹任尚為護北匈奴中郎將。

竇憲以為這樣一來，在朝廷有太后撐腰，在外有北匈奴可作為外援，自己又大權獨攬，可以高枕無憂矣。然而天下之事，豈是他一人可以完全掌控，就在他春風得意之際，一場針對他的巨大陰謀，已經悄悄地開始了。

陰謀的主策劃者，正是當今天子，被架空形同虛設的皇帝劉肇。

劉肇這年只有十四歲，當了四年的木偶皇帝。竇氏兄弟從來不把皇帝當回事，因為木偶只是操縱者手中的玩具罷了。可是他們錯了，因為他們低估了小皇帝，小皇帝表面上無所事事，可是他心裡卻燃燒著一團復仇的烈火。隨著年齡的成長，小皇帝弄清了自己身世。原來他並非竇太后的親生兒子，自己的親娘梁貴人是被竇太后及其兄弟迫害死的，娘家的親戚要麼被殺要麼被流放。自己處九五之尊，表面上是天下最有權力的人，實際上則是坐在最危險的位置上，只要他說錯了一句話，或做錯了一件事，都可能死得不明不白。

竇憲把劉肇當作一個小孩子，可是這是一個早熟的孩子，他很早就懂得如何深藏不露，掩蓋自己真實的想法。不斷有忠正耿直的大臣彈劾竇氏兄弟，可是小皇帝從來不發表意見，他只是傾聽，表情冷漠。可是他卻用一雙慧眼在觀察判斷，誰是可以信賴的人。儘管竇憲的爪牙遍布，可是朝廷之上，還有幾根頂樑柱沒有倒。司徒袁安與司空任隗沒有被竇憲收買，特別是袁安，每次在朝堂之上，談起國家大事時，總是禁不住感傷落淚。

袁安是靠得住的人。可是不幸的是，在永元四年（九十二年）三月，在積勞與鬱抑的雙重打擊下，袁安死了。對小皇帝來說，廟堂的大柱子倒了，隨時都可能倒塌傾覆。

事實也是如此，種種跡象表示竇氏集團正在策劃一個天大的陰謀。竇憲不斷地把自己的親信、心腹安插在朝廷之內，其中重要的人物有穰侯鄧疊、鄧疊的弟弟步兵校尉鄧磊、鄧疊的母親鄧元、竇憲的女婿郭舉、郭興的父親長樂少府郭璜。鄧、郭兩家的權勢僅次於竇氏，鄧元與郭舉都可以隨時出入宮廷，其中郭舉又深受竇太后的寵愛。儘管在他們眼中，漢和帝劉肇是個木偶，可是小孩子終究有一天會長大，到時竇太后就得還政於皇帝，這對竇憲來說，始終是一個潛在的威脅。

最簡單的辦法，就是讓劉肇的年齡永遠停留在十四歲。只要殺了劉肇，再立一個更小的皇帝，那麼江山就永遠掌控在竇氏手中了。

可是誰都沒想到，劉肇非但不是個傻瓜，反倒是個絕頂聰明的少年。像他這樣少年早熟的皇帝，在中國歷史上找不出幾個。他十分敏銳地嗅出異樣的氣味，表面上平靜的宮廷，實際上早已暗流湧動了。他不甘坐以待斃，可是他又能依靠誰呢？他與朝中大臣隔絕，根本沒有機會來聯合反竇勢力，而且這麼做也容易暴露自己的意圖，倘若走漏了消息，自己恐怕先遭毒手。

小皇帝所接近的人，只有內宮宦官。在眾宦官中，有一個人十分機靈，有心計，此人名叫鄭眾（與出使匈奴的鄭眾不是同一人）。更難得的是，鄭眾是宦官中少數不願屈服於竇氏的人，這令劉肇對他令眼相看，視為心腹，與他一起討論如何剷除竇氏外戚集團。可是在東漢前三代君主時，宦官從不干預政治，手上沒有權力。一個十四歲的少年，加上一個沒權沒勢的宦官，就想要推倒竇氏集團，這可能嗎？

這時，一個關鍵人物出現了，他就是清河王劉慶。劉慶是劉肇的異母兄弟，有著類似的經歷。

他原是漢章帝妃子宋貴人所生，出生不久就被立為太子，可是後來宋貴人被竇氏陷害致死，他的太子位也被廢了，後來被封為清河王。劉肇雖然取代劉慶成為皇位繼承人，可是兄弟倆的感情卻特別好，打小就玩一起，兩人的母親都是被當今皇太后竇氏所陷害，這一層關係，更使得兄弟倆人非常親近。

要扳倒竇氏外戚集團，非得依賴劉慶不可。只有透過清河王劉慶，小皇帝劉肇才能獲得更多的外部資源。在如何剷除竇氏呢？久居深宮的劉肇沒有任何經驗，但他善於學習，他知道西漢王朝的多數外戚都沒有好下場，那麼先皇們是如何對付外戚呢？他得先讀讀史書中的《外戚傳》。當時著名的史學家班固已寫了《漢書》的大部分篇章，包括《外戚傳》，可是班固是竇憲的心腹，小皇帝劉肇當然不可能向他借閱了。由於劉慶是漢和帝劉肇的哥哥，又是清河王，所以有機會時常進宮，劉肇便讓哥哥設法弄到《外戚傳》，送入宮中。劉慶從千乘王劉伉那裡借到了《外戚傳》抄本，不敢在白天送進宮，到晚上時才偷偷摸摸送過去。

「讀史使人明智」，對別人來說，這是一句套話，可是對劉肇來說，讀史讓他找到了把擊破外戚集團的鑰匙。要扳倒外戚集團，最重要的一點，就是要得到軍隊的支持，特別北軍的支持，因為北軍是守衛皇城的禁衛軍，乃是帝國最精銳的部隊。利用北軍擊垮外戚集團是有先例的，西漢呂后當權，呂氏外戚權傾天下，在呂后死後，周勃使計奪取北軍的指揮權，將呂氏集團一網打盡。

看到這裡，小皇帝劉肇心裡有底了。在京城之內，除了北軍之外，還有另外一支武裝，就是執金吾統領的警衛隊。這支警衛隊平常用於京城內的巡察、禁暴、督奸，在皇帝出行時則作為儀仗隊與衛兵。由於這兩支武裝有舉足輕重的作用，竇氏集團固然早就控制了，竇憲的弟弟竇景是執金吾，其親信鄧磊是北軍五校中的步兵校尉，女婿郭舉是北軍五校中的射聲校尉。劉肇想要掌握執金吾的部隊與北軍，難度可想而知。

劉肇是如何從竇氏集團手中奪得兵權，史書對此卻沒有詳細的紀載，讓人摸不著頭腦。這背後肯定有強大的支持者，究竟是誰呢？以史料來推測，除了清河王劉慶之外，還有司空任隗。在袁安死後，任隗就是反竇派的領袖，也只有他有能力幫助皇帝控制兵權。在皇帝發動政變之前，執金吾警衛隊與北軍中的重要將領，應該多數暗地裡表示支持皇帝了。

六月二十三日，政變爆發。以往政變多是臣子要奪權，如今卻是皇帝要奪權。這天，皇帝前往北宮，發布詔令，命令北軍以及執金吾所屬部隊，保護皇宮，然後全城戒嚴，關閉城門，捕殺竇黨。這一系列大動作，事先沒有走漏一點風聲，顯然竇憲做夢也沒想到這個小皇帝竟然有如此大的勇氣與魄力。的確，對皇帝劉肇來說，這是生死一搏。搏贏了，自己就從木偶皇帝變成真正的皇帝；搏輸了，他就會被當作螞蟻捏死。要想贏，就必須當機立斷，毫不留情地出擊。

僅一天的時間，京城的形勢就發生大逆轉了，人見人怕的竇氏集團遭到毀滅性的打擊。郭璜、郭舉、鄧疊、鄧磊束手就擒，無須審判，立即處死。竇氏兄弟全部被捕，可是小皇帝劉肇不想公開處決他們。雖說竇太后不是自己的生母，但對自己有養育之恩，如果公開處決竇憲等人，在竇太后那裡不好交代。於是劉肇想了個辦法，先把竇氏兄弟遣返回封國，然後給予體面的死亡方式：自殺。竇憲、竇篤、竇景三兄弟自殺，只有竇瑰倖免一死。竇瑰與他的三個兄弟不同，為人謹慎，不仗勢欺人，因而得到皇帝的特赦。

這場政變，迅雷不及掩耳。勢力龐大、盤根錯節的竇氏外戚集團，一日之間灰飛煙滅。政變的許多細節都不為人所知，這也許是劉肇有意為之。因為劉肇比任何人都知道，歷史案例可以讓人學到許多經驗，他可不願意把自己的獨家心得公之於眾。只有顯得高深莫測，別人才不敢窺視皇帝的權杖。

竇憲一死，樹倒猢猻散，原來竇氏兄弟提拔的官員都清除得一乾二淨，歸附於竇憲的文官武將，也紛紛與竇氏集團劃清界線。這樣，國家秩序恢復了，小皇帝劉肇展示如此高超的手腕，顯然已經不需要竇太后臨朝稱制了，他完全具備統治一個大帝國的能力，儘管他只有十四歲。

十四歲的少年木偶皇帝，能一舉扳倒權臣，這在歷史上是極為罕見的。兩千年來，除了劉肇之外，能做到這點的，只有清朝的康熙皇帝。康熙皇帝在十五歲時智擒權臣鼇拜，與劉肇頗有類似，但難易程度是不同的。竇憲擅權程度要超過鼇拜，更重要的是，鼇拜根本沒有叛反之心，而竇憲實有謀逆之意。故而劉肇之殺竇憲，實比康熙之擒鼇拜更難。單此一事，就足以見劉肇具備一代雄君的條件。

可是漢和帝劉肇並不為人所熟悉，這是因為他也是一位短命的皇帝。東漢皇帝似乎是被下了魔咒似的，兩百年的歷史，沒有幾個長壽的。我們來看看前四任皇帝的壽命：光武帝活了六十二歲，漢明帝四十八歲，漢章帝三十一歲，到了漢和帝劉肇，只活了區區二十七歲。要知道二十七歲時，劉秀還是個農民呢。除了短命之外，劉肇還是一個為後人所詬病的地方，他是東漢第一個重用宦官的皇帝。

在扳倒竇氏集團的過程中，宦官鄭眾扮演了重要角色。在竇憲垮台後，鄭眾被提拔為大長秋，當是皇后居住宮稱為「長秋宮」，大長秋就是主管皇后宮的太監頭頭。不僅如此，作為漢和帝的心腹，皇帝經常找他前來討論政事，這開啟了宦官參政的大門。永元十四年，漢和帝又封鄭眾為鄛侯，宦官封侯自此始。但是我們也要為漢和帝說一句公道話，儘管他開了一個不好的頭，但在他統治期間，並不存在宦官亂政的情況。鄭眾儘管頗有權勢，可也沒有濫用皇帝的信任，還算規規矩矩的。只是後來東漢宦官之禍太慘烈了，所以人們才追根溯源，批評漢和帝重用宦官。

其實漢和帝劉肇是一個很有作為的皇帝。如果說漢明帝、漢章帝的功績在於文治，那麼漢和帝的功績則在於武功。東漢之武功，除開國的光武帝外，以和帝一朝為最。漢和帝的武功，可以歸結為三方面：其一，平匈奴；其二，平迷唐之羌亂；其三，平西域。若漢和帝可以像西漢的漢武帝那樣統治半個多世紀，或許其功業不在漢武之下呢。

下面就來說說漢和帝劉肇的三大武功。

# 二〇、大逃殺：南匈奴的叛亂

在漢和帝劉肇發動政變之前，朝廷就是否接受北匈奴于除鞬部投降而出現爭論。袁安與任隗堅決反對北匈奴的歸附，而竇憲為了把北匈奴部眾作為自己的私家軍隊，則強烈要求受降。最終竇憲的意見取得了勝利，他計畫把于除鞬送回北匈奴王庭，同時派自己的心腹之將任尚擔任中郎將，以管理北匈奴。

然而，竇憲的計畫尚未實施就垮台了，命喪黃泉。竇憲一死，接受北匈奴投降一事便告吹了。北匈奴首領于除鞬在得知消息後，深感恐懼，遂拔營北遁。感到害怕的人不止是于除鞬一個，被竇憲任命為中郎將的任尚，十分擔心自己作為竇憲餘黨、親信而遭到清洗，怎麼辦呢？只有立功才能贖罪。於是他便上書皇帝劉肇，請求追擊于除鞬的部眾，消滅北匈奴的殘部。漢和帝劉肇同意了，派遣將兵長史王輔率一千多名騎兵，會同中郎將任尚，一路緊追不捨，終於擊斬于除鞬，並消滅其部眾。

當初南匈奴的休蘭單于積極參加討伐北匈奴的戰爭，目的就是想統一匈奴。如今北匈奴連遭重創後，勢力大衰，從大漠南北被趕到了中亞一帶，苟且殘喘。那麼南匈奴豈不是可以理直氣壯地返回故地，重新在大漠南北游牧麼？可是東漢政府不同意。漢和帝的如意算盤，是以南匈奴為屏障守衛中國的北疆，這既可便於管理與羈縻，又可作為東漢帝國的戰略緩衝區。

這樣，在大漠南北的匈奴故地，成了一片沒人管理的地區。鮮卑人便乘虛而入，在永元五年（九十三年）時，大舉向北匈奴故地遷移，得到了大片的土地。這樣的結果，顯然令南匈奴的休蘭單于鬱鬱不樂，他一病不起，同年去世。

休蘭單于之死，引發了南匈奴內部的激烈的權力鬥爭。

南匈奴左賢王安國繼任單于，右谷蠡王師子則為左賢王。匈奴的制度，單于是第一把交椅，左賢王是第二把交椅，一般來說，在單于去世後，一般由左賢王繼任。可是安國的名聲一向不好，他當上單于後，部眾對他不服。相比之下，師子的聲望很高，他英勇善戰，謀略過人，在與北匈奴的戰爭中，屢建奇功，多次得到東漢政府的賞賜，被視為英雄人物。正因為如此，南匈奴的部眾都樂於歸附左賢王師子，對新任單于安國不屑一顧。

安國憤憤不平，惱羞成怒，想找機會幹掉左賢王師子。左賢王師子對此有所警覺，他擔心遭到安國的暗算，便將自己的部眾遷到五原郡。每當安國召集會議時，師子總是以身體不適為由，不去參加。

左賢王師子儘管得到南匈奴多數部眾的支持，但後來歸降的北匈奴部眾卻對他很不滿，因為這些人很多是在戰爭中被他俘虜來的。新任單于安國便勾結新歸降的北匈奴部眾，企圖襲殺左賢王師子。此時的南匈奴殺機四伏，兩派人馬劍拔弩張，一場大戰隨時可能爆發。

可是安國的人緣確實很差，不僅左賢王師子合不來，也跟東漢帝國派來監督的使匈奴中郎將杜崇合不來。安國認為杜崇立場不公正，對左賢王師子偏心，他便上書朝廷，控告杜崇。可是沒想到這折奏章並沒有交到皇帝手中，而是在中途被杜崇攔截。杜崇扣押了奏章後，反咬一口，與度遼將軍朱徽聯合上書皇帝，抨擊安國：「南單于安國疏遠自己的舊部，反倒親近新歸降的部眾，想要襲殺左賢王師子。北匈奴的降眾陰謀勾結安國，起兵叛變。請朝廷下令，西河、上郡、安定三郡進入全面戒備，以防事變發生。」

漢和帝收到杜崇的奏章後，下發給大臣們討論，朝臣們研究後認為：「蠻夷反反覆覆，不好預測將來有什麼變故。不過我有重兵集結在附近，他們未必敢興風作浪。可以派杜崇到南單于安國那裡，調查其部眾中有哪些人橫行霸道、為害邊疆，一旦發現，就地正法。如果安國拒不受命，杜崇等人可以權衡利弊，見機行事。」

你想想，南單于安國本來就與杜崇不和，怎會同意讓杜崇來約束自己呢？即然朝廷明白表示可以「見機行事」，杜崇自然不願浪費這個機會。他與度遼將軍朱徽統率大軍，直奔南單于所在的美稷城。南單于聽說杜崇率軍前來，大驚失色，連夜棄帳而逃。他越想越惱火，並認為這一切都是左賢王師子在背後煽風點火，便大舉發兵，攻打左賢王部。

可是左賢王師子老奸巨猾，他並不跟單于交鋒，而是率著自己的部眾撤退到曼柏城。他為什麼要到曼柏城呢？因為曼柏城是東漢政府在北疆的軍事重鎮，負責管理北方少數民族的度遼將軍大本營就設在這裡。左賢王撤到曼柏城，以受害者的身分向度遼將軍朱徽提出庇保請求。愣頭愣腦的南單于追到曼柏城下，發現城門已經關上了。這下子他犯難了，要攻城嘛，這豈不是公然與東漢作對？不攻城嘛，他又不甘心這樣放走左賢王。

就在南單于安國猶豫不決的時候，度遼將軍朱徽派人來了，想調和南單于與左賢王兩人的關係。可是正如我們所說的，南單于這個人沒智慧，攻打度遼將軍，這是很重的罪行，朱徽想要給他一個台階下，可是他還不下。他的答覆是：「除非將左賢王師子交出來，否則就不退兵。」這顯然是朱徽無法答應的。他拒絕南單于安國的要求。屯兵曼柏城下數日後，南單于一無所獲，只好撤到五原進行休整。

攻打左賢王、包圍曼柏城，南單于也太狂妄了吧。要知道無論是使匈奴中郎杜崇或是度遼將軍朱徽，都是朝廷派來監視南匈奴的，權力是很大的。杜崇與朱徽從北方諸郡徵調騎兵，進攻五原。南單于安國抱著魚死網破的想法，要拼死一戰。可是沒有人想跟他一起死，他手下的那些人個個恐懼萬分。南單于安國的舅舅骨都侯喜為，與其他貴族舉行祕密會議，大家一致認為，南單于安國處事不當，倘若一意孤行，那麼將給南匈奴帶來毀滅性的後果。為了保護南匈奴的各個部落，必須除掉南單于安國。

外有漢軍的圍困，內有貴族們的陰謀，南單于安國注定難逃一死。骨都侯喜為率領反叛的貴族軍隊，殺進南單于的營帳內，將南單于安國亂刀砍死，然後割下頭顱，出城向杜崇與朱徽投降，並且請求迎回左賢王師子，立為單于。

永元六年（九十四年），左賢王師子被立為單于，稱亭獨單于。原本忠於安國的北匈奴降眾，對於安國被殺，師子繼位非常不滿，在新單于即位的這一天，五六百名北匈奴的降兵密謀發動政變，誅殺亭獨單于。

入夜時分，這數百人手中持著刀，悄悄接著亭獨單于的帳篷，企圖突襲。可是卻被東漢政府派往南匈奴的安撫官王恬發現，王恬率衛士還擊，這群人行刺失敗，遂落荒而逃。亭獨單于下令嚴查此事，這引起了北匈奴降眾的一片恐慌，他們擔心亭獨單于對北匈奴部眾展開報復行動。於是北匈奴降部共十五個部落的首領開了個碰頭會，決定起兵反叛，重返北匈奴故地。十五個部落共計二十萬人，全部叛變。不僅如此，他們還劫持了休蘭單于的兒子日逐王逢侯，硬把他推上單于寶座，公開與亭獨單于分裂。

叛軍向朔方郡方向撤退，為了報復，他們一路殺燒搶掠，屠殺沿途的官吏與百姓，燒毀郵亭、廬帳。日逐王逢侯率一萬多人的騎兵圍攻亭獨單于所在的牧師城，儘管他被脅迫為叛軍部眾的單于，但還是很敬業。對牧師城的圍攻從九月開始，這次規模浩大的叛亂，讓新上台的亭獨單于吃盡苦頭。

護匈奴中郎將杜崇協助亭獨單于堅守牧師城，這場圍攻戰從九月持續到十一月，達三個月之久。這是一次意義重大的戰役，如果亭獨單于與杜崇不能夠堅守牧師城，一旦被叛軍攻破，那麼南匈奴的命運可能是毀滅性的結果，而漢帝國的北疆將永無寧日。牧師城的抵抗非常頑強，南匈奴軍在亭獨單于與杜崇指揮下英勇作戰，挫敗了日逐王逢侯的進攻，為東漢政府從容組織援軍贏得了三個月的時間。

匈奴的內訌與叛亂，使東漢政府大為震驚。因為叛軍數量達到二十萬人，東漢政府不敢輕視，任命鄧鴻代理車騎將軍，越騎校尉馮柱、度遼將軍朱徽為副手，率領左、右羽林軍、北軍五營、各郡國的弓弩部隊、邊境駐兵，護烏桓校尉任尚率烏桓、鮮卑部隊，共計四萬多人，緊急趕赴戰場。

十一月，車騎將軍鄧鴻統率的大軍抵達美稷城，已威脅到正在圍攻牧師城的日逐王逢侯。在這種情況下，叛軍不得不放棄對牧師城的進攻，向滿夷谷撤退。

牧師城轉危為安。北匈奴叛軍首領日逐王逢侯心知無法繼續久留在漢地，果斷下令十五部落二十萬人全體向塞外進發，進入北匈奴的漠南故地。

漢、南匈奴、鮮卑、烏桓聯軍兵分兩路，千里追擊。

第一路是車騎將軍鄧鴻的精銳中央軍，會同亭獨單于的一萬多人騎兵，還有中郎將杜崇的四千騎兵，追擊日逐王逢侯統領的叛軍。然而鄧鴻著實是平庸之才，他見匈奴叛軍人多勢眾，心存畏懼，不敢大膽出擊。只是在大城塞打了一場不大不小的戰役，是役共殲滅了匈奴叛軍四千餘人，降萬餘人。

另一路追兵是由任尚率領的烏桓、鮮卑騎兵，搶先一步抵達滿夷谷，正好與叛軍主力相遇。一心想著逃出塞外的、回到北匈奴故地的叛軍又一次遭到重創，被烏桓騎兵與鮮卑騎兵砍殺活靶子似的，殺死了一萬七千人。

雖然損失慘重，但是在日逐王逢侯的帶領下，這些北匈奴的部落，最終還是成功地逃到塞外。

二十幾萬人的叛變，竟然只消滅了三萬人，其餘的北匈奴部眾得以逃脫，這個結果令漢和帝雷霆大怒。他追查戰爭責任，作為戰場統帥的鄧鴻以「逗留失利」的罪名，被判處死刑。同時皇帝也繼續追查匈奴叛變的內幕，發現前任單于安國之死，與杜崇、朱徽兩人有直接關係。安國本來要上書給皇帝，但奏章卻讓杜崇給攔截了，以致於朝廷不能及時處理，終釀成大患。皇帝劉肇下令把杜崇、朱徽兩人召回洛陽，逮捕入獄並處死。

這裡請注意漢和帝的嚴厲處置，這一年他只有十七歲，可是懲罰相當嚴厲。我們不禁在他身上看到當年漢武帝的影子，他與父親漢章帝的性格完全不同，看不到寬厚的一面。

在日逐王逢侯率二十萬人叛逃後的第二年，南匈奴再度出現大規模的叛逃。

永元八年（九十六年）七月，南匈奴右溫禺犢王烏居戰，率領自己的部眾數千人叛逃，越過中國的國境，進入匈奴故地。烏居戰是被逼反的，他原本是前單于安國的親信，曾經與安國一起攻打左賢王師子。左賢王師子被立為單于後，打算把烏居戰抓起來，治他的罪。烏居戰豈肯束手就擒，遂率眾出塞，大掠而去。

漢和帝劉肇當機立斷，派遣度遼將軍龐奮、越騎校尉（北軍五校之一）馮柱率兵追擊。在此之前，鄧鴻、朱徽、杜崇都掉腦袋了，龐奮與馮柱哪裡敢有一丁點怠慢呢？兩人率眾馬不停蹄，晝夜兼程，終於追上叛軍。這次烏居戰已是插翅難逃，經過一番激戰，大破叛軍，陣斬烏居戰，匈奴餘眾全部投降。龐奮將降軍安置在安定郡與北地郡。

至此，南匈奴的局勢穩定下來。

二十萬匈奴人叛逃，是一次非常嚴重的事件。

我們來說說這二十萬叛眾的結局。

日逐王逢侯脫離東漢帝國後，領著近二十萬部眾回到匈奴故地，他把這些人分為兩部，自己統領右部，駐屯在涿邪山一帶；左部則駐屯在朔方郡的西北，左、右兩部相距數百里。在叛逃一年後，左部由於缺少強有力的領導，內部混亂紛爭，最後又返回朔方郡向東漢政府投降。日逐王逢侯親自統領的右部則比較曲折，在回到涿邪山後，他們發現這裡物是而人非了。首先是缺衣少糧，生活艱苦；再者，鮮卑人的勢力已擴張到此，不得不與鮮卑人頻繁交戰。這種嚴酷的環境，令不少人又逃回塞內，歸附東漢。

日逐王逢侯在塞外奮鬥了二十多年，到西元一一七年，被鮮卑人打得大敗。到了這個時候，這批匈奴人只有兩個選擇：其一，逃往中亞，與北匈奴餘部會合；其二，南下投奔東漢帝國。大多數人選擇了去中亞，與那裡的北匈奴人會合，可是日逐王逢侯選擇了南返。西元一一八年，他帶著一百多名隨從回歸漢政府，此時距他叛變已過去二十三年。

如果我們深入研究歷史，就會發現這次匈奴叛逃事件，絕不是一件小事，而是對歷史影響深遠的事件。

自從金微山戰役後，北匈奴的勢力已經非常衰微，大量的部眾或降東漢，或降鮮卑。北單于龜縮在金微山（阿爾泰山）以西的巴爾喀什湖一帶，接近康居國的地區，不要說與東漢帝國抗衡，就是西域諸國也未必聽其號令。從西元九十一年到西元一一七年，北單于幾乎銷聲匿跡，其殘餘力量微不足道。然而在西元一一七年，日逐王逢侯的部眾中一部分人與蝸居在中亞的北單于會合，這才使得奄奄一息的北匈奴能再度強大。兩年後，即西元一一九年，實力大增的北匈奴單于又一次憑藉武力控制西域諸國，儘管未能恢復到往昔的強盛，卻仍然成為中亞不可忽視的一支力量。

後來，北匈奴的勢力向西遷移，最後到達了歐洲。這個曾被東漢帝國打得狼狽不堪的國家，再度崛起，橫掃歐洲大陸，成為歐洲的霸主，特別是在阿提拉（四〇六—四五三）統治時期，更是如日中天，蹂躪歐洲大陸，所向披靡，頻頻對東羅馬、西羅馬用兵，羅馬人驚恐地稱呼其為「上帝之鞭」。

我們不禁要這樣設想，倘若沒有日逐王逢侯二十萬匈奴人的叛逃事件，那麼北匈奴是否有東山再起的機會呢？不管怎麼說，東漢帝國改變了匈奴的歷史，匈奴改變了歐洲的歷史，漢匈戰爭的結果，其歷史影響是深遠的。

# 二二、黔驢技窮：燒當羌的凋零

東漢每一個皇帝，都有一個迴避不了的麻煩：羌亂。

漢與羌的戰爭，曠日持久，望不到盡頭。正因為如此，護羌校尉成為東漢責任最重的邊疆將領，在東漢歷任護羌校尉中，鄧訓是最傑出的一人。鄧訓幾乎已經平定了所有羌亂，只有一個強硬的對手屢敗屢戰，這個對手就是迷唐。但此時迷唐在鄧訓的武力逼迫下，遠遠離開自己的故地大小榆谷，卻趕到偏遠的山區，滅亡已是指日可待。

可是在漢和帝劉肇誅殺竇憲的這年（永元四年，西元九十二年），鄧訓去世了。接替鄧訓擔任護羌校尉的是蜀郡太守聶尚。

聶尚一上任，便做出一個極其錯誤的決定。對於窮途末路的迷唐，他不是採取窮追猛打的戰術，而是採取懷柔政策。他派人前往招撫迷唐，准許他率部返回大小榆谷。要知道大小榆谷是迷唐的老地盤，這裡土地肥沃，水草豐茂，這豈非放虎歸山麼？迷唐心中暗喜，遂接受聶尚的招撫，率領燒當羌人回到舊地。

緊接著，發生一件頗令人費解的事情。

為了表示感激之情，迷唐派自己的祖母卑缺前金城郡，拜見護羌校尉聶尚。聶尚盛情款待卑缺，臨別前，他還親自護送這位老婦人到邊關，並設宴送行。為了沿途照顧老人家，聶尚還派譯者田汜等五人護送卑缺出塞，前往大小榆谷。

表面上看，雙方是禮尚往來，一團和氣。

可是令人想不到的事情發生了。田汜等五人到了大小榆谷後，迷唐魔性大發，非但沒有感激之心，反而將田汜等五人以酷刑處死。揣測迷唐之心，大約是父親迷吾與羌人頭目八百人被張紆毒死的血海深仇不能忘卻，遂以其人之道還治其人之身。這種相互仇殺屠戮，成了一筆理不清的血債。

據守大小榆谷的迷唐，再扯起反叛的旗幟，聯合其他部落，以田汜等人的鮮血盟誓，起兵攻入金城郡。聶尚弄巧成拙，一片苦心居然釀成此種不堪的後果。

擔任護羌校尉不到一年的聶尚被解職，由居延都尉貫友接替。

聶尚的下台，意味著對羌以誠相待政策的結束。民族之間的關係便是如此之微妙，信任難以建立，卻易於消失，於是乎你欺我騙，局面難以收拾。

貫友拋棄了聶尚的懷柔政策，代之以強硬的立場。他延續了傅育的政策，派譯者到羌人部落中挑撥離間，以金銀財寶誘使諸羌部落紛紛脫離聯盟。在金錢外交的攻勢下，迷唐苦心建立的聯盟土崩瓦解。迷唐又一次陷入孤立無援的境地，永元五年（九十三年），貫友派遣大軍出塞，直襲迷唐的大本營大小榆谷。

在貫友的猛攻之下，迷唐的燒當羌部落招架不住，一戰下來，死傷與被俘的人數超過八百人，小麥有數萬斛落入漢軍之手。迷唐只得再次放棄大小榆谷，率部向西撤退到賜支河曲（黃河上游的一段）。

大小榆谷乃是燒當羌最重要的據點，位於逢留大河（黃河上游貴德至尖紮一段）的南岸。為了徹底控制大小榆谷，貫友決心在逢留大河南北兩岸建立軍事設施。首先是在兩岸建起軍事堡壘，然後製造大船，最後修築了一條跨河大橋，貫通逢留大河的南北兩岸。這樣，逢留大河再也不是天險，漢軍進可攻，退可守，佔據相當有利的地形。

但是貫友還沒來得及利用這個軍事基地打擊迷唐，便於永元八年（九十六年）病逝於任上。緊接著，漢陽太守史充被任命為護羌校尉。

史充與聶尚正好相反，聶尚一上台便招撫迷唐，而史充一上台就迫不急待地攻打迷唐。但這二位都不能勝任此職。

此時逢留大橋已經建成，史充調集湟中歸降的羌胡軍隊，從逢留大橋經過黃河，然後西進至賜支河曲，欲與迷唐的燒當部落決一死戰。迷唐以逸待勞，縱兵迎戰，結果史充大敗，損失了數百人，灰溜溜地回到金城。

敗仗的消息傳到洛陽後，漢和帝劉肇一紙令下，召回史充。史充任護羌校尉僅數月便被撤職，改由代郡太守吳祉接任。

吳祉還沒來得及發動進攻，迷唐卻先反擊了。永元九年（九十七年）秋季，迷唐糾集燒當羌部落騎兵八千人，攻入東漢帝國境內的隴西郡，殺死隴西邊境守軍數百人，然後以威脅的手段迫使隴西郡內的羌人部落起來造反，收編諸羌部落人員，兵力擴充到三萬人。隴西郡駐軍前往彈壓，但被迷唐擊敗。迷唐乘勝追擊，攻陷隴西北部的大夏城，殺死大夏的縣令，一時羌軍聲威大振。

鑑於迷唐兵鋒正銳，漢和帝劉肇考慮到護羌校尉吳祉兵力不足，遂增派一支強大的軍隊赴隴西郡。增援部隊以征西將軍劉尚為統帥，越騎校尉趙世為副將，下轄北軍五校、黎陽大營、雍營的部隊、三輔弓箭手、邊防軍以及羌胡騎兵共計三萬人。兵分兩路，劉尚進屯狄道，趙世進屯枹罕，狄道在大夏城東部，枹罕在大夏城西部，對迷唐形成左右夾擊之勢。不僅如此，劉尚還命令隴西周圍諸郡駐軍全線戒備，隨時集結。

面對漢軍最精銳的力量，迷唐不由得內心惶恐不安，他不敢戀戰，向南撤退，逃跑過程中頗為狼狽，老弱病殘之輩逃得慢，迷唐下令棄之不顧，這些人統統成為漢軍的俘虜。漢軍一路追擊，迷唐逃到了隴西南部重鎮臨洮以南的山區，劉尚率軍尾隨到此，發起攻擊，羌軍大敗，損失了一千餘人。迷唐奪路而逃，翻山越嶺出塞外了。

劉尚遲疑了一下，沒有一鼓作氣追出塞外，因為漢軍的傷亡也不小，而且經過長途行軍之後，已經疲備不堪了。可是這一停頓，錯過了消滅迷唐的最佳時機。劉尚要為這個失誤而付出代價，他遭到彈劾，被指控為畏敵不前。同時遭到彈劾的，還有副將趙世。漢和帝下令將劉尚與趙世兩人召回首都洛陽，逮捕下獄，撤銷其職務。這位少年皇帝果然是毫不手軟，將領們只要在戰場上表現出猶豫不決，就得去光顧監獄。

謁者王信接替劉沿成為主帥，耿譚接替趙世成為副將。耿譚曾經兩次參與北伐匈奴的戰爭，是稽落山大捷（八十九年）的戰場指揮官，作戰經驗豐富。

耿譚對羌人所採取的策略與貫友如出一轍，以高額的賞金吸引羌人部落前來歸附，挑撥羌人內部矛盾，令其無法團結一致，以此來孤立迷唐的勢力。永元十年（九十八年）冬季，在朝廷的嚴令之下，王信、耿譚率兵出塞，進剿迷唐。迷唐侵入隴西時是八千人，最鼎盛時到達三萬人，但是隨著諸羌紛紛叛去，當他回到賜支河曲時，已經只剩下二千人了。

成為孤家寡人後的迷唐深知不是漢軍的對手，便派人向王信、耿譚求降。要不要接受迷唐的投降呢？迷唐曾殘忍地殺害五名漢使，罪大惡極，但考慮到在此之前張紆毒殺其父迷吾及八百名羌人，王信與耿譚考慮再三，最後還是同意迷唐的投降。這年年末，迷唐率燒當羌部族頭目前往洛陽，向帝國的天子進貢。

就這樣，迷唐又一次躲過滅頂之災。

此時迷唐的殘兵敗將不足兩千人，而且沒有糧食，生存都成問題。東漢政府便讓迷唐率其部眾遷移到金城郡，將他置於護羌校尉的管制之下。

然而不久之後，漢和帝便察覺到這一政策的重大失誤了。金城郡內羌人部落眾多，而迷唐這個人在羌人部落中極有影響力，萬一迷唐與諸羌再次聯合起來，將是一件極為棘手的事情。以金錢來離間羌人，固然可奏一時之功效，然而政府也無力每年耗費龐大的開支來維繫羌人的歸附。

朝廷經常討論之後，認為迷唐居住在金城郡是一個潛在的威脅，不如讓其返回大小榆谷。可是迷唐卻不願走，為什麼呢？大小榆谷固然比起青藏高原上許多窮鄉僻壤要好得多，可是還是比不上金城郡。金城郡地處湟水谷地，乃是青藏高原上土地最肥美之處。迷唐不願意返回大小榆谷，還有一個原因。此時大小榆谷北部的逢留大河已經通橋，而且河的兩岸還有漢軍的城堡，漢軍隨時可以輕鬆地進入大小榆谷，所以返回意義不大。

迷唐便找藉口說，他的部眾糧食不足，不能長距離跋涉。

朝廷催得緊，護羌校尉吳祉心裡很急，可是迷唐就是不走，怎麼辦？吳祉一咬牙，你不是說糧食不足嗎？那就給你提供糧食吧。於是吳祉賞賜給迷唐大量金帛，讓他去購買穀物牲畜，買完後趕緊出塞。

吳祉催得越急，迷唐越是一肚子的狐疑。他本能地意識到，東漢政府對他並不信任。說真的，迷唐對漢政府同樣始終不信任。既然都不信任，就不必婆婆媽媽的，一不做二不休，索性反了。吳祉最擔心的事情終於發生了。迷唐用他送來的金帛賄賂其他部落，同時也與武力相威脅，與金城郡湟水谷地一帶的羌胡部落一同造反，大掠而去。

迷唐再反，護羌校尉吳祉、征西兵團主帥王信、副帥耿譚均負有不可推卸責任。既然對迷唐不信任，又不派兵監督迷唐的一舉一動，而任由迷唐在眼皮底下聯合其他部落反叛，其責難逃。吳祉、王信、耿譚三人全部被免職，周鮪接替吳祉成為護羌校尉。

然而此時的迷唐已經是強弩之末了。

永元十三年（一〇一年），迷唐率部回到賜支河曲。此時羌人內部爆發內訌，被迷唐脅迫造反的羌人中，有一個累姐部落，其部落首領被迷唐殺死。這樣一來，迷唐大失人心，諸羌部落紛紛脫離迷離而去，跟隨他的人越來越少。

這年秋天，食不裹腹的迷唐率軍侵掠金城邊境，企圖搶些糧食。擾羌校尉周鮪、金城太守侯霸統率諸郡駐軍以及隴西牢姐羌、月氏胡人騎兵等，共三萬人，反擊迷唐。迷唐不敵，逃回賜支河曲。侯霸揮師深入作戰，兵鋒直抵賜支河曲處的允川。

迷唐只得硬著頭皮與漢軍短兵相接。侯霸親臨前線，指揮作戰，迷唐這支疲憊之軍不堪一擊，其部下紛紛倒戈，六千人向侯霸投降，後被安置在漢陽、隴西、安定三郡。迷唐見大勢已去，只得長歎一聲，放棄賜支河曲，向更西、更荒涼的青藏高原中部逃去，投奔居住於此的發羌部落。

至此，迷唐只剩下一千餘人，完全喪失了反擊的力量了，他寄人籬下，直到病死。過了許久之後，他的兒子率領殘餘的燒當羌部眾東返，投降東漢。不過此時他手下的部眾，只剩下數十戶人口了。

迷唐之死，意味著燒當羌部落勢力由盛而衰，其在羌人中的領導地位已經蕩然無存。從滇良與滇吾，從迷吾到迷唐，燒當羌強盛了四代約半個世紀之久，成為反抗東漢的主要力量。此後先零羌的勢力捲土重來，取代燒當羌成為羌人部落中的領袖。

迷唐之敗，意味著漢羌戰爭告一段落，西海（青海湖）與大小榆谷又恢復了往日的和平與寧靜。這場戰爭也迫使東漢朝廷不得不考慮新的政策，因為羌人分布極廣，特別東漢帝國西部邊郡內的羌人，時不時地回應塞外羌人反叛，這令朝廷頭痛不已。

永元十四年（一〇二年），大臣曹鳳上書漢和帝，提出自己的建議。曹鳳認為，欲防止羌亂，關鍵在於切斷境內羌人與境外羌人的聯繫。為此，應該要恢復西海郡（西漢王莽是所置），鞏固對大小榆谷的控制。西海（青海湖）盛產魚鹽，而大小榆谷則土地肥沃，控制西海與大小榆谷，既可控制羌人最重要的經濟區，又可以屯田開墾，富實邊關，節省物資轉輸的巨額費用與大量勞力。

漢和帝劉肇對曹鳳的建議非常欣賞，便下令恢復西海郡，拜曹鳳為西部都尉，率軍屯駐龍耆（青海海宴）。這樣，漢西部邊境直抵西海（青海湖）。曹鳳到任後，先後在河流兩岸設三十四處屯田區，並建成一系列的堡壘，西部邊疆一片生機。

在漢和帝統治的最後幾年，西羌再無叛亂發生。只是漢和帝在三年後便英年早逝，使得曹鳳的計畫還沒來得及完全完成，另一場大規模的羌亂又爆發了。

# 二二、萬里封侯：有志者事竟成

班超在西域的事業，始於明帝年間，經章帝一進，終成於和帝年間。這也是東漢對外經略史上所取得的最偉大成就。

漢和帝永元二年（九〇年），班超遇到大麻煩了。在此之前，班超曾以自己的機智與勇氣降服鄯善、于闐、疏勒，擊莎車，鬥龜茲，但這些都只是西域小國。如今他面臨的中亞大國月氏七萬大軍的威脅。

月氏，前文已述，就是稱雄中亞的貴霜帝國，此時的君主是伽迪腓斯二世，他是貴霜帝國歷史上一位強有力的君主。當初康居國發兵攻打班超時，班超曾經請月氏王出面調停，避免了一次危機。為此，月氏王（即伽迪腓斯二世）沾沾自喜，自以為有功於東漢帝國，便獅子大開口，請求與東漢政府和親，迎娶東漢帝國的公主。月氏王遣使者到疏勒，求見班超，但是班超拒絕了月氏王的要求，並且勒令月氏使者返國。

月氏王的自尊心被傷害了，他一怒之下，打算教訓一下班超。

永元二年，月氏王派副王謝率領七萬人的遠征軍，進入帕米爾高原的東北，向班超所在的疏勒發動進攻。疏勒全國震動，班超手中的可用的兵力，頂多一萬多人，與月氏大軍相比差距不小，因此人心惶惶。

班超召集全體疏勒士兵，對他們說：「你們不必驚慌，月氏軍隊以七萬之眾，長途跋涉數千里，翻越蔥嶺（帕米爾高原）。蔥嶺是天然屏障，難以通行，月氏軍隊的運輸補給肯定不足。七萬人的大軍，每日要耗費的糧草是驚人的數量，如果他們的後勤補給跟不上，光憑人多有何可懼？我們只要堅壁清野，收穀堅守，不出數十日，月氏軍隊必陷於饑餓之中，可不攻自破了。」

班超命令士兵在月氏大軍抵達之前，將城外的糧食全部收割，加固城牆與防禦工事。月氏大軍抵達後，即對疏勒國的城邑發動猛烈的攻擊，班超率軍奮勇迎戰。在這些年的戰爭中，班超對守城戰經驗豐富、很有心得，任憑月氏軍隊如何的絞盡腦汁，始終無法破城。十餘天後，月氏軍隊的弱點暴露出來了，七萬大軍的糧食沒有著落，月氏軍大肆掃蕩城外的村莊，但糧食早被班超收進城中，一無所獲。

班超估算月氏軍隊的糧食即將用盡，必定會向龜茲求救，便祕密派遣一支數百人的隊伍，埋伏在東部邊界的險要之處。果不其然，月氏的統帥謝副王派出一支小分隊，攜帶著金銀珠玉，準備趕往龜茲國，打算賄賂龜茲王，以換取龜茲在糧草上的支援。月氏人的行動早在班超的判斷之中，小分隊剛剛到達疏勒的東界，便遭到致命的伏擊，全軍覆沒，金銀珠玉全部被繳獲。

謝副王看到被送回來的小分隊全體人員的首級，大驚失色，心想這下完蛋了，沒有糧食，七萬大軍如同廢人，不要說打仗，就是生存下去就成問題了。無奈之下，謝副王只有與班超談判這一條路了。他派使者進入疏勒王城，向班超請罪，請求班超放他一馬，能讓他與他的部下可以活著返回月氏。

班超慷慨地答應了，承諾在月氏軍隊撤軍後，絕不發動攻擊。謝副王連連道謝，趕緊帶著饑腸轆轆的士兵們，爬山涉水回去了，這一路上，怕少不了有許多屍骨遺棄在荒野了。

力挫中亞最強大的月氏後，班超更加威名遠揚。

第二年（九十一年）北匈奴在金微山之役中的慘敗，宣告三百年的漢匈爭霸戰最終以漢帝國的勝利而告終。正是在這樣的背景下，班超終於得以完成經營西域的大業。

北匈奴單于亡命天涯，使西域北道以龜茲為首的國家失去了依靠。無奈之下，龜茲及其嘍囉國姑墨、溫宿、尉頭等國，向班超投降，請求歸附漢帝國。鑑於龜茲這些年來一直是班超的死對頭，班超威脅龜茲王尤利多退位，改立入侍漢帝國的王子白霸為龜茲王。為防止原龜茲王尤利多東山再起，班超上書政府，將尤利多送往洛陽軟禁。

此時西域諸國，還有三個國家未歸附漢室，這三個國家是焉耆、危須、尉犁。當年攻擊西域都護府，殺死都護陳睦，這三個國家都有份，所以提心吊膽的，怕遭到秋後算帳。

從西元七十三年班超入西域，到現在整整十八年，除了漢政府兩次增援約二千人的部隊外，班超可以憑藉的就是疏勒與于闐的軍隊，總計約三、四萬人。十八年艱苦卓絕的奮鬥，班超以疏勒為基地，遭遇到種種困境：在北方戰線與龜茲為首的北道勢力對抗十餘年，頂住龜茲勢力向南擴張；在南方戰線有莎車國的叛變；在西方戰線挫敗了月氏七萬大軍的進攻；在疏勒內部平定了兩次叛亂。

班超是孤膽英雄，但英雄的偉業背後，乃是憑靠強大的東漢帝國的實力。偉大的國家為偉大的英雄提供了大展身手的舞台，而偉大的英雄又為國家創造偉大的事業。

龜茲等國投降之後，西域初定，班超坐鎮龜茲，徐幹坐鎮疏勒，東漢政府決定重新設立西域都護府，班超當之無愧地成為西域都護，與班超並肩戰鬥的徐幹擢升為西域長史。

班超下一件事，就是掃平焉耆、危須與尉犁。

班超西域最後一戰的號角吹響了。永元六年（九十四年），班超調集龜茲、鄯善等八個國家共計七萬人的軍隊，以及隸屬班超的漢軍一千四百餘人，浩浩蕩蕩向焉耆、危須、尉犁的方面進軍。

大軍抵達尉犁邊界後，班超先行派出使者分別進入三個國家，對其國王說：「都護前來，欲鎮撫三國，如果你要想要改過向善，應派遣大人前來迎接，將賞賜王侯以下之人，事畢即還。現在先賞賜給國王彩色絲帛五百匹。」

班超七萬大軍壓境，焉耆國王忐忑不安，派左將軍北鞬支前往尉犁，殺牛置酒，迎接班超。這個北鞬支有些來頭，他是匈奴人，是一位王子，被北匈奴單于派來入侍焉耆，雖然名為「入侍」，可是仗著匈奴人的氣焰，他儼然成為焉耆國的太上皇，連焉耆國王都不得不對他忍讓三分。

班超厲聲責備北鞬支：「你雖然是匈奴的侍子，但是卻秉掌焉耆國的大權，本都護此次前來，焉耆王沒有及時迎接，這都是你的過錯。」北鞬支聽罷唯唯而去。部將們對班超說：「都護怎麼不殺了他呢？」班超答道：「這非你們所知，此人在焉耆國的權力，甚至比國王還大，要是現在殺了他，焉耆國必然對我們嚴加防範，據險而守，那麼我們要進焉耆王城就不容易了。」

焉耆王得知北鞬支被班超嚴厲斥責，不敢怠慢，親自率眾大臣前往尉犁國迎接班超，並且獻上奇珍異寶。班超有自己的打算，暫時沒有為難焉耆王。

返回國內後，焉耆王越發惶惶不安。當時進入焉耆國主通道，途中有一座橋樑，稱為葦橋，乃是險要之地，焉耆王下令將此橋樑毀斷，企圖阻止班超的軍隊進入焉耆國內。但這個小動作，並沒有產生什麼效果，班超大軍繞道而行，迂迴進入焉耆國境。到了七月，班超已經抵達距離焉耆王城只有二十里的沼澤地帶。

焉耆王發現班超即將兵臨城下，十分恐慌，準備放棄王城，退到山區進行抵抗。焉耆國的左侯元孟是親漢派，他曾在作為人質在洛陽居住過一段時間，得知焉耆王的計畫後，便派人去給班超通風報信，說國王想逃跑了。

班超聽了來者的通報後，不容分說，把他拖下去砍頭了。為什麼要這樣做呢？這是做給焉耆國王看的，表示絕對信任他。果不其然，焉耆國王、尉犁國王、焉耆左將軍北鞬支等人見班超殺死告密者，心中覺得有幾分踏實，也就放棄逃跑的念頭了。

這時，班超在兵營中召集諸國王參加會議。焉耆宰相腹久老奸巨猾，他可不相信班超，勸焉耆王不要前往，但焉耆王不聽。腹久便與其他十六名官員一起逃跑了，危須國王也懼怕被誅，也逃跑了。

果然不出腹久所料，班超乃是設下鴻門宴，等到大會召開時，班超坐在首座，諸國王坐下座，班超掃視眾王，憤怒地說：「危須國王怎麼沒有到位？焉耆宰相腹久等人為什麼逃跑了？」

焉耆王聽到此話，湧出一種不祥的預感。

預感很快成為噩夢了。班超叱令衛兵將焉耆王、尉犁王、北鞬支等人拿下，理由呢？這些國家當年策劃發動戰爭，攻殺西域都護陳睦。

其實真正發動戰爭的罪魁禍首，是前任焉耆王，並不是現在這位。對班超來說，這並不重要。這是國仇，國仇必報，既然前任國王死了，就以現任國王抵命，這是當時的社會觀念，是「犯強漢者，雖遠必誅」的時代觀念，是春秋大義，《春秋公羊傳》說的：「九世猶可以復仇乎？雖百世可也。」

焉耆王等人被押解到當年的西域都護府處死，班超隆重祭奠前西域都護陳睦。焉耆王、尉犁王被誘殺，焉耆、尉犁、危須這三個國家的叛亂隨即發生，班超率七萬大軍迅速掃平，擊殺五千餘人，其餘一萬五千人悉數投降。

至此，西域五十餘國，悉數歸附東漢政府。

班超經過二十年的苦鬥，終於實現他年輕時立下的誓言，他的功業，早已遠遠超越了傅介子，與張騫可並列為中國歷史上最偉大的人物。由於班超在西域的輝煌成就，被漢和帝封為「定遠侯」，果然如相士所說，封侯於萬里之外。班定遠成為那個時代的傳奇，永載史冊，成為後世中國軍人的楷模。

班超的偉大，不僅在於開拓西域，而且還在於他在張騫之後，又一次極大地拓寬了中國人的視野。西元九十七年（和帝永元九年），班超派遣部下甘英出使大秦、條支。

此時的班超已經六十五歲，年邁力衰，軍政務纏身，他無法自己出行，只好將此事交付年輕力壯的甘英。甘英此行收穫極大，他是繼張騫之外又一位傑出的探險家，他從西域出發，一直到達地中海沿岸。史書上沒有記載甘英具體的出行線路，不過從《後漢書》的「西域傳」中大致推斷，甘英可能是從現在新疆南部出發，經喀什米爾，往西南折向巴基斯坦，然後穿過伊朗高原進入西亞，最後抵達地中海的東岸。

條支大約是在西亞的地中海沿岸（敘利亞一帶），在此之前，中國人從來沒有到達如此遠的地方，出西域到條支，大約需要行二百日的時間，此路途之艱辛，可想而知。甘英每到一地，必詳細地記錄下當地的風土人情，並且收集中原所看不到的奇珍異物，他所獲得的西方的知識，要遠遠超過以往的任何一人。

當甘英行至地中海岸時，他卻犯下一個大錯。

甘英身負出使大秦（羅馬帝國）的使命，他找到了安息的船家。船家告訴甘英：「大海廣闊無邊，如果遇到順風，三個月就可以到達羅馬了，如果遇到逆風，也有可能要花上兩年的時間，所以凡是出海者，一般要攜帶上三年的糧食。在海上行船，容易令人思念家鄉親人，而且也很危險，常有人死於海上。」

地中海處西風帶，向西航行，更多的情況會遇到逆風的情況，甘英望洋興嘆，心裡打起退堂鼓，最後他放棄了前往羅馬的打算。

如果甘英毅然前往羅馬，那麼在他到達羅馬時，很可能遇上羅馬雄才偉略的皇帝圖拉真（九十八年即位），圖拉真的年代正是羅馬帝國疆域最為遼闊的時代，羅馬帝國與大漢帝國矗立在亞歐大陸的東西兩側，而且有著同樣偉大的文明。甘英並不知道他喪失了一個溝通東西方的機會，否則他將成為與張騫一樣偉大的人物。

即便如此，甘英仍然是那個時代走得最遠的中國人，他在旅程中對各國的記錄保存在《後漢書》的「西域傳」中，為古代中國人開拓眼界仍然做出了重要的貢獻。近世學者王國維曾寫詩讚揚甘英的功績：「西域縱橫盡萬城，張陳遠略遜甘英。千秋壯觀君知否，黑海東頭望大秦。」這裡王國維認為甘英所到達的西海是指黑海。

長年的征戰與繁忙的政務，使班超的身體每況愈下，歲月不饒人，轉眼到了永元十二年（一〇〇年），班超已經六十九歲了。落葉歸根，班超愈發思念家鄉和親人，班超的哥哥班固因為竇憲事件而遭到株連，在八年前（九十二年）死於監獄中，家鄉的親人只剩下他的妹妹班昭。而班超最疼愛的小兒子班勇到現在還沒有踏入中土一步，班超很想在自己有生之年，能與兒子一起返回家鄉，返回自己離開數十年的國家。

班超提筆寫了一份奏疏說：「蠻夷風俗，畏壯侮老。如今我已經垂垂老矣，牙齒也快掉光了，常恐年邁力衰，忽然倒下，孤魂不得回到家鄉。我沒有想能回到酒泉郡，但願生入玉門關。我已經年老多病，冒死胡言亂語，謹派兒子班勇隨西域奉獻貢物的人馬回到中國，在我有生之年，讓班勇能看到自己的國家。」

但是班超的上疏卻如石沉大海，將近三年過去了，沒有回音。

班超的妹妹班昭，給皇帝寫了一封感人肺腑的信：

「臣妾的胞兄西域都護定遠侯班超，幸得以微功蒙皇上的重賞，天恩殊絕。班超初出西域時，懷著為國捐軀的志向，希冀建立微薄的功業，報效大漢。時遇陳睦之變，西域交通隔絕，班超孤身轉側絕域，曉喻諸國，率領其兵眾，每有攻戰，輒身先士卒，身被刀箭之傷，不避死亡，幸賴陛下神靈，得以延命沙漠，至今三十年了。骨肉生離，不復相識。當年追隨班超的吏士，現在都已經去世，班超年齡最大，今年七十歲了，病痛纏身，頭髮蒼白，雙手麻木，耳目不明，要扶杖方可行走。即便想竭盡其力，以報答天恩，迫於老邁，也是有心無力。蠻夷之性，畏壯侮老，班超生死只在旦暮之間，如果久無人頂替，恐怕夷人會有奸邪逆亂之心。而朝廷的公卿士大夫，不肯遠慮，一旦暴亂發生，班超力不能從心，上則損國家累世之功，下則棄忠臣竭力之用，這不可不令人心痛。班超在萬里之外，歸心似箭，引頸而盼，至今三年，卻音訊全無。臣妾聽說古代十五從軍，六十而還，也還有退休不任職的休閒時間。因為陛下以孝治天下，況班超身列侯伯之位，故敢冒死為之求情，乞求讓班超安度餘年。一旦班超生還，西域沒有突然變故的擔憂，國家便沒有勞師遠征之慮。班超曾寫信與臣妾訣別，恐沒有機會再見一面。臣妾著實傷感班超以壯年為國竭忠盡孝於沙漠，而在疲老之時便捐身死於曠野之中，誠可哀憐。如果朝廷置之不理，班超去世後一旦西域有變，希望班家能因為像趙母、衛姬一樣因事先請罪而蒙寬赦。臣妾愚昧不知大義，觸犯忌諱，陛下勿責。」

班昭既曉之以情，又動之於理，這封信終於打動了漢和帝。

永元十四年（一〇二年），班超踏上了歸鄉之途。

「故園東望路漫漫，雙袖龍鍾淚未乾。」整整三十年啊，班超已經年過七十，他一身病痛，特別是胸肋處，時常疼痛難忍。這一年的八月，班超回到了洛陽，洛陽依舊繁華，歌舞昇平，與西域的貧窮與荒涼形成鮮明的對比，他忽然覺得人生是如此的短暫，似乎三十年前在車師奇襲匈奴使團的故事，就發生在昨天一樣，清晰可見。

漢和帝召見班超，拜為射聲校尉，但此時班超已經病情加重了，皇帝時不時派人前來探望班超，並賜予醫藥，即便如此，班超的生命之火已經微弱到一陣風就可以吹滅了。

九月，班超與世長辭，享年七十一歲，距離他回家僅僅一個月。

班超英勇善斷、足智多謀，充滿冒險精神，富有軍事、外交及政治才華，一手擎天，獨撐大局。當其入西域時，西域五十餘年，無漢一兵一卒，一官一吏，其可憑藉之資源可謂少之又少。在西域奮鬥的三十年間，班超得到政府的支援是少得可憐，最多時也僅有二千名的士兵。既沒有軍事上的強大後援，也沒有政府在財政上的支持，所有一切，都憑他個人的才能解決。

他的成功固然有強大漢帝國為後盾，然而其個人奮鬥功不可沒。首先是他傑出的外交才能。他是個令人捉摸不透的人，即信用，又狡詐，對可以信任的人是有義氣的，就使他在最艱難的時候，選擇了留在西域；他對背叛者以及敢犯漢強者，是狡詐的，所以誘殺疏勒王忠與焉耆王。班超具有深刻的洞察力，既可以判斷全域的形勢，又善於洞悉人性的弱點，他充分利用這種人性的弱點，恩威並施；他勇敢過人，無視生死，但不是一介莽夫，在鄯善殺匈奴使者，在于闐殺大巫師，在疏勒擒國王等，不僅是鬥勇，也是鬥智，這個智就是抓住對手的弱點所在，一擊中的，迫使對手別無選擇。西域國家不僅多，而且充滿矛盾，班超在這些矛盾中遊刃有餘，借力使力，以夷制夷，即便身陷危險之中，每每能化險為夷。

另一方面，他的軍事才華對他西域事業產生至關重要的作用。攻陷莎車之役是班超軍事生涯的代表作，在敵方援軍兩倍於己的情況下，他大膽採用疑兵之計，先設計假情報，利用敵軍求勝心切心理，調動敵方援軍主力分兵，在成功分散敵軍注意力之後，突然迅速回師，二打莎車，一舉端掉莎車國，劍走偏鋒，以險取勝。如果說莎車是個弱國，那麼面對中亞最強大的貴霜帝國七萬大軍的進攻時，班超則將孫子的「先為不可勝，以待敵之可勝」的思想發揮得淋漓盡致，抓住敵軍人數眾多，補給困難這一弱點，堅壁清野，切斷貴霜軍隊向其他國家借糧的通道，最後不戰而屈人之兵，此正所謂「上兵伐謀」也。

西域的功業，始於張騫，成於班超，後二千年，雖經離離合合，最終入中國版圖，飲水思源，此非張騫、班超之功麼？

# 二三、無冕女皇：鄧太后的權力之路

漢和帝劉肇在永元十七年（一〇五年）病逝，年僅二十七歲。他的死，成為東漢盛衰的分水嶺。尚在襁褓之中的嬰兒劉隆被立為皇帝，年輕的寡婦鄧太后臨朝稱制，成為帝國實際的統治者。這個美麗且精明能幹的女人統治帝國達十五年之久，成為中國歷史上著名的女政治家。

我們來認識一下這位非凡的女人。

鄧太后名為鄧綏，她出身豪門望族，爺爺是開國功臣鄧禹，父親是死後被尊為神的鄧訓。鄧氏家風極嚴，鄧訓這個人極為威嚴，兒子們見到他時，都像見到老虎一樣，史書這樣寫道：「諸子進見，未嘗賜席接以溫色。」他對兒子們從來沒有過溫和的臉色。可是唯獨對女兒鄧綏，鄧訓是另眼相看，不管是大事小事，他總要叫女兒來一起分析討論。那麼，為什麼父親鄧訓會如此器重女兒？我們來看看她早年的一些故事。

鄧綏小時候便聰明乖巧，祖母十分疼愛她，親自給她剪頭髮。可是老夫人年事已高，眼睛不好使，剪刀刺傷了孫女的後腦門，剛剛五歲的鄧綏卻沒有吭聲，沒喊疼。她的侍女們看到眼裡，後來便問她，被剪刀刺傷了不會疼嗎？小鄧綏答說：「怎麼會不疼呢？只是太夫人疼愛我並親自為我剪髮，我要是喊疼，就傷了她的一片好意，所以我就強忍著了。」大家聽了後，都覺得這個小孩真的好懂事。

作為一個女孩子，鄧綏從小十分喜歡讀書，在這當時是很少見的。她六歲時就讀《史記》，十二歲通《詩經》與《論語》，《後漢書》裡稱她：「志在典籍，不問居家之事。」她的性格與父親非常像，父親鄧訓小時候被鄧禹視為不務正業，不喜歡讀書；鄧綏在母親眼中也是不務正業，太喜歡讀書，不喜歡做女工活。母親很擔心，經常責備她說：「你不好好學女工刺繡，卻整天讀書，難不成你還想當博士不成？」漢代的博士與今天所說的博士是不同的，漢代置五經博士，乃是精通典籍、教授五經的學官。可是五經博士是沒有女人的，所以母親就這樣諷刺她，就算你學富五車，也當不了五經博士。鄧綏很孝順，也不想讓母親生氣，所以後來就改為白天學習女工，晚上學習典籍。她的這些表現令父親鄧訓覺得很詫異，覺得這個女兒比其他兒子都要強，因此對鄧綏的疼愛，要超過其他子女。

永元四年（九十二年），漢和帝劉肇奇蹟般地從竇氏兄弟手中奪回大權，開始親政，這年劉肇十四歲，開始選宮女入宮。十二歲的鄧綏也在入選之列，可是她並沒有進宮，因為傳來了父親鄧訓病逝的噩耗，對鄧綏來說，這簡直是晴天霹靂，因為她對父親的感情，是其他兄親姐妹都不能相比的。她悲傷欲絕，日夜哭泣，致使身體憔悴。為了給父親守孝，她三年不吃鹽菜，就吃白飯。從這點可以看出，這個小女孩的意志力是何等堅強。

三年後，鄧綏入宮了。她的美貌光耀皇宮，史書上是這樣寫的：「姿顏姝麗，絕異於眾，左右皆驚。」可是外表的美麗並非她的全部，她更有其他女人所沒有學識與氣質，可謂才貌雙絕。她獲得皇帝的寵愛，一點也不出人意料。入宮第二年（西元九十六年），她被升為貴人。同一年，漢和帝冊立皇后，皇后是陰氏。

在鄧綏入宮之前，陰氏最得漢和帝的寵幸。陰氏是陰麗華哥哥陰識的曾孫女，也是出身高貴家族，她的條件並不差，人也聰慧。可是鄧綏的到來，令皇帝移情別戀了，這令陰氏對鄧綏非常仇視。儘管如此，在冊立皇后時，漢和帝還是選擇了陰氏，有兩個原因：第一，陰氏比鄧綏早三年入宮，資歷深；第二，陰氏與皇室是有親戚關係。

雖然陰皇后入主後宮，可是她的聲望很快就被鄧貴人鄧綏給超過了。為什麼呢？因為鄧綏有人格魅力。鄧貴人深為皇帝所寵幸，可是她並沒有表現出心高氣傲、不可一世，相反卻恭謹嚴肅、小心翼翼，做事很有分寸，絕不出格。她知道陰皇后對她不滿，可是皇后面前，她恭恭敬敬，並不與之爭風吃醋。與後宮的其他妃子在一起時，她也沒有表現得高人一等，對每個人都很尊重。甚至對待宮女奴婢，也時不時給他們小恩小惠。做人做到這份上，你想想，宮中之人，是服她還是服皇后呢？

當然，我們必須說，鄧綏除了心腸好之外，她還是有些心計的。宮中這些女孩子，大多只有十幾歲，人生閱歷很淺。那麼，人生的經驗要從哪來呢？顯然，讀書是獲得經驗的捷徑。鄧綏的優勢在此，她在進宮前就博覽群書了，對史事的了解，更使她在宮中遊刃有餘。

我們可以從一件事上看出來：有一回，鄧綏病了，皇帝急得像熱鍋上的螞蟻，可是政事繁忙，又不能時刻陪伴著她。漢和帝就想了主意，准許鄧綏的母親及兄弟入宮看護她，而且不限時日。對後宮女人來說，這可是天大的恩寵。可是鄧綏拒絕了，她對皇帝說：「皇宮乃是禁地，讓我的母兄待在這裡，上則讓陛下有循私之嫌，下則讓臣妾有不知足的誹謗，所以我不願意這樣做。」

必須說，鄧綏的確冰雪聰明。漢和帝上台後，便深受外戚竇氏之壓制，他在整垮竇氏之前，還冒險從宮外弄到一本《外戚傳》研究，可見他對外戚一直是有很強的防患心。鄧綏拒絕母兄入宮，與皇帝深防外戚專權的想法不謀而合，這豈能不令漢成帝對她刮目相看呢？

對歷史人物，我們寧可把他們的內心想得複雜，因為權力場上的人物，總是會小心翼翼地掩藏自己真實的意圖。對於鄧綏這個人，她固然有許多別的女人無法企及的優點，但她真的是一個很純真無邪的人嗎？這個很難說。她的許多做法，似乎都是從史書中學來的，往往能出奇致勝。比如說，皇帝舉辦宴會時，每位貴人都打扮得非常漂亮，光彩照人，可是鄧綏偏偏反其道而行，淡妝素裹，衣服上沒有任何飾品，非常簡樸。不但如此，一旦她發現衣服的顏色與皇后相同，便馬上換成另一種顏色。顯然，她是精通心理學的，大家都穿得一樣華麗，那麼誰也難引起注意，而她穿得樸素，反倒格外與眾不同，又可以有儉樸之美名，真是一舉雙得。

我們可以把這理解為鄧綏的美德，也可以理解為她的心計。她知道什麼叫以退為進，以卑為尊。跟陰皇后一起坐時，她不正坐；一起行時，她彎腰而行；皇帝問話時，她從不搶答，讓陰皇后先開口。十分謙卑，不是嗎？可是換來什麼呢？換來皇帝的讚賞，漢和帝對她的評價是：「修德之勞，乃如是乎？」

表面上鄧綏處處讓著陰皇后，可實際上在皇帝眼中，在宮人眼中，她處處佔上風。她美德遠揚，有口皆碑。陰皇后豈能不知，這個表面上對她最尊敬的女人，正是她的最大對手。鄧綏越顯得謙卑，陰皇后就越對她恨之入骨。

妒火中燒的陰皇后本來也是個聰慧的女人，可是現在她的內心已失去寧靜了，她開始暴躁、嫉妒、仇恨，一步一步地走向毀滅的邊緣。

這是一齣真實的宮心計。深宮大院，步步驚心。鄧綏儘管冰雪聰明，但光靠聰明才智是不夠的，運氣同樣重要。有一次，陰皇后差點取勝了。漢和帝身體一直不好，疾病纏身，有一回病得非常嚴重，稍有不慎，性命難保。皇帝還沒死，陰皇后就想著報復了，她咬牙切齒地說：「我要是掌權，要讓鄧家斷子絕孫。」可見她對鄧綏已是仇恨到何等地步。

鄧綏豈能不知自己正站在生死懸崖邊上，要是皇帝駕崩，皇后必然掌權，到時自己的下場，絕不會比西漢的戚夫人好多少，恐怕也要被挖掉雙眼、刺聾雙耳，藥啞喉嚨，剃光頭髮，砍掉四肢，成為「人彘」怪物。她也做好最後的準備，一旦皇上駕崩，就服毒自盡。所幸的是，漢和帝的病很快有了起色，陰皇后要掌權，那還得等呢。

可是陰皇后真的等不了。在兩個女人的戰爭中，她輸在沒有足夠的耐心。她竟然祭出了「巫蠱之術」，這最終讓她徹底敗北。這件巫蠱案中，有一個關鍵人物，這個人是陰皇后的外祖母鄧朱。由於陰皇后出身高貴，自她入宮後，皇帝特准她的外祖母鄧朱可以自由進出宮禁。這個老太婆把巫蠱之邪門歪道帶到後宮，與自己的外孫女偷偷摸摸在宮中搞巫術，目的只有一個，就是想用這種迷信手段把鄧綏整死。

可是陰皇后與她的外祖母顯然對歷史吃得不透，對這件事的嚴重後果估計不足。當她們搞巫蠱的事洩露出去時，她們就完蛋了。誰告發陰皇后的？史書上沒有寫。會不會是鄧綏呢？我們沒有證據。以陰皇后的性格，估計後宮之中，也不會有多少人與她合得來，她倒楣，大家都會幸災樂禍的。

皇帝是最忌諱巫蠱的。在人道中，皇帝是人中之主，擁有無限的權力；可是巫蠱是鬼道，不管靈不靈驗，對皇帝來說，都是一個威脅。漢和帝劉肇很快便派中常侍張慎與尚書陳褒審理陰皇后的巫蠱案，他們審理的過程，現在已不可知，但結論是：大逆不道。今天的人會覺得巫蠱沒什麼了不起，可是當時這種罪行比殺人放火還要嚴重。陰皇后的外祖母鄧朱、鄧朱的兒子鄧奉、鄧毅，以及陰皇后的弟弟陰軼、陰輔、陰敞全部被抓入監獄，嚴刑拷打。鄧朱、鄧奉、鄧毅、陰輔被折磨致死，陰皇后的父親陰綱自殺，其餘人流放到日南郡（今越南中部）。至於陰皇后呢？不用說，自然被廢了，軟禁在桐宮。不久後，被廢的陰后鬱鬱而終。

我們要注意一個細節。在陰皇后巫蠱案後到被廢這段時間裡，鄧綏是什麼態度呢？她多次進言皇帝，要寬恕陰皇后。對於一個屢屢要自己於死地的人，鄧貴人竟然能如此寬宏大量，這令人很詫異。但是，與其說鄧綏是想救陰皇后，不如說她正在為自己通往皇后之路鋪路。為什麼呢？因為她太了解歷史了。自西漢以來，捲入巫蠱案的皇后，沒有一個可以保得皇后寶座的，能撿回一條命就不容易了。她顯然知道等待陰皇后的是什麼，可是她還要故意伸出援手，表示自己的無私之心。越表現出無私，那麼她就越具備皇后所應具有的美德。

果不其然，憑著皇帝的寵幸與宮中眾口一辭的稱讚，她的身分從貴人升為皇后。皇帝的詔書是這樣寫的：「皇后之尊，與朕同體，承宗廟，母天下，豈易哉？唯鄧貴人德冠後庭，乃可當之。」即使認為鄧綏長於作秀，工於心計，可是不能否認，她有卓越的才華，有非凡的忍耐力以及遠見卓識。

三年後，體弱多病的漢和帝劉肇終於駕崩了。劉肇前後有十來個兒子，但沒有一個是鄧皇后或陰皇后所生，到他去世時，只有兩個兒子還活著，其他全部夭折。這些皇子是遺傳了父親的體弱多病呢，還是死於宮廷陰謀呢？這個已經無法考證了。還活著的兩個皇子，大的叫劉勝，小的叫劉隆，才出生一百天。

鄧綏要考慮的第一個問題是，要立誰當皇帝呢？按道理來說，當然應該立年齡大的劉勝。可是鄧綏不願意。原因是什麼，我們搞不清楚。或許是鄧綏不喜歡劉勝，或許是與他的生母關係不好，或許是覺得他年齡大不好控制。她打算立嬰兒劉隆為皇帝，可是她要給大臣們一個理由。於是她撒了一個大謊，稱劉勝終日臥病在床，身體很弱，不適合當皇帝。

三個月大的劉隆被立為皇帝，鄧綏也由皇后變成了皇太后。

國主年幼，太后臨朝，這是一種慣例。歷史每每走到這裡，外戚集團就要粉墨登場了。這一年鄧太后也才二十五歲，儘管她是個非常有能力的女人，可是要統治這麼大的國家，她一個人肯定是沒辦法的。那個時代的女人有很多局限性，就拿鄧太后來說吧，她的聰明才智不亞於任何一人，可是她自十五歲入宮，就一直待在這皇宮深院裡，與外界幾乎隔絕。她是國家實際統治者，可是她在宮庭之外，沒有親信，沒有勢力，如何能約束眾多的文武大臣呢？她最堅強的後盾，只能是自家人，自己的兄弟，即便她早在史書中讀到外戚之危害，可是除此之外，別無他途。

鄧氏兄弟開始湧入帝國的權力中樞，就如同當年的竇氏兄弟一樣。鄧太后的哥哥鄧騭被任命為車騎將軍，這可不是一般的將軍，而是「儀同三司」，就是與三公（司徒、司空、太尉）平起平坐。鄧騭的弟弟鄧悝為虎賁中郎將，鄧弘、鄧閶為侍中。

嬰兒皇帝沒有逃脫夭折的命運，一年後，即西元一〇六年，不到兩歲的小皇帝死了，由於死得早，被謚為「漢殤帝」。看來鄧太后還得肩負起另立皇帝的重擔，可是要立誰呢？漢和帝只剩下一個兒子劉勝，可是我們在前面說過，鄧太后根本就不想立他，那皇帝的人選，只能從宗室子弟中挑選了。

與漢和帝最親近的人，就是那個幫他推倒竇憲的清河王劉慶。這時劉慶已經病入膏肓，他有一個十三歲的兒子劉祜。鄧太后與哥哥鄧騭、鄧悝商量後，決定立劉祜為皇帝。就這樣，又一個少年皇帝粉墨登場，是為漢安帝。在漢安帝即位四個月後，他的父親清河王劉慶也去世了。顯然，鄧太后及其兄弟仍牢牢地控制著國家大權。

儘管鄧氏兄弟雞犬升天，可是鄧太后還是有自知之明。外戚集團倘若過於張揚囂張，是非常令人反感的，所以她下了一道詔令給司隸校尉、河南尹及南陽太守，要求他們監督鄧氏子弟及門客，不許包庇。故而鄧氏外戚雖然風光，但整體來說，並不敢為所欲為。鄧太后在這方面約束極嚴，若有鄧氏族人犯法，嚴懲不貸。

可是必須看到，約束鄧氏子弟，只是約束他們幹違法亂紀的事，而不是約束他們的權力。事實上，鄧氏兄弟的權力還在擴大。安帝永初元年（一〇七年），封鄧騭為「安鄉侯」，鄧悝為「葉侯」，鄧弘為「西平侯」，鄧閶為「西華侯」，鄧氏外戚一年封了四個侯，聲勢夠顯赫的。同時，三公的權力不斷被削弱，鄧太后有一個新發明，她以天災為由，兩天之內，罷免太尉徐防與司空尹勤。三公的權力，實際上已經轉移到了鄧氏外戚之手。

除了外戚集團之外，宦官的權勢也有所成長。宦官中最有權勢的有兩個人，一個是大長秋鄭眾，另一個是中常侍蔡倫。後宮中能接觸到的男人，除了皇帝之外，就是去了勢的宦官。鄭眾與蔡倫在宮中時間久，地位高，鄧太后對他們也是很信任的。時任司空的周章對鄭眾、蔡倫的權勢成長很擔憂，他一而再地向鄧太后提議，要制約宦官的權力，但鄧太后不接受。但我們必須看到，鄧太后信任鄭眾與蔡倫，並非沒有道理。

拋開這兩個的宦官身分不談，鄭眾與蔡倫都是才能非凡的人。鄭眾在漢和帝劉肇扳倒竇憲的政變中扮演重要的角色，而且他也是比較自律，並沒有因為權勢而飛揚跋扈。蔡倫呢？他在漢和帝去世的那年（西元一〇五年），完成一項偉大的科學發明，這就是中國四大發明之一的造紙術。在東漢以前，文字是寫在竹簡上的，但竹簡十分笨重，以前說「學富五車」，就是因為竹簡很佔地方，一多就得用馬車來載，非常不方便。後來人們又用輕薄的縑帛來寫字，我們現在考古發現中有很多帛書，就是這類，剛開始這也被叫「紙」，但十分昂貴。真正現在意義上的紙，卻是蔡倫發明的。當時任尚方令的蔡倫收集前人的經驗，用樹皮、麻頭、布、破魚網造紙，價格低廉，自是全國紛紛仿製，人稱「蔡侯紙」。

在鄧太后時代，無論是外戚或宦官，均有很大權力，不過卻沒有造成很大危險。後世外戚與宦官不斷血拼的現象，在鄧太后時並沒有出現。但是從長遠的眼光來看，鄧太后開啟了一道危險的大門，在數十年後，這扇門想關都關不掉了。

司空周章是個耿直的人，他屢次勸諫卻沒有效果，心裡憤憤難平。這時，他對鄧太后產生了懷疑，為什麼她要立清河王劉慶的兒子為皇帝，卻不立漢和帝劉肇的兒子劉勝為皇帝呢？太后一口咬定劉勝不能勝任皇位，是因為他久病纏身，臥床不起，事實是否真的如此呢？周章決定要調查清楚，弄明白真相。

調查的結果令人大吃一驚，劉勝根本沒有病！

頓時間，朝野譁然。人家發現一向以聰明賢慧面目出現的鄧太后，內心有著不可告人的祕密。置疑之聲四起，鄧太后非常尷尬，她必須找一個說得過的理由。可是她作出的解釋太勉強了。

她是這樣說的：第一次立皇帝時，劉勝確實身體不佳，臥病在床；由於第一次沒立他，第二次才立他為皇帝，恐怕他會懷恨在心，將來說不定會報復，這樣就給朝廷留下一大隱患了。正是這個原因，才選擇立清河王劉慶的兒子劉祜為皇帝。

這種說法，誰都不可能相信。大家寧可這樣認為：鄧太后立小不立大，立外不立內，只有一個目的，那就是想控制權力。顯然，鄧太后「德冠後庭」的淑女形象被顛覆了。

朝野議論紛紛，可是都只是私底下的談論。但周章卻錯判了形勢，他以為站出來振臂一揮，天下人必定響應。他腦袋裡冒出一個大膽的念頭：政變！

周章埋頭策劃政變的方案，很詳細，我們來看看他的計畫：政變一實施，立即關閉皇宮大門，誅殺鄧騭兄弟、宦官鄭眾、蔡倫。緊接著，威脅尚書發布詔令，廢除鄧太后，並把她關押在南宮。改立劉勝為皇帝，把現在的皇帝劉祜貶到偏遠之地。

但是周章卻高估了自己。首先，是他的權力很有限。雖然他身居司空要職，位列三公，可是才當不到兩個月，屁股都還沒坐熱呢。況且自鄧太后以「天災」為由，逼前任司空尹勤與太尉徐防下台，三公的真實權力已經很衰微了。其次，他錯估形勢，以為朝中大臣會聯合起來反對鄧太后，但實際上大家儘管有所議論，事實上對哪個小孩子當皇帝，並不特別關心，因為無論誰當皇帝，權力都會掌握在鄧太后手中。

政變沒有成功，周章的陰謀敗露，只得選擇自殺。

兩年內換了兩個皇帝，外加一次未遂的政變。此時東漢帝國的內政頗為動盪，而這無疑分散了朝廷的精力。在這種情況下，原本已經平靜下來的邊疆風雲四起，先是丟了西域，而後爆發了東漢歷史上規模最大的羌亂。帝國由盛而衰，從此開始。

# 二四、自負的代價：西域的喪失

東漢大英雄班超在西域奮鬥三十年，完成了降服西域五十國的空前偉業，在他年老力衰之時，終於葉落歸根，回到了首都洛陽。

誰來接替班超呢？朝廷經慎重考慮，指派任尚為新一任的西域都護。任尚原本是竇憲的心腹愛將，在歷次的戰爭中，表現搶眼，戰功卓著。我們來看看他的資料。

漢和帝永元元年（八十九年），他作為鄧訓的部將，率六千人馬攻打迷唐的燒當羌部落，取得了斬俘三千八百人的戰果。永元三年（九十一年），他與耿夔指揮漢軍千里躍進，深入金微山，擊斃北匈奴軍隊五千餘人，經此重創，北匈奴再無力與東漢帝國抗衡，這是一場載入史冊的戰役。永元五年（九十三年），因竇憲被誅，北匈奴降王于除鞬叛變，任尚將兵長史王輔聯手出擊，擊斬于除鞬。一年後（九十四年），日逐王逢侯率匈奴部眾二十萬人叛變，時任護烏桓校尉的任尚率領鮮卑、烏桓騎兵，在滿夷谷截擊北匈奴部眾，擊殺一萬七千餘人，立下赫赫戰功。

無論是漢羌戰爭或漢匈戰爭，任尚都是漢軍中的一把利劍，光芒奪目，聲名遠揚。因此，朝廷考慮讓他出任西域都護，並不是沒有道理。

可是對西域這塊陌生的土地，任尚並不熟悉，所以在動身出發前，他特地前去拜訪老前輩、傳奇英雄班超，希望得到一些指點與建議。

任尚謙虛地求教道：「您在外國待了三十餘年，在下有幸接替您的位置，任務艱鉅，我的能力淺薄，所考慮的或有不周到之處，請您當面賜教。」

班超回答說：「老夫年老了，智力大不如從前，而將軍您多次為國家擔當重任，班超豈敢與您相比。實在不得不說的話，就說幾句愚昧的話了。屯居在塞外的中國士兵，大多不是孝子賢孫，而是因犯了罪而發配到那裡的；而塞外蠻夷，與鳥獸一樣，桀驁難馴，容易敗事。您的性格嚴厲而急躁，可是水至清則無魚，察政如果不得要領，就容易喪失人心，所以不宜過分嚴苛，而應該奉行寬鬆簡易的原則，對於小過錯不要計較，總攬大綱、把握全域就行了。」

任尚畢恭畢敬地聽著，見班超不再往下說了，問道：「就這些啊？」班超點點頭，任尚臉上露出了一絲失望的表情，向班超辭行。回去後，他對自己的親信說：「我還道班君有什麼奇謀妙策，今天一聽，真是太平常了。」

班超所說的話，難道真是太平常了嗎？顯然不是。正所謂大智若愚，大巧若拙，這短短幾句話，卻是班超在西域三十年的心得要領。任尚是一位名將，論打仗當然不成問題。可是要知道，西域這個地方，非常複雜，國家眾多，矛盾重重，稍有閃失，就會完全失控。要治理西域，光靠武力征服是不行的，必須要有政治家的手腕。不僅如此，治理西域與治理郡縣是完全不同的，因為西域民俗完全不同於內地，內地的中國人性情溫和順從，而西域胡人則桀驁難馴，如果過嚴厲，嚴刑峻法，將適得其反，只能引發激變。深諳西域事務的班超，發現了任尚性格上的弱點：嚴厲而暴躁。這種性格，對付難以管理的西域胡人，不引起衝突與矛盾才怪呢。

果不其然，任尚終於壞事了。

任尚在西域都護的位置上只待了四年（一〇二－一〇六年）。到了西域之後，顯然沒有把班超的規勸當一回事。他迷信性情急躁，政令嚴苛，使西域諸國的國君惶惶不安，隨著時間的推移，諸國不滿的情緒與日俱增。山雨欲來風滿樓，種種跡象表示，西域這個大火藥桶隨時都會爆炸。

殤帝延平元年（一〇六年），剛剛執掌大權的鄧太后也意識到西域問題嚴重，遂派遣梁慬為西域副校尉，前往協助都護任尚。

梁慬是東漢時代著名的將領，父親梁諷本是竇憲的部下，後因事得罪竇憲，竇憲心胸狹窄，睚眥之怨必報，遂陷害梁諷致死。竇憲覆滅後，漢和帝為梁諷平反，並徵召其子梁慬為郎中。梁慬出生軍人之家，為人豪爽勇氣超群，慷慨有義氣。永元六年（九十四年）時，由於投降東漢帝國的匈奴部眾二十萬人叛逃，梁慬以軍司馬的身分參加平叛戰爭。在大城塞之戰中，梁慬勇冠三軍，在軍界聲名鵲起。

接到朝廷的任命通知後，梁慬便動身前往西域，剛行至河西走廊時，突然傳來了一個令人震驚的消息：西域諸國叛變了。

高壓鐵血政策終於令西域諸國忍無可忍，他們悄悄聯合起來，攻打駐紮在疏勒的西域總督任尚。這時的任尚可能還弄不明白，為什麼他耗費那麼多的心血，西域局勢卻惡化到這種程度。面對西域諸國聯軍的進攻，敵眾我寡，任尚非常被動。他急急忙忙地發出一封求援信，請求朝廷出兵救援。

朝廷馬上命令梁慬在河西四郡招募一支由羌胡騎兵組成的部隊，火速馳援疏勒。梁慬率領這支五千人的騎兵，晝夜兼行，趕赴前線。不過他還沒抵達疏勒，又傳來一個消息，任尚已經打敗了西域聯軍，疏勒之圍已解。

論統治，任尚不行，論打仗，他可是內行。再說了，西域聯軍由各國拼湊而成，大家各懷鬼胎，儘管人數眾多，戰鬥力卻不是很強。儘管疏勒城的危機解除了，可是西域的危機才剛剛開始。班超三十年苦心經營的西域，在短短幾年之間便面目全非了。

西域的巨變，令帝國朝廷對任尚的非常不滿，認為他管理不力，便撤了他的職。為了加強對西域的統治，梁慬麾下的五千名羌胡騎兵並不遣散，留在原地。同時朝廷任命段禧為新的西域都護，趙博為騎都尉，即刻出發，前往西域。

東漢西域都護府設在龜茲國的它干城，這是一座小城。在班超擔任西域都護時，西域局勢穩定，故而只需要一座小城便可以號令諸國。可是如今情況不同了，大部分國家都已叛變，西域都護府隨進可能遭到包圍。倘若諸國聯軍進攻它干城，這裡是很難固守的。怎麼辦呢？西域副校尉梁慬提出了一個重要的建議，他認為應該把西域都護府遷往堅固的龜茲王城。

儘管此時龜茲仍未背叛東漢帝國，但國內已是暗流湧動，反漢的勢力急劇抬頭。在西域諸國掀起反漢高潮之際，何以龜茲國王默不作聲呢？這就不能不提到龜茲國王白霸。白霸對東漢帝國十分熟悉，早年他曾作為國家人質，在洛陽待過，東漢的富強給他留下深刻的印象。也正是因為這個原因，班超廢黜了原國王尤利多，改立白霸為國王。由於白霸與東漢帝國的密切關係，當西域叛亂的波濤洶湧澎湃時，龜茲依然成為漂浮在叛亂汪洋中一個小島。

梁慬想把西域都護府連同五千名羌胡騎兵轉移到龜茲王城，這不是件容易的事，他必須先單槍匹馬前往王城會見國王白霸，徵求他的同意。此行危險重重，但他義無反顧。在他的遊說與施壓之下，龜茲王答應了。可是龜茲的大臣們極力反對，但是白霸擔心遭到東漢帝國的報復，力排眾議。

這樣，西域都護府轉移到了龜茲王城，除了梁慬的五千羌胡騎兵外，還有段僖與趙博的軍隊約三四千人，總共有八九千人馬。

龜茲國王的決定，終於激怒了貴族們。要知道龜茲乃是西域大國，也是強國，當年班超沒有進駐王城，便是出於對龜茲人自治的尊重。可是如今國王白霸卻打開城門，讓段禧、梁慬、趙博的萬名軍隊入駐，這簡直是奇恥大辱。龜茲各地貴族們聚集一堂，宣布脫離國王，另起爐灶。

很快，龜茲貴族們糾集一支武裝，並聯合姑墨、溫宿等國的軍隊，共計數萬人，對龜茲王城發動進攻。

敵眾我寡，怎麼辦？段禧與趙博認為應當據險固守，而梁慬力主出擊，只有主動出擊才能穩定軍心。只有先挫敗敵軍的鋒芒，才能激發士氣。可是以少打多，能有勝算嗎？對梁慬來說，決定戰爭勝負的，並不全是兵力對比，更重要是勇氣與鬥志。他率五千名羌胡騎兵出城迎戰，他沉著勇敢，身先士卒，以少勝多，大敗敵軍。

可是叛軍的力量還在不斷地增強，他們損失的兵力可以得到及時的補充。很快，叛軍又捲土重來。這場戰鬥打打停停，持續了數個月之久。段禧、趙博、梁慬等人分守龜茲王城，頂住叛軍一波波的進攻。戰鬥變成一場相持戰，誰能堅持到底，誰就可能取勝。

最後，龜茲叛軍及姑墨、溫宿聯軍久攻不下，筋疲力竭，被迫敗走。梁慬抓住機會，果斷下令出城追擊。叛軍全無鬥志，奪路而逃，屍體堆積如山，被斬殺的人數超過一萬人，另有數千人被俘，損失駱駝牲畜數萬頭，其餘的部隊全部退出龜茲。

此役賴梁慬一手擎天，力挽狂瀾，終於使龜茲局勢轉危為安。

龜茲大捷令西域都護段禧大受鼓舞，正當他想一展拳腳，重新奪取整個西域時，一個意想不到的事情發生了。安帝永初元年（一〇七年），朝廷下詔，決定放棄西域，召回西域都護段禧、副校尉梁慬、騎都尉趙博以及駐守伊吾盧、柳中的屯墾兵團，東漢在西域的駐軍全部撤回國內。

為什麼朝廷會下達這麼一道詔令呢？

首先我們要分析東漢帝國的戰略。從光武帝劉秀開始，東漢帝國就不願意介入西域。當時西域諸國受匈奴之迫害，聯名要求東漢政府置西域都護，光武帝不答應。漢明帝時，為了對付匈奴，只得實施「斷匈奴右臂」計畫，才又出兵西域，但到了漢章帝時，小遭挫折後又放棄了。在東漢政府的戰略規劃中，西域從來就不是一個重點區域，也沒有投入多少人力物力。可是班超的出現，卻奇蹟般在利用微不足道的力量，搞定了西域諸國，對帝國而言，這實在是意外的收穫。可是經任尚一折騰，西域叛反，當朝廷發現必須在那裡維持一支龐大的武裝力量時，自然就打起退堂鼓了。

可以說，西域被朝廷的一群庸臣們給葬送了。

段禧、梁慬保住了龜茲這個重要據點，可是周邊仍叛變不斷，通往中原的交通線被切斷，從西域發往朝廷的信件，往往不能到達，這引起朝廷對西域的形勢的深深擔憂。在這個時候，一些久居京城的公卿士大夫站出來，聲稱西域路途遙遠，叛亂此起彼伏，勞師遠征，耗費的資金不計其數，國家難以負擔，因此應當要放棄西域。此時東漢朝廷內部也有動盪因素，兩年換了兩個皇帝，掌權的鄧太后也不願意在西域大舉用兵，遂批准了放棄西域的計畫。

班超三十年的奮鬥成果，毀於一旦。

東漢朝廷想避免麻煩，卻做夢也沒有想到，從西域撤軍，卻引發了一場大災難。

# 二五、漫長的戰爭：一〇七年—一一八年羌亂紀實（上）

安帝永初元年（一〇七年），當西域都護段禧與梁慬、趙博率兵從西域撤退時，騎都尉王弘調集金城郡的羌人，準備接應段禧等人。然而流言卻不脛而走，羌人們紛紛傳言此行的目的乃是要屯兵西域，永遠也無法返回。一路上羌人不斷地逃跑，而王弘採取高壓手段，殘酷鎮壓，終於使局勢迅速地惡化了。

這一突發事件，引爆了東漢歷史上最大規模的羌亂，遂使國家陷入嚴重的衰退之中。

羌人的叛變如多米諾骨牌的連鎖效應，一個部落接著一個部落地叛反。勒姐羌、當煎羌在酋豪東岸的領導下，叛逃出塞；麻奴兄弟（迷唐叔父東號的兒子）也率燒當羌逃離金城郡；先零羌的分支滇零羌與鐘羌乘機結集部落，大肆殺掠。這次羌人的反叛涉及的地域極廣，包括河西走廊的張掖、武威，以及金城、漢陽、隴西。西部諸郡通往中原之路被切斷。

叛逃的羌人因為歸順東漢時間長了，沒有武器鎧甲，就操起竹杆木棍作為兵器，扛著桌板當盾牌，或是象徵性地拿了面銅鏡。拿銅鏡做什麼用呢？羌人的金屬武器少，拿面銅鏡，遠遠看過去閃閃發亮，可以讓對手覺得似乎是一件金屬兵器。這就是當時羌人的武器裝備，非常簡陋，頗有幾分悲壯的色彩。

這次羌人的叛變，是出於誤會。當時東漢政府調用羌人的目的，無非是去接應西域部隊返回國內，只是一個短期的任務罷了。但是這種誤解的背後，是漢羌兩民族極深的矛盾。這種矛盾非常的複雜，乃是歷史上長期形成的，既有兩大民族長期戰爭所播下的仇恨種子，又有混居所產生的問題。史書載：「時諸降羌布在郡縣，為吏民豪右所徭役，積以愁苦。」同時也有政治上與經濟上的原因，羌人以游牧為主，而最富饒的湟水谷地、大小榆谷均落入東漢之手，也勢必使塞外的游牧民族時不時要攻掠邊疆。總之，這次看似偶然的事件背後，實有複雜之背景。

西部的巨變，使護羌校尉侯霸難辭其咎，被解職，由西域都護段禧接任護羌校尉。朝廷派遣車騎將軍鄧騭為主帥、征西校尉任尚為副帥，統領北軍五營以及三河、三輔、汝南、南陽、穎川、太原、上黨諸地的部隊共計五萬人，前往平定羌亂。任尚雖然在擔任西域都護期間乏善可陳，但是朝廷還是倚重其軍事才能，希望他能迅速擺平西部的亂局。

永初二年（一〇八年）初春正月，鄧騭一到漢陽郡，便受當頭一棒。當他率先頭部隊抵達冀縣（甘肅甘谷縣）時，被鐘羌部落數千人圍攻，倉促應戰，結果被打得丟盔卸甲，損失了一千餘人。看來這位名將之後（他是鄧禹的孫子，鄧訓的兒子），在兵略上似乎很一般。

這也意味著平羌之路將是何等的艱難。

鄧騭在南線吃了敗仗時，北線戰場幸賴梁慬力挽狂瀾。

剛從西域戰場歸來的梁慬，正好遇上大規模的羌亂，朝廷命令他就地駐守，以防備羌亂的擴大。河西走廊一帶的羌人部落眾多，此時紛紛加入反叛的洪流中，聲勢浩大。

梁慬率軍南下，抵達張掖的日勒縣。此時武威、張掖一帶的羌人部落共計一萬餘人，正攻擊亭侯。梁慬急往增援，與羌軍遇了個正著。在擅長兵略的梁慬面前，羌軍人數雖眾，但仍抵擋不住，大敗而還。梁慬縱兵追擊，此役羌人損失慘重，傷亡被俘人數超過百分七十。羌人退向武威郡，梁慬繼續追擊，一直追到武威郡的姑臧（甘肅省武威縣）。諸羌部落首領共計三百餘人，向梁慬請求投降。梁慬一律安撫，並對他們進行開導，將諸羌部落遣回故地。這樣，河西四郡的羌亂得到平定。

而在南線漢陽戰場上，漢軍卻一敗再敗，遂使局勢不可收拾。

這一年的冬季，車騎將軍鄧騭決定在漢陽郡發動一次總攻，徹底解決漢陽郡內的羌亂。他命征西校尉任尚率主力部隊，對羌人的據點平襄（甘肅通渭縣西）發動強攻。據守於此的滇零羌部落共計數萬人，與漢軍人數相當。雙方大戰的結果出人意外，驍勇的羌人擊敗了名將任尚，任尚損失八千人馬，被迫撤出戰鬥。

此役是關鍵性的戰鬥，滇零羌的勝利不僅使羌軍聲威大振，而且也樹立滇零部落在羌人中的領導地位。

相比軍事上的失利，經濟上的困境更加嚴峻。此時從金城、隴西通往東部的通道被羌人切斷，內地的糧食難以運抵邊關，導致湟中地區（金城郡）的糧食價格飛漲，小米每石價格竟然破天荒地漲到一萬錢！大批百姓破產，要麼餓死，要麼不得不逃亡，真是餓殍遍野，慘不忍睹。

面對此種局面，朝廷不得不轉攻為守，召回車騎將軍鄧騭，留下任尚據守漢陽，節度眾軍，將百姓盡量向東轉移到長安一帶。

滇零羌乘機擴張勢力，東進到安定郡與北地郡，已經對長安構成嚴重的威脅。

滇零羌是先零羌的分支，因為其首領名為滇零，故以此名之。滇零確實是一位傑出的羌人領袖，擊敗任尚之後，他躊躇滿志，遂佔據北地，自立為天子，與東漢皇帝分庭抗禮。

羌亂的範圍急劇擴大。戰爭從涼州（包括河西四郡、金城、隴西、漢陽、安定、北地、武都等郡）擴大到了并州與益州。涼州除河西四郡賴梁慬之力暫保無虞之外，其餘諸郡均陷入苦戰中。滇零派人前往上郡、西河郡（以上二郡屬并州），策反當地的羌人部落。同時武都郡（屬涼州）的參狼羌也叛反，回應滇零。戰爭發展速度之快，令人不可思議。羌人南下進攻益州，擊破漢中郡，殺死太守董炳。

更為嚴重的是，羌人從北、西北、西三面開始進攻長安。

此時漢帝國的舊都長安局勢岌岌可危了。長安北部的上郡、西河，西北的北地、安定，西部的漢陽、武都均落入羌人的勢力範圍。長安城三面臨敵，這是帝國的舊都，絕對不能丟失，否則後果不堪設想。

永初三年（一〇九年）春，東漢政府派騎都尉任仁率諸郡部隊緊急馳援長安城。然而任仁並非名將，屢次出戰，都被兵鋒正盛的羌軍擊敗。此危急存亡之秋，朝廷政要們不約而同地想到一個人：梁慬！

除了戰無不勝的梁慬，還有誰可擔解救長安城的重任？

此時的梁慬已經被朝廷委派駐守在金城郡，接到羌人圍攻長安城的消息後，他臨危受命，率領自己轄下的精銳部隊，火速啟程，馬不停蹄，經漢陽郡東進長安城。在長安城以西的武功、美陽等地，梁慬遭遇到羌軍主力。他勇冠三軍，勢不可擋，接二連三地擊諸羌的進攻。在戰鬥中，梁慬負傷，但他以堅忍的毅力，裹創猶戰，堅持戰鬥在第一線，其勇猛的氣概鼓舞了全軍將士，終於遏制住羌人的進攻，使長安城轉危為安。

羌軍在長安城外失利了，但是在金城郡、隴西郡卻取得了重大勝利。

隨著梁慬率軍離開金城郡前往救援長安城，金城郡的漢軍守備力量大大削弱了。當煎羌與勒姐羌乘機發難，聯合起來進攻破羌縣。看來破羌縣的名字不符實，不僅沒有破羌，反倒被當煎羌與勒姐羌攻破。

在隴西郡，先零羌的分支鐘羌部落將矛頭對準其南部重鎮臨洮，這是東漢在西部最重要的軍事據點之一，漢政府在此設置了南部都尉府。羌軍的力量突然變得如此之強大，實在令人費解，鐘羌一鼓作氣攻克臨洮，生擒南部都尉。

屋漏偏逢連夜雨。

帝國的霉運接二連三，愈演愈烈的羌戰已經讓朝廷焦頭爛額了，一場恐怖的大饑荒又不期而至。這一年，首都洛陽及四十一個郡國連遭暴雨成災，洛陽以及涼州、并州地區發生大饑荒。在天子腳下的洛陽城內，竟然發生了易子相食的人間慘劇，而其他受災區的慘狀更無以言表了。

禍不單行，北方的烏桓也趁勢進攻上谷、代郡；在東方，海盜張伯路趁火打劫，擾掠緣濱九郡；更要命的是，歸附已久的南匈奴人又在背後插上一刀，竟然也叛亂起兵，使得局勢更加混亂不堪。

東漢救火隊英雄梁慬剛剛撲滅羌人在長安城外燃起的戰火，又被派往北部戰線對付南匈奴人。

為了加強長安城的防衛，永初四年（一一〇年），朝廷在長安及附近的雍縣設立京兆虎牙都尉與扶風都尉，並將在前線久戰無功的征西校尉任尚調回長安城。

這時漢軍在北方與南匈奴叛軍正展開激戰，滇零羌軍又發兵攻打褒中（位於益州轄下的漢中郡）。陷入兩線作戰的漢軍處境十分不利，束手無策的大將軍鄧騭心亂如麻，便出了一個餿主意：放棄涼州，退保長安，避免兩線作戰，全力解決南匈奴叛變。

鄧騭有自己的一套理論：「這好比兩件衣服都破了，用其中一件去補另一件，這樣還可以有一件衣服，如若不然，則兩件衣服都不能穿了。」驚慌失措的公卿大臣也沒有什麼更好的方法，同意了鄧騭的看法。

此時有一個人挺身而去，對抗鄧騭的權威。這一名小小的郎中，姓虞名詡。虞詡位卑言輕，沒有機會將意見傳達給大將軍鄧騭，他便轉告太尉張禹說：「大將軍以補衣為喻，認為兩件破衣服，犧牲一件可以保全另一件。可是我卻認為現在的時局就像人身上的瘡疽，如果任由其發展，將擴散到全身，最後會潰爛而體無完膚。」

張禹聽罷怔了一下，問道：「此話怎麼說？」

虞詡答道：「大將軍欲放棄涼，我以為有三點不可：第一，先帝們開疆拓土，經歷一番艱辛之後才得到這些土地，如今僅僅擔心一些小小的費用便要放棄，這實在辜負先人奮鬥的事業；第二，一旦放棄涼州，長安一帶便成為邊塞之地，而歷代皇家陵園都集中在此地；第三，俗話說「關西出將，關東出相」，烈士武臣，大多出自涼州一帶，這裡民風強悍，熟悉兵事，如今羌胡之所以不敢入據長安，正是因為受到涼州的牽制。涼州百姓之所以能夠衝鋒陷陣、披堅執銳、冒矢石於行陣之列，父死於前，子戰於後，而義無反顧，正是因為涼州之地屬於大漢帝國。倘若割棄涼州，那麼涼州百姓必然怨恨被帝國所拋棄，倘若因此有英雄豪傑，趁著天下饑饉、海內虛弱之機，卒然起兵謀變，以氐羌為前鋒，席捲而來，那麼即便是有孟賁、夏育這樣的勇士、姜太公這樣的良將，恐怕也抵擋不住。如此一來，函谷關以西、皇家陵園、舊都長安將不再是大漢的土地了。」

張禹聽得頭上直冒冷汗，對虞詡連連稱謝道：「這些事都是我沒有想到的，要是沒有先生的一番話，我幾乎要誤了國家大事了。」

於是張禹提議召開「四府」會議（太傅、太尉、司徒、司空之府），在會議上，他轉述虞詡的建議。四巨頭討論的結果，認為虞詡所言甚是有理，於是推翻了大將軍鄧騭所提出的「放棄涼州」的建議。

虞詡的一番精采的分析，終於使鄧騭的危險意見在最後一刻被否決，懸崖勒馬，最終保全了東漢帝國的西部領土，同時也保住了河西走廊，否則絲綢之路將被斷絕，而後來班勇復通西域的傳奇也不會發生了。虞詡的成功在於抓住「皇家陵園」這個敏感之地，倘若放棄涼州而遭致歷代皇陵被毀，這個責任是誰也無法承擔的，包括權傾天下的大將軍鄧騭。虞詡讓大將軍鄧騭很沒面子，鄧騭想方設法要陷害他。但是智勇雙全的虞詡不僅沒有被鄧騭所打倒，反倒成為東漢的一代名將，這其中頗令人玩味的故事，留待後文詳述。

令鄧騭感到慶幸的是，在梁慬的神勇表現下，連連挫敗南匈奴的叛軍，這一年（一一〇年）四月，南匈奴投降。北方南匈奴之亂的平息，使東漢帝國避免了兩線作戰的巨大壓力，從而可以騰出手來，全力向西進攻諸羌。

雖然南匈奴的投降讓漢軍喘了一口大氣，但是在西部戰場上，羌軍仍然銳不可擋。

羌人南下益州，對漢中郡的褒中發動進攻。漢中太守鄭勤親自守城，羌軍一時無法攻破，便解圍而去，四處大掠。時過不久，羌軍再度對褒中展開攻擊，鄭勤率部迎戰，結果大敗，鄭勤被殺。

西部地區的百姓生活愈發艱難。除了戰爭帶來的災害之外，漢軍也有一部分軍隊軍紀極差，其中騎都尉任仁所率的部隊，表現最為惡劣。這個任仁在前線與羌軍多次交鋒，屢戰屢敗，是一個著名的常敗將軍。不獨這樣，其手下的士兵也放縱無度，與土匪強盜無異。朝廷下令將任仁逮捕，以囚車押回首都洛陽交給廷尉審訊，下獄處死。

永初五年（一一一年）是羌亂以來形勢最為嚴峻的一年。

這一年，先零羌向帝國的心臟發動進攻。羌軍東渡黃河，接連入寇河東郡與河內郡。河東郡與河內郡乃是帝國首都洛陽的北面兩郡，此時羌軍前鋒距離洛陽不到二百里。京師震動！帝國狼狽不堪。

久未經戰亂的百姓大批向南逃亡，南渡黃河，湧向洛陽。形勢十分危惡。

自西漢時代老上單于入侵以來，漢帝國首都又一次面臨巨大的挑戰。

朝廷急令北軍中侯朱寵率北軍五營的精銳部隊，駐屯於洛陽以北黃河南岸的重鎮孟津，並且嚴令魏、趙、常山、中山諸郡國緊急修築六百一十六座防禦堡壘，以戒備羌軍勢力的擴張，總算遏制住了羌軍的進攻。

這場羌戰受苦最深的仍是尋常百姓。東漢帝國在軍備上有一重大失策，便是內地郡縣的地方武裝十分弱小，以致於當戰火燃燒到內地郡縣時，沒有足夠強大的地方武裝來抗衡羌軍。而此時中央軍隊以及邊郡駐軍都用於第一線作戰，或者防衛首都的安全，以致於兵力顯得十分不足。

面對許多郡縣遭羌軍的進攻，朝廷下令這些郡政府遷移。隴西郡遷往襄開，北地郡遷往池陽，安定郡遷往美陽，上郡遷往衙縣。

為了打破先零羌在黃河北岸對洛陽構成的威脅，朝廷派遣任尚率軍北渡黃河，趕走北岸的羌軍。任尚不負重望，他率軍向北突進，最終在上黨地區的羊頭山與先零羌軍展開決戰，最終擊破羌軍，誘殺羌軍降者二百餘人，羌軍向北逃竄。首都洛陽終於轉危為安。

羌人這種流寇式的作戰，如疾風烈火。此戰略的破壞性極大，尤其是漢帝國的經濟打擊極為巨大，但是從軍事角度來看，這種戰法有著致命的弱點，即作戰半徑過大，沒有穩固的根據地，沒有堅強的後方。在羌人起事最早的金城、隴西、漢陽等郡，漢軍的實力仍然頗強，一些重要的要塞與城池仍舊在漢軍手中，所以一旦羌騎的狂風過後，這些蟄伏的軍事力量將是挫敗羌人的重要保障。

也有一些漢人回應羌人。漢陽郡人杜琦、杜季貢兄弟以及王信等人，在上邽城聚眾起兵。杜琦自稱「安漢將軍」，引起朝廷的震怒，下令懸高額賞金購杜琦的人頭，漢人殺杜琦者得一百萬錢，羌胡人殺杜琦者得一百斤金、二百斤銀。重賞之下，必有勇夫，漢陽太守趙博派刺客杜習潛入上邽城內，刺殺了杜琦，然後派遣軍隊圍剿叛軍，擊殺王信等六百餘人，杜季貢僥倖逃跑，前去投奔自立為「天子」的羌人首袖滇零。

永初六年（一一二年），羌人領袖滇零病死。羌人部落極多，而且矛盾很深，在滇零的領導下，民族向心力有所加強，也因此成為東漢的勁敵。滇零死後，其子零昌也立為天子，繼續與漢朝分庭抗禮。然而，滇零時代的鼎盛期已經過去了。

# 二六、漫長的戰爭：一〇七年—一一八年羌亂紀實（下）

經過六年的戰爭後，羌、漢雙方都筋疲力盡，戰爭進入一個相持的階段。羌軍無力再度發動強大的進攻，而漢軍則開始小規模的反擊。

永初七年（一一三年）的秋季，護羌校尉侯霸與騎都尉馬賢率先發動反擊，發兵襲擊了安定郡的先零羌的分支牢羌，俘虜了一千多人，繳獲馬牛羊等兩萬多頭。

這次勝利仍然無法扭轉漢軍的被動局面。次年，羌人酋豪號多會同當煎羌、勒姐羌等諸羌騎兵攻掠武都郡、漢中郡以及巴郡。地處益州的西南夷板楯蠻族與漢軍並肩作戰，經過一番血戰之後，號多戰敗，向北逃去，與零昌會合，再次切斷了隴西通往長安的通道。

為了打通交通線，護羌校尉侯霸與馬賢向西進攻號多的羌軍，並在枹罕再破號多，殺死羌軍二百餘人。作為策應，涼州刺史皮楊也率軍進攻狄道，但是卻被羌軍打得大敗，損失了八百多人。

征戰多年積勞成疾的侯霸病逝於兵營中，由漢陽太守龐參接任護羌校尉。

龐參是東漢時期赫赫有名的人物。據史書的記載，龐參「勇謀不測，卓爾奇偉，高材武略」，曾擔任左校令，後來不知犯了什麼法，被關進若盧監獄中。羌戰的爆發給龐參一個崛起的機會，他在獄中給朝廷上書，提出自己對戰爭的看法，得到特赦，被委派到三輔（長安地區）督諸軍，為保衛長安貢獻甚大。其後龐參擔任羌亂十分嚴重的漢陽地區的太守，在任期間，他抑強助弱，剛正良直，政績卓著，故而侯霸去世後，朝廷將護羌校尉的重職交給他。

上任伊始，龐參便對諸羌部落發動外交戰，恩威並施，瓦解羌人同盟。此時羌人的領袖滇零已經去世，他的兒子零昌威望不足以服眾，群龍無首。在龐參的外交攻勢下，號多等羌豪率部眾歸降東漢政府。這樣，龐參兵不血刃，打通中斷已久的河西通道。

侯霸與龐參相繼打通了隴西通道與河西通道。這是漢軍戰略上的重大勝利，至此，河西四郡（敦煌、酒泉、張掖、武威）、金城郡、隴西郡、漢陽郡、安定郡與東部長安洛陽的交通線暢通無阻，從而把曾經連為一片的羌人區分割成幾個區域，為漢軍逐個擊破打下了堅實的基礎。

隴西通道與河西通道的復通，意味著北地郡的零昌部落與南方的武都、益州的羌人區被阻斷。零昌意識到這種情況的危險，他派部將呂叔都率軍南下益州，企圖打通與益州諸羌的交通線。

中郎將尹就率部對呂叔都進行攔截，呂叔都經過幾番進攻，仍然不能突破尹就的防線。尹就派遣蜀郡勇士陳省、羅橫二人，祕密潛入敵人營中，刺殺呂叔都。呂叔都一死，表示零昌企圖再度聯合益州羌人的計畫破產。此後，羌軍遂陷入各自為戰的尷尬境地之中。

東漢政府開始著手大反攻的戰略。戰略反攻的重點分別是盤踞於北地郡的零昌部落與盤踞在武都郡的參狼部落。元初二年（一一五年），大反攻的序幕拉開了。

因為零昌部落的勢力範圍北地郡位於長安之北，朝廷任命班雄（班超的長子）駐守長安一帶，而突擊力量則為征西大將軍司馬鈞統領的關中諸郡兵共計八千人，以及護羌校尉龐參統領的歸降的羌胡騎兵七千餘人。

司馬鈞與龐參兵分兩路，分進合擊。

羌軍的主將是漢人杜季貢。三年前，杜季貢叛逃投奔羌天子滇零，滇零很是欣賞杜季貢的才華，封他為將軍，駐守在丁奚城（寧夏靈武縣）。在滇零死後，零昌因為年齡還小，便將軍事指揮的重任交給了杜季貢。杜季貢頗有兵略，而且作戰驍勇，倒是有幾分本事。

龐參率七千名騎兵抵達勇士（地名，在甘肅省榆中縣東），杜季貢以羌軍精銳迎戰，龐參吃了敗仗，被迫撤出戰鬥。

在沒有龐參部隊的支援下，司馬鈞仍然孤軍深入，兵臨丁奚城下。此時杜季貢剛與龐參惡戰了一場，兵疲馬困，心知抵擋不住勢力正盛的司馬鈞，象徵性地抵擋一番後，便放棄丁奚城，假裝逃跑。其實杜季貢並沒有走遠，而是潛伏在附近等待時機。

司馬鈞進入丁奚城之後，派下屬仲光帶著三千人出到城外，去收割羌人的莊稼。仲光出了城之後，並不去收割莊稼，反倒率眾軍士追擊杜季貢的羌軍，不想卻中了埋伏。仲光違抗軍令，自作主張，司馬鈞在憤怒之下，拒絕派遣軍隊前往救援。仲光的三千人馬在杜季貢主力的包圍之下，全軍覆沒。

杜季貢乘勝殺回丁奚城，司馬鈞不能抵擋，匆匆撤軍而去。

第一次對零昌的攻擊就這樣草草而終。

司馬鈞與龐參都沒有躲過朝廷的追究，兩人被逮捕下獄。司馬鈞在明知仲光被圍的情況下，意氣用事，置之不理，自知其罪難逃，在獄中自殺身亡。

龐參失期，又謊稱有病，這個罪責也是相當重的，賴校書郎中馬融極力向朝廷稱道龐參智勇雙全，應寬宥其過失，使其戴罪立功，方才保住一條性命。龐參被解職，由馬賢擔任護羌校尉；久經沙場的任尚被任命為中郎將，朝廷從各郡國招募了約二十萬的步兵，陣容頗為龐大，準備發動第二次對零昌的打擊。

任尚很幸運，在他走馬上任之前，得到一位高人的指點。

這位高人是誰呢？正是幾年前以莫大勇氣反對大將軍鄧騭放棄涼州的虞詡，如今的他還只是個小小的懷縣縣令。但他對任尚說的一番話，卻令這位久經沙場的悍將也不得不佩服。

虞詡對任尚說：「將軍多次臨危受命，討逐群賊，掌控三州屯兵二十萬人。士兵們放棄農活，苦於兵役，卻徒勞無功，人力物力的消耗極大，倘若此行無功而返，那麼將軍的處境就很不妙了。」

這話真講到任尚的心裡了，任尚嘆氣道：「此事我也憂心忡忡，但不知如何才好。」

虞詡說道：「兵法有云：『弱不攻強，走不逐飛。』這是形勢使然，北地的羌人雖然人數不多，但皆為騎兵，日行數百里，來如風雨，去如絕弦，以步兵追擊騎兵，肯定是徒勞無功。兵貴精不貴多，我為將軍考慮，最好的辦法是裁撤二十萬的屯兵，讓每位士兵捐數千錢，這樣每二十名士兵的捐款可以購得一匹馬，總共可以購得一萬匹馬。這種做法，即有利於屯兵返回家鄉從事農業生產，又能為國家節省開支。這麼一來，可以組建一支一萬人的輕騎兵部隊，便能對羌人進行圍追堵截，必定可大功告成。」

任尚聽完不禁一動，馬上將此計畫上報朝廷。朝廷認為可行，於是詔罷二十萬屯兵，組建一萬精銳的騎兵。

有賴虞詡的計謀，任尚牛刀小試，率輕騎兵北上丁奚城，與杜季貢打了一仗。結果證明虞詡的見識實在高明，任尚率部斬殺四百餘名敵軍，繳獲的牛、馬、羊等數千頭。

連任尚這樣身經百戰的將領對虞詡都言聽計從，這引起了帝國實際統治者鄧太后的注意。她聽說虞詡有將帥之才，便大膽起用，將他從縣令的位置提拔為武都太守。

虞詡是東漢時代最傑出的將領之一，也是最富謀略的人物。我們先來說說虞詡的故事。

當大將軍鄧騭企圖放棄涼州時，虞詡以莫大的勇氣，挑戰鄧騭的權威，最終使得「放棄涼州」的主張被朝廷否決。因為這件事，他得罪了大將軍。鄧騭想置他於死地，便想了一個借刀殺人的伎倆。當時朝歌正爆發一場嚴重的暴動，州郡圍剿數年之久，仍然無法平定。鄧騭便將虞詡派往朝歌擔任縣令，想藉暴動者之手殺了虞詡。

鄧騭的陰謀實在太昭彰了，虞詡的朋友都為他捏了一把汗，可是虞詡神色自若，他笑著對朋友說：「遇事不避艱難，這是職責所在；不遇盤根錯節的複雜局面，便不能真正甄別誰是真正英雄。這正是我建功立業之秋也。」遇到陷害，不怨天尤人，不長嗟短歎，不怒氣沖天，不躲避責任，而是當作人生的挑戰，面對挑戰迎難而上，這就是虞詡。虞詡不僅沒有被消滅掉，反倒把朝歌的暴動平息了。

接到鄧太后下達的詔書後，虞詡走馬上任武都太守。

虞詡即將上任的消息傳出後，羌人準備送給他一個見面禮，他們派數千人馬埋伏在陳倉崤谷之中，準備在半途中遮殺虞詡。

虞詡率軍行進到崤谷的谷口時，先派偵察兵前去偵察，發現有羌軍伏兵。他下令停止前進，在谷口安營紮寨，並故意放出風聲，稱他已經上書朝廷，請求增調更多的軍隊，要等待援軍到達之後方才要繼續行軍。羌軍伏兵一見虞詡這架式，看來十天半月是進不了山谷中了，在山上蹲點也確實辛苦，於是便各自散去，前往附近的縣鄉大肆抄掠。

偵知羌軍散去後，虞詡立即命令將士拔寨啟程，迅速穿越山谷，一日奔馳一百餘里。等羌軍發現後，虞詡已經穿過峭谷了。羌軍十分懊惱，便一路追蹤，尾隨而至。

由於羌軍人數眾多，一旦交戰，對虞詡十分不利。要怎麼辦呢？經過一天的行軍之後，虞詡命令每位士兵各做兩個爐灶，第二天便每人做四個爐灶，以後數日，爐灶的數量越來越多。

不僅是羌軍，虞詡的部下也十分納悶，問道：「我等有兩個地方十分不解。其一，孫臏以前曾用減灶的方法大破魏軍，而您怎麼卻反其道而行，反倒增加爐灶呢？其二，兵法書上說，每日行軍不宜超過三十里，以防不測，可現在您卻命令一日行軍二百里，這卻是為何？」

虞詡笑道：「羌軍人數眾多，我軍兵力少，如果行軍速度太慢，就容易被羌軍追上。我們一路狂奔，羌軍對我們的情況就一無所知，他們即便尾隨而來，見到我們留下的爐灶與日俱增，一定會判斷是郡守軍來迎接我。這樣羌軍會憚忌我兵力眾多，勢必不敢追擊。孫臏減灶是為了向敵軍示弱，而我增灶則是為了向敵軍示強，這是因為戰場形勢不同的緣故。」

此言一出，眾皆嘆服。不出所料，羌軍被虞詡的障眼法迷惑住了，以為漢軍的兵力不斷增強，不敢貿然發動進攻。這樣，虞詡有驚無險地安全抵達武都郡。

此時羌軍氣焰正熾，武都郡有一縣城，名為赤亭，羌軍兵臨城下已有數月之久。赤亭守軍僅有三千餘人，而羌軍人數多達數萬人。形勢極其嚴峻。虞詡到任後，即刻趕赴赤亭。雖然局勢險惡，但智勇雙全的他有排除萬難的堅強意志，他喜歡接受嚴峻的挑戰，憑藉堅定不移的信念與非凡的軍事才華，他可以擊敗一切困難險阻。

這一戰，將成就虞詡東漢名將的威名。

赤亭雖然不大，但是城池極為堅固，且武器充足。憑藉威力強大的強弩，三千守軍頑強地頂住數萬羌軍的攻勢。然而相持局面對於守軍十分不利，長期消極防禦必然會陷入被動局面。如何把被動化為主動呢？這沒有難倒足智多謀的虞詡。

一個計謀悄悄出現在虞詡腦滿中，他下達命令：守城士兵全部撤去強弩，改為使用小弩。此令一下，士兵們都困惑不解：只有強弩可以射穿羌軍的盾牌，遏制羌軍的進攻，怎麼新上任的太守偏要使用小弩呢？

當城外的羌軍發現漢軍改強弩為小弩時，大家都樂了：看來漢軍威力強大的勁弩已經沒有箭矢了，小弩的殺傷性不足為懼，於是集結重兵，準備破城。

羌軍如潮水般地向城下湧來，虞詡耐心地等待機會。他觀察戰況，當羌軍密集地進入到強弩的射殺範圍時，果斷地下令諸軍士改換強弩，以二十張強弩為一個射擊單位，密集射殺一個目標。只要哪個羌軍戰士被選定為射殺目標，試想想一口氣二十支利箭一起迎面飛來，焉有活命之理？這種密集朝一個目標發射的戰法，令羌軍人人自危，膽戰心驚。虞詡的這項軍事創造可謂是真知灼見，大大提高了射擊的殺傷效率。

在強弩的密集殺傷之下，羌軍傷亡慘重，被迫撤退。虞詡見敵軍混亂，不失時機地打開城門，奮勇出擊，又斬獲頗多，終於遏制羌軍的攻勢。

為了迷惑羌軍，虞詡又採用疑兵之計，命令全體戰士從東門偷偷地溜出去，然後大搖大擺地從北門入城。一進到城內，馬上更換服裝，又從東門溜出去，再從北門逛回來。如此往返數次，令羌軍首領產生了重大誤判，誤以為大批東漢援軍已經進入赤亭城內。羌軍首領作出了一個致命的決定：撤退。

可是羌人做夢也沒想到，其實武都城內不過就是三千人，他們中了虞詡的奸計。「兵不厭詐」，虞詡以令人眼花撩亂的伎倆，最好地詮釋了這個軍事名詞。

虞詡觀察羌軍兵營動向，準確地判斷他們很快就會撤軍，便派了五百名勇士偷偷地潛行羌軍的後方，在一條河流的淺水處埋伏。一切盡在虞詡的掌握之中，果不其然，羌軍撤退了。當他們行至淺水處時，埋伏在旁的五百名勇士奮勇殺出。與此同時，虞詡親率城內守軍奮勇追擊，前後夾擊，大破羌軍。此役可謂是東漢戰爭史上經典一戰。

經此一戰，武都郡內的羌軍基本上瓦解，四處潰散。

龐參策反羌酋號多及虞詡大破武都羌，使得涼州地界的內河西四郡、金城、隴西、武都、漢陽、安定等郡的羌亂基本上偃旗息鼓，只有零昌仍然盤踞於北地郡。元初三年（一一六年），朝廷決定對零昌發動第三次攻擊。

漢軍兵分兩路，度遼將軍鄧遵率南匈奴一萬名騎兵南下，進攻零昌的大本營靈州（甘肅靈台縣），中郎將任尚北上，進攻杜季貢駐守的丁奚城。

五月，鄧遵率先發動進攻，在靈州城下大戰羌軍，羌軍損失八百人。六月，任尚的軍隊抵達丁奚城，擊敗杜季貢率領的羌軍，杜季貢放棄丁奚城逃竄。緊接著，任尚招募了一支敢死隊，向零昌部落發起突襲。這次突襲使羌軍七百餘人陣亡，其中包括零昌的妻兒子女，焚毀羌人帳落，繳獲牛、馬、羊兩萬多頭。

次年（一一七年），任尚派出五名刺客，混到杜季貢的軍中，尋機刺殺了杜季貢。杜季貢是羌軍中最有才能的將領，也是羌軍中的漢人將領，他的遇刺身亡，使得零昌走向覆滅的步伐更加快了。同年九月，任尚故伎重演，又派一名刺客潛入零昌軍中，刺殺零昌。一年之內，羌軍最重要的兩個頭目都遇刺身亡。另一位羌人首領狼莫收集零昌與杜季貢的部下，繼續頑強抵抗。

這一年的年底，任尚會同騎都尉馬賢共同進擊狼莫。

馬賢率軍向東進發，在青石岸與狼莫的羌軍相遇。馬賢吃了敗仗，撤退到高平（寧夏固原），與任尚兵團會師之後，聯合發起進攻，狼莫退守富平。雙方對峙了六十餘日，最後漢軍打破僵局，突破羌軍的防線，大破狼莫，此役羌軍遭到重創，陣亡五千餘人，被繳獲的牲畜數量多達十萬頭。狼莫逃離富平城，竄入上郡。至此，北地郡的羌亂被平息。

羌人反叛的核心力量、先零羌零昌部落的覆滅，意味這場戰爭漸入尾聲了。在戰亂波及到的益州與并州，群龍無首的羌人部落紛紛投降。

西河郡的虔人羌部落一萬一千人向度遼將軍鄧遵投降。不久後，鄧遵派羌人雕何，前往上郡刺殺先零羌的首領狼莫。至此，這場歷時十二年（一〇七年—一一八年）的羌亂終於宣告結束。

這場羌亂乃是東漢盛衰的分水嶺，其波及範圍之廣，多達數十個郡，羌人破壞性的流寇作戰，也摧殘其所經之地的經濟生產，戰爭烽火甚至抵達帝國的首都洛陽的附近。這是一場軍費開支驚人的戰爭，政府在十一年中用於軍事上的支出，竟然高達二百四十億之多，致使國庫枯竭，物價飛漲，民不聊生。在戰爭的重災區的涼州、并州一帶，更是白骨棄野，蕭瑟淒涼。

羌亂暫告一段落，疲備不堪的帝國終於可以小小喘上一口氣了。

漢帝國為什麼在這次羌亂中如此狼狽不堪，以致於甚至想要放棄涼州呢？其中的原因很多，最重要的一點便是東漢時代軍事力量的不足。

東漢時代不乏名將與英雄，但是整體的軍事力量遠不及西漢，其原因始於光武帝劉秀。劉秀不僅是名君，同時也是名將，在其麾下，猛將如雲，所以東漢初始，軍事力量十分強大，絲毫不遜色於西漢。然而崇尚儒學的劉秀「在兵間久，厭武事」，自隴蜀平定後，「未嘗復言軍旅」。到了晚年，「退功臣而進文吏，戢弓矢而散牛馬」，偃武修文，不尚邊功。

光武帝對軍制的改革對東漢未來的軍事發展影響極深遠。建武六年開始，光武帝開始大幅裁撤地方武裝，詔罷郡國都尉官；建武七年，詔「罷輕車、騎士、材官、樓船士及軍假吏」；這兩道詔令使東漢一朝的地方武裝一直十分脆弱。反觀西漢時代，地方郡國武裝十分的強大，在平地地區有「輕車」「騎士」兵種，在山林地帶設有「材官」兵種，在江湖地帶設有「樓船士」兵種，各封國亦有強大的軍隊。

東漢不僅在地方軍事力量上不足，在邊郡屯兵數量與品質上也不如西漢。在漢武帝時代，西漢邊疆屯兵最多時人數達到六十萬人。東漢雖然在邊疆也保留比較多的兵力，但是這些軍隊成分複雜，夾雜大量歸降的羌胡騎兵。在東漢對外戰爭中，羌胡騎兵是重要的倚靠對象，這是一把雙刃劍，羌胡騎兵既為東漢帝國的安全做出巨大貢獻，同時也成為潛在不穩定的因素。一旦羌胡叛變，帝國的邊防便陷入捉襟見肘的窘境。

# 二七、宮廷上的唇槍舌戰

鄧太后是一個美麗、聰明、勤政、富於權謀卻頗有人情味的女人。作為女人，她幾近完美；作為大帝國的統治者，她雖然算不上有雄才大略，但還是小心翼翼地使帝國之舟緩慢地前行，不致於觸礁沉沒。即便如此，帝國之舟也已經被撞得遍體鱗傷了。

在執掌權柄的十五年裡，光大規模的羌戰就佔了十二年，這個太后不好當！好不容易總算平定了羌亂，西域問題又接踵而至。

朝廷不是已經放棄西域了嗎？怎麼還有問題呢？因為北匈奴又捲土重來了。

我們先來看看，自從金微山大戰後，消失無蹤的北匈奴怎麼又回來了。西元九十一年，北匈奴在金微山遭到重創後，不知去向，據猜測，應該是西遷到了中亞巴爾喀什湖附近。曾經不可一世的匈奴人夾起尾巴，躲起來苦練內功。在此後十來年的時間裡，他們從中國人的視野中消失了。曾經被北匈奴控制的西域，也成為班超的囊中之物。直到西元一〇四年（班超去世後二年），躲躲藏藏的北匈奴人終於冒泡了，北單于派了一名使臣抵達洛陽，請求與東漢帝國和親，重修呼韓邪單于的故約。可是朝廷根本不把這頭瘦死的駱駝放在眼裡，想都不用想，一口拒絕了。

第二年（一〇五年），北匈奴再次派出使者到敦煌，打算向東漢政府獻上貢物，但富饒的大帝不稀罕他們的玩意兒，仍然將他們拒之門外。此時北匈奴部眾蝸居在荒寒且乾旱的北方，生活艱辛，十分狼狽。正當他們為未來憂心忡忡時，忽然一個良機從天而降。西元一〇七年，東漢政府因為無力控制西域的叛亂局面，宣布從西域撤軍。對北匈奴人來說，這可是捲土重來的大好機會。

可是就憑那幾個殘兵敗將，能成為西域的霸主嗎？顯然不太可能，要統治西域，靠的是實力。可是北匈奴的運氣不算太差，我們在前面說過，歸附東漢的南匈奴曾有過一次二十萬人的大叛逃，這些人中的一部分，最後與北單于的殘部會合了。就這樣，北匈奴經過將二三十年的休生養息之後，慢慢恢復了強壯的肌體。

北匈奴的勢力慢慢向西域滲透，到西元一一九年（安帝元初六年），終於以武力控制了西域，重新成為西域諸國的宗主國。被東漢政府視為累贅的西域，卻被北匈奴視為富饒的後花園。現在又有一大群嘍囉兵可供北匈奴驅使，北單于便不斷地騷擾帝國邊關。

敦煌太守曹宗心裡有點煩，因為敦煌作為東漢帝國最靠近西域的一個郡，面臨匈奴人嚴重的威脅。他想來想去，最後決定給朝廷上一道奏章，建議再次派軍隊進入西域。朝廷也確實頭痛，當初放棄西域的時候，只當是甩掉一個包袱，豈料卻埋下一顆地雷。現在不得不考慮亡羊補牢的辦法了。於是朝廷批准了曹宗的計畫，派長史索班率一千餘人進駐西域的伊吾地區進行屯墾。

漢軍重入西域，果然很快產生鎮懾的作用，車師前國與鄯善再度歸附東漢。

可是，這支象徵性的屯墾部隊很快便遭到滅頂之災。

西元一二〇年（安帝永寧元年）三月，北匈奴夥同車師後國的軍隊，猛攻伊吾。在北匈奴兵團的優勢兵力之下，一千多人的屯墾部隊，焉能抵擋，很快便被擊破，長史索班陣亡。北匈奴軍隊揮師南下，佔領車師前國。車師前王落荒而逃，匈奴再度控制塔里木盆地的北道。位於南道入口的鄯善國形勢岌岌可危，鄯善國王緊急向敦煌太守曹宗求助。

對北匈奴的囂張氣焰，曹宗義憤填膺，上書朝廷，請求出兵五千人反擊北匈奴，以報索班被殺之仇，並重新奪回西域。朝廷中吃閒飯的公卿大夫很不以為然，他們認為當務之急，是關閉玉門關，與西域斷絕關係。

此時還把持大權的鄧太后沒了主意。邊關的將領們力主出擊，朝中的公卿卻力主固守，到底要聽誰的呢？鄧太后想起了一個人，那個人對西域的情形最為了解。這個人是誰呢？正是班超的兒子，在西域出生成長的班勇。

班勇是班超的幼子，也是他最疼愛的一個兒子。班勇的性格與父親很像，果斷勇敢，機智過人，能言善辯。他出生於西域，對那裡的風俗人情再熟悉不過了。鄧太后徵召班勇上殿，把曹宗的意見與公卿的意見擺出來，詢問班勇的意見。

對於朝廷放棄西域的作法，班勇早就認為是短視行為，沒有深謀遠慮。他沒有直接回鄧太后的問題，而是先分析西域對帝國安全的重要性。

西域的重要性，在於「奪匈奴府藏，斷其右臂」。匈奴人把西域諸國看作自家的倉庫，在漢軍從西域撤兵後，匈奴人捲土重來後，「遣債諸國，備其逋租，高其價值，嚴以期會」，在班超控西域以前，匈奴人每年要向西域諸國攤派各種稅租，金微山之戰後，匈奴戰敗逃遁，西域諸國就不再繳交這筆費款了，但是現在匈奴人又回來了，逼迫他們把這些年欠下的各種費款統統補繳，還在原先價格的基礎上提高了一部分，作為利息。為了防止諸國抗繳，還嚴格規定了最後的期限。這使得西域許多國家都懷念漢帝國的恩德，想要歸附漢室，卻沒有門路。班勇進一步指出，西域諸國之所以經常叛變，「皆由牧養失宜，還為其害故」，問題是出在漢朝官員在西域的管理不當。

接著，班勇對曹宗的「反擊匈奴」與公卿大夫的「棄西域」兩種觀點各打五十大板。

班勇說：「現在曹宗因為屯田部隊的慘敗而感到羞恥，急著報仇雪恨，卻不知道今天的情形不同於往日。如今國庫並不充實，大軍出動之後，沒有後繼兵力，軍隊深入蠻荒之境，成功的機率不到萬分之一。如果因為貿然出擊而兵禍連連，就會後悔莫急，這是示弱於蠻夷，暴短於海內。所以我認為，不能批准曹宗的請求。」

在經歷西元一〇七至一一八年的十二年羌亂後，東漢帝國已是國庫空虛，這次平羌戰爭的耗費是天文數字，政府的戰爭支出竟然高達二百四十億。同時，東漢地方武裝力量極為薄弱，使得後備兵源非常少，臨時徵募的部隊沒有嚴格的軍事訓練，協同作戰能力很差，這就是班勇所說的缺乏後續兵力。

不能貿然出兵西域，那麼是否放棄西域呢？不，班勇同時反對朝中公卿提出的「放棄西域」的觀點。那麼還有第三種主張嗎？有。他提出了自己別出心裁的見解：「在永元年間，政府在敦煌設有西域副校尉，駐軍三百人，後來撤銷了，現在應當要恢復。另派遣西域長史率五百名士兵，駐屯在鄯善，向西可以控制焉耆、龜茲的交通，向南可以給鄯善、于闐這些南道國家壯膽，向北可以抵抗匈奴，向東臨近敦煌。這樣進可攻，退可守。」

朝中公卿大夫對西域之事知之甚少，在軍事上也只知紙上談兵，對班勇所說的意見，聽不太明白。於是尚書問道：「現在設西域副校尉，有何好處？置西域長史駐屯鄯善，有何利害之處？」

班勇回答道：「設西域副校尉與長史，目的在於管理西域胡人，並且制止漢官吏對其侵擾。以往的歷史表示，這種政策使外夷歸心，匈奴畏懼。現在鄯善國王尤還，他的祖母是漢人，他是漢人的外孫，如果匈奴人得勢的話，尤還必死無疑。西域胡人雖然是蠻夷，但趨利避害之心人皆有之，如果我們能出兵屯守鄯善，則足以招附其心，這就是我說的好處。」

原來班勇主要設西域副校尉與長史，是為了管理胡人，他仍然奉行班超以夷制夷的作法，藉助西域諸國的力量，打擊北匈奴，這就是戰略核心。

然而，這個主張，卻遭到「放棄西域」派人士的強烈反對。

長樂衛尉譚顯、廷尉綦毋參、司隸校尉崔據聯合攻擊班勇，詰難道：「朝廷之所以放棄西域，乃是因為西域對我沒什麼用處，徒費朝廷的銀兩罷了。現在車師國已經歸附匈奴人了，鄯善國也靠不住，一旦叛變，請問你能確保北匈奴不威脅中國的邊塞麼？」

譚顯等人這一詰難極其厲害，要逼班勇表態，如果班勇回答「不能保證」，那麼出屯西域就變得沒有意義；如果班勇回答「能保證」，那麼就把可能出現的風險全部由班勇一人承擔。譚顯等人洋洋得意，以為如此一擊，班勇必定啞口無言。

可是班勇豈能被譚顯等人的小花招矇騙過關，他從小追隨班超左右，耳聞目睹父親的一言一行，學會了不少本事哩。他鎮定自若，從容不迫地說道：「中國設立州牧，是為了禁止郡縣奸人盜賊。如果州牧能夠保證所轄郡縣永遠沒有盜賊違法亂紀，那麼我也敢以受腰斬的處分來保證北匈奴不會威脅中國的邊塞。」

這是何等絕妙的回答。朝中的公卿大夫，能保證自己管轄的地域內，不出一個盜賊嗎？班勇的意思很明白，只需做該做的事情，國家的安危，不是一個人能保證的。復通西域並不能保證北匈奴人繼續騷擾中國，但是放棄西域，更不能保證了。

他繼續分析道：「只要再通西域，北匈奴的勢力必定被削弱，禍患肯定要輕微得多。這種結果，總比讓匈奴人得到西域這塊後院倉庫要好得多吧。置校尉、長史是為了撫定西域、招懷諸國，不然的話，西域諸國將因為絕望而投靠匈奴，如此一來，緣邊郡縣必受匈奴之患，到時河西邊境的城門，恐怕又要白天關閉了（西元六十五年時，因為匈奴猖獗，漢邊境城門只得白天關閉，不得通行）。現在如果不伸張漢家的威德，而僅僅拘泥於屯戍邊關的費用問題，使北匈奴的氣焰更加囂張，這豈是保護邊疆的長久之計？」

但是反對派們還不死心，繼續刁難。

這次出馬的是太尉毛軫，他向班勇挑戰：「如果置立校尉，西域諸國肯定會駱驛不絕地派遣使者前來，向我大漢帝國獅子大開口，求索無度。要是給他們援助呢，現在國庫空虛，肯定無法撥款；要是不給他們援助呢，他們又要失望怨恨。一旦這些國家受到匈奴的威脅，必定還要向中國求援，那就更不划算了。」

班勇實在對得起父親給他起的名「勇」字，面對反對派輪番的詰難，他仍然以高超的口才，遊刃有餘地對付。

面對毛軫的詰難，班勇成竹在胸，不假思索地回答：「現在假如把西域送給北匈奴，使匈奴人能夠感激大漢的恩德，不再侵略邊疆也就罷了。否則匈奴人得到了西域諸國龐大的稅賦，還有諸國眾多的兵馬，如虎添翼，寇略邊關，這豈不是既送給仇敵銀子，又暴增其勢力麼？這樣做，我認為實在不值得。設置校尉，可以宣威布德，維繫諸國歸附大漢的信念，動搖北匈奴覬覦中原之心，也不需要耗費國家大量的財富。西域人並不會要求什麼，他們就算派使者前來，頂多不過供應些飯菜罷了。如果政府放棄西域，諸國必定歸附北匈奴，到時與北匈奴共同發兵入侵并州與涼州，那麼中國所要花費的軍費開支，何止千億之多。」

班勇以一敵眾，口若懸河，力壓群臣，博得鄧太后的暗暗喝采。鄧太后是頗為聰明的女人，她雖然未必很懂軍事，但聽得出班勇的主張確實是深思熟慮的，即便最頑固的反對派也無法駁倒他。

經朝廷公卿討論，由鄧太后拍板，決定設置西域副校尉，下轄三百人，駐屯在敦煌。這個決定，顯然把班勇建議中最重要的一個環節漏掉了。以班勇的計畫，除西域副校尉之外，還應該派遣西域長史率五百人駐守在鄯善國以東地區，以控制南北二道。

這麼重要的環節，怎麼給遺漏了呢？

這與其說是疏忽，不如說是鄧太后對「放棄西域」派的妥協。

妥協的結果是，西域副校尉形同虛設。連國門都沒出的西域副校尉，究竟可以威懾住誰呢？這種毫無意義的威懾力，並不能制止北匈奴聯合車師國的力量入寇邊關，結果是河西走廊一帶多次遭到入侵，百姓深受其害。

安帝延光二年（一二三年），北匈奴又一次發兵攻打河西走廊。

放棄西域、關閉玉門關的論調重新抬頭。持這一觀點的公卿大夫認為只要隔絕西域，便可以永絕外患。這種觀點是睜眼說瞎話，自欺欺人。就在這個時候，從京師外調到敦煌擔任太守的張璫上書朝廷，說道：「臣以前在京師時，也曾一度認為應當要放棄西域，現在據守邊關，才知道放棄西域則河西四郡不能獨存，故而謹向朝廷獻上三策：北匈奴的呼衍王經常輾轉於蒲類海與秦海之間控制西域，抄寇中國，現在以酒泉屬國吏士二千人屯集在崑崙塞，先發制人，攻擊呼衍王，然後發鄯善兵五千人威脅車師後國，這是上策；如果不能發兵，則置軍司馬率將士五百人，由河西四郡提供糧食補給，出西域，屯柳中城，這是中策；如果這也做不到，就放棄交河城（車師前國的都城），將鄯善等國的百姓全部遷移到塞內，這是下策。」

朝廷將張璫的意見交由群臣討論，尚書僕射陳忠把班勇的話重新演繹了一番：「現在北匈奴已經擊破車師，下一個目標必定是鄯善，如果漢府政棄而不救，那麼西域諸國必定要服從於匈奴了。如若這樣，北匈奴的財力必定大增，勢力越大，而且南連羌人區，如果與之聯手，那麼河西四郡的局勢就岌岌可危了。河西四郡如果危急，朝廷不能不救援，如此要耗費的人力物力，要百倍於今日。現在反對者只認為西域絕遠，要安撫之則費用太大，則看不到當年漢武帝經營西域時的苦心與艱難。如今敦煌已經感覺到危機，所以遠道上書告急，如不出兵相助，內則不能慰勞官吏百姓，外則示弱於蠻夷，使國事日蹙，國土日減，這不是好的打算。臣以為應當要在敦煌設校尉，增派士兵屯駐於河西四郡，以安撫西域諸國。」

越來越多的人都開始傾向於班勇的戰略設想，重返西域也就成了可能。

# 二八、老子英雄兒好漢

班勇的計畫終於得到批准，他被任命為西域長史，率五百人進駐柳中城。

僅僅五百人夠用嗎？

顯然，這是一個巨大的挑戰。倘若班勇不能完成使命，等待他的將是什麼命運呢？可以肯定的是，朝廷持「放棄西域」論的公卿大夫到時就會跳出來指責他的輕率，說不定還要遭牢獄之災。因此，對班勇來說，是一個巨大的挑戰，只許成功，不能失敗，沒有退路。

不要忘了，就在幾年前，長史索班就曾率一千多人的屯墾軍團入駐伊吾，可是才僅僅一戰，就全軍覆沒了。一千人都不頂用，憑什麼五百人可以呢？

班勇的觀點是，索班的方法錯了。如果要與北匈奴人硬碰硬，不要說一千人，就是一萬人也未必有打贏的把握。那麼什麼才是正確的方法呢？要藉西域諸國之力來抗擊北匈奴。這五百人，是用來做外交的，不是用來衝鋒陷陣的。儘管人數上是少了點，可是當年班超初使西域時，只有三十六個人，人數更少，但並不影響他建立不世的功勳。

朝廷選擇了班勇，這是非常明智的。可以說，班勇是復通西域的不二人選，他有別人所不具有的優勢：

首先，他是班超的兒子。班超在西域經營三十年之久，胡人哪個不知，誰個不曉，每個國家都對他敬若神明。儘管班超已去世多年，可是威名仍在，班勇扛著父親的招牌，這就是最好的武器。

其次，班勇的母親是疏勒人，所以他身上有一半胡人血統。疏勒原本是西域小國，經過班超多年經營，實力大增，與龜茲、于闐並稱為西域三大強國。當年西域大叛亂時，疏勒並沒有參與，仍然效忠漢室。因此班勇以半個疏勒人的身分重返西域，一定會得到疏勒王的支持。

再次，班勇有非凡的才能。這從他在宮廷之上舌戰群臣就可以看出來，面對朝臣的詰難，他自信、沉著，敢於負責任。然而這也僅僅是他才能中的一部分而已，日後他還會展示出非凡的外交才能與軍事才能。

當他重返西域，踏上這塊熟悉的土地時，備感親切。可是，而對紛繁複雜的西域局勢，他要從哪裡下手呢？

首先要從鄯善國下手。鄯善就是樓蘭，是東漢帝國通往西域的大門，地理位置非常重要。鄯善一直與東漢帝國關係很好，如果不是東漢主動放棄西域，鄯善也不會逃離中國。更重要的是，鄯善國王尤還，他的母親是漢人，身上有一半中國血統。可以想像，當班勇親自抵達鄯善時，鄯善王很快就表示歸附漢室。

班勇心裡很清楚，要對抗北匈奴，光一個鄯善是遠遠不夠的。龜茲是西域最強大的國家，而且還擁有一批嘍囉國，只要能說降龜茲，就可以吸引一大批國家歸附漢室。龜茲會歸降嗎？班勇認為，可能性很大。在東漢政府放棄西域之前，龜茲是西域都護府所在地，當年梁慬還在這裡挫敗了龜茲貴族的叛亂。班勇派一名使者到龜茲王城，勸國王白英歸降。

自從北匈奴捲土重來後，徵稅壓榨，各國苦不堪言，龜茲是大國，損失最大。說實話，白英何嘗不想投靠東漢政府，別的不說，至少不用繳稅。可是他有點後怕，擔心匈奴人報復，所以遲遲未回覆，心中猶豫不決。班勇曉以大義，施於恩信，並且拍胸脯向白英保證，龜茲王終於下定決心，宣布脫離北匈奴，率嘍囉國姑墨、溫宿向班勇投降。白英自縛前往見班勇，負荊請罪，班勇親自為他解縛。就這樣，不動一刀一槍，班勇便招降龜茲，這乃是重新打通西域最關鍵的一步。

龜茲的投降震動西域。位於西域南道的疏勒很快也歸降了，這一點也不奇怪，這裡是班勇出生長大的故鄉。緊接著，于闐也宣布投誠。這樣，西域最強大的三個國家，龜茲、疏勒、于闐都被班勇控制了。在這麼短的時間，就取得如此豐碩的成果，這一方面歸功於班勇的外交才華，另一方面，恐怕還要給班超記上一功，如果不是他經久不衰的影響力，諸國也不會如此輕而易舉地歸順。

此時北匈奴所控制的國家，包括車師前國、車師後國、卑陸、蒲類、東且彌、移支等，其中以車師的地理位置最為重要。班勇要全盤奪得西域，車師必定是主戰場。

欲爭奪車師，僅僅憑藉班勇的五百名士兵顯然不夠，必得倚靠西域諸國的軍事力量。

班勇在外交上取得了巨大的成功，下一個目標就是攻取車師。

首先是位於天山南側的車師前國。車師前國駐有北匈奴的軍隊，主力是伊蠡王的兵團。班勇組建一支由鄯善、龜茲、姑墨、溫宿等國的聯軍一萬多人，開赴前線。西域諸國部隊的戰鬥力其實並不弱，只是長期以來不能團結一致，才為北匈奴所壓制。一旦諸國聯合，凝聚成一股力量時，要挫敗匈奴人並非難事。

伊蠡王得知班勇率西域兵團前來，便率匈奴與車師軍隊在伊和谷一帶阻擊。火車跑得快，全靠車頭帶，有了班勇這個車頭，西域聯軍居然打敗了北匈奴兵團，並且令車師前國的五千名士兵放下武器投降。

這樣班勇控制西域戰略要地車師前國，下一個目標，當然是車師後國了。

延光四年（一二五年）的秋天，經過一年的準備，班勇準備越過天山山脈，進攻車師後國。車師後國不僅路途遠，而且有天山作為天然屏障，易守難攻。為了確保攻克車師後國，班勇向朝廷請求徵調六千名騎兵。很快，從敦煌、張掖、酒泉所調來的六千騎兵已經到位，聯合鄯善、疏勒、車師前國的軍隊，開始向車師後國發動進攻。

這次進軍十分順利，越過天山之後，班勇指揮聯軍進入車師後國。有六千名漢軍騎兵的助陣，班勇的氣勢更足了。車師後王軍與北匈奴持節使率軍迎戰，被殺得丟盔卸甲，潰不成軍，死傷及俘虜的人數超過八千人。好漢不吃眼前虧，車師後王繳械投降，北匈奴持節成為階下囚。

班勇將被俘的北匈奴持節使帶到伊吾，在索班與一千餘名漢軍士兵的陣亡處（一二〇年），殺持節使以祭奠陣亡官兵，傳首京師。

次年（一二六年），班勇廢車師後王，改立加特奴為國王。同時派人前往東且彌國，殺死不肯歸附漢室的國王，另立親漢派的國王。其餘仍歸附北匈奴的幾個國家，如卑陸、蒲類、移支等國，大驚失色，全部向班勇投降。

此時西域五十餘國中，只有焉耆國不肯歸降。

班勇決心掃除北匈奴的勢力。

北匈奴原先以車師前、後國為跳板，駐軍於此欲掌控西域事務，然而班勇以迅雷不及掩耳之勢迫降了車師前國與車師後國，使北匈奴再沒有立足之地，只得向北退卻。班勇集結了一支由諸國軍隊組成的數萬大軍，對盤踞在西域北部的北匈奴發動進攻。這是自金微山之戰後，東漢對北匈奴發動的最強大的一次進攻。

班勇正面的敵人是呼衍王所率領的二萬多人的騎兵，這是北匈奴最精銳的部隊。自從北匈奴在金微山之役逃遁之後，經過臥薪嘗膽之後，又有一番起色，正是憑藉這支騎兵號令西域。但是西域之夢，要被班勇打得粉碎了。這是一場決定西域命運的大戰，班勇展示了卓越的軍事才能，他以西域聯軍為主力，大破北匈奴兵團。呼衍王隻身逃跑，他帳下兩萬多名將士，集體向班勇投降。

對北匈奴來說，兩萬人可不是小數目。據推測，北匈奴所有的戰士，加起來頂多只有四萬人到五萬人，兩萬人相當於整個國家一半的軍力。這麼一點家底，僅此一役，就全部輸光了。

在被俘人員中，有一個人是北單于的從兄，此人在北匈奴頗有權勢與地位。班勇要借他的人頭來幹一件事情。他把這名高級俘虜交了車師後國的國王加特奴，讓加特奴親手將其殺死。為什麼要這樣做呢？加特奴親手殺了北單于的哥哥，勢必就再也不敢向北匈奴投降了，借刀殺人是為了製造車師後國與北匈奴的矛盾，斷了車師國王叛變的念頭。

果然，北匈奴單于聞訊後勃然大怒，親自率領一萬多名騎兵對車師後國發動猛攻。車師後國焉是匈奴人的對手，戰況吃緊，抵擋不住。如果是在以前，車師國王早就要舉手投降了，可是如今他宰了北單于的哥哥，怎麼敢投降呢？沒辦法，只能向班勇緊急求援。

班勇派假司馬曹俊率部馳援車師，在金且谷一帶與北單于交戰，北匈奴再遭敗績。北單于終於敗退，曹俊率軍追擊，斬殺北匈奴貴族骨都侯。這次反撲的失利，預示著北匈奴雄風不再了，他們在車師混不下去了，撤退到枯梧河一帶。

北匈奴已經成為昨日黃花，光榮與夢想漸行漸遠。班勇扮演了終結者的角色，沒有他，東漢勢力不會重返西域；沒有他，匈奴就會以西域為跳板，再度成為帝國的勁敵。他僅僅帶了五百名軍士出關，便隻手擎天，力挽狂瀾，逆轉西域局勢。在複雜多變的形境中，鬥智鬥勇，遊刃有餘，對得起父親班超，不愧是虎父無犬子。

北匈奴捲鋪蓋走人了，可是西域並還未完全平定。還有一個國家負隅頑抗，這個國家就是焉耆。焉耆這個國家很特別，在西域所有國家中，它是最不願意歸附漢帝國的國家，而且在歷史上多次充當反漢急先鋒。

早在王莽當政的時候，西域出現大規模的叛反，焉耆就是急先鋒。當年王莽企圖征服焉耆，結果卻被打得大敗，這也成為西域脫離中國統治的關鍵一役。漢明帝時，東漢勢力開始介入西域，置西域都護府，又是焉耆一馬當先，攻殺了西域都護陳睦。在班超平西域時，焉耆是戰敗方才投降，而且是西域最後一個歸順的國家。

連強大的北匈奴都被打敗呢，焉耆憑什麼能頑抗到底呢？其實當時形勢是一目了然的，焉耆國王難道頭腦發昏，認不清時局麼？

並非如此，焉耆國王元孟害怕一件事，他怕被班勇殺了。為什麼會擔心這個呢？因為他的前任國王，就是被班超所誘殺。班勇的行事風格與父親太相似了，焉耆王元孟十分顧慮，要是投降，說不定就掉腦袋，還不如頑抗到底，還有一線生機。

西元一二七年，班勇上書朝廷，請求發動對焉耆國的戰爭。

朝廷批准了班勇的軍事計畫，並且派敦煌太守張朗率領敦煌、張掖、酒泉、武威四郡的部隊三千餘人，入西域協助作戰。班勇率西域諸國聯軍共計四萬多人，與張朗兵分兩路，約定好發動進攻的日期，準備南北夾擊焉耆。

可是事情卻出現了意外，張朗提前進攻了。

為什麼張朗會不顧約定好的時間，提前進攻呢？原來他從敦煌出發前，不知因何故犯了法，怕受到朝廷的追究，急於在戰場上有所表示，以期戴罪立功。

在沒有照會班勇的情況下，張朗提前進攻焉耆。這次冒險計畫僥倖獲得成功，因為焉耆王元孟把防禦重點放在對付班勇的四萬聯軍，對張朗反倒忽視了。張朗殺入焉耆國之後，在爵離關遭遇抵抗，他指揮三千戰士勇破焉耆軍，斬殺二千餘人。這時焉耆王元孟改變了主意，他不敢向班勇投降，但可以向張朗投降，但有一個條件，張朗得保證他的人身安全。

張朗接受焉耆國王的投降，因此班勇尚未到達，戰爭便已經結束了。

接下來發生了一件令人難以思議的事情。

班勇竟然被指控沒有如期發動進攻，被調回首都洛陽，關進監獄，並解除西域長史之職。分明是張朗將進攻焉耆的時間提前，並非班勇之過，怎麼朝廷會將此不白之冤強扣在班勇頭上呢？這件事，很可能是張朗的栽贓陷害，因為他急於要搶頭功以贖罪，倘若朝廷知道他違反約定時間擅自行動，說不定要治他的罪。事實是否如此，現在無法考證。

但是，即便是張朗有心陷害，朝廷也很容易調查出事情的真相，那為什麼班勇還要蒙受不白之冤呢？顯然，背後還有更深的原因。

我們試著來挖掘班勇事件的背後故事，一條線索忽隱忽現。這條線索牽扯到兩個人，一個是班勇的侄子班始（班雄之子），另一個是漢安帝的妹妹陰城公主。這兩個有什麼關係？夫妻！由於班超在西域做出傑出貢獻，漢安帝把妹妹陰城公主許配給班超的孫子班始。可這卻是一個不幸婚姻的開始。班始與陰城公主成親之後，不想陰城公主憑藉自己公主身分，為所欲為，生活極為放縱，擁有眾多的情人，甚至還不在乎班始的憤怒，把情人帶到家中，硬給丈夫戴上綠帽子，嚴重傷害班始的自尊心。這使得夫妻兩人反目成仇，關係惡化。

那麼，班勇無故蒙冤，是否與陰城公主背地裡的陷害有關呢？她是否利用其權力，打擊班家勢力呢？我覺得可能性是非常大的。

從西元一二三年屯兵柳中，到西元一二七年焉耆國投降，班勇僅僅用了四年多的時間，便把一度放棄的西域重新納入漢帝國的勢力範圍。虎父無犬子，在父親班超偉大事業的感召下，班勇再續寫傳奇。他的重要貢獻在於挫敗了北匈奴在西域東山再起的企圖，使得這個中國的老對手喪失了反撲的機會。

班勇文武雙全，他還留下一篇極為重要的歷史文獻，這就是載入《後漢書》中的《西域傳》（有一小部分為范曄補充），這是東漢時代最詳實地記錄西域各國的歷史及風俗人情的史料，亦是研究中外交通史之重要資料，足以見班勇史學之造詣。

可惜的是，班勇蒙冤被解職，遂使其西域的事業嘎然而止，使得東漢中晚期對西域的經略，始終未能達到班超時的全盛水準。

但是東漢帝國在西域也並非毫無作為。

西元一三一年（班勇解職後第四年），為了遏制北匈奴重新染指西域，朝廷決定在伊吾恢復屯墾兵團，長期駐紮在西域東部，同時也是對西域諸國的威攝。三年後（西元一三四年）這支屯墾兵團發揮了巨大的作用，兵團校尉會同車師後國國王加特奴，對北匈奴屯兵之地閶吾陸谷發動進攻，大破北匈奴軍隊，俘虜北單于的母后，這算得上是一個大勝利。

此時的北匈奴在遭受班勇重創之後，已經算不上一個強國了，但仍然不時出擊一下，給西域以及漢帝國的西北構成一些威脅。最大的一次威脅是在西元一五一年，北匈奴的呼衍王率部進攻伊吾屯墾基地，當時伊吾的駐軍指揮毛愷抵擋不住北匈奴軍隊的攻勢，緊急向朝廷援助。朝遷命令敦煌太守率軍增援，終於擊退了北匈奴軍。

由於有北匈奴這個外患的存在，西域諸國倒樂得東漢帝國的勢力重返西域，以保護各國免於北匈奴的暴政。在班勇通西域之後二十餘年，西域諸國接受漢帝國的管理，關係比較融洽。

然而東漢的勢力僅能控制塔里木盆地南北兩道，對於蔥嶺（帕米爾高原）一帶以及蔥嶺以西，便不在東漢政府的掌控範圍了。東漢與西域的關係時強時弱，一直維繫到東漢的滅亡。

# 二九、碌碌無為的漢安帝

漢安帝劉祜被鄧太后推到前台，當上了皇帝，這年他十三歲。按道理說，只要他像木頭似的再坐幾年寶座，就可以親政了。可是世界上的事，並不都是按理出牌。轉眼間，三年過去了，劉祜滿十六歲，做了一個加冠禮，意思就是說，已經成人了。既然成人了，有能力來統治國家了吧，可是鄧太后不放權。為什麼呢？據鄧太后的說法，劉祜這個孩子，小時候挺聰明的，但當了皇帝後，劣根性暴露出來了，變得十分邪惡。皇帝邪惡，那麼這個國家當然不能交給他統治了，所以鄧太后繼續垂簾聽政，一如既往。

對鄧太后的做法，有兩種人十分不滿，一是皇帝的親信，二是所謂的忠臣。

先來看看皇帝的親信們是怎麼想的。安帝劉祜從小母親就死了，是乳母王聖把他一手帶大，時間長了，劉祜也當王聖當親生母親看待了。王聖看到鄧太后遲遲不把大權交還給皇帝，心裡很擔心，怕劉祜的皇位被鄧太后給廢了。當時確實有一些苗頭，比如說，鄧太后對河間王劉開的兒子劉翼十分欣賞，劉翼長得相貌堂堂，有男子氣概，太后把他留在京城裡。當時有一種傳言，說鄧太后打算立劉翼為皇帝，廢了劉祜。王聖對這件事十分憂慮，她就跟幾個太監，包括李閏、江京等，整天圍著安帝劉祜，說鄧太后的壞話，挑撥太后與皇帝的感情。劉祜已經長大成人，還被當作木偶使喚，本來對鄧太后就頗有微言了，加上王聖等人的煽情，更是一肚子的怒火。

另外還有一些大臣對鄧太后專權十分不滿。杜根當時擔任郎中，他拉上一個同事，聯合上書給鄧太后稱：「皇帝年齡已大，應該讓他親政。」鄧太后這個人，雖然有心機，但並不是一個狠毒的人。但是，一個掌握著生殺大權的人，隨時可能在憤怒之下做出狠毒的事。杜根是什麼東西，竟然也敢妄議朝政！她一怒之下，把杜根等二人押上金鑾殿，裝進大袋子中，當場撲殺。跟杜根一起上書的那個人當然被打死了，可是杜根命大，居然沒有喪命。可是當他醒過來時，不敢吭聲，怕被人發現自己並沒死。三天後，鄧太后派人來察看，看看這兩個傢伙都死了沒有，杜根屏住呼吸，裝死。當時杜根的眼角被打裂，肉已腐爛，甚至有蛆蟲爬出來。可是他得感謝這些蛆蟲，因為沒有人相信活著的人還能生出蛆蟲。就這樣，他被裝進麻袋裡，拋到荒野去餵狗。當然，他並沒有成為野狗的美餐，他逃跑了，隱姓埋名，躲在一家酒鋪裡當跑腿的，直到鄧太后去世了，他才得以重見天日。清末譚嗣同著名的絕筆詩中有一句「忍死須臾待杜根」，用的就是這個典故。

杜根事件後，再也沒有人敢站出來叫囂了。

就這樣，鄧太后一直把持著朝政，直到西元一二一年去世。

鄧太后一死，漢安帝劉祜頓時感到全身輕鬆了。從十三歲到二十八歲，十五年的黃金時光啊，他雖然號稱皇帝，卻整天只會唯唯諾諾地說：「是，太后。」這肚子窩的火也夠久了。現在他終於可以君臨天下，堂堂正正、威風凜凜地當皇帝了。

大權在握，首先要幹什麼呢？報仇！

皇帝有什麼仇可報的呢？有。劉祜的祖母宋貴人，當年被竇皇后給害死了，而參與迫害宋貴人的蔡倫還活得好好的。在過去十五年裡，堂堂一個皇帝想報仇卻報不了，這都是因為蔡倫有鄧太后罩著，碰不得。蔡倫這個老不死，不死正好，朕還怕你死得早哩。安帝劉祜幹的第一件大事，就是召蔡倫前往廷尉處接受調查。蔡倫豈能不知這下場如何，恐怕要死無全屍了，他做了一個明智的選擇：服毒自盡。

接下來的事，還是報仇。對象呢？鄧氏外戚集團。

十五年的傀儡生涯，讓劉祜恨透了鄧氏外戚。可是他忘了一件事，倘若不是鄧太后與鄧騭，他還在當清河王呢，跟皇帝哪沾得上邊呢？不過人性向來是容易忘了別人的恩，卻只記得自己的仇。

熟讀經史的鄧太后對外戚的歷史了若指掌，她知道強橫的外戚，一定不會有好下場，所以一直約束自家兄弟。憑心而論，鄧氏外戚，在兩漢外戚集團中，算是比較低調了。可是鄧太后卻不曾料到，不強橫的外戚，下場也不見得好。

要整垮鄧氏外戚集團，不需要漢安帝劉祜親自動手，自然有人搜羅鄧氏兄弟的罪證。於是，某宮女提交了一份揭發材料，舉報鄧悝、鄧弘、鄧閶三兄弟，曾經到尚書那裡索取一份檔案。就只是索取一份檔案，犯得著檢舉揭發嗎？不錯。因為這不是一份普通的檔案，而是廢黜皇帝的檔案，說具體點，就是西漢霍光廢黜皇帝的檔案。這可不得了，鄧悝等人這是想幹什麼？謀反麼？

劉祜不禁想起往事，當時鄧太后那麼寵愛劉翼，看來確實是有另立皇帝的打算。就算那不是鄧太后的主意，鄧悝等人難道不會私下裡揣測聖意麼？很快，鄧悝等人被控告大逆不道下獄，雖然沒有證據表示鄧騭參與此事，但他也不能留在朝廷了，被遣回封地。同時，其他被封侯的鄧氏子弟，包括鄧廣宗、鄧廣德、鄧忠、鄧珍、鄧甫德等人，全部撤銷侯爵，貶為平民。鄧氏家族中只要是在政府中有任職的，全部罷免，並沒收財產。

一夜之間，鄧氏集團被連根拔起。

表面上看，鄧氏子弟大多只是被撤職，並沒有被判刑。然而，殺人不一定要判刑，還有其他手段。這些失去權力的鄧氏子弟回到各自的郡縣後，遭到地方政府的迫害。至於地方政府是誰指使的，這就不言自明了。在這場大迫害中，鄧氏子弟中共有七人自殺，他們分別是鄧騭及其子鄧鳳，鄧廣宗、鄧忠、鄧騭的堂弟河南尹鄧豹、度遼將軍鄧遵、將作大匠鄧暢。

鄧氏外戚集團，仍然沒能逃脫家破人亡的厄運。

因為這就是政治。

一批外戚倒下了，還會有一批外戚興起。

鄧氏子弟留下的空缺，很快被填上了。填進來的人主要有兩批，一批是皇后閻姬的兄弟閻顯、閻景、閻耀，這是新的外戚集團。另一批是安帝祖母梁貴人的親戚，共有十餘位梁氏子弟入朝為官。

新權貴的出現並不奇怪，畢竟一朝天子一朝臣。可是安帝劉祜別出心裁地搞了一個宦官集團，這是在宮廷之內埋下的顆爆炸力驚人的定時炸彈。宦官江京、李閏，這兩個傢伙多年來跟隨王聖在皇帝面前說鄧氏的壞話，在劉祜看來，此二人有先見之明，洞悉鄧氏兄弟企圖廢帝的陰謀，大大有功。江京被封為都鄉侯，李閏封為雍鄉侯，兩人的黨翼樊豐、劉安、陳達等人，同樣身居宮中要職。不僅如此，這幾個宦官還與劉祜的乳母王聖串通一氣，他們藉著皇帝的信任，成為一股強大的政治勢力。王聖的女兒伯榮也攪進來，這個女人本事大得很，她可以自由進出宮禁，與宦官們勾結一起做一些害人勾當，無惡不作。

你想想，宮中有這麼一群小人，朝中風氣能好到哪去呢？眼看著這一些閹人婦人干政，正直之士，固然看不下去。司徒楊震挺身而出，上書皇帝，這道奏章，寫得可真是直，毫無避諱，攻擊重點是皇帝最信任的乳母王聖及其女伯榮。我們來看看楊震都寫了些什麼，這裡摘幾句重點的：「阿母王聖，出自賤微，得遭千載，奉養聖躬，雖有推燥居濕之勤，前後賞惠，過報勞苦，而無厭心，不知紀極，外交囑託，擾亂天下，損辱清進，塵點日月。……宜速出阿母，令居外舍，斷絕伯榮，莫使往來。」

在楊震看來，宦官敢干政，是得到王聖、伯榮母女的支持，而王聖則是有皇帝為靠山。所以，要整治朝綱，必定得先把王聖母女趕出宮中。

寫出了這道奏摺，楊震等於是向王聖等人下了戰書，這將是生死決戰。顯然，他一點優勢也沒有，一點勝算也沒有，只能寄希望於皇帝的聖明了。可是說真的，皇帝聖明嗎？我看楊震也不敢這樣說。如果皇帝並非聖明，那麼楊震的這一戰，必輸無疑。既然是必輸之局，那麼他又為什麼要勇敢地挑戰呢？要說明白這點，我們就得先了解一下楊震這個人了。

楊震這個人，高風亮節，他有一個著名的故事。有一年，他從荊州刺史調任東萊太守，路經昌邑，遇到一個老相識。這位老相識正是昌邑縣令王密，他能有今天這個小官，正是得益於楊震的提拔。可是這位老哥在官場混了幾年後，沾染了官場壞習氣。這天晚上，王密偷偷摸摸地跑來見楊震，揣了十斤黃金，幹什麼呢？王密的說法是，要報答老上級提拔之恩。至於是報恩還是賄賂，只有他才知道。可是楊震非但不收，反倒生氣了，說道：「我跟你是老朋友，我了解你，可你卻不了解我，這是為什麼呢？」王密不是不知道楊震有清廉之名，可是官場上不都是當面一套，背後一套嗎？你呀，也別裝清高了。於是他壓低聲音說：「半夜沒人知道的。」楊震把眼前的金條一推，不高興地說：「天知、神知、我知、你知，怎麼說沒人知道呢？」王密聽罷才知道恩師果然是一條漢子，表裡如一，他自己也十分慚愧。

這麼一則故事，我們就可以知道楊震的為人了。上有天，下有地，心中還有道德律，面對奸佞四起，朝綱淪落，他豈能袖手旁觀呢？孔曰成仁，孟曰取義，即使是必輸的戰鬥，他也要勇往直前，絕不後退。

面對楊震措辭嚴厲的奏章，皇帝又如何處置呢？安帝劉祜居然把楊震的上書交給王聖看。可以想像王聖看到這奏章後，對楊震是何等的咬牙切齒了。

可是楊震不僅沒有後退，他以筆為劍，又上一摺，劍鋒直指王聖的女兒伯榮。王聖與宦官狼狽為奸，已經夠壞了，但還沒有女兒伯榮那麼壞。伯榮狐假虎威，不可一世。這個女人生活作風也不太好，情人頗多，其中有一個是劉瓌。劉瓌雖是劉氏子弟，但這個人除了泡妞外，也沒什麼本事，伯榮跟他通姦以後，心裡就盤算道：劉瓌好歹是劉氏子弟，要是嫁給他，幫他弄個大官、封個侯爵，那自己就侯爵夫人了。於是兩人從姦夫淫婦搖身一變成為合法夫妻，伯榮有本事有關係，很快劉瓌扶搖直上，當到了侍中，還封了個朝陽侯。

於是皇帝又收到楊震的抗議書，其中寫道：「劉瓌既無功，又無德，只因娶了乳母的女兒，一時之間，居然當上侍中，又封為侯。這樣做既不合舊制，也不合經義，致使天下譁然，百姓不安。」可是劉祜哪裡管這些啊，他好不容易擁有大權了，還要別人來說三道四嗎？楊震說的，他一句也聽不進去。

劉祜的哲學，就是要盡情享樂，有美酒女色，豈不快哉。至於朝中之事，自有外戚內閹以及王聖母女打點，自己多省事。

皇帝的態度說明了一切，楊震根本無法撼動王聖、伯榮以及宦官集團。宦官們本來對楊震還是比較害怕的，但看到他的幾道奏摺都被皇帝扔在一旁，這些閹人也膽子大起來了。樊豐、周廣、謝惲等宦官，甚至膽大到什麼程度呢？假傳聖旨。把公家的錢拿去修建他們的私人豪宅，很奢華，有園林池塘，有亭台樓閣。作為太監，他們在宮外還都有自己的家哩。

楊震又出擊了，儘管他預見到這奏章也會石沉大海，可是他必須寫。「親近幸臣，驕溢逾法，多發徒士，盛修第舍，賣弄威福，道路喧嘩，眾聽聞見。」這是攻擊樊豐等宦官。連續幾道奏摺，楊震每上一書，都要得罪更多的人。王聖、伯榮、樊豐等人，早就想置楊震於死地了，只是楊震這個人名氣太大了，清廉無私，要抓到他的把柄可不容易。

可是，機會總會來的。

安帝延光三年（一二五年）某日，一向沉溺於酒色之中的皇帝劉祜突然變得暴躁起來，他氣瘋了。出什麼事了？原來有一個名叫趙騰的草根，居然詣闕上書，指陳時政得失。小民也要對朝政說三道四，皇帝豈不氣急敗壞？很快，趙騰下獄，並被判以死刑。正直的楊震再次挺身而出，為趙騰辯護。但是安帝劉祜固執己見，決意處死趙騰。

顯然，劉祜對楊震已經深感不耐煩了，而這早被他身邊的屑小們看在眼中。

宦官們更加肆無忌憚了，為所欲為。正好漢安帝有一天心血來潮，興師動眾前去東方巡視。皇帝一走，太監們樂壞了，這下子沒人管了。樊豐等人抓住這個機會，把豪宅又加以擴建，當然不是自己掏腰包了，仍然用慣用伎倆，偽造詔令，騙取國庫之財。可是動作太大了，引起有關部門的調查，一查馬腳就露出來了。

又是楊震，他又寫好奏摺了，只等著皇帝回到京城，到時就可以憑「欺君」之罪，將不法太監繩之以法。這次楊震有鐵證在手，宦官們還能逃脫制裁嗎？

狗急跳牆！宦官們可不想坐以待斃，絕不能讓楊震的奏摺到皇帝手中。要如何反擊呢？這時楊震是太尉，位列三公，是朝廷重臣，不容易扳倒。可是自從鄧太后開始，出台了一個莫名其妙的潛規則，只要有天災異象，就歸咎於三公，不管這些事跟三公搭不搭邊。不要小看這群宦官，他們擅長的事情，就是栽贓陷害。

於是乎異象出現了，這個不是看得到的天災，而是很深奧難懂的「星變逆行」，這什麼意思？恆星大爆炸了，或是太陽要從西邊升起了？反正也沒幾個人明白。但沒關係，只要皇帝曉得天象即將變化就行了，既然是「逆行」，那準不是好事。好了，現在宦官們已經找到了致命武器了，既然有災變即將發生，就得追究三公責任，準是三公中的什麼人搞陰謀才導致天象錯亂。

就這樣，楊震急切地等著皇帝回來，他都認為自己勝券在握了。皇帝劉祜終於出遊回來了，可是就在這一天晚上，皇帝派出使節收回楊震的太尉官印，他被免職了！堂堂的朝廷重臣，竟然一天之內，莫名其妙被解職了，這又是怎麼回事，這一天到底發生了什麼事情呢？

宦官樊豐等人，已經先下手為強了。他們的優勢，就是可以第一時間見到皇帝，推出所謂的「災變說」，天象要巨變了，楊震不去，天下難安啊。那天象有變，憑什麼是楊震來負責，而不是別人呢？宦官們這樣解釋：「楊震先前袒護趙騰，趙騰之死，他耿耿於懷。而且他以前是鄧騭的老部下，對皇上處置鄧氏一事，他一直就心懷不滿。」

不僅是宦官們攻擊楊震，王聖等人也在一旁煽風點火，非得馬上撤了楊震的職不可，不然天象一變，那就晚了。這個皇帝的智商也就是這樣了，大家都這麼說，那肯定就對了。就這樣，楊震被撤職了。

黑暗勢力如此強大，楊震悲憤萬分，他關起門來，謝絕所有客人。可是閉門不出也成罪名了，樊豐等人窮追猛打，指使別人彈劾楊震，稱他不服罪，仍懷怨望。欲加之罪，何患無辭！皇帝一聽又來氣了，下了道詔令，令楊震離開京城，回老家去。

可是楊震並沒有回家，他出了洛陽城，走到城西夕陽亭，停下來不走了。他用蒼涼而慷慨的語氣對諸子、門人說：「我身居宰輔之位，明知奸臣狡猾，卻不能驅除，婦人傾亂內宮，卻不能禁遏。有何面目再見日月呢？」這時他已經年邁，無力扭轉乾坤，唯有以死殉道了。他飲下鴆酒而死，時年七十多歲了。

跟東漢皇帝比起來，楊震算十分長壽了。

籠罩皇族的魔咒仍然有效，漢安帝劉祜也未能擺脫夭壽的宿命。在楊震死後的次年（西元一二五年），劉祜在巡視南方的途中病死，時年三十二歲。劉祜的暴斃，使原本陰抑的帝國上空籠罩著不祥的雲朵，風起雲湧，暴風雨就要到來了。

# 三〇、驚心動魄的政變之夜

當漢順帝劉保回顧自己登上皇位的歷程時，一定備覺艱辛坎坷，甚至還有莫名的後怕。順帝其實一點也「順」。這件事我們還是從頭說起吧。

安帝元初七年（一二〇年），年僅五歲，愣頭愣腦的劉保被立為皇太子。這本是舉國同慶的大事，可是有一個人卻一點高興不起來，這個人就是皇后閻姬。閻皇后不僅不高興，而且還有些後怕，這是為什麼呢？原來她正是殺害劉保生母李貴人的凶手。

閻皇后名叫閻姬，史書上說她「有才色」，但她之所以能在後宮脫穎而出，並不完全是靠才色，而是靠關係。閻姬的母親與鄧太后弟媳是姐妹，因而在鄧太后臨朝聽政時，不免時常關照閻姬，也正因為如此，她順利成了皇后。可是她跟之前的幾個皇后一樣，都沒有生育，這麼一來，事情麻煩了。就在這個時候，受皇帝寵幸的李貴人生下劉保，這更加嚴重威脅到閻皇后的地位，怎麼辦呢？女人一自私起來，心腸是非常狠的，特別有權力的女人。她憑藉手中的權力，毒死李貴人。

在封建宮廷中，這種步步驚心的宮廷鬥爭是司空見慣的事，而且比電視劇演的還要驚心動魄。毒死李貴人後，閻皇后仍然沒能生育，可是立太子是國家大事，刻不容緩了。於是失去母親的劉保就被立為太子，只是他還年幼，並不知道閻皇后是殺母仇人。

幾年過去了，轉眼間太子劉保已經十歲了。這令閻皇后憂心忡忡，擔心有一天漢安帝駕崩，劉保當上皇帝，一定會追查母親被害一事。必須想辦法廢掉太子！正當閻皇后盤算之時，一個機會來了。

此時的皇宮烏煙瘴氣，王聖乳母與眾宦官權力薰天，可是也有人不買他們的帳，誰呢？太子宮的人。太子劉保的乳母王男、廚監邴吉等人，對王聖一些人沒有好感，時常與他們作對。王聖非常生氣，便夥同宦官江京、樊豐等人，陷害王男、邴吉，說這兩個把太子給教壞了，搞陰謀。向來沒有主見的漢安帝劉祜向來聽風是風，聽雨是雨，一道令下，王男與邴吉人頭落地了。

可憐的太子劉保，出生不久失了親娘，現在又失了奶娘，在他需要母愛關懷時，他卻一無所有了。年紀小小的他，終日長吁短歎，心事重重。

儘管劉保才十歲，可畢竟是儲君，未來的皇帝，王聖、江京、樊豐這些人雖有豹子膽，也不免為日後擔心。江京等人有小聰明，在宮裡混這麼久，知道閻皇后的心事。閻皇后不是也想廢掉太子嗎？何不與閻皇后聯合起來呢？於是后黨與宦黨，一拍即合，這麼一來，劉保的太子位岌岌可危了。

皇后與宦官不斷地在安帝劉祜面前讒毀太子劉保，再加上王聖從旁煽風點火，時間一長，竟然也把自己十歲的兒子看作妖魔一般。於是皇帝召集公卿大夫，打算廢掉太子。可是此論一出，眾皆譁然。太僕來歷、太常桓焉、廷尉張皓等人，強烈反對。他們認為太子還年幼，就算有錯，責任也不在自己，而在於身邊的人教導無方，只要能夠遴選忠正賢良的老師輔導禮義，自然能夠改邪歸正。

聽到這裡，安帝劉祜卻勃然大怒，認為這幫大臣說太子的好話，無非是想等劉保即位後能撈到好處。他下旨嚴斥這些大臣，並一意孤行地廢掉太子。

閻皇后與宦官們的這次陰謀非常及時，僅僅半年後，皇帝劉祜就死了。

漢安帝劉祜是死於南巡途中。這有點麻煩了。隨行的閻皇后把自己哥哥閻顯以及宦官江京、樊豐叫過來商量，要不要發布皇帝的死訊呢？

商量的結果是，不能發。萬一消息走漏，說不定京城中的那幫大臣就近水樓台先得月，乘機擁立廢太子劉保為皇帝，局面就不可收拾了。必須祕不發喪，具體怎麼做，可以參考當年秦始皇死時，趙高與李斯的作法。劉祜的屍體被抬上皇家馬車，皇后向全體隨行人員宣布：皇帝病重，即刻回京。為了瞞天過海，做到天衣無縫，每日三餐照樣恭恭敬敬地端上給皇帝「進食」，當然這一切，只是幾個知情的太監來做。為了做到逼真，甚至還有模有樣地向車上的皇帝請安，似乎皇帝還真活著似的。

三天後，皇家車隊趕回京城，但並沒有馬上發布皇帝死訊，而是又延遲了一天。一天的功夫，閻皇后宮裡宮外都安排妥當了，才正式宣布皇帝已經駕崩了。

謹慎是必要的，誰都明白，兵權比什麼都重要。皇帝剛剛發喪，閻皇后馬上任命哥哥閻顯為車騎將軍，仍按照舊例，儀同三司，一舉掌控大權。

接下來就是挑選皇帝了。這時閻皇后身分變成了太后，她與當年鄧太后一樣，都沒有子嗣，所以必須要選擇一個好控制的皇帝，最好是小皇帝。按照這個思路，找來找去，找到一個了：濟北王劉壽的兒子劉懿。劉懿年齡小，是漢章帝的孫子，有資格當皇帝。

那個被廢掉的太子劉保呢？貶為濟陰王，而且還不准他參加父親的喪禮。這個小皇子也夠可憐的，沒爹沒娘，小小年紀，卻連遭厄運。除了哭之外，他還能做什麼呢？飯也不吃，覺也不睡，人很快都削瘦了。朝中很多文官武將，看在眼裡，痛在心裡。

到這個時候為止，閻太后一切都順利，皇帝也按自己的設想立了，那麼她是不是大功告成了呢？還遠遠沒有呢。自從安帝親政以來，在宮內外有一股很強的勢力，在以前閻姬都要懼怕三分，這是一個集團，核心人員有王聖母女、宦官樊豐、謝惲、周廣等，此外還是一個重量級的人物，大將軍耿寶。這個集團把持宮裡宮外，權勢相當大。

說實話，閻太后也曾跟他們並肩作戰，特別是在廢太子劉保一事上，是兩派勢力合作的結果。在安帝死後，祕不發喪，也是兩派密謀的結果。可是現在閻太后已經臨朝稱制，成為國家實際上的統治者，豈能容許這股強大勢力的存在呢？不過要將這個集團連根拔掉，也不是件容易的事，必須謹慎行事。

閻太后這個人頗有手段，在小皇帝登基之後不到半個月的時間，她把朝廷三公全都換人：馮石為太傅兼司徒；劉熹為太尉，錄尚書事；李郃為司徒。這三個人都得到提拔，自然感激不遑了。閻太后便指使三公與車騎將軍閻顯聯名同奏一本，彈劾大將軍耿寶，中常侍樊豐，侍中謝惲周廣，還有安帝的奶媽王聖，結黨營私，大逆不道。

在專制社會，權勢來自快，去得也快。樊豐、周廣、謝惲三人下獄死，大將軍耿寶自殺，王聖母女被流放。他們的崛起是因為有漢安帝劉祜為靠山，樹倒就猢猻散了。有人倒楣，有人歡喜。這不，閻氏家族又八面風光了。閻景當上衛尉，閻耀當上城門校尉，閻晏當上執金吾。可不要小看這些職位，全都是掌控京城武裝力量的要職。只要京城安定，閻太后自然可以高枕無憂了。

可是京城真的固若金湯了嗎？太后真的高枕無憂了嗎？

答案是否定的。

皇帝又死了。

讀者們看到這裡不必驚奇了，只有當某個皇帝活得久一點，才會讓我們有一點詫異。少帝劉懿總共當了七個月的皇帝，說準確點，是差一天七個月，然後夭折了，這個皇宮裡看來是有點邪門。

在小皇帝死前五天，即十月二十二日（一二五年），與皇帝最接近的宦官們都看出來，小皇帝不行了，救不活了。這一天，有兩個宦官看在眼裡，心裡各自盤計，一個向東去，一個向西去。這兩個宦官分別是孫程與江京。

先來看看江京去哪裡了。他找到了車騎將軍閻顯，對他說：「皇上病入膏肓，現在應該要確定下一個人選。將軍何不及早做好準備呢？」閻顯趕緊入宮見閻太后，祕密商量從劉氏子弟中挑選新的皇帝人選。

可是孫程卻把寶押在廢太子、濟陰王劉保身上。他以前曾服侍過鄧太后，與樊豐、江京等人不是同黨，如今樊豐雖然被處死，可是江京卻仍然權勢顯赫，自己若想出人頭地，恐怕沒有機會。如今小皇帝性命不保，何不放手一搏，迎立濟陰王，推倒江京呢？這確實是個好機會，但必須冒冒險。於是他祕密前去見濟陰王謁者長興渠，對他說：「濟陰王是皇上的嫡子，並沒有過失，可是先帝卻誤信讒言，以致於被廢黜。如今小皇帝一病不起，正好乘機迎立濟陰王，除掉江京閻顯，事必可成。」

長興渠心裡也盤計，要是能迎立濟陰王劉保為帝，自己也是功臣呢，於是他很爽快地答應了。兩人分頭行事，長興渠回劉保身邊，祕密籌備。此時劉保雖然被封為濟陰王，但仍待在京城裡，在朝廷內外，有不少文武官員對他的遭遇都抱有同情心，這一點是十分有利的。而孫程回到宮中後，找到了十幾個十分可靠的人，都是宦官，包括中黃門王康、長樂太官王丞等，耐心等待，一旦有變，立即動手。

十月二十七日，小皇帝劉懿病死。閻太后與閻顯根據事先制定的計畫，祕不發喪，仍然裝作什麼事也沒有。為了預防事變，太后一面下令各封國的王子們前來洛陽報到，一面關閉皇宮大門，派遣軍隊在京城內高度警戒。太后自然以為自己的計畫滴水不漏，可是她只擔心皇宮之外有人發動兵變，卻不曾想到真正的對手卻深深潛伏於深宮大院之內。

各封國王子要趕到首都，那得花費不少時間，這正好給孫程等人可以從容布署計畫。十一月二日，也就是小皇帝死後五天，孫程與他挑選出來的十八位宦官在德陽殿西鐘下祕密碰頭，他們各撕下一截衣衫，共同起誓，支持擁立劉保為帝，誅殺閻顯江京。孫程果然是有本領，他也不知是用什麼辦法，通知了長興渠，告知他明日舉事，一旦成功，便時打開宮門，迎立劉保。

宮廷之內，驚心動魄的一幕開始了。

第二天夜晚，十幾條黑影閃過，只有聽到窸窸窣窣急促而輕微的碎步聲，他們顯然對深宮大院十分熟悉，一路上沒被發覺，順利闖入章台門，直登崇德殿。這十幾個人，正是孫程與其他十八名太監。就這幾個人想搞政變？這誰都不會想到。可是歷史有時就是在不可思議之中改寫的。

這時崇德殿裡有四個人，分別是江京、李閏、劉安、陳達，其中江京與李閏都曾被安帝封為侯，在內宮中地位可是相當高。這四個內宮重要人物怎麼都聚集在崇德殿呢？顯然在這個非常時期，他們也要時常碰頭，商量大事。突然間，孫程與十幾個太監闖了進來，江京還沒反應過來，正想呵斥這些冒冒失失的傢伙時，只見這十幾個人忽然把外套一掀，露出了亮閃閃的短刀。

不好！就在江京心裡暗叫之時，已經太遲了，孫程的刀已經從他的頸部劃過，鮮血四濺，死了。劉安與陳達兩人想跑，可是十幾個人早就堵住去路，一人一刀，兩人頓時躺臥血泊之中。李閏呢？孫程沒殺他。兩個原因，第一，李閏與江京、樊豐等太監不太一樣，雖然權勢很大，但並不招搖；其二，李閏是宦官頭目，讓他出面才好鎮得住其他宦官。所以孫程這個人，還是很明智的，不殺他。

孫程把刀架在李閏脖子上，厲聲喝道：「今天你得迎立濟陰王為皇帝，否則的話就殺了你。」李閏也算不上英雄，哪裡敢不答應了。有了李閏這張牌在手，皇宮大門順利打開了，這時，早已經在宮門外等待的劉保、長興渠等一干人便一擁而入。孫程在德陽殿西鐘下迎濟陰王劉保，並當即擁立他為皇帝。這個登基也夠簡單的，沒有什麼繁瑣的禮儀。由於閻太后是在北宮，孫程、李閏等人便帶著劉保往南宮去，並以皇帝的名義下詔，召尚書僕射以下官員火速進宮。

此時閻太后與閻顯正在北宮，還正商量著要選哪個人來當皇帝呢，忽聞劉保已經在南宮登基，兩人頓時目瞪口呆，半晌說不出話，不如如何是好。顯然，這個突發事件，令他們太感意外了，在原來的計畫中，根本沒有考慮到會節外生枝。剛掌權不久的閻太后並不具備高超的應變能力，倒是有一個小太監急中生智說：「太后應當馬上下詔，傳越騎校尉馮詩、虎賁中郎將閻崇入宮，守住平朔門（北宮北門），調兵鎮壓叛亂。」

這是閻太后才如夢初醒，下詔傳馮詩、閻崇入衛。馮詩入宮後，閻顯對他說：「濟陰王即位，這不是太后的旨意。你若是效忠太后，立即可以封侯。」說完後，把侯爵的印信硬塞給了馮詩。馮詩拍著胸脯說：「沒問題，但我進宮過於倉促，帶來的兵太少了。」閻顯見他立場堅決，就同意讓馮詩去皇宮左掖門外等候大軍前來，同時派太監樊登跟著去，這是要監督他的。

別看馮詩大拍胸脯，他心裡可另有想法。自劉保被廢黜太子，朝中官員無不為其喊屈，大家都明白這是閻姬與宦官們的陰謀。如今閻太后雖然把自家兄弟安插在政府重要部門，只是時日尚淺，未能服眾。現在閻氏勢單力孤，結局難料，萬一自己在這場政變中站錯立場，那勢必死無葬身之地。馮詩邊走邊盤計著，到了左掖門，他忽然拔刀結果太監樊登的性命，然後揚長而去，騎馬返回自己的兵營，閉營不出，靜觀其變。

究竟鹿死誰手，現在很難預料，很大程度上要看雙方的運氣，運氣取決於哪一方能先以武力控制皇宮。

孫程傳劉保的詔敕，令尚書郭鎮火速度領羽林軍逮捕閻景。為什麼首先要抓閻景呢？這可以看出孫程是有周密計畫的。閻景時任衛尉，是負責皇城警衛的，手上有兵權，必須先剷除。這時已經是深夜了，尚書郭鎮這幾天又感冒，正躺在床上睡覺，當新皇帝的詔令傳到時，他一躍而起，以最快的速度召集羽林軍，然後朝閻景的方向去了。此時閻景也糾集了數百人的武裝，殺奔盛德門，正好與郭鎮的羽林軍遇個正著。

閻景一看，前面的路被擋住了，便大喝一聲：「不要擋路。」這時只見郭鎮跳下車，手持象徵皇室權力的符節，高聲喊道：「衛尉下車聽詔。」閻景怒吼道：「你這哪來的詔書！」一邊說一邊拔出佩刀，朝郭鎮就是一刀，但沒砍中。此時雙方一擁而上，一陣混戰。郭鎮也拔出長劍，與閻景武鬥，閻景的功夫不怎麼樣，從馬車上掉下來，此時早有幾名羽林軍用長戟抵住其胸口。就這樣，閻景被生擒了。

這樣，皇宮被羽林軍控制了。

此時孫程派人前往北宮，奪得皇帝的玉璽，有了這顆大印，發出的詔令就無人可以違抗了。很快，侍御史奉詔前來，在皇宮及全城搜捕閻氏集團的人。閻顯、閻耀、閻晏悉數被逮捕，一併下獄處死。至於閻太后，她被移出皇宮，軟禁於離宮，不久後她也鬱鬱而終。

這場政變總共就一個晚上。

當次日的陽光照耀皇城時，大家都驚奇地發現，被廢黜的前太子劉保登基成為皇帝了，而這半年來聲名顯赫的閻氏集團，在一夜之間灰飛煙滅了。這豈不令人感到世事無常，豈不令人感到政治之凶險莫測。政治，讓不敢玩命的人走開！

這是一次由宦官主導的政變，這是一個被宦官推上寶座的皇帝，這也注定了新朝廷無法抹去宦官專權的濃厚色彩。

# 三一、宦官粉墨登場

劉保成了皇帝，史稱漢順帝，這年他才十一歲，可是已經在波譎雲詭的政壇上幾番沉浮了。只因為他是皇帝的兒子，他比任何人都更加深刻地體會到政治漩渦中的冷酷無情。小時候生母被害了，長大點乳母也被害了，更令人痛心的是，連父親漢安帝都聽信讒言，把自己當作妖魔鬼怪了。那有誰對自己好呢？還是孫程這些宦官最好。看看朝中的文臣武將，大多數人都只知道明哲保身，有幾個人能像孫程那樣忠心耿耿呢？這些太監們冒著身死族誅的危險，發動政變，推倒閻氏集團這座大山，然後把大權恭恭敬敬地交給自己，忠心可鑑哪。現在，劉保要報答才行。

順帝也是個小皇帝，但與前幾任的小皇帝有所不同，他沒有母后臨朝，沒有外戚掣肘。因此，他是一個貨真價實的皇帝。

政變結束後，他一口氣把孫程等十九名宦官全部封侯。其中孫程封萬戶侯，王康、王國兩人封九千戶侯，其餘人等，從五千戶到一千戶不等。這裡還有一個有意思的事情，這十九人中，其實有一個人在政變過程中是貪生怕死的，這個人叫苗光。當時孫程等人揣著利刃，勇闖章台門時，苗光膽怯了，嚇得尿褲子，沒敢往前衝。後來王康上報名單時，謊稱苗光也參加戰鬥。可是苗光這個人確實比較膽小，怕被人揭發，整天睡不好，索性就自首了。可是順帝劉保下詔，不必追究其欺君之罪，照樣封侯。只不過苗光受封千戶，在十九人中最少。

一日之內，十九名宦官封侯！這簡直是不可思議。要知道當年漢和帝劉肇發動政變推倒竇氏集團時，參與其事的宦官鄭眾也不過封一千五百戶，這已經令許多人頗有微言了。如今受封的十九中，有十八人在二千戶以上，令人瞠目結舌。而真正為國家建立不世功勳的人物，得到的獎賞卻遠遠比不上這些宦官。比如在西域立下奇功的班超，只封了個定遠侯，這只是個關內侯，有侯之名卻無采邑；班超還算好，他的兒子班勇復通西域，不僅沒有得到獎賞，反倒下獄了。

換了皇帝後，一大批原先歸附於閻氏的官員紛紛被解職，也有一批有才能的人被提拔，委以重任，其中最著名的人物，便是在平羌戰爭中表現卓越的名將虞詡。

順帝永建元年（一二六年），虞詡被任命為司隸校尉，是負責京畿一帶的衛戍，相當於首都軍區司令官。

虞詡不僅是名將，而且富有治政才華。他在武都任太守的三年間，在軍事、民生、經濟諸多方貢獻甚偉。虞詡在武都郡內修築軍事營壘一百八十所，號召逃亡在外的難民們返回重建家園，政府賑濟貧民，開通水道，使得武都郡在經歷兵荒馬亂之後，漸漸恢復了生機。虞詡初上任時，武都郡的米價一石（斛）一千錢，鹽一石八千錢，居民一萬三千戶；三年後，米價下降到一石八十錢，鹽一石四百錢，居民四萬戶。

就任司隸校尉後，虞詡不畏強暴的個性，讓他得罪了不少人，其中包括正得勢的宦官。在短短幾個月的時間裡，虞詡先後彈劾馮石、劉熹，這兩個人都是閻太后提拔起來的「三公」，自然成為被罷免的對象。緊接著，虞詡把矛頭對準宦官集團，這些宦官靠著有皇帝撐腰，往往幹一些傷天害理之事。他連續彈劾中常侍程璜、陳秉、孟生、李閏，朝中大臣們都認為他瘋了，如今皇帝如此信任宦官，你虞詡卻不斷攻擊，這不就是引火上身嗎？大家紛紛跟虞詡劃清界限，甚至新任三公（太尉、司徒、司空）聯合起來算計他。

自從安帝親政以來，楊震被害，宦官當道，政治污濁，沒有幾個人清正廉明。面對朝中大臣的攻訐，虞詡上書皇帝自表清白：「臣所發舉贓罪，不止一二。三府以下，恐為臣所奏，遂加誣劾。」意思就是說：我上任以來，揭發檢舉的貪贓枉法案件很多，太尉府、司空府、司徒府的人，怕被我揭發檢舉，於是就橫加誣陷於我。

漢順帝劉保雖然年齡小，卻也不糊塗，知道虞詡這個人比較忠貞耿直，便沒有理會三府對他的彈劾。虞詡自己也知道，他的正直得罪了許多人，可是強烈的道德感驅使他不斷地與邪惡勢力作鬥爭，絕不後退。

宦官中常侍張防是皇帝身邊的太監，此人頭腦機靈，深入皇帝信任。很多官員看中了這點，便紛紛上門，託他辦點事，他乘機大肆收受官員的賄賂。可是這些事給虞詡查出來了，他屢次上書，彈劾張防，要求將其逮捕法辦。可是順帝劉保很喜歡張防，所以虞詡的彈劾書，最終都石沉大海了。

堂堂一個司隸校尉，竟然連一個奴才太監也法辦不了。虞詡內心悲憤難平，他索性把自己綁起來，到掌管刑獄的廷尉那裡報到，幹什麼呢？請罪。自己不能行使職權，打擊違法犯罪行為，這不是有罪嗎？別人對監獄唯恐避之不及，而虞詡卻要把自己送進監獄裡，他想用這種極端的方式來力諫皇帝。

可是歷史證明，笨辦法經常是無效的。

自囚獄中後，虞詡又給皇帝上了一書：「以前安帝任用樊豐，遂自亂嫡統，社稷差點不保。如今張防又玩弄權柄，國家之災禍，恐怕又要重來了。臣不忍與張防同朝為官，自囚於牢室，如果沒落得與楊震一樣的下場，那我就算幸運了。」

面對虞詡破釜沉舟的挑戰，張防祭出了從後宮學來的技巧：哭！他在順帝劉保面前哭得兩眼汪汪，邊哭邊訴自己遭到虞詡的冤枉。畢竟順帝這時才只是十二歲的小子，哪裡知道這個宦官的心計呢？他對虞詡以入獄相要脅的作法，非但沒有轉迷為悟，反倒認為這乃是公然對皇權施壓，這一氣之下，下詔要求廷尉追究虞詡的誣告之罪。

審判當然依是皇上的意思，虞詡被判處服勞役，這種懲罰後來許多名將都曾經歷過。可是對張防來說，服苦役豈不是便宜了虞詡？非得致他於死地不可。於是張防暗中交代，定要將虞詡折騰至死。這樣，虞詡在兩天之內，被嚴刑拷打四次，打得皮開肉綻，死去活來。這種慘狀，連獄吏都看不下去了，他們對虞詡說：「與其這樣受罪，還不如自殺呢。」自殺？虞詡斬釘截鐵地答道：「我寧可被拉到刑場砍頭，也不會自殺。」此時的他，當然是生不如死，可是要自殺了，到時被扣上一個畏罪自殺之名，都無法自證清白了。

可是虞詡做夢也想不到一件事，出手相救的人，竟然是大太監孫程。

孫程為什麼要救虞詡呢？莫非他是一個有正義感的宦官麼？並非如此。作為政變立帝的第一功臣，孫程已經享受了萬戶侯的待遇，可是他還不知足，為什麼呢？皇帝太寵幸張防了，以致於張防的權勢遠遠在他之上。那麼張防究竟是何方神聖，是從哪冒出來的呢？

原來打順帝劉保還是太子時，張防就是其身邊的太監，而且他還跟劉保的奶娘宋娥關係特別好。劉保母親死得早，他有兩個奶娘，一個是王男，已經被樊豐等人害死了，另一個就是宋娥。劉保對待宋娥，就像安帝劉祜對待王聖一樣，所以這也形成東漢十分特別的奶娘干政的現象。正是靠著皇帝與宋娥的雙重保護傘，張防的權勢比孫程這一些人還要大。你想想，孫程等人能不想把他拉下馬嗎？

虞詡事件，正好給孫程提供了一個扳倒張防的機會。孫程這個人，從他在政變之夜的表現中就可以看出來，他可不是一般的人，而是敢於大賭的人。一個去了勢的奴才，要是不敢大賭一場，那麼終其一生，也仍然是被萬人唾棄、瞧不起的奴才。看著張防囂張的氣焰，孫程不禁冷笑了，你再囂張，能比閻氏外戚集團更牛嗎？實力雄厚的閻家將都被我整倒了，何況你一個小宦官。

於是孫程進見皇帝劉保，大義凜然地說：「陛下與臣等共謀大事時，常恨奸臣誤國。如今剛剛登大位，卻重蹈覆轍，倘若如此的話，又怎麼有資格來責備先帝（指安帝劉祜）呢？司隸校尉虞詡，為陛下盡忠竭力，可是竟然被捕入獄。常侍張防，貪贓枉法，罪證確鑿，卻得以逍遙法外。據觀測天象，顯示皇宮之中，有奸臣存在。請陛下從速逮捕張防，以化解天象變異，切莫拖延以致釀成災禍。」

此時張防正站在皇帝背後，聽了孫程的話後，不禁臉色大變。孫程自然瞧在眼裡，他大聲斥道：「奸臣張防，還不下殿！」張防嚇出一身冷汗，一時間沒了主意，他偷偷瞅了下皇帝，但皇帝沒有吭聲，不得已只好下了殿，退到東廂。對於小皇帝來說，確實一時間也不知如何是好。他最信任宦官，在宦官中，又最信任孫程與張防，卻不想孫程把張防罵了個狗血噴頭。張防退下後，孫程趁熱打鐵，對順帝劉保說：「陛下要快點行動，逮捕張防，否則他又要到阿母宋娥那裡求情了。」但劉保仍然猶豫不決，便召尚書賈朗前來商議。不想這個賈朗早就與張防狼狽為奸了，他竟然說：

「張防是無辜的，虞詡是罪有應得。」聽到這裡，皇帝劉保更拿不準主意了，他對孫程等人說：「你們先出去吧，容我好好想想。」

就在這個時候，虞詡的兒子虞顗糾集了一大幫人，在皇宮門外等著攔太監高梵的馬車。這是要幹什麼呢？遞交上訴狀。這件事有點奇怪，要知道虞詡屢屢彈劾宦官，他兒子怎麼會攔宦官的馬車去訴冤呢？想必這是孫程安排的，就是要把事情鬧大，事情鬧得越大，紙就包不住火，張防的壞事就會被揭發出來。

這一切似乎都是事先排練好的。太監高梵出宮了，遇到了虞顗一些人喊冤，他義憤填膺，把事情上報給了皇帝。

內有孫程、高梵等人力爭，外有百餘人喊冤，這時漢順帝也無法再保張防了。張防最終被趕出皇宮，流放邊疆；而虞詡則死裡逃生，釋放出獄並遷升為尚書僕射。

孫程如此賣力來拯救虞詡，目的就是要整垮張防，這一點他做到了。可不久後，他就倒楣了。營救虞詡，竟然要全靠宦官之力，從這裡也可以看出宦官的權勢是多大。

不僅是他一人倒楣，他那個十九人的宦官集團都倒楣了。這不怪別人，只怪他們實在太囂張了。

自從張防被放逐後，孫程等十九個封侯的宦官，自然又把持宮裡宮外之事，好不威風。可是他們做過頭了，甚至時不時在宮廷之上、在皇帝面前擺顯自己的功勞，沒有臣子應有的禮節。剛開始順帝還念著他們的功勞，沒有計較，可是次數一多，皇帝也不能忍了。如果不及早把這些人趕出皇宮，恐怕日久生變哩。於是有關部門便承皇帝之意，奏稱孫程等人大逆不道，若久留京都，勢必為大患。這樣，順帝劉保便把十九個封侯的宦官全部逐出皇宮，讓他們回到自己的封地。

十九侯被逐後，朝廷風氣得到顯著的好轉。剛正不阿的虞詡又一次上書皇帝，指出朝中瀰漫著一種歪風，他說：「臣見方今公卿以下，類多拱默，以樹恩為賢，盡節為愚。」這些公卿大夫，大多是官場混混，不求有功，但求無過，沒有責任心。虞詡向順帝推薦忠正耿直的左雄，順帝這次總算接納其建議，拜左雄為尚書，又後擢為尚書令。左雄有辦事能力，且敢直言不諱，在他的努力下，朝中風氣得以扭轉。

倘若認為漢順帝從此便遠離宦官，那就大錯特錯了。在孫程被遣回封邑後，過了一年多，順帝劉保又想起他了。劉保認為孫程雖然有些過錯，但是忠心可靠，更重要的是，此人有能力，皇帝身邊需要這樣的人。於是孫程又被召回京城，並被拜為騎都尉，後來又提拔為奉車都尉。一個太監不僅封侯，還當上都尉，這也夠罕見的。更令人震驚的是，在孫程死後，順帝居然追贈他為車騎將軍，要知道車騎將軍這個頭銜一般只有外戚才能擔任，地位與朝廷三公平起平坐。不僅如此，作為萬戶侯的太監，他的侯爵頭銜與封邑還有繼承人！誰來繼承呢？他的養子。這種事情，堪稱前無古人，乃是順帝劉保的首創。

前無古人，但後有來者。在順帝陽嘉四年（一三五年），一個破天荒的政策出台了：被封侯的宦官，都可以由其養子繼承侯位。原本孫程只是一個例外，現在順帝把太監遺產繼承制變成了一種定例。

此令一出，天下譁然。宦官作為刑餘之人，向來被認為是最低賤的人。封侯已是不可思議之事，現在還可以有繼承人哩。御史張綱馬上寫了奏摺抗議道：「最近以來，無功小人也封官進爵，富貴了就有驕縱之心，其實只是害了他們，這不是順天愛民的做法。」可是抗議無效，皇帝根本不加理睬。

只要宦官當道，帝國權力中樞必然扭曲。

太尉王龔，對宦官攬權十分痛恨，志在匡正，便上書皇帝，直陳諸閹黨的罪行，並要求將這些人統統放逐。王龔的斗膽直言，令宦官們驚恐萬分，他們反咬一口，命其黨羽誣告王龔。偏偏順帝又聽信讒言，命令王龔赴廷對簿。作為位高權重的朝廷三公之一，居然被皇帝要求與閹人對質，這也未免大失體統，只會令朝官蒙羞，令閹黨得志罷了。這個時候，身為從事中郎的李固挺身而出，他寫了一封信給梁皇后的父親、大將軍梁商，請他出面擺平此事。順帝總算給岳父一點面子，沒有繼續追究太尉王龔。

可是王龔還不想善罷甘休，他又收集了宦官中常侍張昉等人的罪狀，打算彈劾他們擅權誤國。這下子可把王龔的家人給嚇壞了，他們拿出楊震的例子，苦苦勸阻。皇帝信任宦官，天下皆知，有這把保護傘，豈能扳倒張昉呢？搞不好就落得個像楊震那樣罷官自殺的下場。聽完這些後，王龔長歎了一口氣，終於把寫好的奏摺給燒掉了。太尉總管全國武裝力量，約相當於國防部長，面對宦官的猖獗，最後只能束手無策，這豈非國家之悲哀麼？

終順帝一朝，宦官擅權的情況並沒有改變，帝國的肌體已經生出一顆毒瘤，這顆毒瘤的危害，將隨著時日的推移而顯露出來，最終成為東漢帝國衰亡的重要原因之一。內憂已然嚴重，外患同時並存。除了西羌之外，北方的游牧民族，包括南匈奴、烏桓、鮮卑等，對帝國的邊疆安全構成了極大的威脅。

# 三二、北方的危機

北方的動盪，要從漢安帝時代開始說起。

自從匈奴分裂為北匈奴與南匈奴後，南匈奴歸附漢室，並一直是東漢帝國抵禦北方諸敵外侵的屏障。可是這種穩定的局面，卻由於西元一〇七年爆發的大規模羌戰而出現了變數。

安帝永初三年（一〇九年），羌戰正如火如荼地進行。俗話說：「福無雙至，禍不單行」，東漢帝國正是如此。首先是在羌戰戰場上屢屢受挫，緊接著大後方發生嚴重的水災，糧食欠收引發了大饑荒，連首都洛陽城都餓殍遍野，慘不忍睹。

這一年，南匈奴萬氏屍逐侯鞮單于（簡稱萬氏單于）照例上京師去朝見漢皇帝，跟他同行的有一隨從名叫韓琮。從南匈奴屬國到首都洛陽這一路上，到處都因為糧食的緊缺而鬧饑荒，民不聊生。從洛陽返回後，韓琮對萬氏單于說：「現在帝國西部有羌亂，關東又鬧水災，百姓大批死亡，正是造反的良機。」

南匈奴雖然歸附漢室已久，但天下沒有永遠的朋友，也沒有永遠的君臣，一切都為利益所驅使。萬氏單于認為韓琮所言甚是有理，此時東漢帝國不過是一隻紙老虎罷了，內憂外患，正是匈奴重新崛起之時，於是他在祕密籌備後，舉部叛變。

九月，南匈奴骨都侯會同烏桓貴族無何允、鮮卑大人丘倫等部眾，率騎兵共計七千人，進攻帝國邊部重鎮五原。此時邊郡駐軍已被抽調一部分前往羌戰戰場，邊防力量大受影響，五原太守率部迎戰，被打得大敗而還。

初戰的勝利令萬氏單于陶醉在復興大匈奴的美夢之中，他迫不急待地發兵圍攻中郎將耿種的駐地美稷。東漢時期對南匈奴的監控比較有力道，設有「使匈奴中郎將」與「度遼將軍」，大本營設在美稷城。

南匈奴的叛變，令原本已經焦頭爛額的漢東漢政府帝國雪上加霜。儘管羌戰吃緊、大饑荒仍在蔓延，朝廷還是動用了最精銳的北軍五營為主力，以大司農何熙為代理車騎將軍，中郎將龐雄為副帥，並徵調邊郡駐兵共計二萬餘人，進攻南匈奴。遼東太守耿夔則率歸附的鮮卑騎兵以及東北諸郡軍隊，協助何熙。兩路大軍分進合擊，打敗了南匈奴軍中戰力鬥頗強的日逐王部。

對朝廷來說，南匈奴的叛變比羌亂還嚴重。雖然羌軍很驍勇，而且戰鬥力頗強，破壞力很大，但是他們是許許多多的小部落各自作戰，這些部落某些時侯會因為利益而聯合起來，但很快也會因為利益而又分離。南匈奴則不然，他們能征善戰，曾有過輝煌的歷史，有凝聚力，還有北匈奴的勢力與之相呼應。

朝廷決定將最勇猛的戰將梁慬調往北部戰場。梁慬自出西域之後，在龜茲城下勇破西域聯軍，繼而在河西四郡橫掃羌軍，使河西四郡最早平定羌亂，之後又馬不停蹄趕赴舊都長安，挫敗羌人對長安城的威脅，屢戰屢勝，成為漢王朝的堅強支柱。一紙詔書，將梁慬調往北線戰場，行度遼將軍事，即代理度遼將軍的職權，全權負責平定南匈奴的叛亂。

此時南匈奴單于兵圍美稷城已經長達五個月，中郎將耿種堅強地頂住匈奴人的進攻。梁慬到任後，馬上著手研究反擊南匈奴的計畫。南匈奴重兵屯於美稷城下，屬國內部兵力較為虛弱，因此梁慬打算攻敵所必救，迫使南單于的兵力回援，以解美稷城之圍。

永初四年（一一〇年）正月，梁慬會同耿夔兵團共計八千餘人的軍隊，進擊南匈奴屬國的領地。此時南匈奴屬國的守將乃是匈奴左大將，此外還有一些烏桓騎兵。梁慬揮師前進，大破南匈奴軍，陣斬匈奴左大將及烏桓大人，殲滅三千多人並繳獲了大批牲畜及財產。

萬氏單于獲知後方被漢軍襲擊，大驚失色，慌忙下令撤美稷之圍，回軍迎戰梁慬部。梁慬豈是浪得虛名之輩，自從出道以來，他還未嘗有過敗績。南單于親自率領八千騎兵圍攻梁慬兵團，梁慬披甲上陣，縱馬踏破匈奴陣營。士兵們見主帥衝鋒陷陣，個個感動萬分，爭先恐後殺入敵陣，迎頭痛擊南匈奴軍。萬氏單于大敗，損兵折將，落荒而逃，撤到了虎澤（內蒙古東勝縣東南）。

三月，代理車騎將軍何熙統率諸軍進駐五原郡曼柏城，準備對南匈奴發動毀滅性的最後一戰。由於何熙在曼柏城染上重疾，無法親自領軍，令代理度遼將軍梁慬、中郎將龐雄、使匈奴中郎將耿種率部出征。此時梁慬麾下有耿夔兵團，龐雄的麾下有北軍五營，耿種麾下是美稷城的駐軍，組建成討伐軍共計一萬六千餘人，目標直指萬氏單于所在的虎澤地區。

萬氏單于沒有料想到漢軍在經歷羌亂、大饑荒之後，實力竟然還如此強大，不禁後悔起兵造反，便把慫恿他造反的韓琮叫了過來，大罵道：「你不是說漢人統統餓死了嗎？那現在來的又是些什麼人呢？」韓琮聽了臉上一陣白一陣青的。萬氏單于歎了一口氣，看來只能向漢軍投降了。

萬氏單于的使者抵達漢營，請求投降。梁慬、龐雄、耿種等人商量之後，認為此時帝國正遭遇前所未有的困難局面，不宜與南匈奴糾纏太久，便答應受降。萬氏單于脫了帽子，光著雙腳，自己反綁雙臂，親自到漢軍營中謝罪，並交還了被南匈奴掠為奴隸的一萬多名漢人。

東漢政府赦免萬氏單于的罪行，遣子入質。為了控制南匈奴，朝廷正式任命梁慬為準遼將軍，負責管理南匈奴屬國。

梁慬是東漢中期最傑出的將領，他經歷帝國由盛而衰的過程。在此過程中，先是西域的叛亂，續而是規模空前的羌亂，緊接著又是南匈奴的叛變。在此危局之中，梁慬頻頻被委以重任，哪裡的形勢最為危急，必調梁慬前往。而梁慬終不負眾望，戰無不勝，攻無不克。東漢帝國在此十餘年內憂外患之中沒有崩潰，梁慬可謂居功至偉。是以《後漢書》作者將梁慬與班超同列一傳，用意不可不謂深遠。觀梁慬一生之驍勇善戰，不遜於班超，至於功業終遜於班超，非能力有差，實乃時局使然。

南匈奴叛而復降，並不意味著北方的危機解除。一個比南匈奴更為強大的外患正在悄悄地崛起，這就是佔據了匈奴故地的鮮卑。自從西元九十三年鮮卑開始移居到蒙古大漠南北後，北匈奴殘餘的十餘萬人併入鮮卑，使其力量猛增。這時的鮮卑尚未建立起統一的國家，而是有許多部落，雖然偶有寇邊的行徑，但大體上還是歸順於漢政府。西元一〇七年（安帝永初元年），鮮卑共有一百二十個部落遣子入質，然而就在這一年，規模空前的羌戰爆發了。

西元一〇七—一一八年的羌亂是東漢帝國國力盛衰的分野，當這場戰爭已到尾聲時，鮮卑開始捲入戰爭，企圖在漢羌相爭之中搶得漁翁之利。

安帝元初四年（一一七年），鮮卑連休部落入寇遼西郡，本想混水摸魚，不想卻被遼西郡守軍以及烏桓部落首領於秩居迎頭痛擊，連休遭到慘敗，鮮卑騎兵被殺一千三百餘人。

此後鮮卑入寇東漢帝國邊關的事件與日俱增。

元初五年（一一八年），鮮卑部落進攻代郡，朝廷調遣緣邊諸郡的部隊以及黎陽大營的部隊，駐屯上谷。十月，鮮卑軍隊侵入上谷，進攻居庸關，漢軍守軍據險而守，鮮卑軍無機可乘，灰溜溜地撤軍。

元初六年（一一九年），鮮卑騎兵襲擊馬城要塞，殺漢官吏，度遼將軍鄧遵、中郎將馬續率南匈奴軍隊反擊，大破鮮卑騎兵，奪回馬城要塞。

建光元年（一二一年），鮮卑部落首領其至鞬再攻居庸關，雲中太守成嚴率軍反擊，兵敗被殺。鮮卑人再度圍攻馬城要塞，護烏桓校尉徐當率軍堅守。度遼將軍耿夔會同幽州刺史龐參調集廣陽、漁陽、涿郡三郡部隊，增援馬城要塞。鮮卑人久攻不下，遂解圍而去。

雖然鮮卑騎兵幾次入寇並沒有撈到多少好處，但他們明顯感覺到了一點：東漢帝國似乎只有防止之力，而無反擊之力。漢軍無一例外只是挫敗鮮卑的進攻罷了，並不追擊，更談不上軍事報復了。帝國的氣力不如從前了，鮮卑人開始越來越大膽了。這是一個「爭於氣力」的時代，哪一方氣力不足，就只會激發起對手的野心。到了西元一二二年，鮮卑人更是頻頻用兵，在一個多月的時間，連續進攻雁門、定襄、太原三郡，邊疆的局勢在惡化。

東漢帝國在對鮮卑的戰爭中，頻頻使用南匈奴的軍隊，南匈奴騎兵也成為鮮卑人的眼中釘。西元一二三年，鮮卑首領其至鞬率一萬多名騎兵，大破南匈奴軍，日逐王被殺，一千餘人戰死。

鮮卑人的進攻越來越猛。西元一二四年，鮮卑進攻玄菟、高柳等地，殺死南匈奴漸將王；西元一二六年，進犯大同，殺死太守李超。由於不斷地受到鮮卑族的進攻，北方軍事重鎮朔方受戰爭的破壞，軍事防禦措施嚴重受損。朝廷決心以主動的形式出擊，堅決遏制鮮卑的勢力。漢順帝即位後，永建元年（一二六年），調黎陽營至中山郡北，同時命令緣邊諸郡加強軍事戒備與訓練。

永建二年（一二七年），使匈奴中郎將張國率南匈奴騎兵開始反擊，攻擊的目標是鮮卑部落中最梟悍的其至鞬部。這次反擊由於準備充分，旗開得勝，挫敗鮮卑其至鞬部落，繳獲二千餘種輜重物資。同年二月，護烏桓校尉耿曄在東北戰線也取得了重大勝利。

鮮卑六千餘騎兵進攻遼東郡與玄菟郡，漢軍一反只守不攻的慣例。護烏桓校尉耿曄率東北邊境守軍及烏桓騎兵，以攻代守，出塞作戰，殺鮮卑數百人，繳獲了大量的牛、馬等牲畜。這次出塞作戰意義非凡，鮮卑人意識到東漢帝國的軍事實力仍然不可低估，這一地區的鮮卑首領率其部眾三萬人向耿曄投降。

此後，鮮卑人進犯的主要方向便集中在漁陽與朔方二地。

先來看看漁陽（北京密雲西南）一帶的戰事。

永建三年（一二八年），鮮卑寇漁陽。

三年後（一三一年），耿曄派遣烏桓數千騎兵出塞，猛攻鮮卑，殺死數百名鮮卑人。同年冬季，漁陽太守派烏桓騎兵深入作戰，殺鮮卑人八百人，同時繳獲大量的牛羊馬。

次年（一三二年），護烏桓校尉耿曄又一次派出烏桓騎兵，在親漢校尉戎朱廆的率領下，抄掠鮮卑，大獲而還。

再來看看朔方以北對鮮卑的戰事。

在這一條戰線上，主要憑藉的是南匈奴的力量。陽嘉二年（一三三年），使匈奴中郎將趙稠易守為攻，派遣南匈奴軍主力骨都侯夫沈部出邊塞，進入漠南，進攻鮮卑的軍隊。鮮卑其至鞬部落遭到重創，南匈奴軍斬獲頗多。

不久，其至鞬病死，來自北方鮮卑人的進攻逐漸減少，邊疆的局勢逐漸穩定下來。

不過漢帝國將邊疆的安危過多寄託於烏桓與南匈奴的力量上，這著實有幾分潛伏的危險。一旦來自鮮卑的進攻減少之後，烏桓與南匈奴同東漢帝國的矛盾隨之產生。

順帝陽嘉四年（一三五年）便爆發了烏桓部落的反叛，叛軍攻擊雲中郡，度遼將軍耿曄率守軍反擊，被烏桓擊敗，被圍困於蘭池城（內蒙古托克托縣附近），直到朝廷派遣數千軍隊增援耿曄，才解了蘭池城之圍。

五年後（一四〇年），一場更大的叛亂發生了，主角是南匈奴句龍大人吾斯與車鈕。吾斯與車鈕隸屬南匈奴左部（左賢王部），他們起兵後與右賢王達成祕密協定，將其拉入反叛之列，聯合進攻美稷城，並抄掠西河、朔方、代郡等地，殺死東漢官吏，一時間聲勢浩大。

度遼將軍馬續與使匈奴中郎將梁並發邊郡駐軍以及羌胡騎兵共計二萬餘人，前往鎮壓，大破南匈奴軍，吾斯與車鈕二人落荒而逃。

南匈奴的復叛，引起了朝廷的憤怒。漢順帝派出特使前往美稷城中，質問南單于。其實吾斯等人的叛變，南單于並沒有參與其中，面對漢使的詰難，南單于驚恐萬分，親自向中郎將梁並請罪。此時梁並得了重病，把軍政大權交給副手陳龜。陳龜將南單于與左賢王一併逮捕，認為他們對部下的反叛有著不可推卸的責任，勒令二人自殺。可是這種激進的作法，已經遠遠超過陳龜的職權範圍了。不久後，朝廷以擅權的罪名，逮捕陳龜，下獄免職。

然而南單于與左賢王之死，使得南匈奴各部落首領如驚弓之鳥，惶恐不安。不少人擔心朝廷降罪，索性投奔吾斯與車鈕。吾斯兵團遂得以東山再起，掠城攻地，不可一世。

帝國在軍事上荒弛的弱點暴露無遺。所幸東漢將領軍事素質都極高，度遼將軍馬續建議採取堅壁清野的戰略，以招撫為手段，分化瓦解南匈奴的叛軍，這一招果然奏奇效。不久之後，右賢王的抑鞮部落共計一萬三千餘人投降，大大減輕了漢軍戰場的壓力。但是南匈奴叛軍的力量仍然很強大。

句龍大人吾斯擁立車鈕為單于，收納烏桓、羌以及其他胡人部落，擁眾數萬人，南下威脅長安城，擊破京兆虎牙大營，殺死上郡都尉及軍司馬，聲威復振。隨即寇略并州、涼州、幽州、冀州，來勢洶洶，東漢政府迫於南匈奴叛軍的壓力，許多郡的政府駐地被迫遷移。

朝廷以張耽為中郎將，率幽州烏桓騎兵以及緣邊諸郡的守軍，對南匈奴軍叛軍展開猛攻。他是一名驍勇的將軍，會帶兵，手下士兵都樂意為其效命。雙方決戰於馬邑，張耽身先士卒，其部下莫不奮勇作戰，殲滅南匈奴軍三千餘人，繳獲大量的牲畜與物資。偽單于車鈕戰敗請降，投降的還有叛軍中諸部落首領、骨都侯。

不過叛軍的靈魂人物吾斯並沒有投降，他與烏桓一些部落相結盟，繼續抄寇邊郡。第二年（一四一年），度遼將軍馬續以五千名鮮卑騎兵作為主力，在谷城擊敗吾斯的南匈奴軍與烏桓軍隊。

東漢時期由於奉行「以夷制夷」的戰略，所以在盟友與敵人之間，經常性地變換著。前番是以烏桓、南匈奴的力量來對抗擊鮮卑，現在又以鮮卑的力量來消滅南匈奴與烏桓。請注意一點，此時的鮮卑與烏桓都不是一個真正意義的國家，而是由許多部落組成的民族，有些部落歸附東漢帝國，有些則與之敵對。

南匈奴與烏桓叛軍退守通天山，中郎將張耽率部隊，從懸崖峭壁以繩索攀上山嶺，出其不意對佔據於此的烏桓軍隊發動襲擊，烏桓軍大敗，其首領被斬殺，但是句龍大人吾斯又一次死裡逃生。即便如此，句龍大人吾斯的實力已經遭到重創。

一年以後（一四二年），南匈奴左奧鞬王台耆也起而叛變，與句龍大人吾斯的叛軍，夥同烏桓部落，抄掠并州，但這不過是南匈奴叛亂的迴光返照。

次年（一四三年），使匈奴中郎將馬寔派刺客潛入敵營中，刺殺叛軍領袖句龍大人吾斯，割下其首級，傳回京師。吾斯被刺，意味著南匈奴叛亂的終結。

句龍大人吾斯死後（一四四年），南匈奴叛軍群龍無首。馬寔乘機揮師進擊，大破叛軍，殺死一千二百餘人，左奧鞬王台耆率南匈奴餘眾悉降。緊接著，失去盟友支持的烏桓諸部落共計七十餘萬人，也向馬寔請降。

漢帝國的北方危機，終於塵埃落定。

然而透過這幾次的危機，東漢帝國的大國地位已經是搖搖欲墜了，雖然頂住了鮮卑的進攻，頂住烏桓與南匈奴的叛亂的威脅。但是這個勝利，贏得很勉強，根本看不到當年橫掃北匈奴的氣勢。南匈奴的反覆叛變，究其原因，乃是企圖擺脫東漢政府的控制，擺脫從屬國的地位，重現昔日的輝煌。東漢帝國與南匈奴、烏桓、鮮卑之間，有著理不清的複雜關係，四者之間反覆上演聯合與對抗的故事，在聯合與對抗的背後，有一點是一致的，那就是利益。

漢順帝劉保終於在有生之年，看到了北疆的平定。這一年他三十歲，在位十八年，正當而立之年，可是生命之燭卻燒到終點了。

## 三三、政壇暴發戶：權傾天下的梁氏外戚

自商周以來，各代君主都有狩都有狩獵的傳統，這不是一種娛樂運動，也是培養尚武精神的手段。其中最著名的人物，便是西漢的一代雄君漢武帝，他不僅酷愛狩獵，甚至可以力搏虎羆。可是到了東漢，我們看到君主已經很少從事戶外運動了，更不用說狩獵了，這種重文輕武的傾向，皇室成員像溫室中的花朵一樣，體質很弱，其平均壽命，在各封建王朝中，恐怕是最短的。

漢順帝劉保在沒有母后掣肘的情況下，當了十八年的皇帝，可是也不過才活了三十歲。對帝國來說，這是很嚴重的問題，小皇帝即位，太后臨朝，外戚把持大權的局面將再一次出現，這幾乎成為東漢帝國解不開的一個亂結。

梁氏外戚是東漢歷史上最強大的一個外戚集團，要了解梁氏外戚的來龍去脈，還得從漢和帝劉肇的生母梁貴人說起。梁貴人為漢章下產下皇子劉肇後，竇皇后為把孩子搶走據為己有，便設計陷害梁氏家族，梁貴人的父親梁竦死於獄中，梁貴人也被陷害而死，其兄弟流放到蠻荒之地。到了劉肇當上皇帝後，得悉事實的真相，便把梁氏子弟又接回洛陽，封官加爵。在順帝即位後，梁竦的孫子梁商被封為「乘氏侯」。可是真正能令梁氏大放光芒的，卻是梁商的女兒梁妠。

據說梁妠出生時，家室之內閃現一道紅光，被認為是大祥之兆。她從小就對針線活十分興趣，精於女工，而且也學了一些文化知識。九歲時能誦讀《論語》，喜歡看史書，還專門向名師學習

《韓詩》，能了解其基本大義。更令人感到驚奇的是，在她的閨室內，還掛滿了歷代列女圖，作為自己的學習榜樣。這讓父親梁商十分驚異，他曾經對人說：「我們先祖以前在河西為官，救過許多人的命，正所謂積德必報，倘若能恩澤子孫，那當在此小女身上吧。」

順帝永建三年（一二八年），年僅十三歲的梁妠被選入宮中。當時皇宮中一個會看相的人，名叫茅通，他一見到梁妠後，十分驚奇，便對漢順帝說：「此女的面相是日角偃月，這在相法上是極貴之相，這是臣從來未見過的。」順帝聽後很高興，又讓太史占卜，結果也是得吉占，便當即封梁妠為貴人。

在之後幾年裡，梁妠深受順帝寵愛。到永建七年（一三二年），順帝劉保年滿十八歲，到了冊立皇后的時候了，梁妠才貌雙全，沒經過什麼激烈競爭，便成為年輕的皇后，這年她十七歲。

一人得道，雞犬升天。

梁氏外戚集團開始以火箭般的速度竄起。梁妠成為皇后之後，父親梁商增加封邑，並升遷為執金吾。次年（一三三年），順帝又封梁商的兒子梁冀為襄邑侯。可是此舉遭到尚書令左雄的強烈反對，他上書皇帝說：「梁冀之封，事非機急，宜過災厄之運，然後平議可否，封冀未遲。」此時的梁商還算知收斂，他連上十餘書，堅決辭讓兒子梁冀的封侯，漢順帝這才算收回成命。但這並沒有影響梁氏的地位，在家天下的封建社會裡，權力的變遷並不總是依靠人的本事才華。

陽嘉四年（一三五年），梁商從執金吾一舉躍遷為大將軍。梁商雖然貴為皇帝的岳父，可是他與其他外戚有所不同。這個人比較謙虛謹慎，這與他的學識修養有關，他自從便接受儒學教育，通曉各種經典，甚至連各種注本都曾讀過。在獲悉皇帝的提拔後，他又一次堅決辭掉，但這回皇帝不批准，他索性就稱病在家，臥床不起。就這樣推了一年，最後還是沒推成，梁商最後只好接受了，成為帝國僅次於皇帝的二號人物。

梁商之所以不願接受高位，顯然也是因為前車之鑑。大將軍一人之下，萬人之上，多麼威風。可是只要回顧一下歷史，竇氏外戚安在哉？閻氏外戚安在哉？梁商經歷過家族的沉浮，對這一點更是心知肚明，今天風光上位，明天死無葬身之地，這種事難道還少嗎？當然，跟竇憲等人相比，他要低調得多，為人謙和給他贏得了不少人的好感。而且梁商還網羅了一些社會名流入大將軍府，包括陳龜、李固、周舉等人，都是一時之名俊。儘管如此，他的弱點也是顯而易見的，就是過於明哲保身，不能制止宦官勢力的擴大，無法整飭朝綱，開創嶄新的政治格局。

與父親的低調完全不同，梁商的兒子梁冀則是一個十分囂張狂妄之人。在梁商成為大將軍後，梁冀擔任執金吾，並在第二年（一三六年）當上河南尹，則首都洛陽一帶的行政長官。他沒有像父親曾經經歷家族興衰的厄運，而是以裙帶關係一路官運亨通。

我們可以從一件事看出梁冀的殘暴性格。

呂放是梁冀轄下的洛陽縣令，他也是大將軍梁商的一名親信。可是呂放卻對梁冀的所作所為十分不滿，梁冀這個人嗜酒如命，而身為河南尹，自己卻總是幹些違法亂紀的事情。為此，呂放把梁冀的所作所為告知大將軍梁商，梁冀也因為受到父親的責罵。你想想，這梁冀從小就是要風得風，要雨得雨，哪裡能忍氣吞聲呢？不行，得報仇才行。他派了一名刺客，在呂放回家途中，將其刺死。

梁商得到呂放被刺的消息，大為震驚。這時作為河南尹的梁冀拍拍胸脯對父親說，這事我已經調查清楚了，是呂放仇人所為。為了表示自己絕對清白，他特別推薦由呂放的弟弟呂禹擔任洛陽縣令，替哥哥報仇。這是不賊喊捉賊嗎？呂禹雖然名正言順地成了縣令，可是怎麼查案，還不都是梁冀說了算嗎？而且他急著為哥哥報仇，遂全力搜捕呂放的仇家，只要曾結過仇的，也不分清紅皂白，一律胡亂加個罪名處死。這一殺，總共殺了一百多人，而這是發生在天子腳下的洛陽縣。

大將軍梁商的為人處世是明哲保身，為此，他非但沒有遏制宦官的權勢，反倒不惜屈尊結交宦官。有一個信任宦官的皇帝，勢必有許多巴結宦官的人，可惜大將軍也不能免俗。太監曹節、曹騰、孟賁等人，都為順帝所暱愛，梁商與這幾位宦官的關係不錯，特別是與曹節最好。也正因為這幾個宦官不時向皇帝美言，大將軍梁商雖然權柄很重，但順帝對他特別信任。梁商當然知道這些宦官的重要性，時不時可以通風報信一下，他便把曹節等人介紹給兒子梁冀、梁不疑認識。這位精通儒學經典的大將軍顯然深諳為官之道，一方面提拔人才給自己樹名，一方面結交閹宦以固權力。

可是，有一個人卻妒火中燒。這個人是誰呢？宦官中常侍張逵。

張逵與曹節、曹騰、孟賁等人都蒙皇帝恩寵，可是宦官之間的奪寵相鬥也是非常激烈的。曹節等人與大將軍梁商內外通好，相互利用，權傾朝野，朝臣們不敢與之抗衡。相比之下，張逵勢力要遜色許多。女人碰不得，就極力地追求權力吧，這是宦官們的心態，人總要有個目標才行。可惜的是，宦官們對於追求權力的目標，向來使用的都是非正當的手段。想要整垮大將軍梁商並不是容易的事，靠張逵一人肯定不行，得聯合更多的盟友。於是，張逵找到了順帝的乳母宋娥，以及為順帝搞政變的宦官十九侯中的九侯，聯合起來，誣告梁商等人。

張逵知道如何才能致對方於死地，要一擊中的，罪名一定要夠重，在所有的重罪中，沒有一條比「謀反」更大了。於是張逵等人告發梁商及宦官曹騰、孟賁，稱他們祕密商議廢黜順帝劉保，打算另立皇帝。這的確是非常陰毒的一招，可是並沒有奏效。順帝劉保並不是個糊塗蛋，別看他寵著宦官，可是對太監們之間明爭暗鬥可是洞若觀火哩。劉保對張逵的告發置之不理，並旗幟鮮明地說：「大將軍父子是我最信任的人，曹騰、孟賁也是我最寵愛的人。他們不會謀反的，必無此事，你們只不過是嫉妒罷了。」

這下子輪到張逵等人緊張了，因為他們已經把攻擊的矛頭擲出了，已經公然向梁商、曹騰、孟賁等人挑戰了，想收也難收住了。誣告的陰謀已破產，怎麼辦？狗急也跳牆，一不做，二不休，索性先下手為強。這個張逵也真是膽大包天，他居然偽造詔令，收捕曹騰、孟賁下獄。下一步他要做什麼呢？既然詔令都敢違造，想必他是想發動政變，把皇帝也端掉吧。不過他沒有這個機會，順帝劉保很快就得到報告了。皇帝從未像這次如此暴怒，他幾乎要氣瘋了，立即令人前往捉拿張逵。

都是嫉妒心惹的禍，張逵終於自吞苦果，在監獄飽經掠打後，被斬首示眾。倒楣的不僅是張逵一人，與他相勾結的弘農太守張鳳，安平相楊皓等人，也全部被處死。順帝的乳母宋娥被奪去權力，趕回老家種田；至於那封侯的九名宦官，皇帝還是考慮到他們擁立有功，又是受張逵唆使，只是削去其部分封邑，並未重責。

張逵這一冒失出擊，對大將軍梁商來說倒是一件好事，因為皇帝對他更信任了。很快，漢順帝提拔梁商的幼子梁不疑為步兵校尉，步兵校尉是北軍五校之一。北軍是東漢帝國最精銳的部隊，可是這時梁不疑還只是毛頭小孩，怎麼能勝任如此重要的職位呢？梁商又一次上書辭讓，漢順帝聽完後，也覺得有點不太合適，改任梁不疑為侍中兼奉車都尉。

梁商總共當了六年大將軍，雖然在任期內他並沒有什麼雷厲風行的改革，也沒有勒石燕然的赫赫戰功，但他左右逢源，各方勢力都對他十分敬重，這倒讓他撈到了不少好名聲。西元一四一年，梁商因病去世。在彌留之際，他把兒子梁冀、梁不疑等人統統叫過來，對他們說，他這輩子享受了許多福份，可是對國家沒什麼貢獻，死後不可浪費，葬禮要簡單等等。可以說，無論生前的謙遜或死後的節簡，大將軍梁商都得到朝臣們的一致好評。梁商死了，可是他卻給兒子梁冀撐起一把保護傘。

大將軍梁商的葬禮十分隆重，這有背於他的遺囑。可是皇帝想把丈人的後事辦得轟轟烈烈，不能丟了皇后的臉啊。梁商死後僅僅六天，梁冀就從河南尹躍遷為大將軍，河南尹的空缺則由其弟梁不疑補上。

父子兩人先後成為大將軍，這在東漢歷史上屬首例。梁氏外戚集團的勢力一舉超過之前的諸外戚，一枝獨秀。可是漢順帝真的看走眼了，梁冀的殘暴凶猛、飛揚跋扈已是聞名朝野，他後來差點成了皇室的掘墓人。梁冀當上大將軍後，更是不可一世，他的宅第門庭若市，但往來無鴻儒，盡是些溜鬚拍馬的豬朋狗友，騙吃混喝，必要時充當打手甚至刺客。京城這個地方，幾乎成了梁冀為所欲為之地，什麼貪贓枉法的事都做得出來。

隨著梁冀的上台，朝廷的正義力量進一步遭到削弱，暗黑勢力籠罩著帝國高層。但凡剛直不阿的官員，都為梁冀所不容，他想方設法把這些人弄出京城，以便一手遮天。以正直聞名的李固被調任為荊州刺史，後來又被梁冀想辦法貶為泰州太守。侍中杜喬、光祿大夫周舉、張綱等八人，也被以「督察地方」為由，調離京城。可是有一個人不想走，這個人就是張綱。

當杜喬等八人奉命出京，只走了一兩里地，到洛陽都亭時，張綱停下來，不走了。非但不走，他還把馬車的車輪給拆下來，埋在地下。這就是「張綱埋輪」的故事，在歷史上很有名，埋輪是一種象徵，是張綱所表現出來的決心。在八名地方督察員中，張綱最為年輕，氣節獨高，他為什麼不服從朝廷的命令，為什麼止步不前呢？他對杜喬等人說：「豺狼當道，安問狐狸？」意思是說，朝廷被梁冀、梁不疑這頭大豺狼把持，不打豺狼，卻到地方打貪官污吏這些小狐狸，有什麼意思呢？

張綱在路邊的小亭子擺上筆墨，當即寫好奏摺，回到京城之中，彈劾梁冀與梁不疑。在奏摺中，張綱寫道：「大將軍梁冀、河南尹梁不疑，靠著外戚關係，受國家重恩，身居高位，卻不能弘揚教化，大肆貪婪，收刮財物，驕縱無度，重用諂諛之人，陷害忠良之士，誠天威所不赦，應該處以極刑重罰。」他羅列梁冀的十五項大罪，說得是淋漓透徹，慷慨激昂。此摺一奏，震動朝野，當時梁皇后正得寵，梁氏諸子弟，遍布京城內外，而張綱卻毫無畏懼，言人所不敢言。

可惜的是，專制社會的政治權力偏偏就把持在這麼一群人手中，除了皇帝出手，還有誰能扳倒梁冀呢？後來諸葛亮曾批評東漢皇帝「親小人，遠君子」，順帝劉保就是這麼一個人。他看了張綱的上書後，知道他為人忠直，並沒有加罪於他，可是也不加罪於梁冀，皇帝是不是在做一種權力平衡呢？

張綱的反擊毫無效果，心狠手辣的梁冀非報復不可。梁冀不想親自動手，只需借刀殺人就可以了。當時由於政局混亂，在廣陵（江蘇揚州）一帶，有一股強人揭竿而民，為首的名為張嬰，聚眾數萬人，攻殺廣陵刺史。梁冀不懷好意地暗中指使人推薦張綱為廣陵太守，顯然是要借亂賊的刀殺死這個討厭的政敵。可是張綱果然有本事，他到了廣陵後，居然親自跑去見亂賊頭目張嬰，曉之以理，動之以情，竟憑著三寸不爛之舌，說服張嬰等數萬人投降，不戰而屈人之兵。這個結果可不是梁冀想看到的，當有關部門打算對張綱進行嘉賞時，他跳出來極力阻撓。可惜的是，赴廣陵一年後，張綱積勞成疾，竟病死於任內，時年三十六歲。自從漢安帝始，東漢帝國的政治漸趨污濁，也正是在這種時候，也有一大批正直之士挺身而不出，不計安危，力挽狂瀾，儘管勢單力薄，卻總讓人看到黑暗中的幾點星光，虞詡、李固、張綱等都是帝國正義力量的中流砥柱。

在東漢的諸皇帝中，漢順帝表現平平。與多數小皇帝不同，他十一歲登基後就親政，沒有受到太后的限制，所以他的皇權沒有受到外力的動搖。可是順帝一朝，宦官與外戚的權勢比起以往任何一朝都重，這為帝國埋下嚴重的禍根。宦官與外戚之間的關係也很微妙，時而相互勾結，時而相互排擠，到了東漢晚期，這兩大毒瘤終於到了水火不容的地步，給帝國造成了慘烈的災難。

順帝死於西元一四四年，時年三十歲。順帝一死，帝國的權力又一次落入外戚之手，而梁冀的專制，是東漢歷史上最黑暗的一段統治。

東漢歷史有兩大奇怪現象，一是皇帝多死得早，二是很多皇后都沒有生育。以前的馬皇后、竇皇后、閻皇后都沒生育，而梁皇后梁妠同樣沒生育。被立為太子的劉炳是虞美人所生，可是虞美人出身低微，並不能撼動梁皇后的強勢地位。

又是一個小皇帝！劉炳即位時，才僅兩歲，史稱漢沖帝。

父位子承，在專制社會這是天經地義之事，然而儒家政治制度的設計者，顯然忽略了一個問題：倘若權力的繼承者只是一個不懂事的孩子，那麼帝國之舟會航向何方呢？很不幸，這個問題在東漢時代反覆出現。英明神武的開國皇帝劉秀可能作夢也想不到，他的後代子孫，怎麼一個比一個孱弱呢？

太后臨朝、外戚擅權的情況又一次出現，東漢歷史進入「梁冀時代」。

# 三四、禍從口出：漢質帝之死

在當了十二年的皇后之後，梁妠以賢良聰慧博得不少好名聲，以致於她臨朝聽政時，朝野對她寄予很大希望，希望她能像之前的鄧太后鄧綏一樣，約束外戚的勢力，整頓朝綱，開拓新局面。

梁妠雖然與鄧綏一樣喜讀史書，但作為太后，她的執政能力完全不能與鄧綏相比。執政伊始，梁太后把正直敢言的李固提拔為太尉，並發布一道詔令，要求各級官員向朝廷推薦賢良方正之才。這使得許多人認為太后確實想好好治理國家，於是便有勇敢的人站出來，把批判的矛頭直接以梁冀為首的外戚集團。

皇甫規是東漢後期著名的將領，此時的他還是一個無名之輩，因才能非凡被推薦給了朝廷。他一到朝廷，便以無比的勇氣攻擊梁氏外戚，上書梁太后道：「大將軍梁冀、河南尹梁不疑，肩負著輔政的重任，又是皇族的姻親，應當謹慎謙遜，以儒術思想治國，省去遊玩娛樂的不急之務，減少宅第豪華裝飾的開支。倘若他們能竭心盡力為百姓謀福，這是國家之福；倘若懈怠鬆弛，勢必將使國家陷入狂濤駭浪之中，這豈能不謹慎呢？身居高位的人，如果沒有相應的品德，那是不可以建立功業，安固國家。但凡大將軍門下的酒肉之徒，嬉戲之客，都是些耳納邪聲、口出諂言之人，終日遊手好閒，幹一些不義的勾當，應該統統加以貶斥，懲誡心懷不軌之人。陛下宜令梁冀等人深刻反思，得到賢人輔佐是積福，失去賢人輔佐只會遭殃。」

皇甫規一腔熱血，希望梁太后可以對自家兄弟嚴加管束，可是他高估了梁太后。梁太后是個不錯的皇后，可是並不是一個好的執政者，名義上她是國家最高統治者，可是對政治畢竟相當外行，不得不倚重自家兄弟。說到底，國家政權是掌握在梁冀兄弟手中。

可以想像梁冀氣急敗壞的樣子，他怒火沖天，找了個藉口，把皇甫規給趕回老家。不僅如此，他還想致皇甫規於死地，多次暗令地方官員陷害皇甫規。只是皇甫規這個人謹言慎行，人又很聰明，雖多次遭到陷害，總算都能死裡逃生。直到十幾年後，梁冀死後，皇甫規才有了東山再起的機會。

事實再一次證明了皇族子弟的孱弱，小皇帝劉炳被抱在皇帝寶座上才五個月，又死了，還不滿三歲呢。這個幼小的生命，到死時都不曉得皇帝是何物呢，原來皇室成員並不都那麼幸運。漢順帝只有劉炳這麼一個兒子，現在死了，就只能在諸封王及王子中選立皇帝了。太尉李固認為，不應當立小皇帝，而應該在諸王之中挑選一個年紀大且品行端正者為皇帝。當時呼聲最高的人，是清河王劉蒜，他已長大成人，而且待人接物端莊嚴肅，朝中官員也傾向於立劉蒜為帝。

可是如果劉蒜為帝，梁氏外戚豈不是難以控制嗎？顯然梁冀不可能接受這樣的結果，他要立一個小皇帝，以便自己能獨攬大權。這樣，渤海王劉鴻的八歲兒子劉纘被立為皇帝，史稱漢質帝。這個結果，無疑令李固十分失望，他與梁冀的矛盾日益惡化。

在梁冀看來，李固是他獨裁之路上的絆腳石，是眼中釘肉中刺，必得拔除而後快。可是李固這個人，十分清正廉明，公忠體國，深得梁太后的信任。每當李固提出建議，梁太后大多都能採納並付諸實行。在李固的打擊下，一些貪贓樁法的官員被罷免，一些非為作歹的宦官被貶斥，天下士人都把挽救時局的希望寄託在李固身上，希望他能一掃政壇污濁之氣，重振朝綱。李固雖然位列三公，地位尊崇，可是熟悉漢史的讀者都知道，在漢代，三公並非朝中最有權力的人，大將軍的權勢遠在三公之上。

一場兩個人的戰爭已經悄然拉開了，一個是梁冀，一個是李固。只是這場戰爭看上去實力很不對等，大將軍梁冀的權力本來就在李固之上，況且還有太后妹妹為後盾，顯然在兩人的對決，李固只能處在守勢，而梁冀則不斷地發動攻勢。

第一波的較量開始了。

梁冀躲在幕後，他派出一些嘍囉兵上陣。這些嘍囉兵，是被李固所罷免的不合格官員，有一百多人。這些人作威作福慣了，突然被李固一棒打下水，丟了官卸了職，心裡自然十分有怨言。他們知道梁冀與李固勢不兩立，便紛紛到大將軍這裡討「公道」。梁冀正好把這些嘍囉兵派上場，授意他們聯合起來，寫了一折奏章，彈劾李固。

李固兩袖清風，一身正氣，有什麼可以被彈劾的呢？惡人們總是有手段的。他們所彈劾的內容，歸結起來有這麼幾點：第一，李固是個偽君子，表面上很正派，暗地裡結黨營私，還離間外戚與皇室的感情，居心叵測。第二，漢順帝去世後，大家都痛哭流涕，可是李固不僅不哭，還舉止輕浮。第三，先帝剛過世，李固就迫不急待地改變順帝時代的規章制度，明擺著表示自己是對的，先帝是錯的。第四，把先帝時的舊臣驅逐了一大批，就是想自己作威作福。

這些都是什麼罪狀呢？把白的都說成黑的了。李固力矯頑弊，重振朝綱的努力，居然被別有用心的人說成是對先帝不敬。反正惡人憑恃的不是道理，不是證據，而是權力。三公乃是朝廷重臣，不要說一般人，就是梁冀也不能輕易動得，只有梁太后可以決定是否加罪於李固。

梁冀想對妹妹梁太后施壓，堅持讓有關部門調查李固。只要司法機構介入調查，那就完全在大將軍的控制之中，到時就算不致李固於死地，至少讓他丟官。可是梁太后這一點上還是有分寸的，畢竟李固的許多政策，都是經她同意的。她拒絕接受對李固的彈劾，這使得梁冀的計畫破產。

很快，梁冀與李固的衝突再起。

這是由一樁事件引起的。當時梁冀權傾天下，有些地方官員為了走捷徑升官，不惜以重金賄賂，其中包括永昌（雲南保山）太守劉君世。劉君世所在的永昌是西南偏遠之地，在這裡很難熬出頭，為了巴結討好梁冀，他特地用收刮來的黃金打造一條金蛇，送到洛陽給梁冀當賀禮。

梁冀得到這份厚禮，非常開心，愛不釋手。可偏偏這個時候，益州刺史種暠發現劉君世貪污且行賄，便將他逮捕入獄，並上書梁太后，說明行賄之事。鑑於這個行賄事件影響極壞，梁太后也不得不讓哥哥梁冀把金蛇交出，沒收入庫。這下子梁冀可氣壞了，心裡大罵種暠壞了好事。梁冀這個人，器量狹窄，一丁點小仇也非報不可，他開始盯住種暠，伺機整垮他。

很快，梁冀找到機會了。當時西南爆發農民起義，種暠親自討伐亂賊，結果沒打贏，反倒死了不少吏民。梁冀乘機以此為罪名，將種暠逮捕，押解到洛陽，打算將其處死以洩心頭之恨。可是太尉李固卻挺身而出，為種暠辯護。李固認為國內四處盜賊蜂起，種暠儘管剿匪失利，但他沒有隱報實情，而且吏民死亡的責任主要是縣級官員，而不應由他來承擔。

在李固的努力下，梁太后對種暠作出免職的決定，但不追究其罪，總算保全了一條性命。對此，梁冀認為李固處處與他作對，此人不除，自己怕是要處處受到掣肘了。

可是有一個人，更令梁冀感到不寒而慄。

這個人就是剛滿九歲的小皇帝劉纘。起初梁冀堅持要立劉纘為皇帝，就是認為這麼一個小不點，容易控制。可是劉纘卻是一個相當聰明的孩子，雖然年齡很小，但能明辨是非，他看得出來，李固才是真正的忠臣，是靠得住的人。

在梁冀的眼裡，自己儼然是這個國家的最高統治者，而皇帝不過只是一尊泥菩薩罷了。他從來不把這尊泥菩薩放在眼裡，也不感到一個九歲大的小孩對他能有什麼威脅。可是，有一天，泥菩薩居然開口說話了。

質帝劉纘對梁冀的飛揚跋扈早就心懷不滿，他是個聰明、有勇氣的小孩子，但未能深諳人事的他還是少了謀略。這不能怪他，他畢竟只是個小孩子。有一天朝會時，劉纘在群臣面前，目光注視著梁冀，突然說了一句令所有人都感到震驚的話：「此跋扈將軍也。」

劉纘知道自己不過是在扮演一個傀儡的角色，他想透過這一句，既表達自己的不滿，同時也向群臣發出一個求援信號。可是這個過於冒失的舉動，要了他的小命。

梁冀被這句話震驚了，此時他突然意識到自己還遠非帝國真正的統治者，因為坐在龍椅上的皇帝，正是最大的威脅。雖然這個皇帝還小，但總有長大成人的一天，現在小皇帝在心裡已經種下一顆仇視的種子，日後會開花結果的。突然梁冀獰笑了一聲：「想跟我鬥，還太嫩了。」小孩子畢竟就是小孩子，你忍不住把心裡話說出來，你便徹底輸了。

什麼黑心事是梁冀做不出來的呢？連皇帝他都敢殺！他收買了皇帝左右侍從，把毒藥暗地裡放進餅裡，準備伺機毒殺小皇帝。

閏六月的第一天，質帝劉纘吃下了一個毒餅。不一會兒的功夫，他突然覺得一陣腹疼難忍，唇焦舌燥，好象有一團火在身上燃燒。他意識到些什麼，急傳太尉李固進見。此時的小皇帝顯然對誰也信不過，除了忠正耿直的李固。李固聞訊大驚，急忙趕赴皇宮，可是這時小皇帝已經躺上床上，艱難地呻吟著，不過頭腦還是清醒的。

李固趕緊問小皇帝是怎麼回事，質帝劉纘忍著巨痛，抓著李固的手說：「我剛才吃了一個餅，肚疼難忍，給我喝點水，或許還可以活下來。」此時假裝聞訊趕來的梁冀站在一旁，不冷不熱地說：「陛下可能是想嘔吐吧，那不能喝水的。」劉纘怨恨地看了梁冀一眼，兩眼一翻，死了。

這一年是西元一四六年。劉纘僅僅當了一半年的皇帝，就被跋扈將軍梁冀毒死了。

李固撲倒在小皇帝還未冰涼的屍體上，失聲痛哭。他走出皇宮，立即指控宮廷御醫救治不力，要求對御醫嚴加調查。顯然李固大體上可以猜出事情的真相，皇帝的暴死，一定是食物中毒，而敢下毒的人，除了梁大將軍之外，沒有其他人了。他必須有證據，他要藉調查御醫為由，查出真相。

弒君事件，已經把梁冀與李固推到攤牌的邊緣。

其實李固心裡很明白，就算他找出梁冀就是元凶的證據，又能怎麼樣呢？能把他繩之以法嗎？顯然不可能。有一件事情更為迫切，那就是誰來當皇帝。只有擁有真正權力的皇帝，才能制裁弒君凶手。

李固已經鐵下一條心，無論如此也要制止梁冀專權，必須選擇一位成年且賢明的王子。他聯合司徒胡廣、司空趙戒，寫了一封信給大將軍梁冀。在信中，李固援引古制，強調選帝必須徵求三公及諸卿的意見，這樣才能確保所選之人能順應天命民心。

面對三公的施壓，梁冀不得不放下架子，召集公卿會議。出席會議的包括梁太后、大將軍梁冀、太尉李固、司徒胡廣、司空趙戒以及九卿及諸位侯爵，會議的主題便是確定皇帝人選。在這次會議中，梁冀與李固的衝突到了白熱化的階段。

以李固為代表的三公及以大鴻臚杜喬一致推薦清河王劉蒜，認為他無論是品德或能力，都是有目共睹的。從皇室血緣來看，劉蒜是漢章帝劉炟的四代孫，出身尊貴，是皇帝的最佳人選。其實在一年前，李固等人就提出應當立劉蒜為皇帝，可是遭到太后與梁冀的否決。這一次，李固絕不再讓步。

在第一天的會議上，面對李固等人攻勢，梁冀難以招架。對他來說，絕對不可以立劉蒜為皇帝，否則自己的權勢必遭削弱。劉蒜如果成為皇帝，必定會重用李固，到時自己在朝廷將無立錐之地。更可怕的是，倘若李固把弒君案調查得水落石出，那麼他梁冀項上人頭保得住嗎？他以咆哮的方式極力反對，可是反擊卻很蒼白無力。一來李固選賢立能的原則站得住腳，難找到反駁的理由；二來梁冀也還沒想清楚立誰為皇帝，提不出具體人選。

這一天就是激烈的爭吵中過去了，李固佔了上風，可是結局未定。當梁冀懷著鬱悶的心情回到府上時，一位不速之客的來訪，令他喜出望外。

這位不速之客，正是大太監曹騰。

曹騰與梁商、梁冀父子的關係都很好，當然，這絕不是友誼，而是利益牽引的。曹騰怎麼也來蹚此渾水呢？原來劉蒜入京師後，曹騰曾去巴結一下，可是劉蒜卻不愛搭理他。曹騰把這事跟其他宦官一說，大家都覺得要是劉蒜當上皇帝，肯定撈不到什麼好處，看來要與大將軍梁冀並肩作戰。

夜晤梁冀後，曹騰說道：「大將軍家族連續幾代都是皇親國戚，秉攝國家大權，賓客門人眾多，恐怕不免有所過失。清河王劉蒜以嚴明著稱，如果立他為帝。恐怕將軍你必定要遭殃。」宦官與外戚本是一丘之貉，一家人不說外話，曹騰倒是說得十分乾脆，與梁冀倒是不謀而合。那麼立誰呢？曹騰說出一個名字：劉志。

為什麼是劉志呢？原來劉志是蠡吾侯劉翼的兒子，這一年十五歲。梁太后打算把妹妹嫁給他，所以正好召他入京。在漢質帝被毒死的那天，劉志正好回到洛陽城。曹騰對梁冀說：「不如立劉志為帝，這麼一來，可以長保富貴呢。」

說真的，梁冀並非沒有想過立劉志為帝，可是劉志的劣勢是顯而易見的。選擇皇帝，一般情況是要考慮幾個方面：血統的親疏、地位的尊卑、個人的品行等。從血統上來說，劉志是漢章帝的曾孫，這個沒問題。可是地位上不如劉蒜，劉蒜是清河王，而劉志是蠡吾侯，王的爵位比侯要高出一大截。如果要比較才能，那劉志更非劉蒜的對手了。聽了曹騰的建議後，梁冀也不免皺起眉頭，選擇實力平平的劉志，公卿大夫豈肯贊成呢？善於察言觀色的宦官曹騰看出梁冀的心思，暗示了一下：大將軍據有重權，令出必行，何人敢違？

「好！」梁冀一拍桌子，騰的站起身上，目露凶光，臉上帶著一種殺氣。要是誰敢違抗大將軍的命令，我定讓他吃不了兜著走。

有了宦官集團的支持，梁冀的底氣更足了。

第二天，公卿會議繼續召開。梁冀不再被動防禦了，而是積極出擊，他抬出自己的皇帝人選劉志，雙方開始又爭論開來了。李固堅持立劉蒜，據理力爭，梁冀爭不過他，為什麼呢？因為梁冀這個人有些口吃，說起話來結結巴巴的。可是梁冀有自己的殺手鐧，他雖然講話結巴，可是語氣卻越來越強硬，言辭之中充滿威脅，而且臉部都變形了，猙獰可怖，眉宇之間，殺機四起。

在梁冀的淫威之下，李固陣營開始動搖了。司徒胡廣、司空趙戒，原本就比較膽小，突然間意識到自己正陷入巨大的危險中，不由於內心大為驚慌，臨陣倒戈了。兩人都答道：「唯大將軍命。」其他公卿大夫，也怕丟了官甚至丟了命，紛紛表示聽從梁冀的意見。最後只剩下一個人仍與李固並肩作戰，他就是大鴻臚杜喬。李固的性格絕不屈服，他還想開口反駁，可是梁冀已經勝券在手了，他竟然厲聲喝道：「罷會！罷會！」

這天的公卿大會，就這樣像一場鬧劇一樣，草草收場了。

李固並沒有放棄，他的看法也有幾分天真，他認為劉蒜即位乃是眾望所歸。可是即便真是眾望所歸，朝中公卿也已經放棄了，向梁冀屈服了，還哪來的眾望呢？李固不甘心，他又寫了一封信，交到梁冀手中。

可是梁冀已經不想同李固糾纏了。他連夜進宮，見自己的妹妹梁太后，要求將李固就地免職。梁太后也有自己的私心，如果劉志當上皇帝，自己的妹妹就是皇后了，這樣梁家才能永遠立足於不敗之地啊。有了這份私心，加上梁冀的堅持，太后終於下達懿旨，將李固免職。

一天後，李固丟了太尉的烏紗帽。他的位置由屈服於梁冀的胡廣接任。

又過了三天，劉志被迎入皇宮，立為皇帝，史稱漢桓帝。

# 三五、李固之死

身為三公之一的李固在一夜之間被罷官免職，震動朝野。

在天下士人眼中，李固是國家的中流砥柱，是正義力量的化身，他公忠體國，心無雜私之念，有高尚的品格與非凡的政治才能。他出身名門之家，卻是完全憑藉自己的本領，一步步地躍升到帝國權力核心。

李固的父親李郃是漢和帝時的重臣，曾擔任尚書令、司空等要職，在漢安帝時又擔任司徒，位三公之列。有這樣的老爹為靠山，李固想在朝中謀得一官半職，那是輕而易舉之事。可是他一點也不想靠父親的關係，而是要靠自己打拼。從小，李固便十分酷愛讀書，為了尋找名師，他經常騎著毛驢、帶著書冊，不遠千里遊學。當時由於書籍並不普及，許多古籍珍本都散落於民間，李固四處求學，讀到了許多別人沒看過的典籍，並融會貫通，終於成為一代大儒。

不僅如此，李固身上還深受時代遊俠思想的影響，他結交了許多英雄豪傑。他不想讓別人知道自己是當朝三公李郃的兒子，所以經常改名換姓，只有這樣，才能結識真正的師友，而不是奉承拍馬之人。很快，他以博學多才而聞名遐邇，許多人慕名前來一睹其風采。李固淡泊名利，當時司隸校尉及益州刺史多次舉薦他為官，但他都沒有接受。

然而，李固生活的時代，正是東漢帝國由強而衰的轉捩點，「明章之治」的政治清明局面已經完全喪失，外戚擅權、宦官橫行的現象日益嚴重，朝廷被一群毫無進取精神的庸碌之輩所把持。在這種情況下，李固不能閉門讀書了，儒家是入世的而非出世的，他要躬入時局，挺膺責任。在寫給好友黃瓊的信中，李固這樣說：「如果要做一番濟世安民的事業，現在正是時候了。有史以來，清明政局少，混亂時候多，倘若非要等待堯舜那樣的明君，恐怕有志之士永遠沒有這個機會了。」

李固登上政壇，與父親李郃一點關係也沒有。說起來很有意思，他第一次議政，居然與天災有關。順帝陽嘉二年（一三三年），這一年發生了許多天災，包括地震、山崩、火災等。東漢時總把天災與政治掛鉤，於是皇帝下令各級官員舉薦人才，指陳時政之弊。由於當時李固名氣很大，公卿便推薦他上廷對策。李固直言不諱，在對策中批評皇帝對乳母宋娥的封賞太多，批評梁氏外戚子弟權柄太重，特別要求梁冀辭去步兵校尉之職，把外戚之權交還國家。同時，李固還批評宦官當政的現象，並提出了善政的一些主張。

這一次，李固把外戚集團、宦官集團以及順帝乳母宋娥等這些在朝中最有權勢的人都得罪了。宋娥與宦官們聯合起來，採用匿名信陷害李固，李固差點被害死。倒是大將軍梁商心胸還算寬廣，他頗愛惜李固之才，在關鍵時候出手相助，才使得李固死裡逃生。但是他在京城是混不下去了，他被下放到廣漢郡去當一名縣令。行至半途時，他索性把縣令印上交了，自己跑回老家，閉門讀書。他的第一次從政就這樣草草而終了。

不久後，梁商再度起用李固，把他召入大將軍府為從事郎中。李固並沒有因為梁商對自己有恩而放棄原則，他寫了一封信給大將軍，勸他放棄外戚大權，為天下人作出表率。在信中，李固寫道：「爬得太高則危險，水太滿則溢出，月滿圓時則虧，日正午時則偏，這就是自然規律。賢達之人，功成則身退，既保全名聲，又享有福壽，避免憂禍。您如果能這樣做，則可蹈古賢人之足跡，保全不朽的聲譽。那麼怎麼會與那些庸俗的外戚之流及貪戀權位者相提並論呢？」

儘管梁商在外戚集團中已算是佼佼者，但有幾個身居高位者能自動放棄權力呢？李固的上書如石沉大海，沒有一點效果。

梁商死後，梁冀繼任大將軍，他就沒有父親的度量，一上台便極力排擠李固。梁冀以鎮壓荊州盜賊為由，把李固從京城外調到荊州擔任刺史。李固到任後，以撫代剿，很快平定荊州之亂。任刺史期間，他大力整飭地方官吏，南陽太守高賜等人由於貪贓枉法被彈劾。高賜不惜花費重金向大將軍梁冀行賄，梁冀派人千里傳信，欲阻撓李固辦案，李固置之不理。梁冀大為不滿，找了個理由，又把李固貶為泰山太守，仍然讓他去剿匪。可是李固果然有非凡的本領，他恩威並重，不到一年時間，泰山盜匪又被擺平了。

鑑於李固在地方治理上的卓越政績，漢順帝又把他召回京師，擔任大司農，列位九卿。李固乘機向皇帝推薦了許多優秀人才，並處置了一批不稱職的人員。正因為李固的苦心經營，在外戚與宦官把持大權的惡劣政治環境下，總算在朝中保留下不少正直的官員。

可惜的是，自從漢順帝死後，國家大權已完全掌握在梁氏外戚集團手中，憑李固的微薄力量，已經無法撼動其堅不可拔的根基了。

在選帝之爭中，李固終於一敗塗地。在中國歷史上總出現奸臣當道，原因在於忠臣們是以原則辦事，而奸臣們則不按理出牌。無須什麼充足的理由，堂堂太尉在一夜之間便被罷免。

李固被免職，令朝廷正義力量遭到空前打擊。向來剛正不阿，拒絕結交權貴的滕撫遭到宦官的暗算，繼李固之後也被免職，他激憤難平，病死於家中。當時朝中官員無不人人自危，人們對國家的未來充滿悲觀的情緒。直到杜喬升任太尉後，大家才看到一絲希望。

杜喬在當時與李固齊名，年輕時以博學正直著稱，得到司徒楊震的賞識，楊震把他聘入司徒府中為幕僚。他從政比李固早，在李固任泰山太守時，杜喬以光祿大夫巡視兗州，對李固的政績大加讚賞。在寫給皇帝的奏章中，稱李固政績天下第一。此後，兩個惺惺相惜，一時成為天下士人的榜樣。

在選帝之爭中，杜喬自始至終與李固並肩作戰，但最終功虧一簣，李固被免職，劉志被立為皇帝。由於李固的政治才能太出色了，他無故被罷官，引起朝野譁然，梁太后為了安撫士人之心，遂由杜喬取代碌碌無為的胡廣擔任太尉。杜喬正直的性格，注定他不可能與梁冀之流同流合污，於是一場新的政治鬥爭又展開了。

由於所謂的「立帝」之功，梁冀的弟弟梁不疑、梁蒙，兒子梁胤等人皆被封侯，杜喬上書據理反對。這麼一來，梁、杜的矛盾已是不可避免。當時梁冀有一名親信名為汜宮，此人在地方當官時，就曾因貪污上千萬遭到杜喬的彈劾而免官。可是梁冀又想把他提拔為尚書，便找杜喬說情，希望杜喬出面推薦汜宮，這一要求遭到杜喬當場拒絕。這麼一來，杜喬又成為梁冀眼中的另一個李固了。

於是，一場針對李固與杜喬的陰謀悄悄展開了。

桓帝建和元年（一四七年），帝國首都洛陽地震。梁冀的機會來了。

在東漢有一個非常奇特的理論，天災乃是上天的警告，但由誰來負責呢？三公。從鄧太后開創這個新理論後，這便成為攻擊政敵最有力的手段。以天災為藉口來罷免三公，這真是絕好的手段，不需要什麼理由。當然，在三公中要淘汰誰，那可沒準，掌權者看誰不順眼就淘汰誰。這下子杜喬倒楣了，因為地震，他被罷掉太尉之職。

可這遠非結束。梁冀又串通宦官集團，暗使宦官唐衡、左悺兩人在漢桓帝劉志面前說李固與杜喬的壞話，他們是這樣說的：「陛下即位之前，李固與杜喬兩人首先抗議，說陛下您沒有能力繼承皇位。」此時漢桓帝已經十六歲，聽到這樣的話，對李固與杜喬兩人銜恨在心。

正當梁冀想方設法想除掉李固、杜喬時，突然從清河國傳來一個謀逆的消息。梁冀一聽到此消息，不禁眉開眼笑了。

清河國就是劉蒜的封國，這裡發生什麼事呢？在一年前，李固、杜喬強烈要求立品德、才能均突出的劉蒜為皇帝，可最終沒成功。這件事令天下人很失望，於是有兩個熱血青年抱著「國家興亡，匹夫有責」的信念，做了一次魯莽的大冒險。這兩個熱血青年是劉文與劉鮪，他們是什麼來路，也搞不清楚了。這兩人認為要是由劉志來統治，國家肯定沒希望，只有清河王劉蒜為帝，才能拯救國家於水火之中。兩人就打算擁立劉蒜為皇帝，什麼手段呢，估計是打算劫持劉蒜，逼他稱帝，然後以清河為中心，號令天下，到時勢必得到多數人的擁護支持。可是沒有劫持到劉蒜，只劫持了劉蒜的宰相謝暠。這兩個冒險家對謝暠說：「我們要擁立清河王為皇帝，到時讓你擔任三公。」謝暠認為這兩人是神經病，便破口大罵，劉文遂一刀殺死謝暠。這場政變鬧劇很快就失敗了，劉文、劉鮪被捕處死。劉蒜被這兩個魯莽的傢伙牽連，被取消王號，貶為侯爵，放逐桂陽，他選擇了自殺身死。

這個事件不僅害死了清河王劉蒜，也令李固、杜喬兩人遭殃。他們二人都想立劉蒜為皇帝，如今冒出這麼個事，正好給梁冀有反攻倒算的機會。梁冀誣諂李固、杜喬兩人與劉文、劉鮪是同一夥，策劃政變，要求給予治罪。梁太后指示，放過杜喬，單單追究李固。就這樣，李固莫名其妙地捲入所謂的「謀逆案」中，被關入大獄。

李固被免職已經引起士人們的激憤，如今又在毫無證據的情況下被捕，這天底下究竟有無公理二字呢？李固的學生王調豁出去了，他給自己上了枷鎖，到皇宮大門前遞交請願書，力證李固的清白。此外，儒生趙承等數十人，也紛紛前往皇宮大門外請願，還帶來刀斧砧板，以示必死的決心。其實梁太后也知道李固公忠體國，不太可能與謀逆案有關，現在又有這麼多學人前來請願，甚至甘為其死，足證李固是無辜的。於是她下達懿旨，釋放李固。

當李固走出大獄時，整個京城沸騰了，大家歡欣鼓舞，許多百姓高喊萬歲。這足以看得出民心不可欺，百姓知道誰是清官，誰是惡吏。梁冀萬萬沒有想到李固的聲望居然如此之高，士人無不以他為精神領袖，百姓則視他為救星，這樣的人就算失勢，也仍將是自己的死敵。這位大將軍急急忙忙入宮，向梁太后說，李固收買人心，日後必成大患，不如趁早解決了。梁太后遲疑不決時，梁冀卻等不及了，憑著自己是太后的哥哥，就算做得極端點，也不致於被懲罰吧。他索性擅傳詔令，把剛剛出獄的李固再次抓捕入獄。

轉眼之間，晴天又變得陰天，洛陽上空烏雲密布。

李固心裡明白，梁冀非置自己於死地不可了，這一次是在劫難逃了。他並不畏懼死亡，只是想到國家從此落在一群宵小手中，不知又有多少黎民百姓要遭殃了。他寫了一封信給以前的同僚胡廣、趙戒（曾與李固同屬三公），在信中他表白自己的心跡：

「我李固深受國恩，所以竭心盡力，不顧及死亡，志在匡扶王室，創文帝、宣帝時的盛世。可是何曾想到，在選立皇帝時，梁氏外戚執迷不悟，而你們二位曲意奉承，大事本可成功，最終反倒失敗了。漢家衰微，從此始矣。你們身受君王厚祿，卻不能扶大廈於將傾，後世史冊，將會如何來評價你們呢？我李固今天難逃一劫，可是無虧於心，無須再說什麼了。」

胡廣與趙戒兩人看到信後，明知李固是忠臣，遭人陷害，可是他們終究不敢出頭，怕得罪梁冀後，自己也落得個李固的下場，只是心中慚愧，暗自長歎流涕而已。

梁冀深知李固深孚眾望，必須立即處決，否則又要有人鬧事了。他也不敢公開處死李固，只是暗令獄官在大牢內將其祕密處死。就這樣，一代臣名李固慘遭毒手，死時五十四歲。

除了李固之外，杜喬也在在劫難逃。梁冀殺心一起，一不做二不休，也顧不上梁太后的命令。他在殺死李固後，馬上派人到杜喬家中，威脅他說：「你要是自己了斷，尚可保全妻子性命。」可是梁冀派來的人，並沒有太后或皇帝的詔令，杜喬哪裡肯聽呢？第二天，梁冀派人前去偵察，沒有聽到杜家的哭聲，知道杜喬並沒有自殺，於是他又向梁太后說，杜喬這個人，一肚子怨氣，對朝廷不滿。這時的梁太后其實已經無法制止哥哥大開殺戒了，梁冀也不等詔令批下，便又派人前往杜家，把杜喬逮捕入獄。當天晚上，杜喬同樣在監獄大牢中被祕密處決。

李固與杜喬之死，乃是東漢歷史上最大的冤案。此前兩人都曾擔任太尉，位列三公，處帝國權力頂端。然而輕而易舉地被梁氏外戚打倒了，沒有罪證，沒有審判。在此之前，梁冀雖然驕橫跋扈，尚且顧慮梁太后，而在李固、杜喬死後，他也不把太后當回事了。他不是皇帝，可是儼然成為太上皇，一手遮天，掌握著生殺大權。

李固的預言沒有錯，從此之後，東漢帝國呈現出加速度的衰落了。

# 三六、黑暗時代：梁冀統治下的十年

桓帝劉志在皇帝的寶座上坐了四年，但他的感覺就是一個四肢被繩索拉著牽引的木偶，只是別人的傳聲筒。這一年，梁太后病死了，在去世前，她宣布歸還朝政，大權交給桓帝劉志。看來十九歲的皇帝可以親政了，可是等等，劉志東張西望，看到了大將軍梁冀那張驕橫跋扈的面孔，他手上還拽著拉動木偶的繩索呢。

十九歲的成人總比九歲的孩子要穩重，劉志沒有重蹈劉纘的覆轍，儘管他內心對梁冀把持大權有一萬個不滿，但卻小心翼翼地這些不滿隱藏起來。不要說對梁冀有言語上的不敬，甚至連眼神流露些許的輕蔑也是不允許的，因為他很清楚，宮廷內外，都是梁冀的爪牙。皇位要坐穩，不討好那位「太上皇」是不行的。桓帝劉志索性下詔，封給梁冀食邑一萬戶，加上以前的兩萬戶，總共達三萬戶之多。萬戶侯幾乎就是人臣所能得到的最高賞賜，而梁冀則是三萬戶侯了，可這還不夠。梁冀的老婆孫壽也被封為「襄成君」，陽翟一縣的田賦租稅都歸她所有，光這些收入，每年就有五千萬錢了。

梁冀顯然對皇帝的做法很滿意，他的權力並不因為妹妹梁太后的去世而削弱，反而增強了。而且他還有一條控制監視皇帝的眼線，那就是她的另一個妹妹，當朝皇后梁女瑩。如果僅僅罵他是一個「跋扈將軍」，顯然太含蓄了，他就是一個十足的惡棍與政治流氓。特別在李固與杜喬被殺後，他的惡棍本性更是盡現無疑。

就連梁冀手下的走狗們也狐假虎威，不可一世。譬如說，梁冀有一個總管名叫秦宮，此人特別擅長溜鬚拍馬，十分討得梁冀夫人孫壽的歡心，可以隨時進出孫壽的住所。秦宮靠著主人撐腰，居然一路扶搖直上，當上太倉令，主管皇家糧庫。各級官員，爭先恐後巴結秦宮，每當有刺史、太守到地方上任時，總得先去拜見秦宮辭行。一時間，秦宮的權勢無人可敵。

儘管梁冀已經牢牢地把持中央政權，可是他還不知足。他還買通了皇帝身邊有權勢的宦官，目的在於更好地監視皇帝的一舉一動。同時，他又把梁家兄弟侄兒以及賓客朋友，統統安插在各州郡擔任重要職務。可以說，從宮裡到宮外，從中央到地方，梁冀鋪架起一個巨大的羅網，這個帝國還是劉姓的天下嗎？不，大家只知道有梁大將軍，卻忘了還有一個皇帝哩。

直到這個時侯，梁冀可以高枕無憂了。

接下來他要幹什麼呢？享受！

梁冀與他的夫人孫壽，分別築起兩座巨大的豪宅，一座大將軍府，一座襄成君第。這兩大豪宅只隔著一條街，內部裝潢極盡奢華。宅內有崇臺高閣，飛樑石磴，有園林假山，山上羅列草木，馴放鳥獸，可謂是應有盡有。這豪宅著實太大，連梁冀要走上一圈，都得乘馬車，其豪華程度，不遜皇宮後院。梁冀與孫壽就在這兩座大宅內日日歡娛，夜夜笙歌。這裡幾乎成為國家第二權力中心了，官員前來拜訪時，想要進門，得先被門房勒索進門費。時間一長，連看門人都成了暴發戶，竟然擁有數萬兩黃金的家產。

有了豪宅還不夠，梁冀又在洛陽城西建了個「兔苑」，方圓數十里，專門養野兔，以狩獵消遣之用。倘若有百姓膽敢獵殺一隻兔子，便處死極刑。有一次，有一個西域來的人不知道這個規定，在兔苑殺了一隻兔子，結果官府胡亂抓人，竟然有十幾個人被處死。就因為一隻普通的兔子，就可以草菅十幾條人命。

要維持這麼一種窮奢極欲的生活，連梁冀都覺得入不敷出了。三萬戶的采邑與一個縣的稅賦，竟然還不夠花。怎麼辦呢？梁冀有辦法，他先派人暗中調查各地的巨富，羅列了一個名單，然後隨便給他們找了個罪名，抓住監獄，嚴刑拷打，逼迫其家人出巨資贖罪。許多富人因此傾家蕩產，甚至被殺頭。

當時扶風有一位富人，名叫士孫奮，這個人非常富有，同時又很吝嗇。梁冀送了他一匹馬，然後向索要五千萬錢，說好聽點，叫借錢，可就是有借無還。士孫奮不敢不借錢，可是他又太吝嗇了，捨不得五千萬，想來想去，只借出三千萬。梁冀一聽火了，你是敬酒不吃吃罰酒，當即指示當地郡政府，把士孫奮的母親逮捕入獄，罪名是她曾偷盜梁家的金銀財寶。為了獨吞士孫家的財物，在梁冀的指使下，地方政府在監獄中將士孫奮兄弟折騰致死，全部家產沒收，總共有一億七千萬錢。不消說，這些錢最後都落在梁冀的口袋裡了。

堂堂一個大帝國的大將軍，居然與民爭富，利用權力坑蒙拐騙，這個國家政治黑暗到什麼程度，可想而知了。不僅如此，梁冀手下豢養一大幫賓客，這些人也不能白吃白喝，得報答大將軍才行啊，於是他們四出尋找奇珍異寶。每到一個地方，扛出大將軍的招牌，地方政府不敢得罪，這些惡棍們無惡不作，有寶物就搶，看到哪家妻女長得漂亮，便掠為己用。倘若有地方官府或衙役敢出面制止，則毫不留情地毆打痛扁，地方吏民，無不對他們的殘暴深惡痛絕。

梁冀統治的時代，是東漢最黑暗的一段時期。

在梁氏夫婦大肆揮霍、生活奢靡之時，國庫卻一日日地空虛。國庫空虛的原因很多，一是戰爭費用開支很大，除了邊疆戰爭之外，國內民變日益增多，軍費開支很大；二是封侯太多，這些侯爵佔有大量的財富，而且可以繼承，連漢順帝所封十九名宦官侯，也可以由繼子繼承。三是天災不斷，水災、蝗災等十分嚴重。

國庫空虛，可是政府的機構還得正常運轉，於是所缺的費用就要轉嫁到百姓身上。朝廷下達命令給地方政府，地方政府為了湊足徵收款，對原本生活窮困的百姓採取壓榨手段。不僅朝廷要錢，地方官員還要中飽私囊，這些地方父母官，多是靠巴結梁氏集團而撈來的官，當初送出不少賄賂款，現在怎麼說也得從百姓身上盤剝回來。就這樣，幾乎全國各地，都有貪枉法的事件發生，而且更可怕的是，沒有人來制止這些惡吏橫行。俗話說，上樑不正下樑歪，掌控大權的梁冀就是這麼個大惡棍，怎麼可能希望他來嚴肅處理別的惡棍呢？

民不聊生，每天都有大批的百姓或死於官府的棍棒之下，或走投無路選擇自殺，一了百了。這種慘狀連一些尚存良心的梁冀部下也看不下去了。

侍御史朱穆是梁冀的舊部，靠著這層關係，他斗膽向大將軍直言，指出「將軍結怨天下，吏民酸毒，道路嗟歎」，他甚至用陳勝起義的故事來警告梁冀，「昔秦政煩苛，百姓土崩，陳勝奮臂一呼，天下鼎沸」；最後他建議說：「減省第宅園池之費，拒絕郡國饋遺，內以自明，外解人惑；使挾奸之吏，無所依託，司察之臣，得盡耳目。」

跟了大將軍那麼多年，朱穆難道不知道梁冀是什麼人嗎？他當然一清二楚，可是作為一個良心未泯之人，怎麼忍心看著黎民百姓遭此橫禍呢？所以明知無用，可他還是不能不說出來。結果可想而知，梁冀根本就聽不進去，這些話只是對牛彈琴，他甚至還反譏一句：「按你所說的話，難道我就一無是處了嗎？」

為了表示自己並非一無是處，梁冀總算放過朱穆一馬，可是朱穆再也不敢吭聲了。

可是梁冀也有受挫的時候。

和平二年（一五一年），大年初一，文武百官齊集金鑾寶殿，向皇帝劉志賀歲。梁冀也大搖大擺走進來，腰間配著一柄寶劍。朝會之上，不允許大臣們配帶任何武器，作為大將軍的梁冀對此當然心知肚明，可是他並不以為然：滿朝大臣，哪個不聽我的，我配佩上殿，誰敢說三道四呢？

可是偏偏有一個人要出頭。尚書張陵忽然站出來，喝道：「梁冀退下。」大家一聽，都驚呆了，以大將軍的權勢，居然還有人吃了豹子膽當廷斥責。可是張陵還沒完，他又命令羽林軍與虎賁衛隊上前，把梁冀的佩劍當廷奪下。梁冀這時也慌了，趕緊跪下，向皇帝磕頭謝罪。這位跋扈將軍為什麼會服軟呢？顯然是做賊心虛，在這朝廷之上，要是皇帝想孤注一擲奪權，只消幾個武士就可以把他幹掉了。

別說大臣們懵了，連皇帝也懵了。可是張陵卻還沒完，他立廷彈劾梁冀目無君上，理應交由廷尉論罪。把梁冀大將軍治罪，張陵不是瘋了吧，誰敢治他的罪呢？皇帝都不敢。桓帝劉志靈機一動，作了一個折衷的處置：罰梁冀一年的俸祿。一年的俸祿，對梁冀來說不過是九牛一毛罷了，所以這處罰僅僅是象徵性的。也虧得劉志的智慧，不然要是真把梁冀給交到廷尉治罪，恐怕吃不了兜著走的人是自己。

固然，張陵贏得了精神勝利，可是梁冀並沒有輸。

因為不久後，他就把遊戲規則給改了。

不必梁冀親自出馬，自有一些小嘍囉鞍前馬後打點。首先是肉麻的吹捧，吹捧梁冀的功德，可以比得上周公了。既然梁冀的功德如此偉大，就必須享受一些特權了。什麼特權呢？「入朝不趨，劍履上殿，謁贊不名。」就是說，入朝時別人要小步快走，他不用，可以大搖大擺地走；別人不能佩劍，他可以佩劍上朝；謁見皇帝時，只叫他「大將軍」，不報姓名。這個待遇，要高過西漢開國名臣蕭何。以後即便是像張陵這樣的直臣，也不能再彈劾梁冀佩劍上朝了。同時，漢桓帝把四縣作為梁冀封邑，標準等同於東漢開國名將鄧禹；賞賜的標則則參照西漢名臣霍光。

這個，一個政治大惡棍，居然與周公、蕭何、鄧禹、霍光這些偉大人物齊肩，這不能不令人想起王莽篡權之前的表現嗎？

桓帝劉志又不是傻瓜，難道看不出梁冀的野心嗎？這傢伙離篡位只有一步之遙了。

說實話，沒有人比桓帝劉志更痛恨梁冀了。皇帝身邊的人，多數都被梁冀給收買了，每天這些密探們都要把皇帝的一舉一動向梁冀彙報。他說過什麼話，見過什麼人，甚至吃什麼，梁冀都瞭若指掌。除了擁有「皇帝」的頭銜之外，劉志從來沒覺得自己有什麼特殊的權力。

就算在皇宮大院中，劉志也沒有自由可言，皇后梁女瑩是梁冀的妹妹，這個女子仗著哥哥的權勢，控制欲極強。劉志雖然跟其他皇帝一樣，後宮美女如雲，可是三宮六院的妃嬪要見上皇帝一面，那可真難。皇宮大院奇特的現象又再現，梁皇后與前幾任皇后一樣，也不能生育。她又是一個忌妒成性的女人，倘若有妃子被皇帝臨幸而懷孕，無一不慘遭毒手。剛開始時，劉志對皇后還算不錯，可是當皇后成為壓得他喘不過氣的大山後，他對她越來越討厭。可是這種怨氣又不能發作，只能憋在心裡。

至於朝中大事，完全是梁冀說了算。

當外國或地方政府向朝廷進獻貢品時，最好最貴的，先送給梁冀，皇帝收到的僅是次品。要升官的，排著隊去梁冀家中送禮，沒有人來求皇帝。已經升了官的人，要先去梁冀家中謝恩，然後才能放心上任。不去謝恩的人會有什麼下場呢？遼東太守侯猛，看不起梁冀，得到升遷令後，不肯去梁冀那裡送禮謝恩，結果梁冀懷恨在心，找了個罪名，把他處以腰斬酷刑。

敢膽反對梁冀的人，多數下場淒涼。

宛縣縣令吳樹，在任期內，對違法亂紀的現象出重拳大力打擊。梁冀在宛縣的一些賓客門人無惡不作，吳樹依法查辦，處死十餘人。後來朝廷提拔吳樹為荊州刺史，刺史也算是朝廷大吏了，他還沒敢像侯猛那樣特立獨行，上任前特地到梁冀家中辭行。可是梁冀對他懷恨在心，讓他喝了一杯毒酒。吳樹走出梁家大門後，在馬車上毒發身亡。

十九歲的郎中袁著，初生牛犢不怕虎，跑到皇宮門外上書，抨擊梁冀擅權。梁冀得知後，馬上派人抓捕袁著。袁著先是隱姓埋名躲藏了一段時間，後來覺得這也不是辦法，便想出一計，假裝病死。家裡人用草席裹著他，裝到棺材裡安葬。可是這個伎倆沒能騙過梁冀，他派人祕密調查，發現袁著未死，便四處搜查，終於抓到袁著，用亂鞭打死。

袁著死後，他的好友胡武、郝絜也曾經因為曾出對大將軍出言不遜而遭到迫害。胡武整個家族幾乎被殺光，死了六十多人。郝絜先是亡命天涯，在得知胡武全家被殺後，為了不連累家人，他帶著棺木，在梁冀家門外服毒自殺。

文人崔琦寫了《外戚箴》、《白鵠賦》等文章諷勸梁冀，梁冀將其免職，遣回老家。崔琦害怕回老家後受到地方政府的繼續迫害，便離家出逃。梁冀派人把他抓回，當場處死。

可以說，梁冀的獨斷專行已經到了無以復加的地步。面對這個凶殘的太上皇，桓帝劉志如坐針氈，一天也睡不好覺。上了朝他也無所事事，就只能像木偶一樣坐著，面無表情。可是他內心早已累積下十幾年的怨氣了，遲早要爆發的。

有一件事的發生，令劉志對梁冀更加深惡痛絕。

延熹元年（一五八年），太史令陳授透過小宦官徐璜，祕密向桓帝劉志進言：「發生了日食變異，問題出在大將軍梁冀身上。」可是令劉志沒有想到的是，如此祕密的舉動，居然還是被梁冀知道了。梁冀立即將陳授逮捕，在獄中處死。這不禁讓桓帝感覺頭皮發涼，他覺得自己就像一個光著身子暴露在眾目睽睽之下的人，無處藏身。

可是他有實力對抗梁氏外戚集團嗎？梁氏家族的顯赫，在東漢歷史上是少有的，這個家族曾出過七位列侯、三位皇后、六位貴人、兩位大將軍，梁氏子弟娶了三位公主，擔任卿、將校、州尹的總共有五十七人。幾乎在每個重要部門都有梁氏家族的影子。

那麼，傀儡皇帝要如何反擊呢？

他能出奇致勝嗎？

# 三七、傀儡皇帝的絕地反擊

延熹二年（一五九年）六月，桓帝劉志終於可以緩一口氣了。因為令他討厭的梁皇后終於死了。由於梁皇后控制欲太強了，劉志對她越加不喜歡，儘管沒膽子發作，可是兩人情感越加疏遠。梁皇后心裡又怒又怨，脾氣越來越壞，心情越來越差，最後終於一病而死。此時的劉志忽然有一種從被壓迫中解放出來的快感。

梁皇后之死，令梁冀失去了安插在宮中的一枚重要棋子，現在他要把這枚棋子補上。誰來頂替梁皇后的位置呢？梁冀認為，這個人就是選入宮中的貴人鄧猛。

這個鄧猛究竟是怎麼樣的女子，為什麼梁冀會把她當作自己人呢？

這件事說起來，就有一點點複雜了。

鄧貴人鄧猛，她的父親是鄧太后的侄子鄧香，母親叫鄧宣。這鄧家與梁家，本來是八竿子打不著的關係。可是不想父親鄧香死得早，母親鄧宣便改嫁了，嫁給了梁紀。梁紀是什麼人呢？他是梁冀夫人孫壽的舅舅。就這樣，梁紀成了鄧猛的繼父，鄧猛也一度改姓為梁，成為梁氏的自家人。

梁冀夫人孫壽也把鄧猛看作自家人，便把她送入宮中，成為鄧貴人。如今梁皇后死後，梁冀自然想讓鄧貴人成為皇后，可是他又覺得跟鄧貴人關係比較疏遠，便打了個算盤，打算認鄧貴人為自己的乾女兒。可是這裡便有一個問題了，鄧貴人是梁紀的繼女，而梁紀是梁夫人的舅父，因此鄧貴人在輩份上與梁冀屬於同輩。梁冀倘若要強迫鄧猛當自己的乾女兒，恐怕會遭到鄧家的反對。怎麼辦呢？

大將軍梁冀的思路很簡單，只要把鄧家人殺了，事情不就搞定了麼？於是他首先派刺客，暗殺了鄧貴人的姐夫邴尊。緊接著，他又準備幹掉鄧貴人的生母鄧宣。

可是行刺鄧宣的行動出現了意外。

鄧宣與中常侍袁赦是鄰居。梁冀派去的刺客，打算從袁赦家的屋頂穿過，跳入鄧家刺殺鄧宣。可是這一天，袁赦正好在房中，聽得屋頂上的聲響，他懷疑有盜賊，便把家丁召集起來，圍捕盜賊。結果刺客還未潛入鄧家，便被擒獲。袁赦一審問，大吃一驚，沒想到刺客居然是梁冀派來刺殺鄧宣的。由於鄧宣是鄧貴人的母親，袁赦不敢隱瞞，急忙把這事通報給了鄧宣。鄧宣聽了後魂飛魄散，此時能救她命的，只有女兒鄧貴人了。於是鄧宣急急入宮，把這事告訴給自己的女兒。

自從鄧貴人入宮後，由於她也算梁氏一份子，梁皇后對她網開一面，並沒有刻意阻撓皇帝寵幸她。梁皇后死後，鄧貴人便成為皇帝最寵愛的女人，已是最有可能被冊立為皇后的人。鄧貴人聽到母親的哭訴後，她趕緊把這事報告給了桓帝劉志。

桓帝劉志一聽這事，怒不可遏，梁冀的倒行逆施，他已經忍耐很久了，沒想到如今竟然要騎在自己頭上拉屎，對自己心愛女人的母親都敢動手。士可忍，孰不可忍！自己堂堂一個皇帝，可是連寵妾的家人都保護不了，那豈不是讓天下人笑話嗎？

劉志氣得直發抖，可是他這個人也有精明之處，他曉得宮廷內外，遍布梁冀的眼線，自己得小心謹慎才行。他一慣謹言慎行，可以不能因為意氣用事，落得個質帝劉纘的下場。此時皇帝在宮裡，最信任的只有一個人，就是他身邊貼身宦官唐衡。他想找唐衡來商量，可是宮廷內布滿一雙雙窺視的眼睛，不要說在殿堂上說話，就是在房間裡說話，都有可能洩露。那要在哪說話呢？

廁所！

這個劉志十幾年皇帝沒白當，從這裡可以看出他是多麼小心翼翼的人。他假裝去廁所了，只有貼身宦官唐衡跟著。進了廁所後，皇帝四顧無人後，壓低聲音問道：「宮中左右侍從，有誰跟梁氏不和？」這種表情，唐衡從來沒見過，他預感到宮中要發生大事了，小心地答說：「中常侍單超、小黃門左悺與梁不疑有仇，還有中常侍徐璜、黃門令具瑗，也跟梁氏有嫌，還有……」

「夠了。」皇帝擺了擺手，打斷了唐衡的話。一來他擔心隔牆有耳，說多了容易生事；二是他認為要參與絕密行動的人不能太多。唐衡總共說了四個人，都是梁氏仇家，加上他自己，總共五個人，這就是皇帝僅有的五張牌。

既然知道哪些是梁氏仇人，桓帝劉志心中有數了，他把梁冀的爪牙想辦法支開，召單超、左悺到密室之內。皇帝開門見山就說：「梁冀兄弟，把持權柄多年，脅迫宮裡宮外，公卿以下官員，無人敢違抗。朕打算將梁氏除掉，常侍等意下如何呢？」

單超與左悺二人，曾經得罪梁冀的弟弟梁不疑，梁不疑便將兩人的兄弟抓起來投入監獄。因為這件事，兩人耿耿於懷，與梁氏勢不兩立，只是勢單力孤，只能蟄伏待機了。如今皇帝竟然有除掉梁氏兄弟的想法，兩人豈能不驚喜。於是他們當即表示：「梁冀就是個禍國殃民的亂賊，早就該殺了，只是臣等才能庸劣，這件事，還得陛下作主才行。」

桓帝劉志點點頭道：「兩位常侍都認為梁氏該殺，這與我的想法一致。只是這件事得祕密籌畫，才不會出現紕漏。」單超與左悺兩人又說道：「陛下果真要除掉奸臣，這倒不是難事。只是擔心陛下心裡狐疑不決。」

皇帝堅定地說：「奸臣脅國，理應伏誅，還有何疑？」

單超、左悺兩人入夥了，皇帝又派唐衡把徐璜、具瑗兩人召來，這兩人同樣入夥了。就這樣，皇帝與五個宦官歃血為盟，組成了一個反梁集團。看來這個皇帝要是去搞地下祕密活動，恐怕也會十分出色。離開之前，單超對皇帝說：「陛下既然心意已決，就千萬別再提此事，梁氏耳目眾多，一旦走露了消息，後果不堪設想。」

單超的擔心並非沒有道理。

對宮中的一切變化，梁冀向來是嗅覺靈敏。皇帝在密室中與五名宦官祕密會見，這麼機密的事，也讓梁冀給知道了。只是具體他們在密室裡幹了什麼，說了什麼話，這個梁冀不知道。這位大將軍很容易把皇帝的祕密行動與刺殺鄧宣未果聯繫在一起，為了以防萬一，他派中黃門張惲入宮宿衛，暗中調查皇帝與這五名宦官。可是梁冀仍然低估了問題的嚴重性，他早已視皇帝為木偶，不相信這個低能皇帝能翻江倒海。

可是偏偏皇帝真的想要翻江倒海。

憑著多年在宮中養成的敏銳嗅覺，單超意識到梁冀產生懷疑了。形勢急迫，必須當機立斷，否則將完全落入下風。反正就是賤命一條，豁出去了。他馬上找了其他四人一起商量，商量的結果：立即起事！

五人兵分兩路。一路由具瑗率著宮廷衛隊，立即逮捕梁冀派來的張惲，罪名是「無故入宮，欲圖不軌」。另幾個人擁桓帝上殿，火速召尚書入朝，皇帝當廷宣布梁冀大逆不道，罪不容赦。尚書們個個目瞪口呆，十幾年來一直不吭聲的皇帝，竟然突然向梁冀開火了。皇帝畢竟是皇帝，怎麼說也是至高無上的統治者，至少名義上如此吧。皇帝先發制人，這無疑是正確的，因為對底下這些官員來說，誰先下命令，就先聽誰的。要是反過來，是梁冀先下命令，這些尚書們估計也要聽他的。

皇帝發布詔令，這可能是他生平第一次自己作主，命令尚書令尹勳持節前往各重要部門，勒令丞、郎以下官員，一律全副武裝，守住自己地盤。同時，把各部門的印綬符節，全部收繳。在漢代，沒有符印是無法調動軍隊的，這一點十分重要。漢代的軍事制度有其優越之處，只認符印不認人。這麼一來，兵權制控住了。可是桓帝仍然十分小心，他沒有冒冒失失地調動皇宮之外的軍隊，擔心這些軍隊將領聽命於梁冀。他以守衛宮廷的虎賁戰士、羽林軍為主力，拼湊起一支武裝，人數不夠，就把馬夫也派上用場，總計搜羅一千餘人，在宦官具瑗、司隸校尉張彪的率領下，以迅雷不及掩耳之勢，包圍梁冀的大宅，切斷他與外面的聯繫。

梁冀做夢也想不到，他苦心經營十幾年，黨羽遍布，可是卻被皇帝採取黑虎掏心之計，直搗致命傷。一向驕橫跋扈的他，此時突然不知所措了，腦子裡一片空白。事情來得太突然了，根本沒有讓他有思考計畫的時間。此時，光祿勳袁盱持節前來，向梁冀宣讀皇帝詔書，收繳大將軍印信，貶為「都鄉侯」。梁冀默然接受詔書，交給大將軍印，返回室內。他知道自己徹底完了，只是他想不清楚，這個木偶皇帝哪來的勇氣呢？

這一天，梁冀與他的夫人孫壽，雙雙服毒身亡。

梁氏帝國之夢，就此破滅。

傀儡皇帝絕地反擊，竟然一擊致命。

桓帝劉志此時可能會想，早知道如此輕而易舉地獲勝，何不早十年就政變哩。當然，我們必須說，政變的成功，有許多偶然的因素。梁冀與竇憲一樣犯下嚴重的錯誤，他們太低估皇帝的力量了。對竇憲來說，漢和帝劉肇是太嫩，才十四歲，豈有能力發動政變；對梁冀來說，桓帝劉志就是個低能兒，自己手中的木偶罷了。正是因為低估，才有致命的失誤。

接下來就是一番大清洗了。

一大批梁氏子弟悉數被捕，包括梁冀的兒子河南尹梁胤、叔父屯騎校尉梁讓、親從衛尉梁淑、越騎校尉梁忠，長水校尉梁戟。梁夫人孫壽的內外宗親，也被一網打盡，無論男女老幼，一律殺頭。梁冀的弟弟梁不疑與梁蒙，幸好死得早，免受追究了。至於其他梁氏爪牙，包括公卿、將校、刺史、太守等，共有數十人遭牽連被誅。太尉胡廣、司徒韓縯、司空孫朗等人，對梁冀阿諛奉承，一概免職，貶為庶人。被免職的官員總共有三百多人，朝廷為之一空。梁冀的龐大財產被沒收，變賣充公，總計達驚人的三十億錢。

梁氏被誅，整個京城沸騰了，百姓奔相走告，無不拍手稱好，那熱鬧的情景，簡直像是逢年過節了。由於政府沒收梁氏巨額財產，國庫一時充裕了，皇帝下令減天下稅租一半，梁氏的私家園林，盡數開放，劃給貧民耕作。

一個黑暗的時代結束了，大家睜大眼睛，等待光明。

奇蹟會出現嗎？有一點點小盼頭。

最明顯的一個轉變，忠正之臣又回到了朝廷之上。黃瓊被提拔為太尉，位列三公之首，他開始整頓政壇上的歪風邪氣，一連彈劾各州郡貪官污吏十餘人，將他們繩之以法。黃瓊又提拔享有清節之名的范滂，范滂不畏強暴，一口氣彈劾刺史、二千石等二十餘人。在士人集團中有很高聲望的陳蕃被起用為尚書令，一時間，朝廷儼然有中興的氣象。

可是，帝國上空的陰雲並沒有散去。

外戚這顆毒瘤被拔除了，可是宦官這顆毒瘤卻成熟了。

單超等五名宦官，提著腦袋發動政變，僥倖成功，這一豪賭為他們贏得了未來。五人全部封縣侯，其中單超的采邑二萬戶，徐璜、具瑗、左悺、唐衡各一萬多戶。不得了，我們作個對比，當初漢和帝劉肇依靠宦官鄭眾政變成功，鄭眾也不過只封了一千五百戶，而單超等五侯全部在萬戶以上。帝國總是在不經意之間走向兩個極端，不是外戚擅權，就是宦官得勢。這兩大力量，左右著朝廷，決定著國家的命運。

除了五侯之外，漢桓帝又把身邊幾個貼身太監，包括侯覽、劉普、趙忠等八人，全部封為鄉侯。一時間，宦官的權勢無人可敵。

去了一個梁冀，來了一窩宦官。對桓帝劉志來說，他當然不吃虧，現在他真正快樂地享受著皇帝所能擁有的一切，可是對於國家來說，換了湯卻沒換藥。這些宦官侯爺的驕橫殘暴，比起梁冀來，毫不遜色。五位宦官縣侯中，除了單超死得比較早外，其餘四侯橫行天下，作威作福，百姓怨聲載道。當時民間的歌謠是這樣形容他們：「左回天，具獨坐，徐臥虎，唐雨墮。」什麼意思呢？就是說左悺有回天之力，哪怕是皇帝的決定，他也有辦法改變，能力通天；具瑗像廟裡的大神，獨自高高在上，唯我獨尊；徐璜如虎橫臥，敢來冒犯之人，必定被其撕咬得粉碎；唐衡的權勢如同天上掉下的暴雨，遍布天下，無孔不入。

有幾位正直的人士挺身反抗宦官權勢，但不是遭到處死，便是被流放。原本立志於整肅朝政的太尉黃瓊也灰心喪氣，自知無力控制宦官權勢，索性稱病不朝，消極躲避。到桓帝延熹四年（一六一年），黃瓊被免職。

宦官的勢力仍然在不斷地擴大。與漢順帝時代相比，漢桓帝時的宦官專權現象更加嚴重，宦官的勢力不僅分布於宮廷與皇城之內，甚至擴大到全國。那麼，宦官是又是憑藉什麼在全國範圍內羅織起一個巨大的權力之網呢？這些宦官雖然沒有妻室兒女，但仍然有兄弟親戚，很快，宦官的親屬們也紛紛當官，安插在各地各部門之內。

按理來說，宦官會淨身入宮，一般都是出身於貧苦之家。那麼，這些貧苦之家出來的宦員親屬們，會不會比較遵紀守法呢？很可惜，我們看到只要有權力的誘惑，人們很快就會與自己過去所屬的階層分道揚鑣了。若缺乏一種道義上的自我約束，不論出身，只要沾上權力，就會極劇墜落，如同吸食鴉片一樣，沉淪於深淵而不可自拔。

單超的侄兒單匡當上濟陰太守，貪污五千萬以上。左悺的哥哥當河東太守，唐衡的哥哥唐玹當京兆尹，皆為地方大員，可是沒有一個能勝任的。侯覽的弟弟侯參當益州刺史，貪污上億。唐玹甚至公報私仇，把仇家趙岐一家老少全部殺死。你想想，梁冀的爪牙們剛剛盤剝一輪，如今宦官的爪牙們又開始新一輪的盤剝，這百姓的日子可怎麼辦呢？

以三公為首的朝廷官僚集團與宦官集團開始了爭鋒相對的鬥爭。

尚書朱穆上書皇帝，強烈要求限制宦官權力，禁止宦官干政。然而桓帝聽完臉色大變，一聲不吭。為什麼皇帝要袒護宦官，我們或許可以這樣來猜測皇的內心：在梁冀當權時，你們這些官僚都做什麼了，有哪個人敢出面維護皇帝的權威呢？而這些宦官呢，是靠他們，朕才有重見天日的一天。這些朝中官員，誰靠得住，倒是宦官更可靠呢。

朱穆的努力失敗了，宦官們很快反撲了，各種迫害隨之而來。剛直的朱穆最終垮了，在悲憤中發病而亡。

太尉楊秉是楊震的兒子，他也是東漢時代的名臣，同時也是反宦官鬥爭中最卓有成就的人。他打擊宦官集團頗有手段，他並不直接針對皇宮內的宦官下手，而是先掃除宦官的周邊勢力。延熹四年（一六三年），楊秉上書皇帝，要求限制宦官家屬及賓客在政府部門任職，並以嚴刑峻法處置貪官污吏。這次掃蕩行動收到了巨大的成果，包括青州刺史羊亮在內的五十多名官員被處死或免職。宦官所培植的勢力遭到沉重打擊。

兩年後（一六五年），楊秉精心策劃，再次重拳出擊。他收集宦官侯覽的弟弟、益州刺史侯參貪污上億的證據，向皇帝提出彈劾。桓帝也被侯參貪污的巨大數額驚呆了，下令查辦。楊秉將侯參押解回京城，同時把贓物也一併押回做為鐵證，這些贓物總共裝了整整三百輛車。人贓並獲，侯參絕望了，如此重大的罪行，哥哥也救不了他，他最後只得服毒自盡。

侯參雖然自殺了，楊秉仍然窮追猛打，把打擊的矛頭對準他的哥哥、大宦官侯覽。楊秉再上奏章，彈劾侯覽對弟弟貪污巨額財物有不可推卸的責任，要求將他免職。可是桓帝劉志卻十分護著宦官，他頗不高興地派人指責楊秉說：「朝廷三公只負責管宮外之事，現在卻彈劾宮內宦官，這可有先例可循？」楊秉舉出漢文帝時三公彈劾宦官的例子，義正辭嚴地答說：「本朝的制度，三公任職期間，沒有什麼事不可過問，怎說不能彈劾宦官呢？」

桓帝劉志也沒法保住侯覽，只得將他免職。

多米諾骨牌的第一張已經倒下，楊秉要乘勝追擊。很快，司隸校尉韓縯彈劾左悺及其兄太僕左稱，左悺兄弟倆人幹盡壞事，他們見得侯參的下場，心裡恐怖，雙雙喝下毒藥自殺。曾經被老百姓稱為「左回天」的左悺，最終竟然回天乏術，落得個暴死的下場。緊接著，韓縯把目標轉向「五侯」中碩果僅存的具瑗，彈劾具瑗的哥哥具恭在擔任沛縣期間，受贓甚多。具恭被捕入獄，具瑗為了爭取皇帝同情，使出苦肉計，自己也跑到廷尉處自首，並主動向皇帝請罪。這個苦肉計果然有效，桓帝劉志把他貶為「都鄉侯」，具瑗總算保住性命，被趕出京城，最後死於家中。

至此，為漢桓帝發動政變奪權的宦官五侯，單超、唐衡、徐璜三人已死，左悺自殺，具瑗被貶。曾經不可一世的五侯，就這樣在歷史的舞台上消失了。可是宦官做為專制社會裡的一個怪胎，卻難以連根拔除，一批當權的宦官倒下了，另一批人很快會繼起。

楊秉任太尉期間，確實給宦官集團予以史無前例的重創。可惜的是，五侯垮台後，他也走到人生的終點，他病倒了，一病不起。楊秉對宦官的打擊，十分講究策略，堅持合法性打擊，以鐵證服人，哪怕是皇帝，也很難為宦官開脫。在楊秉之後，以清流派為首的官僚集團對宦官集團的鬥爭政策趨於激進與極端，兩派勢力遂成你死我活的對立面，這場生死大戰，誰又會是勝者呢？

# 三八、黨錮之獄（上）

首先來說說清流派產生的原因。

清流派主要是由儒學知識份子組成，他們深持傳統的名教觀念，重視人格操守，嫉惡如仇，淡泊功利，高蹈名節，在儒家教義之下，有一種殉道的宗教熱忱。他們是非觀念明確，不肯隨波逐流，言行偏激，甚至不計後果。他們強調正義，與邪惡勢力絕不做妥協。所在乎的，是行動的正義性，卻絕少像楊秉那樣考慮策略。他們充滿勇氣，可是又經常顯得過於魯莽，因而往往付出慘重的代價，卻無法達到所預期的目的。

自東漢開國以來，前幾任皇帝力倡儒學，獎勵士節，這成為帝國教育的主要方向。在漢順帝到漢桓帝期間，宦官與外戚交替把持朝政，朝廷正氣凋零。可是這兩個毒瘤集團越是無法無天，越激發起有士人們的反感與抗爭。士人們剛開始只是零星的反抗，最終凝聚成為一股強大的政治力量，他們團結在精英周圍，鍥而不捨地與黑暗勢力對抗，以儒學「治國平天下」的信念為支撐點，以飛蛾撲火的勇氣走上政壇。

士人集團的領袖人物是陳蕃與李膺。陳蕃與李膺在士人中有著極高的威望，時人稱「天下楷模李元禮，不畏強禦陳仲舉」，李元禮就是李膺，陳仲舉就是陳蕃。

陳蕃在年輕時便志向高遠，他曾經說過：「大丈夫處世，當掃除天下。」他品行端正，但為人清高，地方官府曾多次舉薦他，但他都不願出山。後來在太尉李固的舉薦下，他被任用為議郎，後遷升為樂安太守。當時大將軍梁冀想託他辦事，讓一名信使帶著親筆信去見陳蕃，陳蕃閉門不見。該信使就想辦法掩藏自己的真實身分，才得到見到陳蕃。當他拿出大將軍的信函時，陳蕃有一種受愚弄的感覺，他立即將該名信使笞殺。這件事令梁冀顏面全無，他動用關係，把陳蕃貶為縣令。由於性格耿直孤高，陳蕃在仕途上起起落落，在梁冀死後，他開始進入帝國權力核心。楊秉去世後，陳蕃被任命為太尉，列三公之首。

李膺在當時是一個傳奇人物。他被稱為「天下楷模」，這可不是胡吹出來的，他的能力是全面的。在個人修養上，他博學多才，滿腹經綸，品行俱佳，嫉惡如仇，自然得到士人學子的擁戴；作為一名大儒，他有非凡的政治才能，曾擔任青州刺史、漁陽太守，治理地方，政績卓著；非但如此，他還是一員名將，曾擔任烏桓校尉、度遼將軍，抗擊北方鮮卑人的進攻，戰功顯赫。正因為如此，他聲名顯赫，成為天下士人的楷模。士人學子，無不以能得到李膺的接見為榮，並稱之為「登龍門」。

在太尉楊秉的努力下，宦官集團勢力遭到重創。大宦官左悺畏罪自殺、具瑗被貶，曾經顯赫一時的「五侯」風光難再。這一輝煌的勝利，鼓舞了反宦官集團的鬥志，正當他們要窮追猛打時，一道堅不可摧的防火牆阻止了他們的攻勢。

這道防火牆就是皇帝的袒護。

西元一六五年，李膺彈劾宦官們收受賄賂，可是被反咬一口，以誣告下獄。緊接著，廷尉馮緄逮捕已故五侯之首單超的弟弟單遷，在獄中將其掠打致死，這引起宦官們的驚慌，他們以匿名信舉報馮緄。同時，大司農劉祐也重拳出擊，沒收宦官蘇康、管霸非法所得的田地，同樣引起宦官的反擊。

可是要知道，皇帝是憑藉宦官之力才重掌大權，要是宦官失勢，他可得擔心自己會不會再度大權旁落。當年發動政變的五大宦官，死的死，貶的貶，這已經讓桓帝劉志夠傷心了，可是李膺等人還要窮追猛打。不行，皇帝打算出手了。

於是李膺、馮緄、劉祐三人被處於苦役之刑。

宦官的勢力仍然不可小視，對宦官的鬥爭任重而道遠。

在新任太尉陳蕃、司隸校尉應奉等人的努力下，李膺等三人終於被釋放。李膺出任司隸校尉，這個消息讓宦官們膽戰心驚。宦官張讓的弟弟張朔當時是野王縣令，貪污殘暴，他聽說李膺成為自己的頂頭上司，魂飛魄散，縣令也不當了，逃到哥哥張讓家中，躲在夾牆裡，惶惶不可終日。可是李膺毫不留情，從張讓家中搜出張朔，並在審訊之後處死。張讓跑去向皇帝哭訴，桓帝劉志也不太高興，怎麼李膺剛上任就惹出這事呢，於是召他前來問話。李膺答說：「我到任已經十天，還擔心拖延時間太久被問責呢，豈料竟會因為行動太快而被問罪。」桓帝無言可對，只好對張讓說：「這都是你弟弟作惡，與司隸校尉李膺沒有關係。」

這件事後，黃門、中常侍這些宦官們對李膺畏之如虎，沒事時都不敢出宮。這些個太監，有幾個沒幹過壞事呢？萬一被李膺逮個正著，項上腦袋能不能保得住呢？過了段時間，皇帝看到這些太監們都不出宮後，奇怪地問：「這怎麼回事呢？」大家跑著哭訴說：「我們害怕李膺啊。」這麼一來，李膺的名頭更響了，太學生更把他視為偶像。

清流派勢力的崛起，與在野士人及太學生的支持是分不開的。當時京師洛陽的教育規模是很大的，太學生有三萬多人，這些人中以郭泰、賈彪為首領，他們與清流派領袖李膺、陳蕃等互相褒揚。在野人士也不斷發表激烈的言論，形成「處士橫議」的社會風氣，這是一股十分強大的輿論力量，連朝廷公卿也對之十分敬畏。

由於社會輿論的矛頭直指宦官集團，這也給了當朝官員予更多的勇氣，於是對付宦官集團的手段也更加激進。

桓帝延熹九年（一六六年），反對宦官勢力的鬥爭進入高潮。

首先是南陽太守成瑨抓獲一名勾結宦官的惡商張泛，正打算繩之以法時，卻偏偏遭遇朝廷發布大赦令。眼看張泛就要逍遙法外，成瑨不顧赦令，堅持把張泛斬首示眾。不僅如此，張泛的親族及賓客二百餘人，也全部被處死。這件事情，明顯過激了，殺了張泛還不夠，還殺二百多人，很難說這些人都十惡不赦。

與成瑨相仿，太原太守劉質抓捕為害一方的宦官趙津，可是也遇到大赦令。他的做法與成瑨如出一轍，不管赦令，把趙津處死。

另外，山陽太守翟超舉報彈劾宦官侯覽未果，索性把侯覽的家給搗毀了，沒收其財產。中常侍徐璜的侄子徐宣當下邳縣令，求親不成，把女子搶回家中，當箭靶子射死。東海相黃浮不僅把徐宣斬首示眾，還將其家族所有人全部逮捕，嚴刑拷打。

我們從這四起事件中可以看出，由於受到社會思潮的影響，地方官府對鎮壓宦官上不遺餘力，甚至有某種矯枉過正的過激表現。可是過激的行為只能給予宦官們反擊的口實，靠著皇帝的支持，宦官們大舉轉守為攻。成瑨與劉質被投入監獄並處死，翟超與黃浮被判處服苦役。

成瑨與劉質二人都是著名的儒家學者，在士人中聲望頗多，兩人被殺，拉開了「黨錮之獄」的序幕。

不久後，司隸校尉李膺也遇到同樣的情況。當時洛陽城內有一個擅於卜卦的人，名叫張成，他與宦官的關係非常密切，甚至時常進宮給皇帝占卜。張成獲悉皇帝打算發布大赦令，為了謊稱自己有未卜先知的本領，他特地指使兒子在大街上殺人。李膺立即把張成父子抓捕歸案，可是張成卻一點也不怕。果不其然，朝廷又發布大赦令了，張成得意洋洋地看著李膺，眼中充滿挑釁的表情。

違反大赦令的結果，李膺是看到了，成瑨與劉質兩人就是違令才被處死的。可是難道就這樣眼睜睜看凶犯逍遙法外嗎？不！李膺斬釘絕鐵拒絕，他同樣不顧赦令，下令處死張成父子。

宦官們利用這一事件大造聲勢，大作文章，他們暗中指使人上書皇帝稱：「李膺私自結交太學生以及遊學士人，結黨私人，誹謗朝廷，敗壞風俗。」把李膺等清流派人士以及士人學生們稱為「黨人」，在古代這是一個貶義詞。宦官們真是摸透了皇帝的心思，你想想，清流人士在朝野不斷抨擊時政，儼然是目無王法，桓帝早就心懷不滿了。在宦官們的唆使下，桓帝怒不可遏，下旨捉拿所謂的「黨人」。宦官們炮製出一份所謂的黨人名單，交給太尉陳蕃。

陳蕃一看，所抓捕之名，全是馳譽海內外的名士，都是公忠體國的知識份子，他拒絕在抓捕令上簽名。可是皇帝越發惱羞成怒，直接跳過三公，親自下令逮捕李膺，罷免其官職，關入大獄。在抓捕名單上，包括太僕杜密、御史中丞陳翔以及士人陳寔、范滂等二百餘人。這就是震驚一時的「黨錮之獄」。所謂「黨錮」，就是黨禁，「錮」就是禁止其做官，用現在的話說，就是剝奪政治權力。

「黨錮之獄」發生後，這些被捕的黨人遭到嚴刑拷打，頭上戴著沉重的木枷，手上帶著鐵銬，腳上被鎖著鐵鐐。宦官們企圖逼他們供出結黨營私、危害朝廷的證詞，可是一無所獲。太尉陳蕃一而再地上書皇帝，為李膺等人辯護，可是桓帝劉志非但聽不進去，反倒認為陳蕃所舉薦的官員不稱職，把他的太尉之職給撤了。

陳蕃被免職後，被捕的二百多名士人，處境更加危險，這時沒有人敢為黨人求情。眼看這些清流黨被捕入獄已將近一年，如果不設法營救，恐怕都要在牢獄中被掠打而死了。這時，曾經是太學生領袖的賈彪前往會見城門校尉竇武，希望他出面營救。

竇武是什麼人呢？為什麼賈彪會把營救的希望寄託在他身上呢？

原來竇武是桓帝劉志的岳父大人。桓帝曾經冊立為三個皇后，分別是梁皇后、鄧皇后與竇皇后。竇皇后是最後一任皇后，而竇武就是竇皇后的父親。在東漢的外戚裡，竇武是最特別的一個，他非但沒有仗著權勢飛揚跋扈，反倒謙虛謹慎。他品行高尚，從不接受賄賂，幕府中多是各方名流。更難能可貴的是，他大量捐助太學生，並經常施捨財物給貧民，因而朝野人士，對他的品行都稱讚不已。

作為皇親國戚，竇武原本並不想出頭，有外戚干政之嫌。可是如今陳蕃下台，他要是不挺身而出，這兩百多名士恐怕性命不保。於是他毅然答應賈彪，寫了一奏摺上交皇帝，在奏摺中為李膺等人辯護，並稱他們「為奸臣賊子之所誣，天下寒心，海內失望。」上完奏摺後，竇武就上繳印綬，自願罷官。

應該說，竇武的上書，產生了很大作用，畢竟他身分特殊，說話的份量是別人所不能比的。與此同時，尚書霍諝也上了一摺，請求皇帝釋放黨人。桓帝內心有所動搖，他便派中常侍王甫前往獄中，再作調查。

王甫審問范滂時，范滂雖身負刑具，但意氣風發，陳詞慷慨激昂。身為宦官的王甫也不禁為其視死若歸的精神所感動，遂下令撤去囚犯的刑具。在審問李膺時，李膺故意把一大批宦官子弟也牽扯進來，這令宦官們大為恐懼，擔心事態若繼續擴大，恐怕對自己也沒有好處。最後皇帝採取折衷的辦法，遂以天象變異為藉口，委婉地釋放了李膺等二百人。

「黨錮之獄」的發生，證明了宦官們的勢力依然強大。不過對清流黨人而言，這一次並沒有輸。然而不久之後，桓帝劉志的突然去世，令宦官們失去了最強有力的保護傘，他們的命運又將如何呢？

延熹十年（一六七年），在位二十年的漢桓帝劉志去世。這一年他也不過三十六歲，籠罩在漢宮的神祕咒語依然有效，又是一個短命的皇帝。而他的三個皇后，也同樣沒能擺脫未能生育的宿命。

小皇帝再現朝廷，十二歲的劉宏被立為皇帝。在我們印象中，除了前幾任皇帝之後，東漢一朝始終擺脫不了小皇帝統治的命運。這是東漢帝國的悲哀，我們很難期望小皇帝能做出像漢武帝、漢宣帝那樣的偉大事業。母后臨朝、外戚把權的情形一再上演，不過這一次，有了些許的改變。

皇后竇妙成了太后，她的父親竇武成了大將軍，這無疑令天下士人看到了朝綱重振的希望。竇武不同於其他外戚，他嚴以律己，潔身自好，廣交名士，作風清廉，在「黨錮之獄」中又大力解救被囚黨人，是開明派人士。

更令士人們歡欣鼓舞的是，陳蕃又一次得到重用，他被竇太后提拔為太傅，負責朝廷機要事務。當年竇妙被桓帝劉志冊立為皇后，陳蕃是出過大力氣的，所以竇太后對他非常信任，把朝中大大小小的事情，都交給他去處理。陳蕃乘機起用在「黨錮之獄」後被閒居在家的李膺、杜密、尹勳、劉瑜等人，組成精英內閣，共同參與制定大政方針。

如今，宮中的太監們聽說李膺等人復出，個個嚇破膽，這個精英內閣肯定會對清算他們以前所犯下的罪行。怎麼辦？到了這個時候，只能未雨綢繆，以求自保了。於是以中常侍曹節、王甫等為首的宦官，拋棄相互間的爭鬥，結成死黨。他們知道，要自保就必須極力諂媚竇太后，只有太后能成為他們的靠山。竇太后在宮中那麼久，也受到劉志的影響，對宦官十分信任，還時不時給宦官們加官進爵哩。

這些壞蛋居然還升官進爵！已經年滿八十歲的陳蕃看在眼裡，怒在心裡。清流人士的眼中，絕對容不下砂子。在一次朝會時，陳蕃在大將軍竇武耳邊細語：「曹節、王甫這些人，在先帝時就擅權亂政了，要是不趁早把他們除掉，恐怕以後更難下手了。」竇武雖是外戚，可是深受清流思想的影響，他不禁連連點頭。陳蕃非常高興，他祕密召來尚書令尹勳等人，共謀大事。

機會來了。

五月一日（靈帝建寧元年，西元一六八年），發生日食現象。我們說過，東漢制度有個詭祕之處，凡是出現天象異常，總與政治相聯繫。陳蕃認為這是除掉宦官的絕佳機會，只要以把天象異常與宦官亂政相聯繫，就可以輕而易舉地把宦官集團一鍋端掉了。於是他找到竇武，商量這件事。以大將軍竇武的權勢，加上精英內閣的全力支持，要誅殺幾個宦官，豈不是輕而易舉的事嗎？可是在這個節骨眼上，好人的弱點出來了。竇武並不想採用武力手段，而是想透過合法的手段來消滅宦官。

合法的手段如何消滅宦官？宦官身居皇宮大院內，朝廷大員的手也是夠不著，所以就必須要竇太后點頭同意。顯然，竇武對此很有信心，畢竟竇太后是自己的親生女兒啊。於是竇武進宮，對女兒說：「向來黃門常侍，只是處理宮中事務，看守門戶，保管宮中財物罷了。可是如今卻干預政事，擔當重任，他們家人子弟也遍布各部門，貪婪而暴虐。應該要一律誅殺或罷黜，才能掃清宮廷。」

竇太后驚訝地看著父親，然後答說：「漢王朝建立以來，世世代代都有宦官。如果宦官有罪，當得要懲罰，可是怎麼能全部廢除呢？」聽女兒這麼一說，竇武也傻了眼，一時間無言可對。幸好他手上有中常侍管霸、蘇康兩人的罪證，便先把兩人的事抖出來，要求先殺了這兩個人。竇太后也只好依了父親，交出管霸、蘇康，後來這兩個作惡多端的宦官被抓入大獄後處死。

過一段時間，竇武又多次入宮見竇太后，請求誅殺曹節等大太監。可是竇太后對宦官有好感，猶豫不決，只好使了個「拖」字訣。

這一拖，陳蕃等不及了。他上書竇太后，矛頭指向侯覽、曹節、公乘昕、王甫、鄭颯等宦官，並說道：「今不急誅，必生變亂，傾危社稷，其禍難量。」可是這一奏摺上達後，竇太后仍然擱在一旁，並不聽採納陳蕃的建議。

怎麼辦？

竇武與陳蕃決定作好兩手準備。首先，他們讓自己的親信出任司隸校尉、河南尹、洛陽令，這些都是京城軍政要職。其次，竇武撤換黃門令魏彪，由親信山冰接管，然後由山冰出面，彈劾並逮捕曹節的同黨、長樂宮尚書鄭颯。

鄭颯被囚禁在北寺獄中，竇武打算對他進行提審，陳蕃有點不耐煩了：「這幫惡人抓來了就應當處死，何必送入監獄審訊呢？」可是竇武有自己的打算，他想從鄭颯身上入手，順籐摸瓜，找到彈劾曹節等人的證據。

果不其然，在山冰、尹勳等人的拷問之下，鄭颯在供詞中供出了曹節、王甫等人。山冰、尹勳大喜，他們馬上寫了了一份奏摺，交給侍中劉瑜，準備呈遞給竇太后。在這份竇武授意的奏章中，要求逮捕曹節等人，並將宮中的宦官們一網打盡。

離成功只有一步之遙了，竇武頓時覺得一身輕鬆，他要給自己放個假。只要第二天竇太后讀到奏摺，就可以依照原計劃，把曹節、王甫等人繩之以法，並徹底摧毀邪惡的宦官勢力。這個結局太美妙了，對竇武來說，這場對宦官發動的戰爭馬上就要結束了，他是得好好休息一下，為了明天即將到來的勝利而慶賀。

可是竇武完全沒想到，他已犯下一個致命的錯誤。

這個錯誤，不僅葬送自己的性命，也徹底葬送了東漢帝國的未來。

# 三九、黨錮之獄（下）

這天晚上，竇太后沒有讀這道奏章，有什麼事不能等明日處理呢？奏章靜靜在躺在案台上，有一個人東張西望，四顧無人時，躡手躡腳地翻開奏摺，偷偷瀏覽。

這個人是長樂五官史朱瑀，他是長宮尚書鄭颯手下的一名宦官，打從鄭颯被逮捕後，他就惶恐不安，擔心自己受到牽連。當他看到這折奏章時，心裡就有一種預感，這裡面說的，必定與鄭颯有關。夜深人靜，四處無人，他忍不住打開奏摺，看完後他面如土色。奏摺中不僅彈劾曹節、王甫這些大宦官，還波及皇宮中所有的小宦官。他悲憤地罵道：「倘若內官有人犯法，當然可以誅殺；可是我輩有什麼罪呢？為什麼要對我們斬盡殺絕呢？」

朱瑀心內一陣冰涼，只要竇武把這奏章遞給太后，太后必定會照辦，人家可是父女呀。怎麼辦，就這樣坐以待斃嗎？他忽然冷笑了一聲，自從淨身入宮，就早已經一無所有了，賤命一條罷了，那就賭一把，頂多就是把賤命賭掉，早點投股轉世也差不到哪去。想到這裡，他豁出去了，跑出來大喊道：「陳蕃與竇武要奏請太后，將廢掉皇上，圖謀造反，大逆不道。」這一喊，宦官們都跑過來了，朱瑀出示奏摺，大家無不都有大難臨頭的感覺。

老謀深算的曹節深知運作手段，他馬上以情況緊急為由，劫持靈帝劉宏，關閉宮門，傳喚尚書，逼他們擬就詔書。緊接著，王甫持著象徵皇權的符節，前往北寺監獄，宣讀詔書，逮捕尹勳、山冰。山冰懷疑詔書是假的，王甫立即殺死山冰，緊接著又殺掉尹勳，放出被囚的鄭颯。

鄭颯自告奮勇，前去大將軍府捉拿竇武。這一晚竇武還正睡得香呢，突然僕人慌慌張張跑了進來叫醒了他，並告訴說皇帝下旨要捉拿他呢。竇武大吃一驚，萬萬沒想到宦官們居然狗急跳牆，殊死反撲。鄭颯正帶著羽林軍闖進門來，竇武趕緊騎上一匹快馬，從後門溜走，馳往北軍五營之一的步兵營。步兵校尉竇紹是竇武的侄子，他馬上召集數千人馬，在都亭校場集中。竇武對全體官兵發號施令：「如今宦官造反，你們若能盡力除奸，定有重賞。」但是竇武卻沒有調動軍隊的印信，軍士們對他將信將疑。

這時陳蕃已獲悉事變爆發，作為太傅與士林領袖，他卻沒有兵權。這位八十歲的老夫子帶著若干忠誠的下屬，以及學生門徒八十餘人，手持兵器，衝入北宮承明門，到尚書台前高呼道：「大將軍忠心衛國，黃門閹逆膽敢叛逆，怎得反誣竇氏造反呢？」

王甫一看，就一八十歲的老頭，加上平常都沒拿過刀的一些學生，這麼一群烏合之眾，不是自投羅網嗎？他也不容分說，就命令皇宮禁衛隊一擁而上。陳蕃拔劍抵抗，可是他確實不善於使劍，而是用嚴厲的言辭大聲斥責王甫。我們必須承認，語言在某些場合也是有效的武器，但絕不是在廝殺的戰場上。很快，老夫子被繳械生擒，他手下那幫學生，死的死，傷的傷，也全軍覆沒了。

陳蕃被押解到北寺監獄，被看管的宦官們拳打腳踢，打得老骨架都散了，最後被一刀殺死。

陳蕃死了，竇武能成功嗎？

宦官手上握有一張王牌，就是手中的皇帝。有小皇帝在手，什麼詔令統統可以經宦官之手發出。這麼一來，軍隊的調動權，實際上已是掌握在曹節、王甫手中。

可是問題是，即便曹節、王甫可以調動軍隊，這些軍隊的將領也未必聽他們的指揮。怎麼辦呢？這時，曹節想到了一個人：張奐。張奐是東漢末期最富盛名的將領之一，他與段熲、皇甫規並稱為當時三大名將。張奐長年駐守邊疆，當時擔任使匈奴中郎將，在政變發生前兩天，剛剛回到首都洛陽，對帝國高層的政治鬥爭，他並不知道內幕如何。

曹節派人帶著詔書，請張奐出馬。張奐聽信曹節的謊言，還真以為大將軍竇武想要發動政變，廢黜皇帝呢，於是他慨然接受，連夜召集了北軍五營的其他部隊。其實張奐是個品德非常高的人，而且對宦官專制也非常痛恨，只可惜他的政治覺悟低了點，終於上當受騙了。有了張奐助陣，曹節更加有恃無恐了。

此時天已微明，張奐率著北軍幾個營，與王甫帶領的一千多名虎賁士、羽林軍會合後，在北宮朱雀掖門處布防。此時，竇武與竇紹的北軍步兵營也殺到皇宮門外，雙方開始交戰。這時王甫已經有武力上的優勢，而且握有皇帝詔書，在政治上仍然佔據先手。他開始在陣前策反步兵營，高喊道：「竇武謀反，大逆不道，你們都是皇城禁衛隊，理應全力保衛皇宮，為什麼反倒追隨叛逆者呢？如肯幡然知悟，反正來降，朝廷自當有賞。」

步兵營的官兵，本來就狐疑竇武沒有詔令與印信，現在又看到聲名卓著的名將張奐也站在王甫身邊，不禁內心動搖。而且王甫手中，還持有象徵皇權的符節呢。步兵營的這些軍士們，心有顧慮，不願意全力為竇武作戰。此時張奐已經揮師進攻，竇武這一方的士兵，紛紛投降。

大概一個時辰後，竇武發現自己幾乎成了光桿司令了，幾乎所有士兵都倒戈了。怎麼會這樣呢？他也沒時間細想了，與竇紹兩人騎著馬逃跑了。可是張奐卻率大軍緊追不捨，兩人已是窮途末路了。

唉，僅僅是一絲疏忽，竇武就滿盤皆輸了。這時的他只得仰天長嘯，這難道是天命麼？莫非天要亡東漢帝國麼？他拔出寶劍，朝脖子一抹，這位東漢史上最有正義感的外戚，仍然不能改寫外戚無可避免的滅亡下場。竇武自殺後，竇紹也緊隨其後，魂歸故鄉了。王甫把兩人的腦袋砍下來，懸掛示眾。

這是東漢歷史上最悲淒的一幕。

緊接著的便是血腥的大清除。

一再庇護宦官的竇太后被遷往南宮軟禁，竇武的親族、賓客、姻親全部被殺，其餘的竇氏親戚遭到流放的命運。凡是陳蕃、竇武所舉薦的官員以及他們的門生舊屬，包括李膺、王暢等人，一律革職，永不錄用。侍中劉瑜、屯騎校尉馮述等人皆被族滅；虎賁中郎將劉淑、尚書魏朗等也被誣陷而被迫自殺。

在清流派與宦官的較量中，宦官集團又一次大獲全勝。這時已經沒有太后臨朝，而小皇帝才只有十三歲，朝廷內外，宦官說了算。東漢一時，宦官專權始於和帝劉肇，到了靈帝劉宏則達到了登峰造極的地步。

有一個人內心悔恨交加。

這個人便是無意中捲入鎮壓竇武的名將張奐。在竇武死後，太后被軟禁，宦官反敗為勝，他這才知道上了曹節與王甫的當了，可是局勢已經無可挽回了。為了表彰他的「功勳」，曹節提議封他為侯，可是張奐拒絕了，並開始投入反對宦官的鬥爭，以救贖自己犯下的罪惡。張奐給靈帝劉宏上了一折密奏，要求給竇武、陳蕃平反。可是靈帝不敢作主，把這個建議提交宦官們討論，遭到曹節等人的一致反對。

可是張奐並不放棄，他又一次上書皇帝，舉薦李膺、王暢等清流領袖出任三公要職。曹節對張奐的多管閒事十分不滿，在他的操縱下，皇帝下旨嚴厲責備張奐同情黨人。張奐為了向天下士人表白心跡，索性主動前往廷尉大獄投案，把自己關押了數日。考慮到張奐在鎮壓竇武一事上出過力，曹節等人總算沒有對他施毒手，罰了他三個月的俸祿了事。不久後，張奐被解職，結束了他的政治生涯。

與張奐相比，郎中謝弼就沒那麼幸運了。他也向皇帝上一道密摺，要求迎回竇太后，為陳蕃平反，並召回李膺、王暢等人。他的主張大大激怒了曹節，很快被貶到廣陵。謝弼深感政治黑暗，遂辭職返鄉。曹節的侄子曹紹羅織罪名，將他逮捕並打死於獄中。

以曹節、王甫為首的宦官集團已經完全壟斷朝政，控制皇帝了，可是他們意猶未足。李膺、杜密、范滂等人雖然成為在野人士，可是他們的聲望遠揚，在士人學子中擁有巨大的影響力。當時這些德高望眾的士林精英，被冠以「三君」、「八俊」、「八顧」、「八及」、「八廚」等美稱。三君指的是竇武、陳蕃、劉淑；八俊指的是李膺、荀翌、杜密、王暢、劉祐、魏朗、趙典、朱寓等八人；八顧指的是郭泰、范滂、尹勳、巴肅等八人；八及是指張儉、翟超、范康等八人，八廚是指張邈、劉儒、王孝等八人。

在竇武、陳蕃密謀消滅宦官的行動中，李膺並沒有參予，其中的原因，大概是陳蕃認為搞定宦官並不是難事，不想過於招搖。可事實證明，這是陳蕃一個重大失策。李膺不同於其他清流人士，他並不是一個只會發表清議的人，而是有卓越的行動力，在打擊宦官勢力上不遺餘力，宦官畏其如虎。退一步說，就算清流黨與宦官兵戎相見，李膺的軍事才能也可用上派場呢。

可以說，在清流黨人中，李膺是最令宦官深惡痛恨的人。如今李膺等人已經完全失勢，宦官們卻仍要要斬盡殺絕。在曹節的指使下，又一場「黨錮之獄」拉開序幕。

曹節炮製了一個所謂「奸黨」的名單，包括前司空虞放、李膺、杜密、朱寓、荀翌、翟超、劉儒、范滂等人，他把這個名單上報給靈帝劉宏，要求把奸黨一網打盡。這時才十四歲的靈帝劉宏，顯然對「奸黨」的概念不清楚，他問曹節：「什麼是奸黨呢？」曹節回答說：「奸黨就是相互勾結的黨人。」小皇帝還是聽不明白，又問：「黨人犯了什麼大罪，為什麼非殺不可？」曹節又說：「他們圖謀不軌。」小皇帝再問：「圖謀不軌又怎麼樣呢？」曹節忽悠道：「那是就圖奪陛下的江山社稷。」

聽到這裡，小皇帝似乎明白了，既然要謀奪朕的江山，那鐵定是壞人了，於是批准了逮捕令。

這時，有一位李膺的同鄉故人得知宦官們打算收網，把士人名流一網打盡，他趕緊去向李膺通風報信，對他說：「禍變已至，請速逃亡。」李膺拒絕了，他慨然道：「事不辭難，罪不逃刑，這才算是忠臣。我已經六十歲了，死生有命，能逃到哪去呢？」既然要坦然應對，也不必等獄卒找來了，他自己送上門去。

可憐這位士人領袖，進了大獄之後，備受折騰，最後竟被掠打而死。他死了之後，妻兒子女被發配邊疆，他的門生故人，統統被禁錮。

范滂是另一名宦官緝捕的重要人物，當時居住在征羌縣。抓捕范滂的任務，落在汝南郵督吳導身上。可是吳導到了征羌縣後，並不去抓范滂，他是個有良知的官員，要助紂為虐，他下不了手，只好躲進驛館中，閉門而哭。范滂聽到這事後，說道：「他一定是不忍心抓我，為我生悲呢。」他與李膺一樣，自己跑到縣衙去投案。縣令郭揖也是個有正義感的人，他把縣令官印取出來，往地上一扔，說：「我這官也不當了，與你一起逃亡吧。」范滂搖搖頭說：「不行。我不死的話，災禍就沒法停止，我怎麼能連累你呢？再說了，我如果逃跑，豈不是連累家中老母嗎？」

郭揖被范滂所感動，特地安排他與母親訣別。這個堅強的母親倒是很能理解兒子，她含淚說道：「你現在可以與李膺、杜密齊名，死有何恨！如果既要獲得名望，又想獲得長壽，天下恐怕也沒有這兩全其美的事了。」一路上的行人聽到母子倆的對話，無不感動得潸然淚下。就這樣，范滂被押解回京城，他與李膺一樣，掠死獄中。

閹宦所抓捕的名單中，除了杜密自殺身亡外，其餘幾人，包括虞放、朱寓、荀翌、劉儒、翟超等，全部被捕，一併冤死。

第二次黨錮之禍，比第一次更加慘烈。除了上述幾位重要人物外，其他有名望的人，即使平素與宦官無怨無仇的，只是因為在社會上、在士人中間有影響力的人，也被指為黨人，遭到陷害。一時間冤獄大興，僅被列為黨人而處死的，就有一百多人，他們的妻兒子女無一例外遭到流放的厄運。而地方州郡政府，為迎合宦官，又捕風捉影，牽連進「黨錮之獄」者有六七百人，有的被處死，有的被放逐，有的的罷官。

但是有一個人卻成了漏網之魚。

這個人是張儉。

晚清志士譚嗣同在絕命詩中有一句：「望門投止思張儉」，這裡說的就是張儉的一個典故。「望門投止」，就是說，看到有人家，就前往投宿，這究竟什麼意思呢？我們還是從張儉的故事說起。張儉曾經是翟超的屬下，他多次上書彈劾宦官侯覽，甚至把侯覽的家給搗毀了。不用說，侯覽對張儉是恨到極點了。第二次黨錮之獄興起後，侯覽迫不急待要抓捕張儉，張儉開始了他的逃亡生涯。

當時張儉非常落魄，無處藏身，所以一看到有人家時，就前去敲門，請求收容暫住。由於他當時名氣很大，所以有不少人冒著巨大的風險收容他。這些曾經收容他的親朋好友，或是不相識的好心人，後來都遭到侯覽的瘋狂報復，有十餘人被誅殺，被逮捕而遭嚴刑拷打的人就更多了。後來他逃到好友孔褒家中，可孔褒正好外出不在家，這裡他十六歲的弟弟孔融自作主張，收留了張儉。可是宦官的勢力果然強大，侯覽居然打聽到張儉的下落，派人前往捉拿，張儉再度逃亡。孔褒毅然承擔起收留張儉的責任，最終被殺。

在宦官大肆捕殺黨人的過程中，張儉是唯一逃過一劫的人，直到「黨錮」解除後，他又重返故里，最後還擔上衛尉，直到八十四歲的高齡才去世。不過當時的一些士人也責備他不敢勇於承擔責任，造成許多人為他而死的慘禍。

西元一六九年的「黨錮之獄」，令清流黨人遭到前所未有的重創。名士郭林宗曾經歎道：「詩云，人之云亡，邦國殄瘁，漢室滅矣。」

三年後的熹平元年（一七二年），被軟禁在南宮的竇太后鬱鬱而終。曹節、王甫等宦官，居然把太后的屍體拉到市場上示眾。不久後，在皇宮朱雀門外，貼了一條反動標語，寫道：「曹節王甫，幽殺太后，公卿皆尸位苟祿，莫敢忠言，天下當大亂。」這條反動標語竟然出現在皇宮大門，曹節大怒，指示司隸校尉段熲緝查此事。段熲承宦官的旨意，把目標鎖定在太學生身上，竟然抓捕一千多名太學生，可是最後也沒查出到究是誰寫的，只得不了了之。

又過了四年，即西元一七六年，永昌太守曹鸞上書靈帝，要求解除黨錮，恢復黨人的政治權利，讓這些精英份子可以重返政壇，為國家朝廷效力。不想此舉大大激怒了漢靈帝，他下令逮捕曹鸞，打入監獄，掠打致死。曹鸞事件，引起朝廷對黨人的又一次迫害。皇帝認為黨人在地方的勢力有所抬頭，遂嚴令各州郡徹查黨人的門生故吏、父子兄弟，凡有當官的，一律免職。

直到靈帝中平元年，由於黃巾起義的爆發，朝廷政要及宦官都擔心黨錮不除，將逼使黨人與黃巾軍聯合，解除黨錮的的呼聲四起。此時迫害黨人的主謀曹節、王甫、侯覽等人都已經死了，所以漢靈帝最終大赦黨人，長達十八年之久的黨錮就此結束。

黨錮之禍，起於桓帝延熹九年，終於靈帝中平元年。在這段時間裡，士人精英遭到大肆殺戮，宦官勢力一手遮天，社會正義遭到空前的摧殘。儘管黨人最終恢復名譽，可是國家已經到了崩潰的邊緣，已經難以挽回了。

自從漢順帝以來，外戚之禍與宦官之禍是東漢帝國走向衰微的內在原因。與此同時，無休止的羌戰也嚴重消耗東漢的實力，以鮮卑為主的北方游牧民族同樣對帝國的安全構成了極大的禍患。曠日持久的邊疆戰亂，是東漢衰微的外在原因。下面，我們就來說說西線與北線的兩大戰事經過。

# 四〇、終極悍將：段熲與平羌之役

東漢帝國耗費二百四十億巨資並付出慘重的代價，才贏得了一〇七－一一八年漢羌戰爭的勝利。可是這遠非羌戰的結束。

西元一二〇年，又發生了沈氏羌進攻張掖的事件。護羌校尉馬賢是一位驍勇的戰將，同時也是主張對羌人實施高壓政策的將領。馬賢率一萬人發動進攻，擊破沈氏羌，殺一千八百人，俘虜一千餘人。正當馬賢入張掖作戰時，後院起火，當煎羌乘機進攻防備空虛的金城郡。馬賢迅速回師，討伐當煎羌，一直追出塞外，殺數千人。緊接著，金城郡的燒當羌也乘機反叛，在酋豪麻奴的帶領下進入湟中。馬賢四處征討，擊敗麻奴，迫使麻奴在西元一二二年投降。西元一二六年，隴西郡鐘羌復叛。馬賢在臨洮大敗羌人，殺一千多人，其餘羌人投降。

這幾次羌人的反叛，可以說是一〇七－一一八年羌戰的餘波。經馬賢六、七年的掃蕩，涼州地界內的羌亂基本上平息。漢羌又維持了數年的和平。

八年後（一三四年），鐘羌部落在酋豪良封的領導下再度反叛。此時擔任護羌校尉的馬續率軍鎮壓，殺死數百人，良封率部眾撤退。由於羌戰又起，朝廷把對羌作戰戰功最著的馬賢再次調到前線。次年（一三五年），馬賢大破鐘羌部落，殺死其酋豪良封以下一千八百多人，鐘羌部落共計十萬人復降。

朝廷重新任命馬賢為護羌校尉。這絕對不是一個好差事，誰也不知這場無休止的戰爭何時是個盡頭。三年後（一三八年），燒當羌再叛，在首領那離的指揮下，入寇金城。馬賢力挽狂瀾，於次年擊殺了那離，並殲滅燒當羌軍一千二百餘人，平定叛亂。

羌亂不斷的一個重要原因便是漢官吏的苛政，并州刺史來機、涼州刺史劉秉均對羌人實施高壓統治，羌人不堪重負，又一次鋌而走險。西元一四〇年，并州、涼州境內的且凍羌、傅難羌率先發難，起兵反叛，聯手進攻金城。之後，其他羌胡部落也捲了進來，聲勢浩大，向三輔（長安地區）發動進攻。

此時帝國政府發覺到事情的嚴重性了，趕快撤了來機與劉秉的刺史之職，但為時已晚。為了遏制羌人的攻勢，朝廷動員了左右羽林軍、北軍五營、各郡國駐軍共計十萬人，以護羌校尉馬賢為征西將軍，進屯漢陽郡。

雖然馬賢在擔任護羌校尉期間戰績頗著，但是他卻居功自傲，行軍作戰掉以輕心，每到一處，都是大吃大喝，擁妻抱妾。馬融、皇甫規等人都上書朝廷，認為馬賢必遭敗績，不過漢順帝對這種警告置之不理。果不其然，在射姑山會戰中（一四一年），馬賢與他的兩個兒子都戰死沙場，東漢軍隊遭到慘敗。羌人的勢力直逼三輔地區，西漢歷代皇陵被焚燒破壞。羌戰的局勢急轉直下。

武都太守趙沖率軍與鞏唐羌作戰，殲滅羌軍四百餘人，降二千餘人，稍稍緩和嚴峻的局面。次年（一四二年），趙沖繼續對羌軍實施軍事打擊，迫使罕羌部落五千餘戶投降。由於趙沖在一系列戰役中表現傑出，朝廷任命他為護羌校尉。趙沖確實是非常有能力的一位將領，在接下來的一年（一四三年），終於扭轉戰爭的被動局面，他在夏季與冬季發動了兩次對燒當羌的攻勢，歸降的諸羌計有三萬餘戶。

正當趙沖躊躇滿志之時，卻在一次軍事行動中意外身亡。直到西元一四五年，左馮翊梁並以和平的手段，收降諸羌部落共計五萬餘戶，這次大規模的羌戰方才告一段落。

西元一五九年，居住於塞外的燒當、燒何、當煎、勒姐等八羌部落，聯合發動對隴西、金城的進攻。此時的護羌校尉是段熲，他是東漢晚期最傑出的將領，富於兵略，作戰極為驍勇。在段熲的反擊下，羌軍陣亡二千餘人，被俘一萬多人。

很快，羌人又捲土而來，他們派一支奇兵星夜偷襲段熲的兵營。護羌校尉段熲在此戰中盡現其悍勇本色，他命令士兵下馬迎戰，從夜晚戰到中午時分，殺得刀折矢盡，羌人終於抵擋不住，率先撤出戰場。段熲窮追不捨，且行且戰，不分晝夜地發動進攻，他不攜帶任何軍糧，以確保軍隊的機動性與速度。餓了便宰殺馬匹吃，渴了就吞雪。就是憑藉這種堅忍的意志力，段熲一路追擊四十餘日，出邊塞二千餘里，一直追到積頭山，殲滅羌軍五千餘人。緊接著，他又進攻石城，殺羌軍一千六百餘人；破白石山，又殺獲三千餘人。

在塞外羌人起事的鼓動下，塞內的羌人部落也開始蠢蠢欲動了。

西元一六一年，先零、沈氐等羌部落反叛，大掠并州與涼州。段熲在湟中徵召歸附的羌人，組建一支討伐軍，準備開赴前線與叛羌作戰。可是不想涼州刺史郭閎嫉妒段熲的功勞，千方百計阻撓他的軍事行動，甚至上書誣告，導致段熲被撤職。朝廷把段熲召回洛陽，關入監獄中，判處服苦役。

段熲一走，濟南相胡閎擔任護羌校尉。但是無論是郭閎還是胡閎，統統不是帶兵打仗之才，於是羌軍氣焰日盛，四處出擊，政府軍無力對抗。

朝廷深感名將的匱乏，下令徵求有勇略的人為將領。泰山太守皇甫規上書道：「與其尋找有勇略的將領，不如天下太平無事；與其精通孫子與吳子的兵略，不如尋求清正廉明之人。」皇甫規沒有明言，但暗示朝廷，戰亂的由來，並非沒有得力的將領，可是戰爭卻接連不斷，其背後之原因，乃是地方政府的苛政，乃是官逼民反。朝廷求將只是治標，要治本必須要肅清吏治，以清正廉明之人來擔任地方政府長官。

朝廷於是任命皇甫規為中郎將，全權負責關西的軍事。皇甫規與段熲都並列為東漢晚期的名將，然而兩人風格相去甚遠。段熲作戰勇猛，有奇謀，意志堅強，奉行武力高壓政策；而皇甫規長於戰略，他不以打贏一場戰役為榮，而是研究戰爭爆發的原因，從本源上斷絕戰爭的隱患，以達到「不戰而屈人之兵」的效果。

皇甫規上任後，牛刀小試，向羌軍發動進攻，斬獲八百人。皇甫規深知羌人之所以反叛，很大程度上是因為地方官吏的逼迫。因而他並不急於發動更大規模的進攻，而是在羌人區建立威信，施予恩德。先零羌人見皇甫規與以往的地方大員很不一樣，大家紛紛奔相走告，一時間竟然有十萬人向前來投降。

第二年（一六二年）三月，沈氏羌進攻張掖、酒泉。皇甫規以歸降的先零羌人為主力，兵進隴右。然而在征戰途中，軍隊遭到瘟疫的襲擊，死亡人數超過十分之三。這種情況之下，能否穩住先零羌人是極為重要的事。皇甫規冒著被瘟疫傳染的危險，前往各軍營中巡查，對生病的將士進行慰問，使得先零羌人心懷感激。這事傳出來後，更多的羌人前來歸降。

皇甫規一方面打擊沈氏羌，一方面整飭吏治。在他的彈劾下，一大批貪官污吏紛紛落馬，有的被罷官，有的被處死。皇甫規不僅要打贏一場戰爭，而且要消除戰爭爆發的根源。羌人聽到此佳音後，莫不歡欣鼓舞。最後，沈氏羌在其首領滇昌的率領下，十萬人向皇甫規投降。

這就是不戰而屈人之兵。皇甫規以最小的代價迅速平息一場可能後患極大的羌亂，他解決羌亂的手段與眼光都有獨到之處，試圖從本源上切斷羌亂頻繁發生的根源。可以說，皇甫規確實是一位偉大的將領，然而他的不幸是出生於正走向沒落的帝國時代。

為人正直的皇甫規此時大權在握，持節為將，督關西軍，成為鎮守一方的大員，他在朝中不願意結交權力極大的宦官集團，在地方又不斷地彈劾貪官污吏。曲高和寡，皇甫規的盡忠職守，換來的是四處樹敵，無論是中央還是地方，許多人巴不得打倒他。反對派們聯合起來，彈劾皇甫規，那要告他什麼呢？告他欺君。於是乎漢桓帝聽到這樣的說法了：皇甫規其實不會打仗，也沒什麼本事，只是以重金賄賂羌人首領，讓他們表面上投降，這樣以貪天之功，欺瞞聖上。

漢桓帝本來就是有名的昏君，一聽心裡很不高興，下詔責皇甫規，並且召皇甫規回到洛陽。宦官徐璜等人想從皇甫規身上撈點好處，但是皇甫規堅決不肯賄賂宦官，最後被逮捕，判處服苦役。從段熲、皇甫規二人類似的遭遇中，可見東漢政府已經昏弱到何等地步了。

皇甫規的事業尚未大功告成，便遭陷害，使羌人備感惶恐，又聯手反叛。烏吾羌攻打漢陽，酋豪滇那攻打武威、張掖、酒泉。到了西元一六三年時，羌人勢力又轉盛，蹂躪涼州，朝廷不得已重新起用段熲為護羌校尉。

段熲很快就證明自己是帝國第一號軍事天才。西元一六四年冬季，他率一萬餘人對當煎羌發動進攻，殺死酋豪以下四千餘人。第二年（一六五年）春天，段熲轉而攻打勒姐部落，殺四百餘人，降二千餘人。與勒姐羌戰事剛結束，段熲不等軍隊休整，便於夏季發動對湟中當煎羌的打擊，但是首戰失利，反而被當煎羌圍困了三天三夜。段熲在夜色的掩護下，悄悄地穿越羌人的封鎖線，從周邊發動強攻，終於大破羌軍，殺數千人。當煎羌被迫撤退，段熲作戰風格是極為頑強，他的部隊耐力極強，一路窮追猛打，輾轉於山谷之間，從夏季打到秋季，沒有一天不作戰。經過數月的追剿，羌人饑困逃散，竄入武威。

自段熲擔任護羌校尉以來，與羌人大小百餘戰，殺敵二萬三千人，俘虜數萬人，繳獲的牛馬羊等八百餘萬頭，降服羌人一萬戶落。由於段熲戰攻卓著，被朝廷授予「都鄉侯」。然而，段熲並沒有像皇甫規那樣，致力於消除羌戰的根源，而是採取高壓的手段，雖然在戰場上百戰百勝，但羌亂卻始終不止。

桓帝延熹十年（一六七年，亦是靈帝永康元年），羌戰擴大到了東部，在西河、北地、定安、上郡一帶的羌人，基本上已漢化，又稱為東羌，也加入反叛之列。東羌先零部落叛亂，西羌的當煎部落再度起兵。當煎羌四千餘人打算攻擊武威郡，段熲得知消息後，馬不停蹄，率部疾進到鸞鳥（甘肅武威縣南），遮擊當煎羌，殺三千餘人，斬其酋豪。至此，當煎羌一蹶不振，西羌戰事告一段落。

與西羌相比，東羌對帝國的威脅更大。東羌的聚集區靠近長安一帶，可直接威脅帝國的心臟。在段熲大破西羌的同時，東羌先零部落對三輔（長安一帶）發動猛攻，擊破漢政府置於長安城附近的京兆大營與雍縣大營，殺死漢軍一千餘人。同年十月，先零羌第二次發動對三輔的進攻，東漢朝廷緊急命使匈奴中郎將張奐馳援三輔。

張奐與段熲、皇甫規同為東漢晚期的名將，他文武雙全，為官清廉公正，與皇甫規是好友。張奐接到命令之後，火速派遣兩名部將率軍趕赴三輔，一個是司馬尹端，另一位便是大家所熟知的大名鼎鼎的董卓。

尹端與董卓率軍與先零羌苦戰，大破先零羌，斬俘超過一萬人。

東羌雖然是羌人區，但因為接近內地，並不由護羌校尉段熲管轄，而是由度遼將軍與使匈奴中郎將負責管轄。皇甫規被陷害之後，又重新得到朝廷的重用，出任度遼將軍，張奐出任使匈奴中郎將。漢桓帝對皇甫規與張奐的招撫東羌的政策十分不滿，因為東羌反反覆覆地叛了又降，降了又叛，他十分欣賞段熲的高壓手段，便下詔徵求段熲的意見：「先零東羌造惡反逆，而皇甫規、張奐手握強兵，卻不能及時平定，朕想讓你移兵東討先零羌，不知是否合適？你可以仔細思考一下戰略戰術。」

段熲對皇甫規、張奐等人招撫羌人的政策也很不滿，便上書道：「皇甫規、張奐以為招降的方法，可以坐制強敵，而臣以為羌人狼子野心，難以用恩德收降。雖然羌人在勢困之時會投降，但等我們大軍一去，便重起反叛之心。對付他們的辦法，只有以長矛挾肋、白刃加頸。以臣之見，必須要一勞永逸地解決羌人反覆的問題。只要撥給五千精銳騎兵，一萬步兵，外加三千輛戰車，花上兩三年的時間，足以平定羌亂。該項軍事預算為五十四億錢，可令群羌破盡。」

漢桓帝聽了很高興，批准段熲的計畫。

靈帝永康二年（一六八年），段熲率一萬精銳出彭陽，奇襲高平，與先零羌決戰於逢義山。此時先零羌的力量仍然十分強大，人數上也超過段熲的部隊，漢軍上下有一種恐慌的情緒。段熲沉著冷靜，命令長矛手排為三列，將強弩兵夾在其中，騎兵掩護左、右兩翼，迎戰先零羌軍。臨戰前，段熲發表陣前演說，激勵士兵：「現在我們在遠離家鄉數千里之外作戰，勇敢前進則功業可成，怯懦後退則全軍覆沒，諸將士奮勇作戰，以博得功名吧。」說罷放聲長呼，眾士兵莫不慨奮，一時間呼聲震天。

段熲作為名將，不僅善於用兵，打仗時也能身先士卒。他一馬當先勇闖敵營，眾將士在主將的表率下，無不奮勇殺敵。羌人雖然人數上佔優，可是漢軍士氣旺盛，銳不可擋，最後羌軍大敗，被斬殺八千餘人，二十八萬頭牲畜盡落入段熲之手。

這次輝煌的勝利奠定了勝利的基礎。夏季，段熲深入作戰，從橋門谷一路追擊到走馬水畔，一路打下來，取得了一連串的勝利。此時段熲接到情報，得知在奢延澤一帶發現先零羌的軍隊，他立即率領輕騎兵日夜兼程，以一日二百餘里的行軍速度趕到戰場，在清晨時分對羌人發起進攻。羌人哪曾料到段熲來得這麼快，猝不及防，損失慘重，其餘的人一直逃到落川，才重新收集殘餘的部隊。

段熲不想給羌人予喘息的機會。他兵分兩路，由騎司馬田晏率五千人從東面發動攻擊，以假司馬夏育率二千人從西面發動攻擊。羌軍派出六七千人迎戰田晏的五千漢軍，結果吃了敗仗，潰不成軍，便急急地向令鮮水撤退。

段熲率主力火速推進到令鮮水畔，經過連續作戰後，將士們已經十分疲憊，饑渴交加，大家都想好好喝點水，好好休息休息。然而段熲認為漢軍疲困，羌軍處境更加不妙，下令軍隊不得休息，擺好進攻的陣形，一鼓作氣，在令鮮水河畔再次突擊羌人。羌人又遭敗績，只得繼續逃竄。

經過短暫的休整後，段熲繼續清剿。他的頑強精神令人佩服，羌人被迫退向靈武谷地。段熲身披鎧甲，率先攀登山地，士兵們無人敢落後，這近乎魔鬼般的超強度的軍事行動，打造出一支鋼鐵般的軍隊。羌人再度被擊敗，落荒而逃。段熲率眾軍士追了三天三夜，這是長距離的步行，所有的士兵腳下都起了水泡，以勇悍著稱的羌人可算見識如此不要命的漢軍將領了。羌人屢戰屢敗，撤到漢陽谷地。

這就是段熲的作戰風格，其疾如風，其堅強如鐵，其耐力天下無雙，如此強大的戰鬥力，與段熲的卓越的領導能力息息相關。史書記載，段熲「行軍仁愛，士卒疾病者，親自瞻省，手為裹創。在邊十餘年，未嘗一日蓐寢。與將士同苦，故皆樂為死戰。」

段熲平定東羌即將大功告成。此時，張奐上書朝廷，認為：「東羌雖被擊破，然而羌人還有眾多部落，是不可能完全消滅他們的，段熲果敢卻失於輕率，朝廷要考慮到勝負的局勢並不是始終不變的，所以應施以恩德，招降羌人，如此才能長治久安，否則日後必後悔。」

張奐與皇甫規一樣，力主招撫羌人，他還認為：「羌人與漢人一樣，皆稟承上天之氣而生，所以不可殺盡，山谷廣大，不能空無人煙，血流成河，將傷和致災。」這無疑是批評段熲的鐵血政策。

在戰場出生入死的段熲暴跳如雷，他上書朝廷，大力攻擊張奐，認為「張奐作為政府要員，身為武將，手握重兵，駐軍兩年，不能平定羌亂，憑空想要修文偃武，招降悍敵，真是荒謬絕倫。」

不過朝廷更傾向於張奐的建議。第二年（一六九年），朝廷派遣謁者馮禪，前往漢陽郡，試圖說服諸羌投降。

段熲不滿意這個結果，他認為羌人走投無路，即使投降也只是暫時性的，地方政府沒有強大的財力來供養這些羌人，只要有機會，他們還會起兵造反。不如一鼓作氣，肅清東羌。段熲決意要進兵掃蕩，為何他敢於做出與朝廷決定相左的事情呢？

雖然東漢政府內部昏暗，但是絕不像宋明時代對武將控制得那麼嚴厲。即使中樞系統十分混亂，權力鬥爭此起彼伏，但並沒有真正影響到在外將領。因而東漢的軍事實力雖然不如西漢，但對於周邊的民族而言，東漢帝國仍舊是一個超級強國。在朝廷給段熲的詔書中，明確提出「軍不內御」，也就是說，對段熲的軍事行動，朝廷絕不遙控，這是繼承一直以來「將在外君令有所不受」的傳統。

段熲決心利用「軍不內御」的指令，將戰爭進行到底。

夏季，準備就緒的段熲開始對東羌發動最後一戰。

當時東羌殘餘力量駐屯於凡亭山，段熲以騎司馬田晏、假司馬夏育為先鋒，率五千人馬推進到山下，準備強攻東羌殘餘力量。

東羌與段熲軍隊是老對手了，對漢軍相當的熟悉，見來了五千人馬，知道只是段熲的先鋒部隊，便派人到漢軍陣前，厲聲喝道：「田晏、夏育都在這兒麼？從湟中來的歸義羌人也在這兒麼？今天要跟你們一決生死！」羌人傾巢而出，田晏率軍沉著應戰，經過殊死的戰鬥，終於大破羌軍。羌軍戰敗，向東逃到射虎谷。

羌人深知段熲的大軍很快就會殺到這裡，便派重兵把守住山谷中重要的進出口，嚴陣以待。段熲偵察地形後，決心在這裡將東羌力量一網打盡。為了防止羌人在潰敗之後繼續逃竄，段熲派一千人砍伐樹木，結為柵欄，構建一條長四十里、寬二十步的封鎖線。同時他派手下悍將田晏、夏育率七千久經沙場的精銳部隊，乘天黑之際，在射虎谷西側，銜枚登山。這支軍隊的戰術水準真是達到爐火純青的地步，如此大規模的軍事行動，羌人竟然毫無察覺。

田晏、夏育率軍攀上山嶺後，立即安營紮寨，挖掘壕溝，構築防禦工事，這裡距離羌人大本營僅有一里之遙。田晏得手之後，段熲再派司馬張愷領三千人，從東面攀登，這次行蹤敗露，羌人立即加強戒備，發現了田晏、夏育的潛伏兵團。

羌人立即投入戰鬥，涉過山間小河，向田晏、夏育的部隊直撲過來。段熲馬上率領留守部隊發動攻擊，田晏、夏育從山谷西側，張愷則從東側掩擊羌軍。儘管羌軍仍然英勇奮戰，但是疲頓不堪使其戰鬥力大大削弱了，被漢軍打得大敗。此時段熲所構建的封鎖線產生重要作用，遲滯羌人撤逃的速度，他們漫無目的地向深山窮谷中潰逃，這正中了段熲的計謀，

段熲根本就不想讓這些羌人有活路，戰爭最後成為一場屠殺，羌人剩餘的一萬九千人，全部被殺，東羌戰爭就此結束。

從所具備的軍事能力來看，段熲無疑是東漢時代最傑出的將領之一。他有領導力，有責任感，敢擔當重任。在管理軍隊及行軍作戰上，段熲均有高人一等的本領，他是一個以身作則，身先士卒的統帥，他的士兵們在他的感染之下，無不奮勇。段熲在東漢諸將中，兇悍是其最典型的風格，吃苦耐勞、頑強的意志是其取勝的根本，傑出的軍事天才則是其百戰百勝的保障。

在平東羌之戰中，羌軍被殺達三萬八千人，而段熲軍團的陣亡人數僅僅是四百餘人。在冷兵器作戰時代，這不能不說是個令人瞠目結舌的戰績。從軍事才能看，段熲是一位偉大的軍事天才，一代名將，可是他的人品有些問題。他在朝中巴結宦官，還在黨錮之亂中充當打手，逮捕了一千多名太學生，這成為他洗不去的一個污點。

羌戰是東漢時代持續時間最長的戰爭，直到段熲採取高壓鐵血政策鎮壓之後，東漢一百多年的羌亂方才平靜下來。在段熲平羌之後十五年，西羌又發生戰亂，但那時已經是黃巾起事，天下大亂的局面，羌人起事更多是受到中原戰亂的影響。因此，從某種意義上說，段熲乃是東漢羌亂的終結者，但是這場戰爭已經拖垮了漢帝國。

持續一個多世紀的羌戰，給東漢帝國帶來巨大的災難，極大削弱國家的實力，成為東漢最大的邊患。

羌戰的嚴重後果，其一是耗費了國家大量的人力財力；每次戰亂都要花費數十億乃至上百億的費用，僅段熲僅平定東羌一役中，便耗費四十四億錢；戰爭重災區涼州、并州、三輔、益州等地經濟遭嚴重破壞，邊關數以萬計的人民死於戰火，生靈荼炭，民不聊生。其二，百年羌戰大大削弱東漢的國防力量；東漢奉行「以夷制夷」的政策，過多地使用羌胡軍隊作為戰爭的主力，由於羌戰接連不斷，南匈奴、烏桓、鮮卑等族乘東漢困頓之機，不時興風作浪，使邊患從西方蔓延到北方。

皇甫規試圖以整飭邊羌人區吏治下手，斷絕羌戰根源，這是富有遠見的。但是在一個帝國中樞紊亂不堪的時代，皇甫規的設想只能以失敗而告終，最後段熲的高壓手段鐵血政策便佔據上風。這場曠日持久的羌戰，對漢、羌都是深重的災難，即便最後艱難地打贏了這場戰爭，漢帝國離最後的謝幕時間也時日不多了。

# 四一、虎頭蛇尾的北征

東漢的邊患不僅僅是西羌反覆叛亂，北方的游牧民族對帝國的威脅也日益加重。北方游牧民族主要包括南匈奴、烏桓與鮮卑。南匈奴基本隸屬於漢帝國的管轄，不過叛亂之事時有發生。烏桓是一個部落很多的民族，受東漢政府的管轄力道稍弱，漢設有烏桓校尉。由於烏桓並非一個統一的國家，一旦南匈奴、鮮卑有所動靜，烏桓的一些部落便會捲入其中。鮮卑自從佔據北匈奴的地盤之後，基本上形成與東漢帝國對峙的局面，成為北方崛起的一股強大勢力。

自從西元一四三年句龍大人吾斯的叛亂結束後，南匈奴與東漢維持了十二年的和平。到了桓帝永壽元年（一五五年），南匈奴左奧鞬王台耆、且渠王伯德再度叛變。這兩人在吾斯叛亂時，就曾經起兵參加叛亂，後來吾斯兵敗身亡，兩人便向東漢軍隊投降。如今他們賊心不死，又一次興風作浪。南匈奴叛軍圍攻美稷與安定，居住於此的東羌部落馬上紛起回應。

北方的局勢又一次嚴峻起來。

當時張奐只是一名低級軍官，他的頭銜是屬國都尉，負責管理安定胡人居住區。當他聽到南匈奴叛軍圍攻安定的消息後，馬上準備率部出戰。這時叛軍總計有七千多人，而張奐有多少人呢？他只有一支二百人的小部隊。用二百人去迎戰七千人，這不是送死嗎？他的部下紛紛叩頭，爭先恐後要阻止這次以雞蛋碰石頭的軍事行動。張奐不聽，率軍進屯在長城一帶，切斷南匈奴與東羌部落的聯繫。他一邊在當地募集義勇軍，一邊派人前往羌人區，對東羌諸部落曉以利害，最終說服東羌諸首領反正歸漢。

張奐會同東羌的軍隊，向台耆的叛軍發動反撲，一口氣打了好幾仗，南匈奴叛軍節節敗退。伯德一見大勢不妙，慌忙率軍向張奐投降。這場南匈奴的叛變，賴張奐的機智與勇敢，竟然在談笑之間便令強虜灰飛煙滅。

張奐是東漢晚期與皇甫規、段熲齊名的三大名將之一，他能文能武，勇略過人。年輕時專攻《尚書》，後被舉薦到朝廷，在對皇帝的問策中，他勇奪第一名，可見此人肚子裡有點墨水。張奐個人修養很高，平定南匈奴之叛後，東羌諸部落首領送給他八枚金耳環，二十匹戰馬。在張奐之前的八位屬國都尉，都是貪得無厭之人，東羌人早熟悉漢官吏的這一套，很是無奈。但張奐說道：「就算馬匹有羊那麼多，也絕不牽入馬廄，即令黃金像小米那麼多，也絕不塞入自己的腰包。」把馬匹與金耳環全部退還，張奐的高風亮節，令東羌人耳目一新，心悅誠服。

在塞外的鮮卑部落，在經過漢帝國的打擊之後，十數年少有犯邊，此時鮮卑部落出了一位傑出的首領，名為檀石槐。這是一位非常有傳奇色彩的人，他的父親叫投鹿侯，曾經在南匈奴的軍隊中服役，三年後回來家鄉後，發現他的妻子居然生了一個男孩，他很生氣，認為這是一個野種，準備把孩子殺掉。他妻子編了一個謊言，說是有一天在路上走路時，聽到有雷聲，便抬頭看看天空，正好從天上掉了一片冰雹下來，落入她的口中，她吞下之後便有了身孕了。

投鹿侯豈肯相信這種荒誕的謊言，把孩子丟棄於野外。但母親還是悄悄地撿回來，交給自己的娘家撫養，並把孩子命名為檀石槐。檀石槐也許因為出身的原因，自小堅忍好強（私生子多如此，如衛青、霍去病），身強體壯，而且有膽有識。有一回，鄰近部落一個首領派人搶走他家的牛羊，檀石槐得知後，單槍匹馬勇闖這個部落與他們打架，結果所向無敵，把被搶走的牛羊追討回來，他的勇敢精神贏得了本部落人的尊敬，於是被推舉為部落首領。此後，其部落開始強盛，後來他制定法律，置王庭，其他的部落紛紛歸附於他，他成為草原升起的明星。向南勢力擴張至漢帝國邊境，向北與丁零國對抗，向東擊敗夫餘國，向西侵掠烏孫國，佔盡匈奴故地，地盤東西一萬四千里，南北七千餘里，在面積上可以媲美於大漢帝國，他成為鮮卑歷史上最偉大的英雄之一。

西元一五六年（桓帝永壽二年），檀石槐牛刀小試，侵入漢帝國的雲中郡。東漢政府任命李膺為度遼將軍，李膺是東漢最著名的人物之一，鮮卑人對他並不陌生。在此前，李膺曾擔任過護烏桓校尉，當時鮮卑人經常抄寇邊關，每次李膺都冒著槍林箭雨，親臨前線指揮作戰，挫敗鮮卑人的進犯。李膺坐鎮北疆之後，鮮卑人認為這個骨頭不好啃，轉而進攻遼東。

不想鮮卑人的運氣實在不好，在遼東，他們遇到了一個軍事天才，這便是日後平定東羌的段熲。此時的段熲並還沒有嶄露出軍事天才的一面，他還只是遼東屬國都尉。段熲從小便精通射箭騎馬，武藝高強，富有遊俠精神，但他尚沒有機會在戰場上表現出他的天賦，鮮卑人的到來給了他一個機會。

段熲得知鮮卑大軍犯邊的消息後，馬上率部前往抗擊。從一開始，段熲便有一個十分明確的軍事思想，只要是打仗，就必須要重創敵軍，要打殲滅戰，而不僅僅是擊潰對手。為了全殲入寇的鮮卑軍隊，他實施了一個大膽的軍事欺騙。當段熲與鮮卑軍隊對峙時，他假稱自己接到聖旨，徵召他返回首都洛陽，還特地讓這個消息傳到鮮卑人的耳中，便裝模作樣奉旨撤軍。

鮮卑人得知段熲撤軍消息後，喜上眉頭，率軍前來追趕，不想正中了段熲的計謀。段熲做出撤軍的假象之後，當天晚上在夜色的掩護下，悄悄地折回來，布下重重埋伏。鮮卑人不知是計，進入到埋伏圈。段熲一聲令下，兩邊的伏兵四起，鮮卑人陷入重圍，要麼被殺，要麼被俘，無一人漏網，入寇的鮮卑軍隊，竟然全軍覆沒。

但是段熲卻因為此役而遭殃，因為他詐稱接到聖旨，以「詐璽書」被判處重刑，後來朝廷考慮到他禦敵作戰有功，改判兩年徒刑。這個事件也是東漢不如西漢的一個明證，在西漢時代，馮奉世、陳湯均曾經矯詔（比段熲的「詐璽書」還嚴重）建下不朽的事功，不僅沒有遭到處罰，反倒成為帝國的英雄。段熲的遭遇，只能說明強漢政府開明的時代已經一去不返。

一直蠢蠢欲動的南匈奴也意識到鮮卑的崛起，西元一五八年（桓帝永壽四年），南匈奴再掀反叛的高潮。看來東漢帝國在統禦四夷政策上確實存在問題，這次南匈奴叛亂涉及到諸多的部落，這些部落首領與烏桓、鮮卑結盟，聲勢浩大，東漢帝國的九個緣邊郡均受到攻擊。

朝廷任命陳龜為度遼將軍，陳龜在赴任之前上書皇帝，指出北方的禍亂不止，在於各州刺史及各郡太守大多怠忽職守，貪污腐化，而涼州、并州連年戰亂，民不聊生，應該要免除當地的各種稅賦。陳龜請求撤換不稱職的官吏，對職責非常重的使匈奴中郎將、烏桓校尉、護羌校尉的人選要極為慎重。

漢桓帝基本上接受陳龜的意見，對州郡以及軍隊的高級官員進行大規模的整飭，免除涼、并二州百姓一年的稅賦，並且任命曾經平定南匈奴叛亂的張奐為北中郎將（即「使匈奴中郎將」），與度遼將軍陳龜共同負責平定南匈奴及烏桓的叛亂。

南匈奴叛軍在首領休屠各的率領下，進攻度遼將軍的駐地，放火燒了城門，城中的士兵們都非常恐懼。張奐神色自若，坐在軍中帳營內，給他的弟子講解經典。張奐的鎮定使得軍中的騷動很快平息下來。這位文武雙全的名將深知南匈奴與烏桓之間的同盟並不穩固，他暗中派人潛入烏桓兵營中，祕密會見烏桓首領，利以誘之，使得烏桓臨陣倒戈。

南匈奴叛軍在沒有絲毫準備的情況下，烏桓軍隊突然發難，發動襲擊，休屠各被殺，南匈奴軍大敗。此時，張奐率軍出城，與烏桓軍隊夾擊叛軍，南匈奴軍隊見首領被殺死，群龍無首，紛紛向張奐投降。

張奐兩次平定南匈奴的叛變，其手法如出一轍，就是分化瓦解敵人的同盟陣營，以夷制夷。由於張奐的傑出表現，令南匈奴的兩次叛亂都如曇花一現，很快平息。

在平定南匈奴之亂後的第二年（一五九年），東漢朝廷發生政變，大將軍梁冀被誅。漢桓帝深究梁冀的同黨，張奐曾為梁冀的部下，故而被免職。四年後，在皇甫規的七次舉薦之下，張奐再次被重用，先後擔任武威太守與度遼將軍。在擔任度遼將軍的數年內，張奐的威名傳遍南匈奴、烏桓與鮮卑，蠻族們對他無不感到畏懼。張奐既有軍事才能，又為官清廉，深得百姓的擁護，故而這幾年乃是北方邊疆最為安寧的日子。

到了一六六年（延熹九年），由於張奐在邊疆的傑出成就，朝廷升遷他為大司農，調回首都洛陽。可是張奐一離開，鮮卑人馬上就樂了，他們覺得這下有機可乘了，便又勾結南匈奴與烏桓的叛亂份子，入寇漢帝國的緣邊九郡，同時又與東羌部落結盟，共同攻掠武威、張掖。

到這個時候，朝廷才意識到張奐對北疆安全的重要性。漢桓帝急忙委任張奐為護匈奴中郎將，同時以九卿的身分，督導幽州、并州、涼州的軍事以及度遼將軍、烏桓校尉麾下的部隊，張奐實際上成為東漢帝國北部及西北部的最高軍事長官。

張奐的威名勝過一支百戰之師，南匈奴及烏桓叛軍聽說他又回來了，嚇得心驚肉跳，各部落首領紛紛碰頭，互相勸說向張奐投降，前後歸降的人數達二十萬人之多，由此可見張奐是厲害到何等的地步。鮮卑人得知南匈奴、烏桓投降了，知道沒有油水可撈，便引軍出塞去了。

張奐確實是東漢晚期最傑出的將領，然而在渾濁不堪的政局之下，他並不能置身於政治漩渦之外，西元一六八年的宮廷政變，令他犯下了一個不可饒恕的錯誤。他被宦官集團所利用，統率中央軍圍攻竇武，致使以竇武、陳蕃的士人集團改革派全部覆滅。這絕對不是一次小錯誤，而是葬送東漢帝國未來的大錯。這也成為張奐一生的污點，也是他遺憾終生的事。事後張奐投身對宦官集團的鬥爭，但是得勢的宦官集團很輕鬆就把他打倒了。張奐被解職後，返回家鄉，轉而鑽研學問，撰寫《尚書記難》三十餘萬字，前來聽他講學的學生多達一千多人。

張奐與段熲同為名將，但是張奐在品格上要遠遠高於段熲。雖然兩人在政治上都有污點，但張奐是無意中鑄大錯，而段熲則是主動充當宦官集團的打手，境界不可同日而語。張奐年輕時便志向高遠，崇尚氣節，他曾跟友人說：「大丈夫處世，當為國家立功邊境。」他的所作所為，不辱沒年輕時的志向，終於成為一代名將。

張奐的解職，使得北疆的局勢迅速不穩定。

從西元一六八年到一七六年，九年時間裡，鮮卑六次攻打并州，四次進攻幽州，一次進犯北地，侵略越來越頻繁。

西元一七七年（靈帝熹平六年），鮮卑軍隊竟然在東、西、北三面同時發動對東漢帝國的進攻。此時的鮮卑擁有十萬大軍，兵力之強，可以與當年的匈奴相媲美。

面對鮮卑在北方的巨大威脅，護烏桓校尉夏育上書朝廷，請求政府發兵出塞反擊鮮卑。漢靈帝任命田晏為破鮮卑中郎將，會同烏桓校尉夏育，護匈奴中郎將臧旻共同出擊鮮卑。對於這次軍事行動，朝中許多大臣均持反對意見。蔡邕認為討伐的時機不對，如今久經戰亂的東漢帝國財政困難，國力不濟，而鮮卑則如日中天。以段熲一代名將，平定羌亂尚且花費十餘年的時間，而田晏、夏育均是段熲的老部將，在軍事才能上又不及段熲，貿然出擊，凶多吉少。

靈帝劉宏對蔡邕的意見置之不理。

該年八月，夏育兵團出高柳，田晏兵團出雲中，臧旻兵團出雁門，各率領騎兵一萬餘人，三路出擊，殺入鮮卑境內，深入二千餘里。這是繼金微山之後，漢軍對外發動的最大規模進攻。儘管氣勢洶洶，但是漢軍的問題暴露無遺，在缺乏國家財力支持下的長距離奔襲戰，最後的結果便是全線的潰敗。

鮮卑領袖檀石槐誘使漢軍深入，然後動員鮮卑東、中、西三部的大軍，分別迎戰漢軍三路遠征軍，以逸待勞，充分憑藉機性作戰能力強的優勢，猛撲後勤補給不足的漢軍。在鮮卑軍隊的反擊下，漢軍遭到慘敗，幾乎全軍覆沒。三萬大軍有超過二萬人被殺，另有數千人被俘虜，三位主將分別率數十人狼狽逃回國內。

這次慘敗令東漢帝國駭然發現，一個類似於前匈奴的強大外敵已經羽翼豐滿，成為中國的勁敵。不過鮮卑雖然強大，要擊敗漢帝國卻也是難事。在殲滅東漢遠征軍之後，鮮卑人想乘勝進攻，便發動一萬多騎兵猛攻遼西，被遼西太守趙苞擊敗，在這次防禦戰中，發生了一件令人震撼的故事。

趙苞出任遼西太守之後，準備把母親妻子接到遼西。正當她們到達柳城時，正好遇上來犯的鮮卑軍隊，便被鮮卑人俘虜了。當鮮卑人得知她們二人是太守趙苞的母親與妻子時，大喜過望，準備以二人的性命來威脅趙苞投降。趙苞得知鮮卑人入侵，率二萬士兵迎戰，此時鮮卑人把趙苞的母親與妻子拉出來示眾。趙苞見狀一聲慘叫，這是一個男人最難以決擇的時刻，他一腔心痛，淚流滿面，一陣悲號，對著母親喊道：「作兒子的不孝，本想迎母親朝夕奉養，不想卻給母親帶來禍患。以前是母親的兒子，現在是國家的大臣，大義所在，不得顧及私情，孩兒萬死不抵罪責啊！」這是何等的艱難啊，肝腸寸斷，難道只有這種殘忍的選擇方可成就英雄之路麼？

趙苞的母親此時卻很平靜，她遠遠地喊道：「威豪（趙苞的字），你不要哭，人生死各有命，豈可以顧慮太多，而虧忠義之志呢？老娘雖不懂大義，卻也知道王陵母親的故事，她面對漢使伏劍自殺，就是要堅定兒子的志向，你也要為自己的志向而奮鬥。」

趙苞含淚頓首，然後下令大軍對鮮卑發動總攻，所有的將士都成為這悲壯一幕的見證者，對鮮卑人的仇恨如烈火噴湧，全軍眾志成城，英勇向前，如排山倒海一般殺向鮮卑人的陣營。手忙腳亂的鮮卑人殺死趙苞的母親與妻子，但這只是更加激起漢軍士兵為趙苞家人報復雪恨的決心，最終鮮卑的侵略者兵敗如山倒。

戰後，趙苞帶著母親與妻子的屍體回到家鄉安葬，他對鄉親們說：「我吃國家的俸祿，如果難避職責，是為不忠；我以母親妻子的性命來保全節義之名，是為不孝；如此，我還有何面目立於天下呢？」最後竟吐血而亡。

幾年後，鮮卑的領袖檀石槐病死，時年四十五歲。

檀石槐死後，鮮卑開始走下坡路。他的兒子和連被推立為鮮卑首領，但是和連的能力及魄力與檀石槐相差甚遠，族人多半不服他。和連延續擾掠漢帝國邊疆的政策，對漢邊境屢屢用兵，但在一次攻打北地郡的戰鬥中，中箭身亡。和連死後，和連的兒子騫曼與侄子魁頭為爭奪權力而大打出手，內戰令鮮卑的統一局面被打破，各部落的聯盟瓦解，鮮卑由盛而衰，對東漢帝國的威脅也遠不如從前了。

從東漢中期始的南匈奴叛亂以及鮮卑人的南侵，令漢帝國的北疆頻現危機。邊疆危機導致經濟惡化，民不聊生，這是東漢衰亡的重要原因之一。與此同時，外戚權臣與宦官集團交替把持朝政，以及桓靈時代的「黨錮之獄」，使得大批忠正耿直之臣，要麼被殺，要麼被罷，遂使地方重臣，多為把持朝政者的爪牙，只效忠於上級，置國家利益於不顧。到了漢靈帝時代，政局的腐化，終於釀成官逼民反的漢末大起義。

# 四二、雞飛狗跳：靈帝時代的荒唐劇

三國著名政治家諸葛亮在名篇《出師表》中，有這麼一段話：「親賢臣，遠小人，此先漢所以興隆也；親小人，遠賢臣，此後漢所以傾頹也。先帝在時，每與臣論此事，未嘗不歎息痛恨於桓、靈也。」在他看來，後漢之所以衰敗，原因於在小人得志，特別是在桓帝、靈帝兩朝。桓帝一朝絕大多數時間，梁冀把持朝政，而靈帝一朝，則是宦官把持朝政。

自從宦官集團反戈一擊，打垮竇武、陳蕃後，再掀「黨錮之獄」，牢牢地把握大權。至於小皇帝劉宏嘛，他們能哄則哄，能騙則騙，輕輕鬆鬆就可以糊弄過去了。可是我們也不能把這些宦官看作是精誠團結的一夥人，他們的骨子裡只有自私兩字，對付清流黨人時自是可以並肩作戰，但回到宮中，你暗中袖來一箭，我背後砍去一刀，還是得講鬥爭二字。

最有權勢的宦官，當屬政變「功勳」曹節與王甫。當然，在鎮壓黨人運動中表現搶眼的侯覽、鄭颯也實力不俗。

侯覽成為宦官內部鬥爭中的第一個犧牲品，因為他太張揚了。於是很快，他被指責專權橫行，傲慢奢侈。皇帝很生氣，把他免了官，奪了爵，這時侯覽才發現，原來自己的敵人並不都是清流黨人，他被宮中其他宦官給暗算了。在心灰意冷之下，他選擇了自殺。

這僅僅只是開始。

熹平元年（一七二年），王甫策劃了一起所謂的謀逆案，誣告渤海王劉悝謀反。說起這個劉悝，也非善類，就是一個大惡棍，因為無惡不作，曾被漢桓帝撤掉了「渤海王」的頭銜。劉悝就找王甫幫忙，求他在皇帝那兒說好話，討回「渤海王」的封爵，並答應給他五千萬錢作為報酬。後來劉悝如願以償地重新獲得封爵，可是他不肯拿出這筆巨款。這下子王甫可氣壞了，一直想找辦法整他。王甫發現中常侍鄭颯與劉悝來往密切，便計上心頭，他便找到司隸校尉段熲，授意他逮捕鄭颯，並誣告鄭颯打算立劉悝為皇帝。

這次誣告事件，不僅除掉了鄭颯，也令劉悝遭到滅族之災，他的妻妾兒女數十人，全部被處死。在這起狗咬狗的鬧劇中，王甫立功了，他為朝廷粉碎了一起所謂的「謀逆案」，又升官加爵了。

除了宦官們相互傾軋之外，帝國看上去似乎有些平靜。士人學子們在「黨錮」的恐怖陰影下，集體失聲了，曾經沸沸揚揚的「清議」不復見於公堂之上，甚至在鄉校也絕跡了。被貼上「黨人」標籤的士人君子，無時不處於嚴密的監視之中。朝廷變得清靜了，連困擾帝國一百多年的羌亂，也被段熲以武力給鎮壓下去了，看上去似乎一個和平的時代來臨了。

皇帝顯然很滿意，於是到了熹平七年（一七八年），改了個年號，叫光和，取光明祥和之意。

可接下來宮廷內卻發生了幾件怪事。

第一件怪事，侍中寺裡的一隻母雞變成公雞了，這可不是筆者瞎編亂造，有史書為證的；第二件怪事，溫德殿東院有一道黑氣從天而降，長十餘丈，貌似一條黑龍；第三件怪事，南宮玉庭後殿，出現一道青色的霓虹。

這些異常現象，莫非是上天的某種啟示？靈帝劉宏不敢怠慢，他召集大臣們前來詢問。有一個人發生了不和諧的聲音，他是議郎蔡邕。蔡邕不敢明說，上了一道密摺道：「我觀察各種天象變異，認為這些都是國家覆亡的徵兆。」這簡直是危言聳聽。不過蔡邕認為，上天眷顧大漢，所以以種種怪異之象警告，倘若能認識到這點，就有挽回的餘地。那麼帝國的問題出在哪呢？蔡邕認為，都是因為天子親近宦官、女人與小人，要挽回時局，就必須制止婦人干政、宦官干政以及罷黜貪官污吏。

在密摺末了，蔡邕不忘交代一句：「君臣之間的交談一定要保密，倘若君主洩漏了內容，臣屬就有喪命的危險。」

漢靈帝一邊看著密摺，一邊不禁歎息起來。善於察言觀色的大宦官曹節，看出這道密奏必有不同尋常的內容，可是他不能上前把奏摺搶過來看，內心暗自焦急。正巧在這個時候，皇帝有些內急了，起身到廁所去。曹節利用皇帝離開的這個功夫，把蔡邕的密摺大略看了一眼，暗記在心裡。

蔡邕擔心奏摺內容會洩漏而遭來殺身之禍，不巧真的發生了。曹節這個人比較滑頭，他自己不出頭，故意把蔡邕的奏摺內容洩漏給其他宦官。正好中常侍程璜的女婿陽球與蔡邕有過節，程璜便設計陷害蔡邕。

很快，蔡邕被逮捕入獄，理由是「私怨廢公，謀害大臣」，給他扣上「大不敬」的罪，判處死刑。只是蔡邕還算命大，在關鍵時候，有人站出來替他說情。皇帝算是給了點面子，把蔡邕及其家人全剃了光頭，發配邊疆。

一絲不合諧的聲音斷了，靈帝劉宏又心安理得，揣摩著好玩的遊戲。

顯然，靈帝劉宏雄心勃勃，他不甘寂寞，因為這幾年帝國實在太平靜了，他得折騰出點新花樣。當了皇帝還不夠，他還要當大富翁。在劉宏還沒有被選立為皇帝前，只是一個小小的解瀆亭侯，手頭總覺不寬裕。當上皇帝後，他發現自己貴為一國之君，可是私人錢財卻難以擠身富翁排行榜，看看以前的大將軍梁冀，被抄家後拍賣所得竟然有三十億之多。靈帝不禁譏笑前任皇帝劉志，認為他不懂得經營家產。那麼靈帝要如何來經營自己的產業呢？

不是大家都想當官嗎？這裡有商機。靈帝劉宏公開賣官，明碼標價。官秩為四百石的賣價四百萬，官秩為二千石的二千萬。那麼正常升遷的官員又如何呢？正常升遷的人，也得花錢，不過靈帝給予一定的優惠，優惠幅度在三折至五折不等。這樣，有錢人很容易就可以根據自己的財力買個官過過癮，那沒錢的人就沒機會了嗎？不。靈帝人家畢竟是皇帝，沒點小聰明行嗎？沒錢又想當官的，可以，分期付款，先欠著錢上任，等撈到錢以後，再雙倍償還。公平不？

至於朝中近臣，那優惠幅度更大了。譬如三公，內部招標價一千萬；九卿，內部招標價五百萬。當時有個人名叫崔烈，他當過郡守，後在朝中為卿，想過過三公的癮，便託人找關係，與皇帝討價還價。他找到什麼人呢？靈帝的奶娘程氏，最後以五百萬的優惠價格（相當於五折）成交，當上司徒。到了正式授官的那天，皇帝後悔了：「哎，這個官賣得太便宜了，至少能值一千萬。」此時站在一旁的奶娘程氏不高興了：「他能出五百萬，已經很不錯了。像崔公這樣的冀州名士，豈肯輕易買官？那都是看在我的面子哩，你還不滿意呀。」

賣官鬻爵，未非靈帝劉宏首創。事實上，在西漢時期，漢武帝就賣過官，只是漢武帝賣官所得收入國庫，用於對匈奴的戰爭。而漢靈帝則是收入私家庫房裡，他心滿意足，因為他確實比桓帝劉志要懂得經營哩。

顯然，在劉宏眼中，什麼國家天下，這些概念對他來說太複雜，也太深奧了，遠不如看得到摸得著的黃金白銀。他只管聚富，哪裡去管別人買了官後要做什麼呢？上行則下效，皇帝帶頭斂財，那手下一些大臣官吏，自然也拼了命盤剝。投資總要有回報，花出去的錢，總得收回更多。有沒有清廉的官吏呢？應該說有，但已經不是主流了，因為清廉的官吏永遠也不能升官，要升官，你得去弄一筆巨款。那麼貪官污吏橫行天下也就不足為奇了。皇帝大小通吃，朝臣得盤剝地方官，地方官就只能去壓榨老百姓了。這麼一層層的壓榨，老百姓的油水一點一滴被榨乾了，他們與其說是生活在人間，倒不如說生活在地獄。

三公九卿都得花錢購買，此時朝廷重臣的公信力與聲望可想而知。這種情況，宦官們倒是樂得在一旁看戲，公卿都沒權威可言了，那能左右政局的，豈不只有宦官嗎？事實也是如此，以曹節、王甫為首的大太監們，權勢一天比一天重，連三公之首、平羌名將、太尉段熲也對曹節、王甫等人曲意逢迎。

曹節、王甫兩人的父老兄弟侄兒，或在朝中有卿，或在地方為太守、縣令，或為校尉，靠著有強硬的後台，胡作非為，罪行累累。在這些惡棍中，有一人是無惡不作，惡貫滿盈，這個人便是王甫的乾兒子王吉。

王甫早早就入了宮，沒有兒子，收了兩個乾兒子，一個叫王萌，另一個叫王吉。王吉擔任沛相，他大概是東漢歷史上最壞的官吏了。王吉這個人有一大愛好：愛殺人。他任沛相五年，總共殺了一萬多人。不僅如此，他殺人手段還特別殘酷。每殺一人，就將其屍體支解成幾大塊，扔在囚車上，四處展覽。尤其到了夏天，天氣熱，屍體容易腐爛，他就用繩子穿在骨架上吊起來，每到一地，屍體發出的腐臭味數里之外可聞，路人都得捏著鼻子轉過頭，實在是慘不忍睹。可是誰也不敢舉報他的惡行，因為他的乾爹就是王甫。連太后的父親、大將軍竇武都死在王甫之手，誰敢得罪呢？

可偏偏有一人就敢。這個人叫陽球。他是東漢著名的酷吏，很有傳奇色彩。陽球早年精於劍術弓馬，武藝高強，喜歡申、韓之學。當時曾有一名當地官吏凌辱他母親，他便帶著數十個少年，把這惡吏殺了並還滅門。後來陽球娶了宦官程璜的女兒，宦官怎麼會有女兒呢？估計是程璜淨身時間晚，曾經娶妻生子。靠著這層關係，陽球的官運不錯，在擔任九江太守時，他殺光了郡中奸吏，名震一時。後來他擔任將作大匠，曾經陷害並追殺過蔡邕。當時陽球就聽說了王吉的種種惡行，他咬牙切齒地說：「要是我能當上司隸校尉，斷然不會讓這些鼠輩活得久。」他敢於與王甫對作，不知是出於內心的正義感呢，或是出於宦官內部的爭鬥，因為陽球的岳父程璜也是宦官，與王甫爭權奪利完全是有可能的。

陽球如願以償地當上司隸校尉，這恐怕是岳父大人運作的結果。於是他開始著手調查王甫與王吉的罪行。正巧在這個時候，京兆尹楊彪前來舉報，王甫派門客王彪在京兆貪污侵佔公款七千多萬。得到這一重要情報後，陽球大喜過望，準備將王甫等一干人一網打盡。

這一天王甫剛好休息，不在宮中；與王甫狼狽為奸的太尉段熲也因為前段時間發生日食而自我檢討，待在家裡等待皇帝的處置。這可是陽球出擊的最好時機，他抓住機會，入宮面聖，在靈帝劉宏面前舉報王甫與段熲的種種罪狀。靈帝一聽火了，心想我賣三公之位，一個人才收一千萬，你王甫派個人在京兆就侵吞了七千萬，氣上心頭，下詔嚴查。

司隸校尉陽球的辦事效率極高，他以迅雷不及掩耳之速，逮捕王甫及其兩個乾兒子王萌與王吉，還有太尉段熲等人。陽球果然是酷吏，對權閹毫不留情，什麼手段都用上了，什麼鞭笞棍打，火烤繩吊，統統用上派場。王甫一把老骨架，哪裡受得了這樣的折騰，被打得死去活來。他的乾兒子王萌也曾當過司隸校尉，他哀求陽球說：「我父子就算犯了死罪該殺，也請念在我們同事一場，寬恕我老父，別讓他受這樣的折騰了。」

陽球怒吼道：「你等罪大惡極，死有餘辜，還想跟我套交情，沒門。」王萌知道陽球的手段，事到如今，他也罵上了：「你小子以前像奴才一樣巴結我父子，現在奴才反而欺辱起主人來了。你乘人之危，落井下石，你小子沒好下場。」陽球大怒，令左右把王萌拖倒，用泥巴塞住嘴巴，讓他喊不出話，然後棰棍交加，立即杖斃堂下。

王萌死後，王甫與王吉兩人也沒逃脫，同樣被活活打死。陽球還不解氣，把王甫的屍體置於城門口示眾，並在旁邊貼了大字：「賊臣王甫。」王甫的龐大家產被沒收充公，其家屬也被放配流放到南方。一代權閹王甫就這樣被整倒了，太尉段熲心知難逃毒手，遂在獄中自殺。王甫之死，震動天下，京城百姓更是拍手稱快，這種人死了真是大快人心。只是段熲一代名將，就甘心與閹宦同流合污，以致於身敗名裂，多少令人扼腕歎息了。

權閹王甫與太尉段熲斃命，京師權貴無人震恐，人人自危。陽球這下得意了，得意就有點忘乎所以，他對手下的從事官說：「我首先得除掉權貴巨猾之人，至於公卿豪門，你去辦就行了，根本用不著我親自動手。」這種話說出來，豈不是要與整個京城的權貴們為敵麼？很顯然，陽球過於自信了，這麼輕而易舉就暴露了自己的意圖。

權貴之中，最害怕的人莫過於曹節了。曹節與王甫是宦官兩大巨頭，現在王甫斃命，自己也岌岌可危了。當他看到王甫的屍體被擺在城門示眾時，不禁有兔死狐悲之傷，他灑淚道：「我輩可自相殘殺，但怎麼能讓一條狗來舔我們的血呢？」絕不能坐以待斃，必須絕地反擊。曹節把其他中常侍都喚過來說：「一起進宮，不要回家。」說完後一大幫人就找皇帝去了，集體請願。

見了靈帝後，曹節開門見山就說：「陽球就是個有名的酷吏，不適合當司隸校尉，不能讓他再肆意殘虐了。」眼看這一大幫中常侍都要造反了，靈帝劉宏讓步了，同意撤掉陽球司隸校尉之職，改任衛尉。衛尉的許可權，比起司隸校尉來，那可小多了。陽球聞訊後，大驚失色，他趕緊進見皇帝說：「再給我一個月的時間，我定能讓讓豺狼之輩伏法。」可是站在一旁的宦官大聲呵斥道：「衛尉敢抗詔不從嗎？」陽球不得已只得快快而退。

陽球從此徹底失勢。半年後，司徒劉郃、永樂少府陳球、尚書劉納打算推薦陽球為司隸校尉，讓這位酷吏東山再起，扳倒曹節。可是這個計畫被曹節所得悉，遂告發四人圖謀不軌。陽球、劉郃等人被逮捕，掠死獄中。

推翻宦官統治的又一次努力，仍以失敗而告終。帝國內部已經腐朽不堪了，失去了造血重生的功能，只有一種辦法能改變現狀：透過外力而非內力。

大凡末世君主，都是抱著今朝有酒有朝醉，管他死後洪水滔天的想法。什麼祖宗之業，什麼國家天下，什麼百姓蒼生，統統與我無干。大帝國容易營造一種假象，似乎國家權力十分強大。皇帝擁有天下的資源，擁有完善的行政系統，擁有訓練有素的軍隊，沒有錢可以不斷地向百姓壓榨，死幾個小民算得了什麼呢？專制時代的百姓，確實是很能逆來順受，並非他們沒有一顆嚮往自由的心，而是個人根本無法與強大的國家機器相對抗。可是人的忍耐力終究有個極限，當社會最底層的人沒有了活路時，他們就不再畏懼什麼了。光腳的不怕穿鞋的，就是這個道理。

可是當一個政府開始走向沉淪時，要讓一位從來沒有體驗過民間疾苦的皇帝去理解「星星之火可以燎原」的道理，那簡直是扯淡。靈帝劉宏不僅是東漢最糟糕的皇帝，也算得上中國歷史上有名的昏君了。禁錮黨人、放縱宦官、賣官鬻爵，哪一件事他做不出呢？除了被宦官玩弄於手掌之外，他盡做些荒唐的鬧劇。

這不，他又發明新玩意兒，在後宮做了一條商業街。宮女們被分配到各門店去賣東西，皇帝呢？自然是商業街的大老闆了，他脫了龍袍，換上一身商人裝扮，手中拿著算盤，到各門店去核算經營所得。這不明擺著是鬧劇嗎？宮女們也正是藉此時機，把門店中陳列的貨物悄悄裝入自己錢包裡。皇帝還自鳴得意呢，白天就當督工，督諸宮女開店營業，晚上就擁妻抱妾，大設酒宴。在嬉鬧與女色之中，朝政大事，早就拋之腦後了。

對於貪玩的皇帝而言，五座皇家園林還不夠用，他又耗巨資再築兩座大型皇家園林，一座叫畢圭苑，另一座在靈昆苑。與此同時，西苑被改造成一座遊樂場，這裡有一些宦官子弟，沒什麼本事，整天就知道養狗溜狗賽狗，可是皇帝很感興趣，認為他們有創意，是人才，一個個都加爵進祿，大家不亦樂乎。不久後，皇帝又有了靈感，他把馬車改造成了驢車，四頭驢拉的車，劉宏親自開車，他的車技不錯，馳騁在西苑之內。皇帝的愛好很快就在皇城貴族子弟中流行開來，於是驢子突然行情看漲，原本售價低廉的驢子，竟然與馬匹賣的價一樣貴。

就在皇帝醉生夢死時，社會上一股強大的勢力正在悄然興起，一種嶄新的宗教風靡全國，這就是「太平道」。

# 四三、黃巾起義：神祕的太平道

宗教在人類歷史上扮演著重要的角色，在西方如此，在東方也是如此。東漢末年，一個嶄新的教派突然興起，教名太平道，教主張角。

太平道的興起，並非無源之水，其思想來源是黃老思想。「黃」就是黃帝，「老」就是老子，黃老思想就是道家思想。我們知道老子是著名的思想家，可是黃帝有什麼思想呢？其實黃老思想與黃帝沒有任何關係，古代中國人有一個習慣，崇拜權威，為了能鎮得住人，就經常把自己寫的東西，假託是黃帝寫的。黃帝可是中國人的始祖，不都稱炎黃子孫嗎？比如說醫學巨典《黃帝內經》，就託黃帝之名了。

太平道的教主張角，以前也讀儒家書籍，想博取功名，可是後來被黃老思想吸引了，便開始修仙，自號為「大賢良師」。我們看到很多宗教的教主在傳道之初，總要有點醫術，這個招攬信徒的最好手段。張角也不例外，他會點醫術，但更重要的是，他懂得心理療法。在給人治病時，他要醫人先下跪懺悔，然讓他們喝下符水。有些人會很奇怪，這種裝神弄鬼的符水能治好人嗎？現代的心理學研究認為，的確如此。只要一個人確信喝下這水是有奇效的，那麼這種強烈的心理暗示，對身體的康復會起來單純藥物所不能產生的驚人效果。

當然，古代人對心理療法不了解，有些人喝了張角的符水後，身體奇蹟般地好轉了，就容易把他視為神明。這一傳十，十傳百，張角的名氣便越來越大。起初張角只是在鉅鹿一帶活動，經過十餘年的經營，他的信徒已經達到數十萬人之多，廣布於青州、徐州、幽州、冀州、荊州、揚州、兗州、豫州，在大半個中國有很強的影響力。作為教主，他獲得了神一般的地位，當時很多人甚至變賣自己的家產，跑來投奔張角。

既然張角的影響力這麼大，難道官府就毫不知情嗎？當然不是了。無論是地方官府還是朝廷，對張角的存在都是十分清楚。可是地方官府並不去鎮壓，相反，他們認為這是好事。怎麼成了好事呢？漢代雖然推崇儒術，可是並不排斥黃老，在西漢前七十年，黃老思想一度還成為漢王朝的主流思想。宦官當政後，壓制黨人，禁錮知識份子，甚至還迫害過太學生，可以說，儒學由於標榜正義，宦官還不太喜歡呢。那麼這個時候，以黃老思想為核心的太平道突然興起，倒令地方官府覺得安全放心，黃老思想，清靜無為嘛，不怕，掀不起波瀾的。他們不僅不鎮壓，反倒稱讚張角，說他「善道教化，為民所歸」。

可是地方官府低估了張角。當一個人從凡人走向神時，他又豈肯甘心為世俗的權力所羈絆呢？張角改了個號，叫「太平道人」，這暴露了他的雄心。為什麼這樣說呢？看看四周，這個世界太平嗎？除了漢靈帝之外，恐怕沒有一個人認為是太平，特別下層百姓，覺得社會是暗無天日，奸佞橫行。誰不想渴望有一個太平盛世呢？張角確實厲害，他抓住百姓的心，在「太平」二字上作文章，這是有號召力的兩個字，即便在一千七百年後，洪秀全不還打出「太平天國」的旗幟嗎？可見這貼兩個字的膏藥，可以讓造反者反覆使用一千七百年之久。

並非沒有人意識到問題的嚴重性。司徒楊賜對張角勢力的擴張憂心忡忡，他認為應當遣散教徒，讓他們回到鄉裡種田，這樣張角可不攻自破。楊賜的屬下劉陶也上書皇帝，應當懸賞通緝張角。可是皇帝正忙於在後宮經商、賽車，哪裡有心思來管這等閒事呢，再說天下光明祥和，何必大動干戈呢？

正當楊賜等人的奏摺被晾在一旁時，張角已在加速暴動的步伐。他把全國分為三十六個教區，稱為三十六方，大方有萬餘人，小方也有六七千人，每方都設立一個領導人，稱為渠帥，相當於將軍。不過在暴動之前，必須先做好政治宣傳，給諸位教徒洗洗腦。張角裝神弄鬼作法，然後口中念念有辭：「蒼天已死，黃天當立，歲在甲子，天下大吉。」

「蒼天已死，黃天當立。」這是說要變天了，大漢帝國的歷史就要翻過去，而太平道的天堂即將來臨。這種話，相當有鼓動力。因為太平道的教徒，多數來自下層百姓，文化程度也不高，不像清流黨人那樣會引經據典，但他們是切實感受到東漢帝國的黑暗與腐朽，此等腐朽帝國，要是不死，豈有天理？

除了喊口號之外，張角還要營造一種神祕的氣氛，他暗中派人混入京城，在京城各辦事官署衙門的大門口，都用白灰塗上「甲子」二字。一時間，一種緊張而恐怖的氣氛籠罩京城。張角的手下大將、大方渠帥馬義元在荊州、揚州一帶聚集了數萬教徒，宣揚「蒼天已死，黃天當立」的預言。同時，馬元義還祕密派人攜巨款前往京城，祕密賄賂中常侍封諝、徐奉，要這兩位宦官作內應，只要教徒攻打京城，他們就在皇宮內發動政變，一舉推翻東漢朝廷，建立新的政權。

計畫很宏大，夢想很美好，可現實很殘酷。

不是每個教徒都想革朝廷的命，有些人就是趕熱鬧的，談不上有信仰。當馬元義縝密籌畫起義時，有一個教徒叛變了，寫了封告密信，這封告密信很快到了朝廷大臣手中。漢靈帝被震驚了，沒想到居然有一群暴民正在自己眼皮底下想造反呢。他立即下詔，逮捕馬元義，並以車裂酷刑處死，就是五馬分屍。

緊接著，大搜逮開始了。凡太平道的教徒，一律殺無赦。很快，有一千多名教徒倒在屠刀之下。朝廷的詔令快馬加鞭送往冀州，勒令州政府火速把張角捉拿歸案。情況緊急，必須馬上起義！教主發布起義令，派人送達全國三十六方，約定起義時間為二月，起義標誌是頭戴黃巾。是年為東漢靈帝光和七年，即農曆甲子年。

張角自稱天公將軍，他的兩個弟弟，張寶稱地公將軍，張梁稱人公將軍。這場暴動由於起義軍均頭戴黃巾，因而在歷史上稱為「黃巾起義」。黃巾起義的醞釀期長，有明確的政治目的，就是要推翻東漢政權，有精心的準備，所以在起義初期，義軍取得了輝煌的勝利。三十六個教區同時起義，範圍波及大半個中國，太平道教徒焚燒地方官署，劫掠州郡，烽火連天，天下震動。這些州郡的刺史太守，多數是權貴子弟或買來的官，盤剝百姓有一套，聽說暴動了，個個跑得比誰都快。黃巾軍攻城掠地，不到一個月的時間，已控制許多州郡，還生擒安平王劉續、甘陵王劉忠。

京師岌岌可危了。皇帝不免大驚，遂以何進為大將軍，屯兵都亭，鎮守京師。在戰略要地函穀、太谷、廣成、伊闕、旋門、孟津、小平津、轘轅等八大關口屯兵固守，同時，發全國精兵，由北中郎將盧植、左中郎將皇甫嵩、右中郎將朱儁分別指揮，圍剿黃巾軍。為了避免清流黨人與太平道教徒聯合，皇帝總算解除了長達十八年之久的「黨錮」，恢復黨人的自由與權利。

東漢是一個比較奇特的王朝。我們知道，歷代王朝到了衰亡之時，軍事力量總是十分孱弱，但東漢是個例外。儘管帝國烏煙瘴氣，黑暗腐敗，但軍事力量仍然不弱。為什麼這樣呢？這就是東漢的軍事制度上有其優越之處，前線將領的許可權是比較大，朝廷遙控的現象少，所以整個東漢一朝，名將輩出。當然，東漢的國防力量是遠遠比不上西漢的，但是要禦外侮、平內亂，那還是綽綽有餘。

在平黃巾之亂中，皇甫嵩是最傑出的將領。

左中郎將皇甫嵩是名將皇甫規的侄子，富有將略。他率兩萬人馬，與右中郎將朱儁兵分兩路，進攻潁川。可是還沒等兩軍會師，朱儁這一路就被打敗了，這麼一來，皇甫嵩成了孤軍，很快被人多勢眾的黃巾軍包圍於長社。兵力不足又陷入重圍，漢軍士氣低落，軍心動搖。到了晚上，颳起大風，皇甫嵩看到黃巾軍的營壘中都是草搭成的帳篷，他便心生一計，當即命令諸將士準備好火把出擊。政府軍一鼓作氣殺到敵人的營壘前，火把一扔，草廬很快就熊熊燃燒，愈燒愈旺，並很快蔓延開。黃巾軍大亂，只得匆匆撤走了。正在此時，騎都尉曹操率援軍趕到，把這支生力軍投入戰場。皇甫嵩如虎添翼，越戰越勇，大破黃巾軍。經過一段時間休整後，皇甫嵩、曹操與朱儁會師，再次對黃巾軍展開猛攻，殺數萬人，取得戰爭以來最大的一場勝利。

由於出色的戰績，皇甫嵩受封「都鄉侯」。他沒有停止攻擊，又與朱儁聯手，進攻汝南、陳、潁川三郡。黃巾軍一敗再敗，這種失敗對宗教徒的心理造成強烈的挫折感，因為他們產生困惑了，天神為什麼沒站在他們這一邊呢？信心的崩潰，開始導致戰場的崩潰。平定潁川等三郡後，皇甫嵩又接連打敗了東郡、南陽的黃巾軍。

在另一個戰場，北中郎將盧植也取得重大勝利。他與張角對壘，屢戰屢勝，殺、俘一萬多人。

看來張角雖然人多，但軍隊訓練水準並不高，而且也沒有高明的將領，想打贏這場戰爭，顯然難度很大。張角潰退後，退往廣宗，據城固守。盧植把廣宗團團圍住，在周邊築高牆、挖深壕，打算困死張角。

那偏偏在這個時候，皇帝派了宦官左豐前來視察軍情。左豐不懂軍事，只把這差事當作發財的良機，到了兵營後，張口要錢。盧植這個人比較正直，現在大敵當前，軍費都已經緊張，哪來的錢賄賂宦官呢？不給。左豐氣壞了，回到首都後，他對皇帝說：「廣宗賊容易破，只是盧中郎將固壘息兵，只怕是要等老天爺懲罰張角吧。」漢靈帝被他這麼一挑撥，也不由得心生不滿，派人帶著檻車，把盧植逮捕回洛陽，以逗留畏敵為名，判處死緩。

張奐的舊將董卓接替盧植，繼續發動對張角的圍剿。可是董卓這個人，軍事水準不怎麼樣，打不贏，受到朝廷的責罰。看來還得依靠皇甫嵩，皇帝下詔，由皇甫嵩負責圍剿張角。

在漢軍頻繁換將時，張角把弟弟張梁的軍隊也拉回到廣宗，加強了守備力量。但是不久後，張角就病死了，守城的重任就落在張梁身上。此時皇甫嵩抵達廣宗，張梁手上有十萬人馬，仗著兵多將廣，黃巾軍出城迎戰，雙方打了個平手。皇甫嵩是一名十分高明的將領，他並不急於出擊，打仗靠的不是蠻力，而是智慧。第二天，黃巾軍又前來挑戰，皇甫嵩閉壘不出，任憑敵人如何叫罵，就是不理睬。他觀察到黃巾軍雖然人多，可是看上去已經疲憊不堪，這有可能是身體上的勞累，但更可能是心理上的受傷。因為他們一直視教主張角是神，沒想到這尊大神也像凡夫俗子那樣病死了。不能不說，這對教徒是無法忍受的，當信仰失去了根基，就容易破滅了。

黃巾軍不僅顯得疲憊，而且還疏於防守，這可是犯了兵家大忌，看來張梁確實不是打仗的料。

皇甫嵩要出奇致勝，他連夜動員布署軍隊，在天將拂曉時，出其不意地發動總攻。這個時機選擇得很好，因為這時敵人還睡得迷迷糊糊的，頭腦不清醒，突然天降神兵，焉能抵擋。戰鬥持續了一個白天，從清晨到黃昏，勝負已決。黃巾軍終於頂不住，棄城而逃。可這一逃，成為死亡之旅。張梁在混戰中被殺，三萬名黃巾軍戰鬥戰死或被俘，五萬人在政府軍追擊下被趕入河水中淹死。皇甫嵩大獲全勝，佔領廣宗，剖開張角的棺材，砍下腦袋，送往洛陽。

一個月後，皇甫嵩在下曲陽再次大勝，斬殺張寶，殺擄十萬人。至此，張角兄弟全部已死，這場規模浩大的起義徐徐落幕。

但是暴動的餘波仍在延續。

黃巾餘黨擁立趙弘為元帥，攻陷宛城，擁眾十餘萬，仍然頗具實力。宛城是南陽郡政府所在地，而南陽是東漢開國皇帝劉秀的家鄉與發跡地，可見這個地方對朝廷來說，相當重要。朝廷派鎮賊中郎將朱儁、荊州刺史徐璆共同清剿黃巾餘黨。但是作戰並不順利，兩個月過去了，未能攻下宛城。

朝廷對此顯然十分不滿，想把朱儁調回。司空張溫上書皇帝說：「陣前換帥乃是兵家大忌，以前秦國任用白起，燕國任用樂毅，都是經年累月，方才克敵。應該要給朱儁多一點時間，才能大功告成。」漢靈帝這回聽進去了，取消調令，但嚴飭朱儁把握時間破敵。朱儁在朝廷嚴令之下，發動更猛的攻勢，終於攻破宛城，斬殺趙弘。

但是還沒等朱儁站穩腳跟，黃巾軍又捲土重來。黃巾將領韓忠又一次奪回宛城，把政府軍趕到城外，雙方再度陷入僵持局面。朱儁一想，政府軍已經連續作戰數月，要強攻不太容易奏效，不如用計智取。於是他想出一個聲東擊西之計，在宛城西南角發動佯攻，吸引黃巾主力，而他親自率一部分人馬，悄悄繞到東北角，登梯而上。這裡只有少數黃巾守軍，很快被打敗了，政府軍一擁而上，輕而易舉地入城了。

此時正在西南角苦戰的黃巾首領韓忠驚悉外城已破，不敢戀戰，只得退入內城。到這個時候，韓忠自忖宛城是守不住了，派了個人出來與朱儁談判，請求獻城投降。朱儁的部下都鬆了一口氣，願意接受，可是朱儁不幹，他說：「亂賊走投無路了就想投降，一有機會還會叛變。今天我們要是同意，豈不是放縱他們長期作亂嗎？這不是上等的謀略，不如一鼓作氣討平亂賊。」

韓忠想投降也沒門，只得嬰城固守。此時黃巾餘黨都知道既不能投降，又突不出重圍，唯一能保命的，就是苦苦死守了。試想想，這萬人一心，拼死抵抗，迸發出來的能量也是很驚人的。東漢政府軍屢攻不下，朱儁也很焦急，他登上城外一座山丘，遠眺內城，觀看戰鬥場面，終於明白敵人是困獸猶鬥。必須引誘他們出戰才行，於是朱儁下令，撤去對宛城的包圍，退師數里。果不其然，黃巾軍鬥志動搖，大家都要殺出重圍，而這正中了朱儁的詭計。政府軍截擊黃巾軍，殺一萬餘人，陣斬韓忠。

剩餘的黃巾軍眼看無力衝出重圍，只得擁立孫夏為元帥，又躲進宛城。政府軍又一次包圍宛城，在攻城戰中，軍司馬孫堅勇冠三軍，他身先士卒，奮勇登城，宛城終於淪陷。孫夏拼了命率殘餘部隊逃了出去，但是朱儁毫不手軟，他一路追擊到西鄂精山，再一次大破黃巾軍，殺一萬多人。

至此，歷經十個月，大規模的黃巾起義終於以失敗而告終。不過，黃巾軍並沒有完全被消滅，在未來十幾年裡，黃巾餘黨仍然在各地廣泛存在，最多時人數在百萬以上，是一支不可忽視的力量。

黃巾起義，是中國歷史上一次著名的農民起義，更確切地說，是一次以太平道教徒為主導的宗教起義。儘管張角兄弟所發動的起義規模很大，但持續時間並不長，這主要是因為東漢的軍事實力仍然頗為強大。張角起義失敗的另一個原因，是群眾基礎仍然單薄，以教徒為主，太平道的傳播畢竟時間不長，前後只有十來年，還很難稱得上深入人心。

可是對這次暴動的深遠影響卻不能低估。中國有一句話叫「官逼民反」，到在東漢靈帝時代，底層百姓生活在水深火熱之中，黃巾起義激勵民眾以武力手段反抗腐朽的政府。在黃巾起義之後，全國各地掀起反抗狂潮，大大小小的起義數不勝數，這些起義軍的首領名字五花八門，多是使用各種江湖渾號，主要有以下這些：張牛角、褚飛燕、黃龍、左校、于氐根、張白騎、劉石，左髭文八、平漢大計、雷公、浮雲、白雀、于毒、五鳳、李大目、白繞等等。大家看看這些名字，這都像人名嗎？這些反政府武裝，多則兩三萬人，少則六七千人。東漢末年的天下大亂已經開始了。

我們也在黃巾戰爭中，看到了一些十分熟悉的身影，曹操、孫堅等，這些年青的將領有了一個展示才華的舞台，在戰爭中鍛練成長。後來的事，中國人都知道的，曹操、孫堅成為魏、吳兩國的奠基人，也可以稱得上是東漢帝國的掘墓人了。

# 四四、群魔亂舞：十常侍時代

漢靈帝對宦官的器重，畢其一生都沒有變。我們可以把靈帝的時代分為兩部分：曹節王甫時代與十常侍時代，大概各佔一半時間。

王甫比較倒楣，在西元一七九年被酷吏陽球所殺，而曹節則幸運地得以善終。西元一八一年，大長秋曹節病死，由中常侍趙忠兼任大長秋，老宦官時代結束了，新宦官時代來臨。所謂「十常侍」，其實指的十二名中常侍，分別是趙忠、張讓、夏惲、郭勝、段珪、宋典、孫璋、畢嵐、栗嵩、高望、張恭、韓悝。本來還應該包括封諝與徐奉兩名中常侍，可是這兩個人在黃巾起義時，串通馬義元，企圖裡應外合，推翻東漢政權，後來這兩個人當然沒有好下場，被皇帝給誅殺了。

這十二名中常侍，全部被封侯，貴盛無比，其中又以趙忠、張讓這兩人最為顯赫。顯赫到什麼程度呢？靈帝劉宏是這樣說的：「張常侍是我父，趙常侍是我母。」您瞧瞧，皇帝管張讓叫爸，管趙忠叫媽，人家這兩位可是被皇帝當作雙親啊，這能得罪嗎？

我這裡來說一個跟張讓有關的故事。

張讓能得到皇帝如此信任，這不是一天兩天能做到的事。他七歲淨身入宮，在宮中待的時間很長，為人機敏，善於察言觀色，獻媚邀寵，所以能得到皇帝皇后們的喜愛。在王甫、曹節時代，張讓就已經脫穎而出，權勢僅次於前二者。不是說「一人得道，雞犬升天」嗎？張讓的權力越來越大，家裡阿貓阿狗們的地位也是水漲船高，他有一個負責打點家務的家奴，也沾了他的光，狐假虎威，不可一世。

當時有一個富商，名叫孟佗，這個人有心機，錢是賺了很多，可是他不知足，想玩政治。作為商人，要接近大宦官不容易，所以孟佗就盯上了張讓的管事家奴，跟他交上朋友，還時不時饋贈珍貴的東西。對於其他家奴，孟佗也捨得花錢，很慷慨。時間長了後，這些家奴們覺得老收人家錢，不好意思啊，得給人家回報才行啊。孟佗就說：「那我也不要你們什麼東西，下次我上張常侍府上，你們給我恭恭敬敬一拜就行了。」家奴們一聽，嘿，這什麼回報嘛，我們當奴才的，整天不得幹跪啊拜啊的，這個容易，答應了。

過了幾天，孟佗乘著馬車上張常侍府了。這張讓是什麼人物啊，只要他在家中，找他的人多了，有送禮的，有求他辦事的，什麼樣的人都有，真是門庭若市，馬車排一長串，得挨個等。這時孟佗到了，排在隊尾，這管事家奴一看，帶著一大幫人走到孟佗跟前，倒頭便拜，畢恭畢敬，然後把他直接帶進去了。這可讓門口的大官們、貴賓們看得目瞪口呆，大家一致認定，這個孟佗有來頭，跟張常侍一定是鐵哥們。於是後來大家拚命送禮給孟佗，巴結他。孟佗本來跟張讓也不熟，可是要熟容易啊，他把別人送來的奇珍異寶，打包了送給張讓，張讓能不高興嗎？就這樣，孟佗成功轉型，擠身政壇，當上涼州刺史。

從這裡可以看出來，這位皇帝管他叫「爸」的人，權勢大到什麼程度。

在曹節、王甫當權時，多數朝中官員是不敢與宦官對抗的，當然，陽球是個例外。可是到了十常侍時代，發生了黃巾起義，天下大亂，這一切根源在哪呢？有識之士都把矛頭指向宦官，特別是十常侍。到處都有暴動發生，顯然是官逼民反，而造成官逼民反的原因，顯然在皇帝賣官與宦官專權，地方官吏大多都靠巴結宦官而作威作福，既然皇帝不可罵，就只能指責宦官了。由於解除黨錮，有些人錯誤估計形勢，以為言論自由了，可是大錯特錯。

首先發難的是侍中向栩，他上書皇帝，批評宦官權勢太大。他很輕鬆被擊倒在地，張讓誣告向栩與張角是一夥人，是皇宮中的內奸。你想想，皇帝都把張讓當作老爸了，能不聽他的嗎？向栩被捕入獄，遭到處決。郎中張鈞又上一書，說得更明白了：張角作亂，「其源皆由十常侍多放父兄子弟、婚親賓客，典據州郡，辜榷財利，侵掠百姓，百姓之冤，無所告訴。」那要怎麼辦呢？張鈞斗膽直言：「宜斬十常侍，懸首南郊以謝百姓。」

張鈞的奏章，卻被皇帝交給十常侍過目。張讓等人豈能摸不透皇帝的心思呢？要是靈帝劉宏想要殺了他們，就不必把張鈞的奏章交給他們了，既然把這麼重要的東西都公開了，顯然自己性命無虞。這群宦官畢竟對皇帝的脾氣太熟悉了，這時不能爭辯，爭辯反倒壞事，那要怎麼做呢？裝忠誠，扮可憐。他們假裝誠惶誠恐的樣子，把帽子摘了，把鞋脫了，古代管這個叫「免冠徒跣」，是一種道歉、謝罪的姿態。這十來個人磕頭誠心謝罪，表示自己願意入獄，絕無怨言，還要把家財捐出來，補貼軍餉。這份功夫真是做到家了，皇帝十分滿意，同時不由得對張鈞感到憤怒了：「張鈞這個狂妄的奴才，難道在他眼裡，十常侍就沒有一個好人麼？」張讓等人退下後，立即找到御史，要他彈劾張鈞，罪名是：張鈞根本就是一個太平道的教徒。下場可想而知，張鈞也同樣被抓住監獄，拷掠而死。

可是張讓差一點也陰溝翻船。

時任豫州刺史的王允擊破黃巾軍後，意外發現了一封信，這是張讓一個門客與黃巾軍私下往來的信件。這可不得了，首先，這封信是不是出於張讓本人的授意呢？其次，就算張讓本人與黃巾軍沒有關係，可是他的門客與亂賊有往來，張讓仍然難辭其咎。王允把這封信上交朝廷，奏報皇上。這下子可把皇帝給氣壞了，要知道張讓雖然是他「爹」，可是君王是有底線的，這條底線不可觸碰，那就是你得忠誠，不能想在我背後插上一刀。靈帝劉宏把張讓叫過來，大發雷霆，張讓仍然用他的伎倆，先叩頭請罪再說，在皇帝氣上心頭時，絕不能火上澆油。皇帝火發過後，轉念一想，這信畢竟不能當是張讓通敵的罪證啊，又不是他本人寫的，至於這個門客嘛，人也不知哪裡去了，沒法對質啊。你想想，劉宏當皇帝時才十二歲，這些貼身宦官不是看著他長大的嗎？時間長了，也真有一種親人的感覺。算了，這事不再追究了。

皇帝不追究了，可是張讓卻不。別看他在皇帝面前是一隻乖乖狗，在其他官員面前，他可是大灰狼。他得找王允算帳。憑藉他的權力，要整垮王允，輕而易舉，隨便找個罪名，栽贓陷禍一下，王允就倒楣了，被關起來了。可是王允運氣不錯，剛關了十來天，就遇上大赦。因為黃巾軍被剿滅了，皇帝要慶祝一下，大赦天下，王允平安無事走出監獄了。張讓當然不肯善罷甘休，又扣上一個罪名，再次把王允逮捕。

曾經擔任太尉的楊賜知道王允被陷害，得罪宦官什麼下場，大家都知道，進了監獄後，有用審判就可以拷打致死了。他派人去探監，悄悄對王允說：「你得罪了張讓，一個月內被抓了兩次，恐怕沒好下場，不如自行了斷，少吃點苦。」王允不幹，他說：「要是皇帝認為我有罪，我自當斬首於街市，豈可自己求死。」王允的堅持是對的，他畢竟是平黃巾有功，大將軍何進站出來幫他說話，這事總算糊弄過去，被判了個死緩，撿了條命回來。

剛剛平息黃巾起義，可是朝廷的晦氣好像特別多。

中平二年（一八五年）伊始，先是瘟疫流行，然後皇城南宮發生了火災。大火燒了靈台殿、樂成殿，一直燒到北闕，然後向西蔓延，又燒了章德殿、歡殿。等大火過後，已是遍地狼藉，成了瓦礫荒場。靈帝發呆半晌，想重修嘛，國庫的錢都花在戰爭上了，空空如也，當然他自己有小金庫，但捨不得用。這時，張讓、趙忠這一對「爹娘」又出餿主意了，這事好辦，只要把全國的田賦，每畝多收十錢，那不就搞定了嗎？

我們說這個專制社會為什麼不好呢？因為官員是一級級委派的，所以他們只對上面負責，不對下面負責。對張讓、趙忠來說，討好皇帝那才是首要的事，至於多收的錢，會導致多少人饑餓困苦，那不是他們管的事。大昏君靈帝聽了後，拍手稱好，立即下詔到各州郡。各州郡長官當然曉得加稅對百姓意味著什麼，可是他們也要討好朝廷宦官，大家都不吭聲，只有一個人站出來說話。

這個人叫陸康，時任樂安太守，有點良心，加田稅這種事，他做不下去。想來想去，他最終提筆寫了一道摺子，上報皇帝。在這道奏章中，他援引歷史事例以及孔子的觀點，認為盤剝民眾，這是亡國的行徑。

張讓與趙忠這下抓住把柄了：你說這是亡國行徑，那不是公然誹謗當今皇上是亡國之君麼？這是大不敬之罪。大不敬是什麼罪呢？藐視皇權，死罪。這真叫強詞奪理。我們看歷史時，總看到小人得志，好人遭殃，為什麼會這樣呢？因為小人會用種種手段，哪怕是卑鄙骯髒的手段，不需要證據，一口就可以咬死你。在這方面，張讓算是一個高手了。陸康被抓了，還好沒死，因為侍御史劉岱幫他所說幾句好話，皇帝把他罷官了事。

但是這裡有一個事情，一般人可能看不明白。如果說向栩、張鈞這些人是要推倒宦官而被陷害，這個好理解。但陸康就是反對加稅，何致於張讓、趙忠也要致他於死地呢？

這裡就有外人不知的貓膩了。

加稅要幹什麼呢？籌錢。籌錢幹什麼呢？重修南宮。重修南宮跟宦官有什麼關係呢？這其中的關係太大了。有大工程，那可就有賺頭了。舉個例子吧，就比如說，重修宮殿肯定需要許多木頭，這些木頭要從各州郡運過來。運到宮中，宦官要驗收的，看看木頭合不合格。這些宦官對賺錢可是太有辦法了。首先，大多數運來的木頭，他們都認定是不合格；合格的呢？也要挑毛病，壓價錢，壓到原價的十分之一，那十分之九的差價，當然是落到宦官的腰包了。這還不夠，你想，大多數木頭都不合格，州郡去哪裡弄那麼多木頭呢，再說運輸也費時費力費錢啊。這樣，地方政府就完成不了上級的任務。別急，宦官們有辦法。運到宮裡的不是有一批合格的木頭嗎？你無法完成任務，交不了差，我就先把宮中的木頭拿出來再賣給你，讓你湊夠數量。賣價呢？對不起，原價出售。出售完後，再以十分之一價格購回。看清楚了吧，一批木頭，不僅是賺十分之九，而且還要反覆地賺。你說這重修宮殿，油水多不多，甚至可以說就是棵搖錢樹。

知道這個後，就明白為什麼張讓、趙忠想把反對修宮殿的陸康整死。可是這裡還有一個問題，宦官是賺了個盆滿缽滿，可誰虧了錢呢？表面上來，各州郡政府虧了錢，可是羊毛出在羊身上，刺史、太守會出錢倒貼嗎？顯然不會。最後只能進一步的勒索百姓，原本皇帝下令每畝加收十錢的稅，可真的落實到地方，可能要十倍於這個數目了。

小人當道的時代，真的很憋氣，讀這段歷史也讓人很心酸。可是這段歷史很值得讀，因為我們可以從中發現小人們的手段，也可以發現一些人性的弱點。其實歷朝歷代都有類似的故事，都有奸臣當道的時候，而他們的手段其實是很相似的，可是卻屢屢得手。這種事，很值得深思。

有良心的人又要充當犧牲品了。這次輪到諫議大夫劉陶，他在上書前，已經預知命運了，做好犧牲準備了。劉陶在奏書中說了八件事，中心思想就是揭露天下大亂的禍根在於宦官。我們來看看宦官們怎麼把白的說成黑的，他們說：「張角事件已經過去，現在天下安靜了。劉陶這個人不喜歡看到政治聖明的一面，只看到盜賊存在。試想想，他所說的盜賊之事，各州郡都沒有報上來，他從哪裡知道這些底細呢？顯然他與盜賊是有勾結的。」因為說了實話，就是與盜賊有勾結了？

可是我們要知道，在很多時候，人的感性力量要比理性力量強。皇帝更是如此了，內心的偏向決定了他的判斷不可能是理智的。就這樣，劉陶被抓住進監獄，嚴刑拷打，因為宦官一致認為他與盜賊有勾結，非得讓他開口供出同黨不可。皮肉之苦不是每個人都受得了的，劉陶不想屈服，又扛不住酷刑，選擇了自殺。他的死法很奇特，據說是閉氣而死，有聽過咬舌自盡的，有絕食而死的，有上吊的，可是閉氣而死，真的很少見。

好人的武器，只有奮筆疾書，這個力量還是太弱小了，不僅不能重創宦官集團，還丟了性命，白做無用功。中常侍不僅毫髮未傷，而且趙忠還當上車騎將軍了。車騎將軍在兩漢屬於非常設的軍職，地位是相當高的，位比三公，僅略低於大將軍，有時也等同於大將軍。讓宦官當車騎將軍，合適嗎？一點也不合適，這些閹人對軍事一竅不通，怎麼管理軍政大事呢？後來靈帝也發現實在不妥，半年後把趙忠車騎將軍之銜給撤掉了。

文人想幹掉宦官集團，顯然是不可能的，於是一些武人開始密謀搞政變，其中最積極的是冀州刺史王芬。

讓王芬下定決心的，並不是他的正義感，而是一位術士的話。這位術士會觀測天象，得出一個結論：「天文不利於宦官，看來黃門常侍，都要被滅族了。」這個預言準不準呢，應該說還是準的，可是後來滅宦官的人並不是王芬。但此時王芬聽了很興奮，他就設計了一個計畫。他比以前反宦官的那幾位要聰明，知道這事靠嘴皮子、筆桿子準不成，還是靠武力。要如何擴充武力呢？他找了個藉口，說褚飛燕的黑山賊劫掠冀州，州政府得招兵買馬。

王芬的計畫很宏大，先用武力手段綁架靈帝劉宏，然後誅殺宦官，最後迎合肥侯為皇帝。但他怎麼綁架皇帝，難不成帶一隊人馬從冀州殺到皇宮嗎？並非如此，因為他得到了一個消息，皇帝打算前往河間國。劉宏在當皇帝之前，就是從河間出來的，那他皇宮不待，去河間幹什麼呢？說來很有意思。這個皇帝特好錢，靠賣官積了許多私房錢，可是這些錢都放在私家庫房中，怕被偷被盜，不安全，他打算分開來放。他拿數千萬寄存在小黃門那兒，又拿數千萬寄存在中常侍家中。這樣他還覺得不保險，乾脆回老家，到河間去買田地，修豪宅。所以王芬事先知道了，皇帝要到河間，就挨著自己的地盤，在這個地方動手最安全了。

光靠自己，王芬心裡還沒譜，於是他找到了個人，誰呢？曹操。曹操與他是老相識，又足智多謀，當時在朝中當議郎，王芬希望他能作內應。可是曹操不幹，他認為王芬不夠格。為什麼這樣說呢？因為曹操認為在歷史上，廢立君主而能成功的人，只有伊尹與霍光，這兩個人都是首輔，政壇一號人物，有影響力，這是成功的根本原因。而王芬只不過是小小的刺史，就算推倒劉宏，能立起一個新政權嗎？誰能服他呢？所以他警告王芬，這是「求安反危，圖福得禍」的做法。

果不其然，王芬失敗了。原因有些離奇，據說是太史夜觀天象，說是「北方有赤氣亙天，夜半愈盛，橫貫東西」，這種複雜的天文我們是看不懂，皇帝也未必能看懂，但結論是看明白了：北方有陰謀，不宜出行。我估計太史是胡說八道，真相可能是宦官有所察覺，因為他們的爪牙遍布天下，自然知道冀州其實根本沒有受到黑山賊的攻掠，而王芬卻招兵買馬，這個行動令人狐疑。反正皇帝取消了出行，而且馬上下一道詔令，命令王芬把新徵的士兵就地解散，並召他回京。

王芬心知他的計畫已經失敗，扔了官印，拔腿就跑。可是天地茫茫，能逃到哪呢？他最終心灰意冷，選擇了自殺。

這樣，在靈帝的最後十年裡，十常侍的地位穩如泰山，敢膽向其挑戰者，無一有好下場。可是到了西元一八九年，靈帝劉宏死了。當然，他與跟東漢多數皇帝一樣，短命，只活了三十四歲。靈帝一死，等於宦官的靠山倒了，那麼，等候他們的命運是什麼呢？

# 四五、血濺宮廷：外戚與宦官的大搏殺

東漢兩百年的宮廷史，大多數時間很單調，不是外戚掌權就是宦官掌權，有時外戚與宦官一同掌權，但更多的時候，總有一方壓倒另一方。外戚當權，一般是出現在皇帝小、太后執政的情況下，太后必須依靠自己的父親兄弟，才能壓得住大臣；可是外戚當權久了，皇帝沒有權力了，只得依靠宦官來奪取。這就是東漢的政治學公式，儘管每個故事各有不同，但大體上都是這樣。這個問題的根本原因在哪呢？兩個方面：第一，東漢皇帝大多短命，造成繼承者年幼的事實；第二，制度設計上的缺陷，這是封建王朝都無法克服的問題，因為能當皇帝的，就此一家，別無分店，其他人想都甭想。

靈帝劉宏的兒子也大多早夭，只剩下兩個，大的叫劉辯，是何皇后所生，小的叫劉協，是王美人所生。按道理說，皇后的兒子立為太子，這是很正常的，可是靈帝卻認為這個兒子舉止輕佻，沒有威儀，鎮不住文武百官。他想立幼子劉協，可是劉協的生母地位太低微，不夠格，因此他左右為難。

宦官們都不想劉辯成為太子，按照舊例，只要劉辯上台，何皇后就要以太后名義臨朝，政權勢必落入外戚之手。相反，倘若立劉協為太子。他母親地位低，要臨朝稱制也不太可能，那權力不還牢牢掌握在宦官手中麼？正是因為這個原因，宦官十分憚忌何皇后的哥哥、大將軍何進。只有把何進給調離京城，他們才能在背後搞鬼。

當時除了十常侍外，還有一名宦官深得皇帝信任，權勢如日中天。這人名喚蹇碩。宦官們都是殘疾人，身體一般也比較弱，可蹇碩卻身強體壯，還略懂兵法。自從黃巾起義爆發後，皇帝也開始關注起軍事，正好蹇碩是他的貼身太監，有時嘴上談兵一下，皇帝覺得這個人太有才了，得提拔提拔他。靈帝設了西園八營，每營有一位校官，總共八位，稱八校。八校有就包括了大名鼎鼎的曹操、袁紹等人，但為首的卻上軍校尉蹇碩。不僅如此，連大將軍何進也得歸蹇碩管，看來皇帝對宦官的信任程度要遠遠超過外戚。

蹇碩想立劉協為太子，但大將軍何進是個絆腳石，他就琢磨了個辦法，把何進調往前線。只要何進不在京城，宦官們就無所顧忌了。靈帝劉宏同意了，讓何進到前線去帶兵打仗。可是何進也不笨，當然曉得蹇碩在打什麼主意，在立太子這個關節眼上，他可不能離開，可是皇命又不可違抗，要如何是好？何進使出拖刀計，他對皇帝說，兵力不足，得先派袁紹去徐州、兗州徵集軍隊，等袁紹回來後，他再動身出發。

何進的拖延策略是對的，因為時過不久，靈帝劉宏就病死了，死的時候，太子也沒立成。

靈帝一死，以何進為首的外戚集團同以蹇碩為首的宦官集團便形同水火。論起心狠手辣，何進不是蹇碩的對手。從東漢的歷史來看，每當有政變發生時，宦官的行動是非常迅速的，他們的骨子裡有一種賭性，作為殘疾的閹人，沒有什麼可顧慮的。靈帝屍骨未寒，蹇碩就企圖搞政變，殺掉大將軍何進，擁立劉協為皇帝。

蹇碩設下一個局，他請大將軍何進火速入宮，商討大事。何進當時也沒有想太多，就從大將軍府直奔皇宮去了。蹇碩的計畫看起來完美，但百密一疏，他手下有一名司馬，名叫潘隱，此人跟何進是好朋友。當他得知蹇碩的計畫後，心裡十分焦急，可是又無法通風報信，怎麼辦呢？潘隱便到宮門外迎接何進，由於身邊都是蹇碩的人，他不能直說，只是用眼神給何進示意。何進看出來了，潘隱正在警告他別進宮去，突然間他察覺到皇宮之內，有一股殺氣。不行，得馬上離開，何進到了宮門外，又折回去了，他沒有回大將軍府，而是直奔兵營而去。

何進一跑，蹇碩的計畫破產了。接下來就是選立皇帝，雖然靈帝劉宏沒有留下遺囑，但根據立長不立幼，立尊不立賤的原則，都應該是劉辯來皇帝。就這樣，在公卿的擁立下，劉辯成了皇帝。何皇后臨朝主政，改稱太后；太后的哥哥、大將軍何進與太傅袁隗共同主持大局。這麼一來，外戚掌握了國家大權。

何進大權獨攬，豈能容得下蹇碩呢？正好這個時候，袁紹找上門了，勸何進利用這個機會，把宦官一網打盡。大家都知道，袁紹漢末著名人物，他為什麼這麼痛恨宦官呢？首先他是出身名門望族，袁氏家族四世三公，就是連續四代人，都有擔任太尉或司空或司徒，可是就像袁氏這樣的望族，還得對宦官屈膝呢。再者，袁紹本人成名早，名氣大，人也很自負，可是還得在宦官蹇碩手下當差，他是西園八校之一，受蹇碩直接領導，這不是受氣嗎？其實桓帝還沒死時，袁紹就打算殺盡宦官了，只是沒機會。

有了袁紹加盟，何進如虎添翼。蹇碩何嘗不知自己已站在懸崖邊上，隨時都可能粉身碎骨，但他還想拼死一搏。蹇碩與其他宦官不同，他有軍職，是西園八校之首，手握兵權。但想整倒何進，必須聯合其他宦官。蹇碩給中常侍趙忠等人寫信，闡述對時局的看法：他認為何進已經控制大權，宦官一旦失勢，恐怕要被誅滅，只因為他手握兵權，何進才不敢輕舉妄動。在信的末尾，蹇碩強調，必須在宮廷內發動政變，逮捕並處死何進。

可是這次，蹇碩失算了，趙忠並沒有支持他。在十常侍時代，趙忠與張讓是宦官集團中無可爭議的頭頭，可是蹇碩卻後來居上，而且手握重兵。顯然，趙忠等人對蹇碩也沒好感，索性就借何進的刀除去這個對手。他把蹇碩的信轉交給何進，這下子要了蹇碩的命了。企圖搞政變、謀害大將軍，這都是死罪。蹇碩被逮捕，罪證如山，無可狡辯，下獄處死。

當然，趙忠等人出賣蹇碩，也是討好何進，希望宦官集團與外戚集團能友好共處，利益均沾。可是宦官幹下那麼多傷天害理之事，官員、士人、百姓無不對他們恨之入骨，現在揮一揮袖子說不玩了，這哪能行？首先袁紹就不同意，他堅決要求清洗宦官，還給大將軍何進打氣，跟他說：這事您別怕，當年竇武想殺宦官卻沒殺成，那是因為他控制不了軍隊；如今大將軍您手握兵權，手下一些人都是當世豪傑，事情盡在掌控之中，殺了宦官，為天下人除害，您也可以名垂青史呢。

大將軍何進一想，袁紹說的也對，殺宦官，名利雙收，何樂不為呢？可是何進想走捷徑，只要太后下一道詔令，不就搞定了嗎？他入宮見妹妹何太后，要她把中常侍一律免職。可是何進犯了與竇武同樣的錯誤，他不了解後宮的女人。後宮的女人生活很枯燥乏味，平常又沒別的男人，皇帝丈夫也死了，要是沒有這些太監，那一群女人生活在一起，有什麼意思呢？何太后不同意，她與當年的竇太后想法一樣：古往今來，太監就一直存在，漢室成立以來都這樣，怎麼能把他們都趕走呢？

別看何進現在掌權了，說實話，他心理還挺自卑的。在靈帝沒死時，他就是當朝大將軍，可是很窩囊，也要看宦官的臉色行事，對宦官挺害怕的。現在何太后又不同意把宦官們趕走，他一時也拿不定主意。這時袁紹出了個餿主意，他對何進說，既然太后不同意，那索性就來個逼宮，從京城外調支軍隊進城，以壯聲勢，到時不怕太后不同意。何進覺得這是個好主意，可是有個人聽了後，卻不禁在心裡偷笑。誰呢？典軍校尉曹操。曹操暗笑道：「如果要治宦官的罪，就只需殺掉帶頭的，一個獄吏就可以把事情擺平了，還要興師動眾做什麼呢？我看這事情一鬧大，說不定就搞砸了。」

曹操的眼光很獨到，何進聲勢搞得這麼大，那不明擺著給宦官通風報信嗎？何進搞過頭了，他先是命令精銳的董卓兵團向首都洛陽進發，又派王匡、鮑信回泰山郡招兵買馬，令東郡太守橋瑁駐紮於成皋，武猛都尉丁原數千人放火燒了孟津渡口。搞這麼多花樣，就是想逼何太后誅殺宦官。這麼大規模的調兵，有沒有效果呢？說實話，沒效果，因為何太后仍然堅持拒絕何進的要求。

這時袁紹急了，他警告何進說，要不早做決斷，恐怕會落得竇武的下場。優柔寡斷的何進只能把希望寄託在袁紹身上，他把袁紹提拔為司隸校尉，並授予象徵權力的符節；同時，曾被宦官迫害的王允出任河南尹。

反對宦官的呼聲高漲，何太后慌亂了，怕局勢失控，看來還是把宦官趕出宮較為妥當。於是中常侍、小黃門全部被免職，遣散返鄉。可是大家想想，這些太監們要是失勢返鄉，會是怎麼樣的下場呢？他們作惡多端，還不被當地人給揍死嗎？所以大家不想走，紛紛跑去向何進求情。

何進的立場並不堅定，只是想把宦官們趕走了事，可是袁紹是堅決要把宦官勢力連根剷除。袁紹不經何進的同意，就自作主張，以大將軍的名義通知全國各州郡，立即逮捕宦官的家屬親信。他一而再地向何進強調，必須徹底清洗宦官集團。在袁紹的鼓動下，何進又進宮找太后，要求把所有的中常侍逮捕並處死。

隔牆有耳。

何進與太后的談話，被中常侍偷聽到了。這些閹人們一聽，原來大將軍不是要把我們趕回家，而是要血洗內宮啊。這狗急也跳牆，人一急能不拚命嗎？好，既然你何進無義，就休怪我等無情了。張讓等人馬上召來幾十名宦官，操著武器，埋伏起來。一會兒功夫，何進打從後宮中出來，才走沒幾步，聽到有人喚他，回頭一看，卻是中常侍張讓。張讓對何進說，皇太后還有一點事要跟大將軍說，請大將軍入見。何進沒有起疑心，便跟著張讓又進了後宮大院，剛入大門，埋伏在一旁的宦官們一擁而上，把他給放倒了。

這時張讓上前，指著何進的鼻子罵道：「天下大亂，大將軍你也有責任，怎麼能都算在我們頭上呢？先帝曾有一度想廢了太后，是我等痛哭流涕為太后求情，這些事你怎麼就給忘了。將軍非但不念舊情，還打算把我們都殺了，這豈不是欺人太甚！今天我們也豁出去，賭個死活吧。」原來在八年前，後宮王美人生下皇子劉協，何皇后妒火中燒，把王美人給毒死了。這件事讓靈帝劉宏勃然大怒，差點廢掉皇后，當時是宦官的力保才息事寧人。在張讓看來，我們宦官對何家有救命之恩，你何進倒是恩將仇報。

何進又步竇武的後轍了，殺宦官不成反而成為犧牲品。張讓等人要死地求生，他們挾持何太后、皇帝劉辯，發一道詔書，把司隸校尉袁紹、河南尹王允兩人撤職。這道詔令如此蹊蹺，尚書盧植心生狐疑，便說：「請大將軍出來，有事商量。」宦官們從門縫把何進的人頭扔了出來，喊道：「何進謀反，已被誅殺了。」

消息一傳出，大家驚呆了，怎麼辦？還能怎麼辦，殺入皇宮去！袁紹可絲毫不手軟，他派堂弟袁術拉一支部隊攻打皇宮。這裡宮門已經關上，這門還挺結實的，任由刀砍斧劈也打不開。這時天色漸漸暗下來，袁術一想，不可久拖，夜長夢多啊，他下令放火燒門。宦官們怎麼打得贏呢？只得綁架太后、小皇帝往北宮撤，撤的過程中，何太后走到一個亭閣時，看到殺入宮中的盧植，便跳了下去，僥倖未死。

宦官們撤向北宮，可是袁紹已經殺向北宮了，他在朱雀門生擒大宦官趙忠，當場格殺。袁紹下令，在整個皇宮範圍內，搜捕宦官。只要是太監，不論老少，格殺勿論。可是宦官也不太好認，腦門上也沒寫著字，最後大家想了一個簡單的辦法，看到沒鬍子的男人就殺。這一殺，殺了兩千多人，整個皇宮之內，可謂是血流成河。有些倒楣的皇宮內官員，因為沒留鬍子，也被當作太監殺了。

張讓等人劫持皇帝劉辯以及陳留王劉協，倉皇而逃，出了洛陽北門，一直逃到了黃河邊上的小平津。說實話，誰也沒把小皇帝當回事。袁紹也不去追，袁術也不去追，朝廷公卿沒有一個去。只有尚書盧植比較盡力，帶著閔貢等一些人，一直追到黃河邊上。閔貢衝著張讓大喝道：「你還不自行了斷，我只有殺了你。」說完後拔劍上前，格殺數名宦官。張讓知道沒戲了，向小皇帝磕頭說：「臣等死了，陛下自愛。」說完後，撲通一聲，跳入黃河裡了。就這樣，曾經令人膽戰心驚的張常侍，就消失了這個世界上了。

盧植、閔貢兩人扶著小皇帝劉辯、皇弟劉協，往京城的方向走。天色暗下來了，可是這荒郊野嶺的，也不能逗留，只好硬著頭皮向前走。到了半夜，沒有月光，伸手不見五指，而且也不熟悉道路，只能靠著螢火蟲微弱的光，勉強看得到腳底的小路。就這樣走了約數里，方才看到有一戶人家，弄了一輛板車，下面有輪子，便讓皇帝坐上去，大家在背後推。總算挨了一個晚上，天亮了，盧植想，皇帝也不能這樣寒磣地回去吧，總得要有人迎接吧。他先走一步，去通知首都政府官員前來護駕迎接。

閔貢弄到了兩匹馬，讓小皇帝騎一匹，他與皇弟劉協騎另一匹。慢慢的，有一些官員聞訊趕來，弄來了馬車還有吃的東西，小皇帝總算喘了一口大氣。可是行至北邙山下時，突然前方馬蹄聲起，塵土沖天，旌旗蔽日，一大幫人馬橫衝過來。這可以小皇帝劉辯給嚇壞了，嚇得哭出聲來，面如土色。

到了皇帝跟前時，這些人馬停下來了，只見一個人走了出來。這個人長得很有特點，個頭很大，腰粗體肥，一身將軍的打扮，臉上掛著一股傲慢之氣。

這個人是誰呢？前將軍董卓。

那董卓是個什麼樣的人呢？他的到來，又會對東漢歷史產生怎樣的影響呢？

# 四六、混世魔王：董卓的政治投機

董卓是隴西人，這裡是漢羌混雜居，自東漢立國後，羌亂持續不絕，而隴西一直是羌亂的重災區。董卓少年時，便深受遊俠思想的影響，想幹一番事業，當時他還曾經遊歷羌中，對羌胡人十分了解熟悉，這對他日後的事業非常有益。他體格健壯，性格粗野而勇敢，但是卻有小聰明，詭計多端。早年他追隨名將張奐，跟北方游牧民族打過仗，跟羌人打過仗，還曾在西域擔任戊己校尉，可以說，中國北方、西方以及西北方的少數民族，他都打過交道。

不過在東漢晚期的將領中，董卓的軍事才能算不上突出。西元一八四年，黃巾起義爆發，董卓被任命為中郎將，討伐張角，但沒有什麼戰功，很快被免職了。正好在這個時候，西部極不穩定的涼州地區再掀波瀾，湟中胡人北宮伯玉與先零羌起事，擁邊章、韓遂為帥，對抗朝廷。到西元一八七年，韓遂殺邊章、北宮伯玉，與馬騰、王國等人合兵，擁立王國為主帥，擁兵十多萬人，割據一方，並且進擊三輔，成為朝廷的心腹之患。

西邊的韓遂、馬騰、王國之亂，使得一個野心家得以有機會出人頭地，這個人就是董卓。

西元一八八年，王國率軍襲擊陳倉。朝廷以皇甫嵩為左將軍、董卓為前將軍，率領四萬人馬，增援陳倉。

董卓對皇甫嵩說：「現在陳倉形勢很危急，我們還是火速進擊吧。」皇甫嵩搖搖頭說：「先等一等。陳倉雖然小，但是城內防禦工事十分堅固，易守難攻，王國的叛軍雖然來勢洶洶，但要攻克陳倉絕非易事。我們等到他們疲憊不堪時，再發動攻擊，必可大獲全勝。」

果然不出皇甫嵩所料，王國對陳倉猛攻了八十多天，仍然不能攻克。到了次年（一八九年）二月，筋疲力盡的王國終於放棄圍攻陳倉。此時皇甫嵩見機會來了，下令發動反擊，可是董卓跳了出來說：「那不行，兵法上說窮寇勿迫，歸眾勿追。」

皇甫嵩胸有成竹地笑道：「先前我們不攻擊，乃是避敵銳氣，如今敵人已露衰敗之象，王國的隊伍鬥志全無，只是烏合之眾，並非兵法所說的窮寇與歸眾。」於是縱兵追擊，大破王國，殺一萬多人。

看來董卓在打仗上遠不如皇甫嵩，然而，他的政治野心卻遠遠超過皇甫嵩。皇甫嵩與董卓的這支軍隊，久經沙場，核心力量乃是來自湟中的羌胡部隊，戰鬥力非常強。董卓深知在這個時代，實權決定一切，誰握有槍桿子，誰將是最後的勝者。漢靈帝曾詔董卓入朝廷擔任少府一職，他堅決拒絕，並且以政府不發給餉銀、羌胡部隊難以控制為理由，留在軍隊中，朝廷沒有辦法。到了漢靈帝病重時，下旨讓董卓擔任冀州牧，命令他將軍隊交給皇甫嵩。董卓又一次頑強地拒絕，上書道：「我手下的將士與我情同家人，請准許我把他們帶到冀州。」

看到沒有，董卓死活也不肯把兵權交出來，這是他的命根子。

這時有一個人對董卓的驕橫看不下去了，這個人是皇甫嵩的侄子皇甫酈，他對皇甫嵩說：「全國的精兵，都掌握在您與董卓兩人手中。朝廷要董卓交出兵權，可是他卻百般推託，這不明擺著是想造反嗎？董卓這個人，性情殘暴，不能服眾，你是主帥，應該要發兵討伐他。這樣做，既是為朝廷解除後患，也是為天下除害。」

可是皇甫嵩沒同意，論打仗，他是一流的，論搞政治陰謀，他做不來。皇甫嵩說：「董卓公然違抗朝廷的命令，這當然是有罪的，可是如果擅自殺死朝廷委派的將軍，那也是危險的。最好的辦法，還是寫份奏章，上報給朝廷吧。」從軍職上看，皇甫嵩是左將軍，董卓是前將軍，是屬於同級，不過董卓要受皇甫嵩的節制。

皇甫嵩上書朝廷後，漢靈帝下詔斥責董卓，並責令他即刻前往冀州上任。那這一回想必董卓黔驢技窮了吧？可是歷史常會發生意料之外的事，漢靈帝突然死了。皇帝一死，意味著什麼呢？權力鬥爭。在這一點上，董卓的政治嗅覺真是相當靈敏，他預感到政權過渡不會一帆風順，京師一定會動盪不安。所以他完全不理會朝廷的責備，率領大軍返回到黃河以東，時時關注洛陽政局的變化。抗詔可不是一般的罪，董卓是在豪賭。結果，他賭贏了。

此時大將軍何進為了剪除宦官勢力，不惜把外地的軍隊調入京師。可巧的是，董卓的這支精銳部隊，就在離洛陽不遠的地方，何進馬上命令董卓部隊向京城進軍。正是踏破鐵鞋無覓處，得來全不費功夫，董卓等的就是這個機會，只要他雄赳赳氣昂昂地進了京城，憑他的力量，就可以把朝廷捏在手中。他毫不遲疑，大軍馬上開拔，還寫了一折義正辭嚴的奏摺，奏請誅殺中常侍張讓等宦官。

對於董卓這個人，不少人有清醒的認識，覺得他有野心，一旦讓他帶兵入京城，恐怕凶多吉少呢。侍御史鄭泰、尚書盧植等人都警告何進，不能讓董卓進京，頂多讓他在洛陽城周邊壯壯聲勢就行了。何進這個人，本來就沒有什麼主見，都是別人說什麼是什麼，聽了鄭泰、盧植的話後，又派人持著皇帝的詔書，讓董卓在城外待著。董卓沒有辦法，只好在西郊夕陽亭一帶安營紮寨。

眼看帝都就在眼前，自己卻只能待在城外，董卓心裡很失落。那好吧，就靜觀其變吧。在京城內，大將軍何進終於沒能控制住局勢，他被宦官先下手為強給殺了。此後袁紹、袁術率軍攻打皇宮，袁術放火燒宮門，一時間火光沖天，數十里外都看得到大火。董卓也瞧見了，他猜想京城一定發生大事了，於是連夜集合軍隊，向洛陽城挺進。天亮的時候，董卓已到了城西，打聽情況，得知小皇帝被拐到北郊，現在正在返回途中。聽到這裡，董卓不禁笑了。

笑什麼呢？笑袁紹太沒智慧了，只顧殺宦官，卻不知迎皇帝有怎樣的政治影響力。他馬上轉向北郊，迎接皇帝去！不想這一大幫人馬，個個凶神惡煞的模樣，把小皇帝嚇得屁滾尿流。這時有一些趕過來的侍臣卿擺起架子，對董卓喝道：「有詔止兵。」就是說，你的軍隊不能在這裡嚇皇帝，站一邊去。這種話嚇唬一般人還可以，怎麼鎮得住董卓呢？董卓大怒，雙目一張，大聲呵斥道：「諸公都是國家大臣，不能匡正王室，令皇帝流亡在外，該當何罪。我董卓前來迎駕，反倒要被你等禁阻麼？」這話一出，大臣們也只能滿臉通紅，低頭不語了。

董卓上前向小皇帝請安，小皇帝劉辯驚魂未定，半晌說不出話，結結巴巴。倒是皇弟劉協說話得體，把整個事情的經過都講述得清清楚楚。董卓聽完後，心裡在盤算，這劉辯什麼東西嘛，講話也講不清，當什麼皇帝！還是口齒伶俐的劉協比較像皇帝的料。

把皇帝送回京城後，董卓就賴著不走了。何進的部將、騎都尉鮑信認為董卓大張旗鼓進京，必有異志，便對袁紹說：「如果不先除掉董卓，日後必定被他控制。不如乘他新來乍到，先下手為強，把他抓起來。」可是袁紹有點怕董卓，因為他手下的這些涼州兵，相當強悍。這次董卓來了多少人呢？其實也不多，只有三千人，但有沒有後續部隊呢？袁紹不清楚，沒敢輕舉妄動。

其實董卓也就只有三千人，其他的部隊，他沒有帶過來。當初何進命他進京，是作為威懾力量，並不是要打打殺殺的，所以他也沒敢多帶人馬前來。可是董卓很清楚，就憑這三千人，想要壓制袁紹、袁術這一些人並不容易。可是他的腦袋瓜很好用的，想了個辦法。每隔幾天，他就把這幾千人悄悄運出城外，然後再大張旗鼓進城。這麼倒騰幾次後，把所有人都騙了，大家以為涼州兵團源源不斷進城呢。另一方面，董卓收編了大將軍何進的部隊，然後他又把眼光瞄向武猛都尉丁原的那支部隊。丁原也是被何進召來壯聲勢的武裝，有數千人，這支部隊裡有一個很有名的人，就是《三國演義》中武藝最高強的呂布。董卓暗中收買呂布，並指使他刺殺丁原，吞併這支武裝。

到這個時候，董卓已是羽翼豐滿，實力大增，他準備幹一件大事：廢除小皇帝。為什麼董卓想廢小皇帝呢？一個原因是他對劉辯印象不好，沒有威儀，說話結結巴巴的。但這不能說是主要原因，董卓的真實意圖，是要通過廢立皇帝，來樹起自己不可動搖的權威。不然的話，他頂多就是個迎回皇帝的將軍，這能有什麼政治資本呢？可是廢掉劉辯，立一個新皇帝，那就不一樣了，那就是國家柱石、朝廷首勳了。

對董卓來說，最大的絆腳石就是袁紹。袁紹是司隸校尉，皇城之內，大大小小的官，他都有權管，更重要的是，袁紹有兵權。董卓要廢立皇帝，得找袁紹商量，他就說，劉協比劉辯要聰明，皇帝這個位置呢，還是要由聰明賢能的人來坐。可是董卓的野心，袁紹豈會看不出來呢？袁紹回話說，皇帝現在還年幼，也沒什麼惡行，如果硬要廢黜劉辯，改立劉協，沒人會同意的。

董卓不愛聽了，他手按刀柄叱喝道：「你小子敢這樣跟我爭辯，天下大事都操控在我手中，我欲廢立，誰敢不從？難道說我董卓的刀不夠鋒利麼？」你看看董卓這人架式，很有霸氣，給對方一種強大的壓迫感。可是袁紹也不是吃素的，董卓的刀拔得，他的刀拔不得麼？他一怒拔刀，憤然道：「天下健者，豈獨董公？」說完昂首挺胸退席了。不過袁紹心裡很明白，董卓吞併了何進、丁原的部隊，實力太強，他沒法正面對抗，這京城怕是待不了，索性解印而去吧。他回家後匆匆收拾細軟，出了東門，把司隸校尉的印綬，掛在城門上，飄然而去。

袁紹一走，京城之內，再無可約束董卓的人了。董卓召集文武百官，宣布說：皇帝暗弱，不然奉宗廟安社稷，得換個人，改立劉協為皇帝。此議一出，公卿駭然，可是沒人敢強出頭，除了尚書盧植。盧植的觀點與袁紹一樣，認為皇帝還小，又沒有什麼過失之處，不宜廢黜。董卓一聽勃然大怒，站起身來，頭也不扭便走了。盧植看出董卓眼中有一股殺氣，看來他也沒法待了，遂逃出洛陽。

再無人敢說三道四，董卓強迫何太后下詔廢黜劉辯，改立劉協為皇帝，史稱漢獻帝。你想想，何太后是劉辯是生母，豈能不痛哭流涕呢？但有什麼辦法，只得照辦了。看到何太后淚眼濟濟的樣子，董卓很不耐煩，索性把她軟禁到永安宮，過幾天後，用毒酒將其毒死。連皇帝都敢廢，太后都敢殺的人，什麼事做不出來呢？

董卓骨子裡就是個野蠻人，很快，帝國首都成為野蠻人的天堂。

東漢歷史上有許多權臣，比較竇憲、梁冀等，但他們的暴行與董卓都沒得比。他本來只是朝廷派往前線的一員大將，地位甚至在皇甫嵩之下。可是他靠著投機倒把，居然奇蹟般地掌握了國家大權，這裡面有太多的偶然性因素了。比如說，要不是靈帝突然暴死，他怎麼敢從涼州拉走一大幫的部隊呢？要不是何進失策，他怎麼有機會向洛陽進軍呢？要不是宦官殺何進發動政變，他怎麼可能進都城呢？要不是袁紹疏忽，他怎麼有機會吞併何進與丁原的部隊而一股獨大呢？我們在讀歷史時，發現許多事件是由諸多的偶然性撮合在一起，偶然事件會對歷史產生重大而深遠的影響。就像帕斯卡的一句名言：「要是克莉奧佩特拉的鼻子短一點，歷史就會改寫。」

對董卓來說，他奮力一搏，他賭贏了。一旦把持了國家中樞，全國的武裝力量及財政大權，悉數落入他的手中。他仔細端詳著鏡子，對門客們說：「我的相貌是最尊貴，沒有超過我的。」看來他還學過一些相術，只是這種吹噓的話，大多是門客對主人的溜鬚拍馬，絕少主人對門客的自誇。

董卓帶來的這些涼州兵，在首都幾乎無惡不作，公開搶掠。不管你是皇親國戚還是貴族，進了門就搶，更別提一般人家了，搶了錢財搶女人。整個都城幾乎成了地獄，人人自危。可以說，董卓已經把國家玩弄於掌心，可他這個人很警覺。有一回，一個侍御史見董卓時，沒有解下佩劍，董卓二話沒說，操起一把大鐵錘，把侍御史的腦袋給砸爛了。

得到權力的人，對潛在的威脅總是很擔心，在董卓看來，誰的威脅最大呢？前司隸校尉袁紹。因為袁紹家族勢力大，袁氏的親信、門徒遍布天下。董卓打算發一道通緝令，緝拿袁紹。可是有人跟他說，您別把袁紹給逼急了，逼急了他一定會召集天下豪傑起兵跟您對抗，不如給他個太守當當，袁紹一定會感激您的。

這話聽起來有點道理，董卓便任命袁紹為渤海太守，同時還任命袁術為後將軍，曹操為驍騎校尉。可是袁術與曹操心裡都很明白，跟著董卓混，準沒好下場，還是遠離洛陽這個是非之地，方是上策。

袁術跑了，不當什麼後將軍了，逃往南陽。緊接著，曹操也棄職而逃，打算逃回老家。董卓大怒，向全國發文，通緝曹操。曹操只得改名換姓，不敢走大道，只走小路。當他路過中牟時，當地一個亭長覺得這個人鬼鬼祟祟的，就把他抓到縣衙。當時縣衙裡的人只有一名功曹認得曹操，其他人都不知道。這名功曹心想，如今天下大亂，而曹操是個英雄豪傑，不能抓，於是便勸縣令把他給放走了。這樣，曹操得以回到老家，他賣變家產，把這些錢財拿出來招募了一支五千人的軍隊。

對於政壇暴發戶董卓，顯然許多人是不服的，憑什麼由他來領導國家呢？東郡太守橋瑁偽造了一份假稱是朝廷三公發出的文書，分發到全國各地，在這份文書中，揭露董卓的罪惡行徑，並號召各州郡興義兵，討伐董卓。這時冀州牧韓馥也收到這份文書，他內心很矛盾，因為董卓指示他要嚴密監視渤海太守袁紹的一舉一動。韓馥把幾個心腹召集過來開會，亮出這份文書，徵求大家的意見，是要幫助袁紹呢，還是幫助董卓。從事劉子惠說：「我們應該響應號召起義，但這是為了國家，而不是為了袁紹或董卓。」韓馥就寫信給袁紹，鼓動他起兵，討伐董卓。

一時間，關東的州郡群起響應，紛紛組建義兵，而關西則是董卓的勢力範圍。這時，中國大地之上，烏雲密布，一場血戰，馬上要拉開序幕了。

# 四七、四分五裂：軍閥割據的開始

自春秋戰國始，函谷關與崤山便以險峻而著稱，戰略位置相當重要。崤函以東，稱關東或山東，崤函以西，稱關西或山西。董卓來自涼州，又佔據洛陽，因而關西基本上是在他掌控中的；而他對關東的掌控力顯然是不行的，這最終導致了關東群雄起來攻之。

關東諸州郡拒絕服從董卓的朝廷，但要對抗董卓，還得推舉出一個首領。袁紹當仁不讓成為盟主，他自己掛了個「車騎將軍」的頭銜，號令關東群雄。那麼關東州郡都有哪些英雄豪傑參與起事呢？有冀州牧韓馥、豫州刺史孔伷、河內太守王匡、兗州刺史劉岱、陳留太守張邈、廣陵太守張超、東郡太守橋瑁、山陽太守袁遺、濟北相鮑信，此外還有從京城逃出來的曹操、袁術等人。

董卓有什麼動靜呢？不要看他在京城威風凜凜，到底有點心虛，看到關東群雄磨刀霍霍，他不得不思量一下自己的實力。他擔心有人利用這個時機，再打起廢帝劉辯的主意，索性把十五歲的劉辯毒死了。毒死劉辯後，董卓就計畫遷都，把首都從洛陽遷往長安。在董卓看來，遷都有兩個好處：第一，長安離涼州近，那裡可是董卓的老巢；第二，從戰略上考慮，洛陽無險可守，而長安則有山川之利，易守難攻。

可是在封建王朝，遷都可是一件很大的事情，弄不好的話，會動搖國家根本，所以很多人反對。董卓這個人向來是自作主張，哪裡聽得進別人的意見，反對遷都的人，太尉黃琬、司徒楊彪被就地免職，城門校尉伍瓊、督軍校尉周毖被處死。這麼一來，沒人敢吭聲了。

這時我們要提一個人，就是以前擔任左將軍、全權指揮涼州戰事的皇甫嵩。在董卓奪權之前，皇甫嵩還是他的上級哩，可是現在倒過來了，董卓成了國家的太上皇，皇甫嵩在他眼裡成了名小卒了。可是董卓心裡很清楚，要論打仗，自己根本比不上皇甫嵩。這時皇甫嵩手上還有數萬精兵，駐紮於長安扶風，要是自己遷都時，皇甫嵩突然來個政變，他就完蛋了。所以在遷都之前，他下了個命令，把皇甫嵩召到京師，給他一個城門校尉的官。這實際上是要剝奪皇甫嵩的兵權。

皇甫嵩手下的長史梁衍對董卓的橫行霸道看不下去，就建議皇甫嵩說：「現在袁紹在東方率領群雄要進攻董卓，倘若將軍從西面夾擊，必可生擒董卓。」可皇甫嵩的弱點在這個時候就暴露出來了，他是非常優秀的將軍，卻是很蹩腳的政客，要他搞政治鬥爭，確實做不來。因此皇甫嵩最後跑到京師報到了，掛了個城門校尉，實際的兵權被解除了。

現在董卓沒有後顧之憂了，遂開始遷都計畫。遷都不是一件小事，涉及到的事很多，可是董卓壓根就沒什麼準備，因而這次遷都，成為一次大災難。董卓的殘暴在遷都過程中盡現無遺，其中最大的暴行，就是把洛陽城給毀滅了。

自從光武帝劉秀定都洛陽，到這時已經超過一百六十年，這是一座繁華的都城。董卓可不能把這麼一座繁華之都拱手讓給關東豪傑，我不能得到的，誰也甭別擁有。你袁紹不是想回來嗎？你就算來了，也是白來，就一堆廢墟送你。

董卓幹的第一件事：把洛陽城內所有財物，全部劫掠一空。他把洛陽富豪們集中起來，然後隨便扣個罪名，集體處死，把他們的所有家當都沒收。他手下這幫涼州兵，每天幹的事，就是抄家、搶掠，把值錢的東西統統搬上車。搶完活人搶死人，洛陽周邊，歷代皇陵以及公卿墓穴，一一挖開，把墓穴中的珍寶也搶光了。

東西搶完了後，董卓又想，長安人口不多，索性把洛陽數百萬人統統遷往長安。無論是官吏還是百姓，哪個情願西行呢？可是面對凶神惡煞般的西北兵團，能不走嗎？只得拋棄田園廬舍，扶老攜幼，倉皇上路了。這一路上前推後擠，踩踏事件時有發生，再加上顛沛流離、饑苦凍餒，死傷無數，餓殍載道、暴骨盈途了。然後董卓放火把洛陽皇宮、各政府官署、民宅統統燒了，以斷官民回鄉之心。但有個地方董卓沒燒，就是御花園之一的畢圭苑，這裡成為他的作戰指揮部，他還要跟關東義軍較量較量呢。

我們再來看看義軍這邊的動靜。

表面上看，十幾股義軍會師，聲勢頗盛，旌旗獵獵，戰鼓隆隆。可是光打雷不下雨，大家只吆喝，誰也不向前衝，這怎麼回事呢？大家都有自己的小算盤。在過去一百多年裡，關東地區，戰爭是很少的，帝國的戰爭主要是在西部涼州、并州這些地方，因此西北軍的戰鬥力是非常強的。而關東民風遠不如關西強悍，軍隊也沒有豐富的戰爭經驗，所以大家對董卓的西北軍是有畏懼心的。但是關東軍也有優勢，人多勢眾，問題是誰去打頭陣呢？沒有幾個人願意出頭，我先打先完蛋，結果好處都叫別人給撈了，這我不幹。這麼一來，就出現一個戰場怪現象，一大堆軍隊屯兵在洛陽周圍，可是只擺出架式，不出拳。

得有人先站出來。敢擔大任者，才算得上是真正的英雄豪傑。曹操先站出來了，他說，我們興義兵就是要討董賊，現在上了戰場，還有什麼可猶豫的呢？董卓根本就不懂戰略，要是他固守洛陽，發兵與我們交鋒，那還能佔點便宜；可是現在他又是劫天子，又是燒皇宮，鬧得沸沸揚揚的，這說明他也不知道下一步要幹什麼。只要大家合力，一定可以一戰而定天下。

曹操說的有沒有道理？有道理。可是大家還是不出頭，寧願當縮頭烏龜。曹操有多少兵馬呢？只有五千人。但他還是毅然西行，在滎陽與董卓兵團打了一仗。可是這一仗，曹操被打敗了，他的坐騎在戰鬥中被流箭射死，差一點成了董卓的俘虜。不過曹操以五千人馬，與董卓軍奮戰了一天，令西北軍對關東義軍的戰鬥力大為驚訝，也不敢貿然發動進攻。

當曹操狼狽不堪回到大本營時，發現關東各路將領只知道喝酒吃肉，沒有一個人想去打董卓。曹操十分生氣，責備諸人說：「諸公在這裡逗留，莫非以為董賊會不戰而自亡？如果肯聽我的計謀，請袁紹將軍兵進孟津，諸位分守成皋、佔據敖倉、阻塞轘轅、大谷，這樣就可以制賊死命。再讓袁術率南陽軍隊攻入武關，威懾長安，董賊必亡無疑。如今諸位興義兵，卻在這裡徘徊觀望，徒令人恥笑罷了。」這一番話，也沒有起什麼作用，這裡曹操所部傷亡慘重，已無力再戰，只得前往揚州招募新兵。

關東義軍的這些首領們，坐吃山空，終於把糧食耗光了。沒糧食自然沒法打仗了，大家便紛紛撤退了。一個危險的情況出現了，義軍內部開始出現自相殘殺，兗州刺史劉岱襲殺東郡太守橋瑁。看來關東軍面臨一個大問題了，沒有一個中央領導，一盤散沙，袁紹名義上是盟主，實際上他哪來的權力呢？所以大家想了個點子，乾脆啊，我們不承認董卓立的劉協，另立一個皇帝。這些建議一出，許多人拍手叫好，大家無非自認為可以在新政府裡撈到高官厚爵。那麼要立誰當皇帝呢？大家認為幽州牧劉虞，算是皇族中的佼佼者，可以立他。

但是有兩個人反對。第一個是曹操。他認為興義兵反董卓，就是因為皇上幼弱，受奸臣控制，如果另立皇帝，在政治立場上就出現偏差，難以令天下人心服口報。第二個是袁術。袁術之所以反對，是因為他想趁天大亂之機，自個當皇帝。

袁紹想立劉虞為皇帝，是想獲得實際的權力，否則自封的「車騎將軍」，怎麼能服眾呢？但這件事沒有成功，最重要的原因也不是因為曹操與袁術的反對，而是劉虞自己不接受，最後另立皇帝之事也不了了之。

就在關東軍吵吵嚷嚷之時，有一個人卻是實實在在地投入反董卓的戰爭，這個人便是孫堅。在此之前，關東義兵興討董卓時，並沒有看到孫堅的影子，那他是從哪冒出來的呢？

孫堅參加過鎮壓黃巾起義，後來曾追隨車騎將軍張溫討伐涼州的邊章、韓遂。當時董卓也受到張溫的節制，但驕橫傲慢，孫堅就建議張溫處死董卓以絕後患，但張溫沒同意。後來孫堅擔任長沙太守，鎮壓農民起義軍，受封烏程侯。關東豪傑起兵討伐董卓時，孫堅也在長沙起兵。由於長沙位於洛陽南部，所以孫堅進軍路線與關東諸義軍是不同的，關東軍是由東向西挺進，而孫堅是由南往北挺進。在進軍洛陽過程中，孫堅先後殺死荊州刺史與南陽太守，逼近洛陽。

此時關東軍早已作鳥獸散了，因而孫堅是以一己之力對抗董卓。但是第一戰，孫堅失利了，被以逸待勞的西北軍打敗了。他沒有氣餒，經過短暫的休整後，再度向洛陽挺進。董卓派胡軫、呂布率軍攻打孫堅，但這兩個人向來不和，被孫堅抓住弱點，一舉擊潰，董卓手下大將華雄被孫堅所殺。《三國演義》中繪聲繪色地描寫關公溫酒斬華雄，其實那只是虛構的故事，華雄實死於孫堅之手。

董卓對孫堅很了解，兩人都曾在涼州共事過，他知道孫堅這個人有本事，所以想拉攏他。怎麼拉攏呢？董卓想把女兒嫁給她，結為姻親，再把孫堅的兄弟親戚安排擔任刺史、太守。孫堅怒道：「董卓逆天無道，若不夷他三族、懸首示眾，我還死不瞑目呢，怎麼會跟他和親？」在反董卓的戰爭中，他與曹操一樣態度堅決。他們二人能成就偉大的事業，有一點是相同的，那就是勇於任事，遇到困難也不退縮。

孫堅果然神勇無敵，他率軍挺進到大谷關，距洛陽九十里。董卓親率大軍迎戰，結果被孫堅打得大敗，只得放棄洛陽，退守澠池。孫堅佔領洛陽後，向西追擊，大敗呂布的殿後部隊。儘管屢戰屢勝，但孫堅的部隊也疲憊不堪，洛陽已是一片灰燼，只得退到魯陽休整。這時董卓也回到長安，雙方形成僵持的局面。

倘若關東群雄在這個時候再度聯手西擊，破長安、擒董卓並非難事。可惜的是，這些地方大吏們感興趣的是爭權奪利、擁兵自重，軍閥割據的局面開始形成。

首先是韓馥與袁紹的矛盾。

袁紹的官銜是渤海太守，從官職上看，冀州牧韓馥是他的頂頭上司。可是令韓馥心懷不滿的是，天下豪傑都歸附袁紹，把他擁為盟主，自己這個冀州牧形同虛設。他打算整垮袁紹，只要不撥給他糧食，袁紹的軍隊不就完蛋了嗎？這下子袁紹真的有點吃不消了，不反擊是不行了。於是他祕密聯絡幽州的公孫瓚，請他出兵南下攻打韓馥。公孫瓚率軍隊南下，打著攻打董卓的幌子，卻出其不意進攻韓馥，韓馥大敗。

這個韓馥膽子比較小，爭雄天下沒他的份，他宣布辭職，把冀州牧的印綬交給袁紹。袁紹便以「車騎將軍」的名義領冀州牧，現在不光是空頭司令了，也是雄據一方的軍閥。

緊接著，整個中原都亂了套了。

袁紹與袁術是堂兄弟，可是這兩人都有野心，所以關係並不好。當時孫堅歸附於袁術，正秣馬礪兵，打算再次發動對董卓的攻勢。不想這個時候，袁紹任命周昂為豫州刺史，突然進攻孫堅。孫堅痛心疾首地說道：「大家興義兵，是為了拯救國家，董卓快完蛋了，我們卻自相殘殺，我還能為誰效命呢？」他被迫回師，打敗了周昂。

袁術派公孫瓚的弟弟公孫越協助孫堅作戰，但在戰鬥過程中，公孫越中箭身亡。這消息傳到公孫瓚耳中，他氣壞了。他認為這都是袁紹的過錯，遂起兵攻打袁紹。看到這種情況，董卓恐怕是要樂壞了，就讓這群傻瓜去自相殘殺吧，我就在一旁看熱鬧。

這時公孫瓚手下有個英雄人物，大家都很熟悉的人，劉備劉皇叔。劉備不是皇族後裔嗎？怎麼在公孫瓚的麾下呢？其實劉備這個皇族後裔，恐怕誰也不認，因為他的族譜要上溯三百年才與皇室沾邊，他是西漢中山靖王劉勝（漢景帝的兒子）的後裔，早就被邊緣化了，成了一個平民百姓。劉備比當年劉秀還要落魄，他家境貧寒，靠賣草鞋維生，跟平常百姓沒有兩樣。但他有兩個從小玩到大的好朋友，這就是大家再熟悉不過的關羽與張飛，三人稱兄道弟。說起劉備與公孫瓚，兩人原本是同學，同在盧植門下當過學生，靠這層關係，在天下混亂時，他便投奔公孫瓚，憑著自己的本事，打出一片天地。

公孫瓚發動對袁紹的戰爭，奪取冀州、青州、兗州的部分地盤，劉備也因為有功勞，被任命為平原相。

此時董卓退守長安，而長安以東，則是袁紹與袁術兩雄相爭。袁術與公孫瓚聯合，袁紹則聯合荊州刺史劉表以牽制袁術。其他人則坐觀兩袁相鬥，但他們大多數歸附於袁紹，畢竟袁紹的名氣比較大。

到這個時候，勤王之戰演變成為軍閥混戰。

為了打破袁紹—劉表聯盟，袁術派孫堅進攻荊州。孫堅本來是熱血青年，一心想要為國家除害，不料卻被捲入到軍閥混戰中。劉表派部將黃祖阻擊孫堅，孫堅連續兩戰大破黃祖，乘勝追擊。可惜的是，他太掉以輕心了，當他騎馬穿越一處密林時，被黃祖的士兵射死。孫堅死後，袁術也無力再對劉表發動進攻了。

自從董卓控制中央政府後，朝廷的詔令在關東地區就失效了，這是導致軍閥割據的根本原因。各路諸侯擁兵自重，兼併與反兼併的戰爭此起彼伏，中國進入到一個四分五裂的時代。

董卓返回長安後，上演了最後的瘋狂。在他看來，朝廷已經是姓「董」了，於是乎他的弟弟董旻當上左將軍，侄子董璜當中軍校尉，其他董氏親戚也紛紛在朝廷中擔任高職。除了還沒給自己加冕之外，他與皇帝已經沒有兩樣了，出行的車馬是皇帝的標準，身上穿的衣服是皇帝服。他自任太師，太師府成為發布國家命令的官署。他還給自己修築了一座堅固的城堡，城高七丈，厚也七丈，儲存的糧食可吃三十年。他這樣說道：「事成則雄據天下，不成則守此終老。」

可是董卓並不是無所畏懼的人，他整天怕被人暗殺，因為他殺的人太多了。董卓殺人，向來不需要理由，只要看不順眼，立即格殺。可以說，朝廷大臣，人人自危，除非把這個老賊幹掉，否則遲早大家都要死。於是一個反董卓的小團體祕密成立了，成員包括司徒王允、司隸校尉黃琬等人。可是要對董卓下手並不容易，因為董卓身邊有一個貼身侍衛，便是勇武絕倫的呂布。

董卓把呂布視為心腹，甚至以父子相稱。但這只是表象，董卓這個人性情殘暴，喜怒無常，讓呂布知道什麼叫伴君如伴虎。有一次，呂布因為一件小事得罪了董卓，董卓一怒之下，操起一把手戟朝呂布就扔過去。幸虧呂布武藝高明，避開了這一戟，並向董卓賠禮道歉，這才勉強平息其怒火。可是呂布也是個心高氣傲的人，經過這件事後，他對董卓也是一肚子不滿與怨恨。隨後的一件事，終於使呂布與董卓決裂。

呂布是個血氣方剛的男子，有一回在太師府見到一位美麗的侍女，這就是後來在《三國演義》中大書特書的貂嬋，兩人你情我願，私通上了。這件事可是瞞著老頭子董卓，呂布提心吊膽，擔心有一天會被董卓發現。

反董卓祕密團體的領袖、司徒王允與呂布的關係不錯。有一天兩人喝酒時，呂布心情煩躁，就向王允討苦水，說自己差點被董卓殺了。王允抓住這個機會，對呂布說，董卓倒行逆施，人神共憤，何不聯手把董卓做了呢？呂布內心一動，可是馬上又遲疑地說：「董卓與我有父子之情。」王允冷笑道：「你姓呂，他姓董，當初他操手戟要殺你時，還有什麼父子之情嗎。」這麼一激，呂布的血性也被激起來了，他把酒杯一砸，好，豁出去了。

過了幾天，小皇帝劉協在未央殿接見朝中大臣，董卓也要去露個臉。從太師府到皇宮，一路上警備森嚴，道路兩邊布滿士兵，董卓自己坐在馬車上，由呂布全副武裝跟隨。但董卓並不知道，此時的呂布懷裡揣著一紙詔書，這份詔書是王允密命尚書僕射孫瑞起草的，以皇帝的名義下達的除奸令。今天的除奸行動，是經過周密的安排，行刺地點設在皇宮大門。呂布已經事先在宮門處安排了十幾個人，包括騎都尉李肅、壯士秦誼、陳衛等人，穿著衛兵的衣服，冒充守門衛兵。

馬車上的董卓全然不知自己正邁向鬼門關，他還搖頭晃腦哼著小曲呢。當時董卓乘坐的馬車，並沒有車廂，遠遠就可以看到他坐在車上。車子進了皇宮大門，這時，扮成衛兵的李肅以迅雷不及掩耳的速度，撲到馬車前，持一把長戟，奮力刺向董卓。有沒有刺中呢？刺中前胸，可是沒刺進去，因為董卓裡面穿了一件鐵甲衣，擋住了戟鋒。由於鐵甲很光滑，戟鋒便向下滑，刺傷了董卓的手臂。

董卓發出了如殺豬般的嚎叫，從車上跌下來，他回頭便喊：「呂布何在？」只見呂布大步流星走上前來，掏出密詔，對董卓喝道：「天子有詔，誅殺逆賊。」董卓這下明白了，原來呂布跟刺客是同一夥的，他罵道：「你一個狗腿子，膽敢……」可是他的話還沒說完，呂布便操起手中的鐵矛，惡狠狠地戳進董卓前胸。這呂布力大無比，董卓身上穿的鐵甲頓時被戳穿，鐵矛從前胸入，從後胸出，這位混世魔王就這樣死了。

這一幕發生得太快了，這時董卓的一些手下才反應過來，撲了上來。呂布連殺三人後，把詔書一揚，對所有人說：「皇帝詔書，只殺董卓，其他人均不問責。」這些官兵站著一動不動，沉默了一會兒，忽然喊了一聲萬歲，於是大家也爭著喊萬歲，萬歲之聲很快就傳遍整京城。

董老賊死了！這百姓可樂翻天了，大街小巷，大家唱歌跳舞，跟過節似的。原來冷清的街道，人山人海，這裡成了一片歡樂的海洋。董老賊以自己的死，帶給了百姓快樂，這算是他最後的一點「善事」吧。當然，董卓死後還是有點利用價值，他太肥了，油脂太多，人家弄了一條燈芯，插到他的肚子上點著，這盞人油燈竟然燒了一晝夜才熄滅。

混世魔王董卓死了，那麼混亂的政局即將結束麼？

不。他既然點燃了政治的火藥桶，就意味著巨變時代的到來。

# 四八、亡命天涯：漢獻帝落難記

誅殺董卓，王允是主謀，但沒有呂布是不可能成功的。大功告成後，朝廷的權力落入王允與呂布之手，並不意外。可是王允其實只是把呂布看作一個有勇無謀的壯漢罷了，兩人共同執政，呂布的意見總是被王允否決。比如說，呂布要求把董卓的舊將全部誅死，但王允不肯，認為那些人無罪；呂布又要求把董卓的財產賞賜給公卿及將領，王允也不同意。時間一久，呂布對王允也相當不滿，他認為誅殺董卓，自己立了首功，結果好處都讓王允得著了。

那王允的底氣從哪來裡的呢？他自認為是正人君子，嫉惡如仇，所以大義凜然。可是他做的一些事情，卻不那麼得人心。比如說吧，董卓被刺死後，著名學者蔡邕歎了一口氣，這一聲嘆氣，被王允抓為證據，把他下獄處死了。蔡邕之死，令董卓的舊部膽戰心驚，歎息一聲就可以處死，那麼他們這些長年追隨董卓的人又將是何下場呢？當時有一種傳言，說王允要血洗涼州兵團。這些涼州來的將士，在洛陽、長安一帶無惡不作，王允自命清高，血洗也並非不可能，於是人人自危。

其實王允並沒有打算清算董卓的舊部，可是他既不發給大赦令，又要收回兵權，這樣不把涼州兵逼反才怪呢。董卓的部將李傕派人到長安城內，向王允請求赦免令，但遭到王允的拒絕。李傕心裡沒底，索性率數千人馬攻打長安，董卓的舊部也跟著起鬨，殺到長安城下時，造反的軍隊已經有十萬之多了。

可憐長安城的百姓，剛為董卓之死而歡呼，如今又要陷入戰爭的災難之中。長安城在一百多年的時間裡，多次遭到羌人的威脅，因而城防特別堅固，叛軍想要攻下長安城也非易事。可是圍攻長安第九天，呂布手下的一些官兵突然譁變，打開城門，迎李傕的叛軍。十餘萬人一擁而入，進了長安城後，燒殺搶掠。呂布試圖把叛軍趕出城，可是畢竟兵力懸殊，寡不敵眾，看來只能逃跑了。呂布帶著數百名精銳騎兵，打算突圍而去，他還是頗仗義，沒想把王允單獨留下，便叫他一起逃跑。王允拒絕了，他說：「主上年幼，能依靠的人只有我，如今大難臨頭，我要是這麼跑了，於心不忍。」既然如此，呂布也只得扔下王允，自個殺出重圍去了。

叛軍在長安城內大開殺戒，總計屠殺軍民超過一萬人，大街小巷都是屍體。王允帶著小皇帝劉協，逃到宣平門時，被李榷追上了。漢獻帝劉協雖然年齡不大，卻鼓起勇氣對李傕說：「你們放縱士兵為所欲為，究竟想幹什麼呢？」李傕畢竟沒有董卓的霸氣，對小皇帝還稍客氣點，叩頭行禮後說：「董卓為陛下盡忠，卻被呂布所殺。臣等前來，是為董卓報仇，並不是要造反。」人為刀俎，我為魚肉，這個時候，小皇帝又能說什麼呢？

又是一場大清洗。

王允被叛軍所殺，他的妻子兒女無一倖免，成了陪葬品。王允的親信宋翼、王宏，司隸校尉黃琬等人也被叛軍處死。經歷一個輪迴後，舞台上的角色變了，可戲還是那齣戲。董卓已經死了，可是他陰魂未散，以前曾屬於他的軍隊與將領，現在粉墨登台，把控朝廷。李傕成了車騎將軍，比起袁紹來，他這個名頭可是皇帝批准的，不是自封的；郭汜為後將軍，樊稠為右將軍；這三人共同主持朝政。

東漢中央政府進入「三巨頭」時代，勉強支撐了三年。可是李傕、郭汜、樊稠三人卻相互拆台，坐在同一張桌子，可是桌底下卻是你踢我一腿，我踹你一腳，打得不可開交。最有軍事才能的人是樊稠，他有點雄心，想帶兵討伐關東群雄，向李傕要求增派援軍。李傕假裝答應，邀他前來開會，會開一半時，殺出一些壯漢，把樊稠砍死了。「三巨頭」死了一個，只剩下李傕與郭汜兩人了。

有一天，李傕請郭汜喝酒。喝完酒後，郭汜回到家裡，覺得肚子不舒服，很疼，他懷疑李傕在酒裡下毒。那怎麼辦呢？郭汜不知哪來的偏方，他喝了大量的糞汁，這糞汁究竟是能解毒呢，還是喝了人噁心，把所吃的東西給吐出來呢，這我們也不太清楚。反正郭汜是沒死，究竟李傕有沒有放毒，也說不清。可是郭汜的糞汁能白喝嗎？老子得報仇才行，於是他發兵攻打李傕，李傕也不甘示弱，雙方就你來我往幹上了。

小皇帝只得出來當調停人，可是雙方誰也不肯罷手。這是郭汜想了一個主意，我只要把小皇帝控制了，那就有話語權了。於是他搞了個祕密計畫，企圖劫持皇帝。可是這個計畫還沒實施，就有線人把消息傳到李傕那兒了。李傕先下手為強，把皇帝劫為人質，然後一把火把皇宮燒為灰燼。

這下子可把郭汜給氣壞了，你李傕劫天子，我就劫大臣。於是太尉楊彪、司空張喜、尚書王隆等人，成了郭汜的人質。這亂七八糟的，還有個政府的模樣嗎？郭汜可不管這些，他率大軍猛撲向李傕的兵營，要用武力搶回天子。這一晚上，漢獻帝劉協可是嚇壞了，漫天箭雨可是不長眼的，有許多箭射到他的臨時御帳。郭汜顯然毫不手軟，根本不顧及天子的死活，而李傕的左耳也被射傷了。經過一夜的苦戰，郭汜被擊退了，但李傕也打得筋疲力盡了。

雙方戰局陷於僵持狀態，一連打了幾個月，雙方死亡人數上萬。李傕的部將楊奉突然叛變，臨陣倒戈，令雙方的平衡局面被打破。在這個時候，西北軍的另一名重量級將領、駐紮在弘農郡的鎮東將軍張濟趕回長安，為雙方調停。在張濟的斡旋之下，李傕與郭汜接受調停，互相交換人質。

戰事告一段落，權力重新分配。李傕成了大司馬，郭汜成了車騎將軍，張濟撈了個驃騎將軍。此外，其他幾個軍閥也升官了，楊定為後將軍，楊奉為興義將軍，董承為安集將軍。這些西北軍閥可不是一條心，個個都有自己的小算盤。

張濟調停有功，但他可不單是來做好事的，他的目的就是挾持皇帝。當時漢獻帝劉協對長安的混亂局面十分厭倦，想回到洛陽。可是洛陽不是已經被董卓放一把火燒了嗎？張濟乘機提出來，弘農郡離長安近，不如先去弘農吧。弘農可是張濟的大本營！可是李傕與郭汜兩人打仗打得頭腦有點糊塗了，同意漢獻帝東返。

可是張濟帶著漢獻帝剛走，郭汜就清醒過來了：不行，怎麼能讓皇帝落入張濟之手呢？他趕緊帶著一些人馬去追，把皇帝一行人給攔下來了。郭汜說，皇帝不能去弘農，得去高陵。高陵是郭汜的地盤，公卿們不同意，雙方爭吵了好幾天，沒有結果。這時小皇帝開口說了：「我去弘農，主要是那裡距離皇室祭廟近，沒有別的原因，你不要多疑。」郭汜當然不肯答應，皇帝索性就絕食以抗議。當皇帝當到這個份上，也算是夠倒楣了。皇帝不吃不喝，郭汜心裡也沒譜了，只能妥協道：「那先上路吧，等到下一座縣城時再做決定。」

車隊又向東進發了。這時郭汜開始考慮以武力手段搶回皇帝，可是他的陰謀詭計早被朝廷公卿看出來了，他們祕密通知軍閥楊定、楊奉、董承前來救駕。當車隊行至新豐時，郭汜的部將夏育、高碩突然在晚上放火，想乘著混亂之機劫持漢獻帝。可是就在這個時候，楊定、董承率軍隊趕上，把夏育、高碩給打跑了，然後護送皇帝到楊奉的兵營。

東返之路，注定是不平靜的。

一波未平，一波復起。

當楊定等軍閥護送皇帝到了華陰時，駐守華陰的將領段煨不敢怠慢，準備好吃的穿的，恭迎皇帝到來。可不曾想到，楊定與段煨兩人有仇，楊定乘機誣陷段煨，說他想要造反。於是楊定夥同楊奉、董承，對段煨發動進攻。段煨奮起抵抗，雙方又是勢均力敵，交戰十幾日，誰也沒法取得勝利。

這時長安城內的李榷終於意識到自己犯下大錯，怎麼可以把皇帝給放跑了呢？正在這個時候，想劫持皇帝未果的郭汜也灰溜溜地回來了。這兩個以前打得你死我活的對手，現在為了搶回皇帝，有了共同的利益。兩人一商量，絕不能讓皇帝往東去，必須不惜一切代價奪回。李榷、郭汜各率大軍，晝夜兼行趕到了華陰。

華陰還打得不可開交呢。李榷與郭汜馬上把軍隊投入戰場，支援段煨，攻打楊定。這下子楊定嚇壞了，心知不是對手，索性扔下部隊，一個人跑了，投奔荊州劉表。楊定一跑，楊奉與董承兩人與段煨又無仇，無心戀戰，趕緊架著皇帝繼續向東奔去。可這個時候，又出問題了。原本是張濟要護送皇帝東返，可是半途來了這麼幾個軍閥，把他完全晾在一邊了。張濟心裡很不高興，他與楊奉、董承劃清界線，跑去同李榷、郭汜結為盟友。這麼一來，楊奉、董承帶著皇帝在前面跑，李榷、郭汜、張濟領著一些人在後面追。

楊奉、董承帶了個皇帝，速度顯然要慢了，很快被李榷等追上了。只有硬拼了。可是拼的結果是楊奉大敗，士兵死傷無數。眼看是打不贏了，楊奉、董承就剩那一丁點部隊，不足以抵擋一次攻擊。怎麼辦呢？楊奉與董承一商量，必須有援兵。可是上哪找援兵呢？在這一帶，有一支農民軍，稱為「白波」，為首的頭領是李樂、韓暹、胡才；此外，南匈奴右賢王去卑的部眾也駐紮在此。楊奉、董承一面派人前去聯絡白波軍與南匈奴軍，一面假裝與李傕、郭汜談判和解。

李傕、郭汜自以為勝券在握了，何曾想到半路會殺出個程咬金。白波農民軍及南匈奴軍突然在背後插了一刀，大破李傕、郭汜的部隊，殺數千人。對小皇帝劉協來說，此時不走，更待何時？於是董承、李樂保護漢獻帝繼續東行，楊奉、胡才、韓暹以及南匈奴右賢王殿後。可是很快李傕、郭汜就恢復元氣了，他們二人惱羞成怒，進攻更加凶悍。楊奉等大敗，連許多朝廷重臣也在這次戰役中被殺死，司徒趙溫、太常王絳、衛尉周忠、司隸校尉管郃等都成了階下之囚。

董承、李樂護送漢獻帝到了陝縣，這時李傕、郭汜的部隊又撲上來了，只能趕緊渡過黃河了。想逃命的可不僅僅是皇帝，手下的士兵們早已無心戀棧，個個也想渡河而逃。當皇帝、皇后及諸公卿走出兵營朝黃河岸邊走去時，一大幫人跟著跑過來。董承下令大開殺戒，把想逃跑的士兵就地誅殺，殺得太慘烈了，鮮血都濺到伏皇后的身上。就這樣，皇帝一些人好不容易到了岸邊，可這個岸不是一片沙灘，而是一處斷崖，距離水面有十來丈高，不好下去。董承、李樂只好想了個辦法，讓人背著皇帝，用綢緞綁緊，然後沿著繩子吊下去。有些人則只好爬下去，也有人用跳的，跳死了不少人。下了懸崖之後，那裡已經準備有幾條船，大家拚命地跑過去。可是船少人多，不可能每個人都上得了船，皇帝、皇後要優先上船了，還有董承、李樂、太尉楊彪等，都得上船。其他地位比較低的，就不一定上得了，但有些人堅持不懈想上船，董承可不客氣，凡靠近者，格殺勿論。

當時太尉楊彪事先派人到北岸接應皇帝，舉火把為信號。李傕遠遠望到黃河彼岸的火光，便去偵察個究竟，正好看到皇帝一行人渡船北去。按理說，皇帝東返應該是往東走，可是現在逃跑要緊，便向北去了，因此李傕便衝著江心喊道：「你們要把皇帝弄到哪去？」在船上的董承聽到了，他嚇了一大跳，以為李傕要放箭了，情緊之下，把床上的被褥一張，欲用來當擋箭牌。有人會問，既然船這麼擠，怎麼董承還要搬被子上床呢？原來此時正是農曆十二月，天氣正寒著呢，帶著被子是晚上防寒用的。

但是李傕並沒有放箭，而是把駐留在岸邊的官員、士兵、宮女都抓起來。有些官員衣服考究，值錢，被李傕的士兵給扒下來，活活在寒風中凍死了。

漢獻帝渡過黃河，這時河內太守張楊派幾千人送來了糧食，以解皇帝的燃眉之急。到了安邑後，河東太守王邑送來了布匹衣裳。這兩位太守都撈到好處，王邑封侯，張楊則當上安國將軍，只是此時皇帝能給的只是空銜罷了，並沒有什麼實際價值。其他大大小小的軍閥們，也紛紛前來索取加官進爵，漢獻帝有得選擇嗎？反正也就是虛銜，管他的，來者不拒，來一個刻一顆官印，結果人太多了，刻都來不及，乾脆就隨便用錐子劃上幾個字。從來沒有哪個皇帝當得如此窩囊，可是狼狽歸狼狽，有些規矩還得照著來。比如說，朝會也得進行，可是哪有宮殿呢？只有用籬笆圍了塊空地，皇帝坐在破屋裡子，神情嚴肅，官員則在稀稀拉拉地在空地上站著，裝模作樣。有見過這樣的朝會嗎？簡直是鬧劇。沒見過大場面的士兵們就圍著籬笆牆看熱鬧，有說有笑，一片混亂。

這個流動的朝廷連三公九卿都不滿員，漢獻帝派人去跟李傕、郭汜談判。李傕最終還是給了皇帝點面子，把俘虜的官員給放了，同時交還一部分宮女。可是人一多，糧食很快就耗光了，沒辦法，只得去弄野菜、水果充饑。這時，河內太守張楊前來拜見漢獻帝，提出要送皇帝回洛陽。可是白波軍的將領李樂、韓暹等人不同意，因為這一帶是他們的勢力範圍，他們可不想讓皇帝給跑了。

渡過黃河後，這裡就不是李傕、郭汜的地盤，所以相對安全些了。可是皇帝身邊這一些人又起內訌了。董承是堅決要求皇帝回洛陽的，可是白波軍將領反對，理由當然是很充分的，洛陽根本就是一片廢墟，怎麼回呢？雙方爭執不下，白波將領韓暹索性發兵攻打韓暹，韓暹落荒而逃，只得去投奔河內太守張楊。

張楊就讓董承先回洛陽重建皇宮，可是建皇宮是個很大的工程，得花不少錢，必須有人出錢出力才行。幸好這個時候有一個人出手了，他就是荊州刺史劉表。這個劉表一看便曉得非英雄人物，既然都出錢出力幫助建皇宮了，他怎麼沒有想到把皇帝控制在手中呢？經過幾個月的動工，皇宮建成了，當然這根本不上規模與檔次了，但總比籬笆牆要好一點。這時李樂、韓暹等人也無話可說了，便與楊奉一道護送皇帝上路。河內太守張楊也運來了糧食，迎接皇帝。

從出長安到洛陽，其實路途並不十分遙遠，可是皇帝整整花了一年的時間。從興平二年（一九五年）的七月到興平三年（一九六年）的七月，這期間小皇帝吃盡苦頭，更不要說其他人的遭遇了。護送有功的幾個人都升官了，張揚成了大司馬，楊奉成了車騎將軍，韓暹成了大將軍兼司隸校尉，都很風光，不是嗎？還真的不是。不要說他們，皇帝都風光不起來呢。

小而簡樸的皇宮是搭成了，可是洛陽仍是一座死城。皇宮孤伶伶地矗立在一堆荒草之中，周圍是燒得焦黑的殘垣斷壁。帝國中央政府總算有個落腳點了，可是手握重兵的各路諸侯，沒有人前來進貢，皇宮連吃飯都成問題。文武官員再也不像以前要那威風凜凜，神氣十足，他們也只能親自去郊外弄點野菜來充饑，有些人餓斃在路上，有些人則被亂兵所殺。

中央朝廷的權威已經蕩然無存了，皇帝尚且有一頓沒一頓，自顧不暇，更何況大臣們呢。眼看著這個朝廷就要自生自滅了，這時有一個人站出來了，他要把這個快倒的朝廷重新扶起來。這個人就是曹操。

這些年曹操都做什麼去了呢？他又為什麼要扶立奄奄一息的東漢朝廷呢？

# 四九、挾天子以令諸侯

我們先來簡單說一下曹操的早年。

曹操的父親是曹嵩，據說他本來並不姓曹，而是複姓「夏侯」，但是被中常侍曹騰所收養，故而改姓為「曹」。曹操打小時候開始，就機敏過人，腦袋瓜好使，擅長做一些陰謀詭計，性格豪放，不受世俗觀念的影響，也有一種任俠精神。但是在一般人看來，他與普通人相比，並沒有不同凡響之處。當時擔任太尉的橋玄頗有慧眼，他看到曹操時，定睛凝視，然後說：「天下將亡，能定安天下的人，恐怕就是你了。」他建議曹操去結識許劭。

許劭在當時是個名士，他做什麼工作呢？專門做人物點評。他每個月都要出台一份人物排行榜，點評當世人物的高下，上榜的人很快就名氣大漲了。曹操前去拜見許劭，問說：「我是什麼樣的人呢？」許劭看不起他，不愛搭理。可是曹操有辦法，他用威脅的手段，強迫許劭開口。許劭無奈之下只得說：「你是治世之能臣，亂世之奸雄。」這句話，令曹操十分滿意，無論是當能臣或是當奸雄，都說明他能做一番事業，不致於碌碌無為。

黃巾起義爆發後，曹操以騎都尉的身分參加鎮壓黃巾軍的戰爭，並立了戰功，遷升為濟南相。中平五年（一八八年），漢靈帝置「西園八校尉」，曹操為典軍校尉。董卓入洛陽後，殺少帝及太后，曹操逃出洛陽，興義兵，與關東群雄共同討伐董卓。可惜的是，關東諸雄不能同心戮力，曹操拼光了血本，無法挽回時局。後來他曾寫了一首有名的詩，名為《蒿里行》，在詩中他如實記錄了當年關軍群雄征討董卓時相互拆台的心態：「關東有義士，興兵討群凶。初期會盟津，乃心在咸陽。軍合力不齊，躊躇而雁行。勢利使人爭，嗣還自相戕。」

關東盟軍解散後，有一度曹操並沒有一個穩固的落腳點。但是很快一個機會降臨了，初平三年（一九二年），青州的黃巾軍湧入兗州，兗州刺史劉岱戰敗身亡。由於帝國分裂，天子的詔令無法下達關東，兗州一時群龍無首。在濟北相鮑信及兗州一部分官員認為應當迎曹操為兗州刺史，因為曹操有能力挫敗黃巾軍的進攻。就這樣，曹操撈了個大便宜，以兗州刺史的身分主持政務，並以弱勝強，擊退了黃巾軍。但是不久後，漢獻帝任命金尚為兗州刺史，曹操可不想把到手的肥肉拱手讓出，他索性發兵把金尚趕走了。

在這樣一個亂世，有兵才能當草頭王。

曹操不愧是大軍事家，他在兗州站穩腳跟後，對黃巾軍窮追猛打，在兵力居於劣勢之下，屢戰屢勝。黃巾軍人數雖多，可是多數是烏合之眾，沒有經過什麼軍事訓練，打仗時又攜家帶口。從青州湧入兗州的黃巾軍有三十萬人，拖家帶口加起來超過一百萬人。在曹操的打擊下，黃巾軍最終全體投降。這次勝利對曹操來說可真是太重要，他從黃巾軍戰士中挑選出一部分精銳，組成了一支軍隊，稱為「青州軍」。曹操不是在兗州嗎，怎麼軍隊要叫青州軍呢，這是因為這些戰士基本上都是來自青州。

如今曹操成了雄據一方的軍閥，他想到把父親曹嵩接到兗州。曹嵩以前認宦官曹騰為父，靠著這層關係，積聚了不少財物，如今兒子發達了，他也該享享福了。於是他從琅琊出發，把金銀財寶統統裝上車，整整裝了一百車。錢財可以讓人得到許多，但同時也可以使人失去一切，它既是美麗的天使，也是凶惡的魔鬼。這是一個亂世，亂世的特點就是無法無天，徐州刺史陶謙手下的將軍，對曹嵩的錢財垂涎三尺，半路把他劫殺了，把所有錢財都搶跑了。

父親被殺的噩耗傳到曹操耳中，他氣瘋了，馬上出兵攻打徐州，連下十數城。他在復仇心的驅使下，他甚至對徐州百姓也毫不留情，大開殺戒。陶謙頂不住了，急忙向青州刺史田楷求援。田楷這個刺史，也不是皇帝封的，而是公孫瓚封的。與田楷一同前往救援的，還有平原相劉備。劉備當時有五六千人馬，陶謙又交給他四千人，總計約一萬人。劉備是個胸懷大志的人，不可能屈居田楷之下，由於他就順理成章地歸附陶謙。

曹操對陶謙發動多次進攻，並打敗了劉備。正當陶謙狼狽不堪時，曹操後院起火了。原來曹操的部將張邈與陳宮突然叛變，迎接呂布。這次事件的發生十分突然，而曹操正在前線與陶謙作戰，完全不知情。所幸的是軍司馬荀彧識破了張邈的伎倆，張邈謊稱說：「呂布前來協助我們攻打陶謙，請準備好軍隊所需的糧草。」荀彧對此十分狐疑，呂布怎麼無緣無故來做好事呢？他緊急下令全體戒備，並緊急通知東郡太守夏侯惇。由於曹操的留守兵力不多，兗州的絕大多數地盤很快落入呂布之手，僅剩鄄城、東阿、范縣等少數幾個地方。

得知張邈叛變的消息後，曹操大驚失色，急忙從徐州戰場抽身，返回兗州。在接下來的一年裡，曹操與呂布之間相互廝殺，呂布終於被打敗，被迫退出兗州。當時徐州刺史陶謙病逝，把徐州交給劉備，呂布走投無路，就前去投奔劉備了。

在全國陷入一片混戰時，漢獻帝開始他落難之旅，從長安東返洛陽，整整耗時一年。建安元年

（西元一九六年）七月，漢獻帝終於回到了洛陽，可是各路群雄除了向天子要官銜之外，誰也沒拿他當一回事。這個時候，曹操倒動了一個念頭，何不趁這個時機，控制天子以號令天下呢？這個想法遭到一些部將的反對，主要有兩個理由：第一，關東尚未平定；第二，韓暹、楊奉等人把持朝廷，這兩人因為護駕有功，頗為驕橫，不好制服。

但謀臣荀彧則不這樣認為，他舉了歷史上的晉文公、漢高祖為例。晉文公當年把周襄王迎回京城，成就了一番霸業；項羽殺了義帝（楚懷王）後，劉邦為義帝縞素發喪，天下歸心。可見要做大事，首先就得佔據政治制高點，把握主動權。荀彧又說道，自從董卓為亂京師後，曹操是首舉義兵之人，而且在戰場上十分賣力，這是天下人所共知的，有這麼個好名聲。現在應該要把握時機，乘機迎皇上，這是順應天下民心的作法。倘若控制中樞，在朝中以大公無私的態度來秉持朝政，對外就可壓制群雄，這才是大謀略呢。

荀彧所說的，十分合曹操的胃口。我們知道這就是「挾天子以令諸侯」的戰略，不過這個戰略並不是曹操或荀彧首創，實際上早在春秋戰國時，該戰略就頻頻被霸主們所利用。春秋時代齊國名相管仲提出「尊王攘夷」戰略中的「尊王」，其實就是後世「挾天下以令諸侯」的原版。

曹操的行動力是很強的，打定主意後，他便派曹洪率領一支軍隊前往洛陽。這時朝廷就控制在幾個軍閥手中，包括董承、楊奉、韓暹、張楊等人。聽說曹操派軍隊前來，想插手朝政，董承不高興了，他派軍隊在各個險要關口設防，阻止曹洪西進。眼看著軍事衝突不可避免，這時發生了兩件事，竟然令曹操的軍隊得以順利地開進洛陽。

第一件事情，曹操的洛陽城內有一位舊識，名叫董昭，在朝廷中擔任議郎，他自作主張，以曹操的名義，給車騎將軍楊奉寫了一封信。這封先是吹捧楊奉的豐功偉績：「操與將軍聞名慕義，便推赤心，今將軍拔萬乘之艱難，反之舊都，翼佐之功，超世無儔，何其休哉。」看到這樣的文字，楊奉能不飄飄然嗎？緊接著，董昭又說，現在「四海未寧」，要共扶王業，這得依靠眾人的力量，「誠非一人所能獨建」，「將軍當為內主，操為外援，操有糧，將軍有兵，有無相通，足以相濟，死生契闊，相與共之。」

由於這封信是冒曹操之名發出的，楊奉看了免不了心動，別看他跟其他幾個將領把持朝政，看起來像是很威風，實際上食不裹腹，軍隊隨時都有瓦解的可能。楊奉便對其他幾位將領說：「曹操的軍隊，就駐紮在許昌，有兵有糧，朝廷應該要倚重他們。」其他幾個將領覺得有道理，遂聯名推薦曹操為鎮東將軍。

接下來，又發生第二件事情。董承原本在險厄之處設兵阻止曹洪西進，現在楊奉一干人等卻認為要依靠曹操的兵糧，既然如此，董承也打起自家的小算盤。原來董承與大將軍韓暹兩人不和，常鬧矛盾，他心裡便想，既然朝廷欲倚重曹操，那我何不借曹操之力來整倒韓暹呢？於是他的態度發生一百八十度的轉變，從拒曹轉向迎曹，他寫了封信送往許昌，請曹操速往洛陽。

就這樣，曹操親自領著一隊人馬，通行無阻地進入洛陽。楊奉、董承等人不會想到，請神容易送神難，從曹操踏入洛陽的那時起，他就把這個小朝廷牢牢地捏在手中了。這不，曹操剛到洛陽，就馬上彈劾韓暹與張楊，說兩人仗著護駕有功，有朝廷上專橫驕肆。儘管漢獻帝馬上表態，兩人對朝廷有功，不予追究，可是曹操的目的達到了，他把所有人都鎮住了。

很快，漢獻帝任命曹操為司隸校尉，主持朝廷機要事務，曹操控制朝廷的目的已經初步達到。可是洛陽這個地方，諸多勢力混雜，包括楊奉、董承等人，都手握兵權，顯然曹操不可能一手遮天。曹操心裡琢磨著怎麼辦，他想到了老朋友董昭，就謙虛地請教道：「我現在到了京師洛陽，下一步應該怎麼辦呢？」

董昭答說：「洛陽諸位將軍，各自都有自己的小算盤，未必服從您；況且您還時不時得出去打仗，如果一直留在京師，恐怕也不方便。最好的辦法，是遷都許昌。只是這裡有一個問題，政府流亡在外多年，如今剛剛重回舊都，大家都希望能早日安定下來，如果再次遷都，恐怕大家會議論紛紛。然而欲成就非常之事業，必要有非常之魄力，希望將軍您能果斷行事，切勿遲疑不決。」

曹操捋了捋鬍鬚道：「你的看法跟我一致。只是如今楊奉握有重兵，會不會生變呢？」

董昭對朝廷的底細知道得很清楚，便答道：「楊奉雖然部眾不少，可是沒什麼外援，想與您交好。前些時候朝廷封您為鎮東將軍，這都是楊奉的主意，您應該派人前去表示感謝一下，這樣也好讓他高興一下。同時可是告訴他，京師缺糧，只好把皇帝移駕許昌，那裡的糧食比較多。楊奉這個人向來有勇無謀，不會懷疑的；等到他明白過來，想出兵阻撓，就已經來不及了。」

曹操拍案稱好，他一邊派人帶著金帛等貴重物品酬謝楊奉，一邊奏請漢獻帝，請皇帝移駕許昌，以免被缺糧所困擾。漢獻帝當然不太想離開洛陽，可要不去許昌，這朝中一大幫人吃飯都成問題，當皇帝卻解決不了大臣的吃飯，這不是笑話嗎？其他大臣現在也顧不上那麼多了，再說曹操的兵就在外頭，敢反對嗎？於是遷都之事，就這樣定下來了。洛陽臨時皇宮也無甚東西，不必花費多少時間打點，上車走人就行了。

漢獻帝在洛陽待了不到兩個月，又顛簸上路了。剛開始楊奉對此不在意，曹操送了他一大筆錢財，他正心花怒放呢。可是很快他覺得不對頭了，皇帝跑到許昌，許昌可是曹操的地盤啊，這一去，不明擺著整個朝廷都被曹操捏在手心嗎？想到這裡，他慌了，趕緊出兵，想要半途攔下皇帝。可是曹操是何等狡詐之人，怎麼能沒防備呢？曹軍迎擊楊奉，楊奉大敗，狼狽而逃，投奔袁術去了。

在袁紹、袁術等實力派人物根本無視皇帝時，曹操卻悄悄做一筆大投資，把皇帝與政府都搬遷到了許昌。這一筆投資的回報很快就展現出來了。漢獻帝授予曹操「大將軍」之銜，大將軍是除皇帝之外，所能獲得的最高職位了，比三公還要高。此後從許昌發出的皇帝詔令，實際上都是曹操的意思，只不過蓋上皇帝的大印罷了。

這時的皇帝有沒有權呢，當然沒有權了。那有沒有用呢？說真的，有點用。漢獻帝在名義上仍然是天下共主，除非有誰自立為皇帝，否則至少表面上還得對皇室表示些許的尊敬。曹操既然掌握了皇帝這張牌，就掌握了攻擊對手的銳器。在關東群雄中，對曹操威脅最大、勢力最強的當屬袁紹。

曹操藉天子詔令，批評袁紹只知擴張地盤，卻不願率兵勤王，結黨營私。這下子袁紹有些被動了，只得上表自我檢討。緊接著，皇帝又下詔，任命袁紹為太尉。太尉是全國武裝部隊的總司令，相當於國防部長，為三公之首，可是袁紹對這個任命卻勃然大怒，這是為什麼呢？漢代三公（太尉、司徒、司空）是常設的，但還有一個在三公之上的職位，這就是大將軍，如今的大將軍正是曹操。難怪袁紹要大發雷霆，在他眼中，曹操是什麼東西呢，也配爬到他頭上嗎？當年袁紹是關軍盟軍的大首領，而曹操不過是群雄中弱小的一員呢。再說了，曹操起兵後，袁紹也幫了他幾次大忙，有恩於他，現在要袁紹屈居其下，袁大公子自然不幹了。

袁紹以強硬的態度上書拒絕接受任命，這下子曹操有點難堪了。曹操決定做必要的讓步，他把大將軍的頭銜讓給了袁紹，自己擔任司空兼車騎將軍。表面上看，曹操是吃了虧，其實則不然。袁紹遙領大將軍銜，可是並沒有在朝廷辦公，對朝廷一點控制力也沒有，帝國政府仍在曹操的手中。更重要的是，袁紹既然接受了任命，就等於仍然承認皇帝的權威。在群雄中，實力最強的袁紹都承認天子的權力，那麼朝廷對其他大大小小諸侯的話語權自然也提高了。

曹操遷漢獻帝於許昌，發生在建安元年，即西元一九六年。從這一年起，東漢政權實際上淪為曹氏的政權，儘管漢獻帝又當了二十四年的皇帝，但只不過是曹操父子手中的一枚棋子罷了，漢朝已名存實亡了。

從光武立國到獻帝遷許昌，東漢經歷了一百七十二年的風風雨雨，如果算到獻帝被廢，則是一百九十六年，將近二百年的歷史。那麼這裡就涉及到一個問題，三國時代，究竟從何時算起呢？如果按嚴格的說法，要從西元二二〇年算起，是年曹操去世，其子曹丕廢獻帝，自立為皇帝，正式成立魏國政權。可是習慣上的三國史都不是以這個時間為基準的，三國紛爭的開端，乃是曹操遷獻帝於許昌，挾天子以令諸侯。因而本書對東漢最後二十四年，只作提綱挈領的概括，不作細緻入微的描述。

# 五〇、天下三分：東漢的覆亡

「大江東去，浪淘盡，千古風流人物。」從建安元年（一九六年）到建安二十四年（二一九年）的二十四年間，中國大地上，上演著大浪淘沙的故事，全國軍閥混戰的局面，最終成為三家鼎立，並最終以東漢朝廷最終瓦解而宣告一個舊時代的結束和一個新時代的開始。

## （一）曹操統一北方

曹操挾天子以令諸侯後，先是以大將軍的頭銜穩住袁紹，然後把進攻的矛頭對準呂布與袁術。

呂布可以稱得上是曹操的死敵，當年曹操攻打陶謙時，呂布乘虛而入，差點令曹操滿盤皆輸。不過曹操畢竟不是一般人，很快站穩腳跟，與呂布打了一年，終於把這個強硬的對手打敗了。呂布走投無路，只得前往徐州，投奔劉備。然而呂布從來就不是個知恩圖報的人，他乘劉備與袁術交戰之機，突襲下邳，趕走張飛，並俘虜了劉備的家眷。劉備只得忍辱含垢，屈膝向呂布投降，呂布反客為主，成為徐州的主人。然而臥榻之旁，豈容他人酣睡？呂布終於對劉備下手了，他率軍攻打小沛，劉備落荒而逃，前去投奔曹操。

自從曹操遷獻帝於許昌後，雄心勃勃的袁術寧為雞首，不為牛後，索性扯起自家大旗，宣布自立為皇帝。稱帝後的袁術積極拉攏呂布，想跟他結為親家，打算讓兒子娶呂布的女兒。呂布剛開始時同意了，可是很快又後悔了，與袁術決裂。新皇帝火冒三丈，派大將橋蕤率軍隊攻打呂布，但是被呂布打得落花流水。

袁術與呂布交惡，這給了曹操一個難得的機會。建安二年（一九七年）九月，曹操揮師東征袁術。事實證明袁術也就是個冒牌皇帝，面對曹軍突如其來的進攻，他竟然驚慌失措，自己逃跑了，留下橋蕤抵抗曹軍。然而橋蕤怎麼是曹操的對手呢，很快便被曹軍擊破，戰敗身亡。袁術渡淮河而去，以避曹軍兵鋒，他才當了不到一年的皇帝，就開始走向沒落了。

當時全國混戰，這些手握重兵的地方軍閥們，時而相攻，時而聯合，一切視利益而定。面對曹操咄咄逼人的氣勢，袁術與呂布又握手言和，共同對付許昌政權，並首先攻擊歸附於曹操的劉備。曹操派夏侯惇率軍救援劉備，但被呂布的部將高順所擊敗。高順打敗援軍後，又攻陷沛縣，劉備的妻兒被俘，他自己一人則孤身逃跑。

呂布的這一挑釁行為激怒了曹操，這個帝國丞相決心以強有力的手段還擊。建安三年九月，曹操大舉出兵，攻取彭城後，包圍了呂布的大本營下邳。下邳包圍戰持續了兩個多月，曹操引水灌城，呂布處境越加惡化。這個時侯，下邳城爆發兵變，呂布的部將侯成、宋憲等人率部眾向曹操投降，並逮捕了呂布的手下兩名重要的將軍：陳宮與高順。這一叛變直接導致了呂布的滅亡，因為下邳城再也無力抵擋曹軍的猛攻，呂布只得出城向曹操投降。

打了敗仗後的呂布仍然頗為囂張，他見到曹操後，一張口便說：「從今以後，天下可以平定了。」如今天下正打得熱鬧，呂布何出此言呢？他大言不慚地對曹操說：「您所擔心的，不過就是我呂布一個人，現在我已臣服於您。倘若我率騎兵，您領著步兵，試想天下還有誰能阻擋嗎？」曹操雖與呂布有仇，但也愛惜他的驍勇，要不要接受他的投降呢？這時坐在身旁的劉備說了一句話：「你沒看到丁原、董卓的結局嗎？」這句話暗藏玄機，呂布曾是丁原、董卓的部下，但他先後背叛並殺死了這兩人。曹操心領神會，不再寬赦呂布，立即下令處死。

呂布死後，袁術孤立無援、眾叛親離。在曹操的打擊下，袁術被迫取消皇帝的尊號，這位野心家的皇帝夢徹底破滅，幾近潦倒。他曾經有妻妾數百，數不完的綾羅綢緞、山珍海味，可是到落魄之時，睡的木床甚至沒有草席。爬得越高的人，跌下來越慘，巨大的心理落差令袁術憂憤交加，竟然一病不起，吐血而亡。

在曹操攻呂布、袁術的同時，袁紹也消滅了盤距在北方的公孫瓚，佔據了冀州、青州、幽州、并州，地盤廣闊，兵多將廣，成為曹操的頭號勁敵，兩人之間的戰爭已是不可避免。

建安四年（一九九年），袁紹挾戰勝公孫瓚之餘威，謀攻許昌。曹操積極布防，他率部進駐黎陽，分兵守衛官渡，雙方成對峙局面。就在這個時候，劉備叛曹操而去，擊斬徐州刺史車冑，佔據下邳、小沛，擁眾數萬人，並且與袁紹結為同盟。令眾人大感意外的是，在袁紹大兵壓境之時，曹操卻毅然決定東征劉備。許多部將紛紛勸說：「與公爭天下的人是袁紹，如今袁紹正從北方發動攻勢，我們卻東征劉備，這豈不是本末倒置？」正所謂英雄識英雄，曹操卻認為劉備是真正的英雄豪傑，如果不迅速採取行動，將來必將後患無窮。

其實連劉備都認為曹操不可以在這個時候進攻徐州，所以當曹操的大軍前來時，他毫無防患，還未開戰，自己便落荒而逃，前去投奔袁紹了。劉備的妻兒又成為俘虜，手下的猛將關羽也被曹軍生擒。曹操感於關羽的忠勇，不僅未殺他，還委任他為大將。

建安五年（二〇〇年），袁紹兵進黎陽，拉開了官渡之戰的序幕。袁紹派遣大將顏良進攻白馬，曹操引軍晝夜兼行，直撲白馬。顏良發現曹軍前來，立即迎戰，曹操以張遼、關羽為前鋒出戰，關羽遠遠望見顏良的帥旗，策馬長驅而入，於萬軍之中取顏良首級，勇冠三軍。大將一死，袁軍都驚呆了，只得撤退，白馬之圍遂解。首戰失利後，袁紹在兵力上仍居優勢，他率軍渡過黃河，推進到延津以南。曹操故意露出破綻，以輜重車隊為誘餌，誘使袁紹前來抄截，暗中卻布下伏兵，等袁軍上鉤後，突然發起襲擊，大破袁軍，陣斬袁軍大將文醜。袁紹出師未捷，兩戰兩敗，還損失了兩員大將，士氣低落。在這兩戰中，關羽為曹操立下汗馬功勞。可是關羽以忠義自詡，不肯效忠曹操，他把曹操所賞賜之物原封不動地留下，並留下一封信後，不辭而別，前往投奔大哥劉備。

儘管曹操的開局不錯，但要對付實力超強的袁紹，他還是顯得力不從心。到了九月，袁紹軍隊屯駐於陽武，曹操出兵與袁紹戰，但沒能取得勝利。此時曹操面臨的問題十分嚴峻，他不僅兵力不足，而且糧食也快耗光了，士兵們相當疲憊，百姓也因為稅賦太重而紛紛叛歸袁紹。曹操採納了謀士荀彧的策略，堅壁清野，與袁軍相持。糧食的重要性突顯出來了，成為左右戰局的關鍵因素。

袁紹從後方調運大批糧食，總計達數千車之多，運往官渡。曹操抓住敵軍將領輕敵的弱點，出奇兵攻擊輜重車隊，把所有的糧食燒光了。十月，袁紹再次派遣軍隊押送糧食，他吸取上次糧食被焚的經驗，派了一萬人馬負責押糧。當時運糧車隊到了故市、烏巢，曹操親自率五千名步騎兵，這次他不是要強攻，而是要智取。曹軍打著袁軍的旗幟，同時銜枚縛馬口，趁著夜晚天黑時，從小道直趨敵營。每個曹軍士兵都抱著一束柴薪，到了敵營後，立即團團圍住，然後把柴薪點著，扔到糧車上。雖然袁軍押糧部隊有一萬人，比曹操的五千人還多一倍，可是營中一片混亂，根本沒法抵擋。

此時袁紹也得知消息，他親自率一支騎兵前去援助押糧隊，另派主力部隊攻打曹操的大本營。然而袁紹卻低估了對手的戰鬥力，雖然曹操奔襲押糧部隊的兵力僅有五千人，卻是精銳中的精銳。面對袁軍的增援，曹軍死地求生，不僅殺死負責押糧的袁軍大將淳于瓊，還大破袁紹的騎兵。袁紹最終被擊敗了，而他的糧食第二次被曹軍燒為灰燼。

緊接著，一個戲劇性的場面發生了。袁紹麾下大將張郃與高覽突然叛變，燒毀袁軍的武裝庫，轉而向曹操投降。這麼一來，雙方的兵力對比發生了逆轉。同時，袁軍的糧食也開始變得緊張。在兩度糧車被燒、張郃叛變等一系列事件的影響下，袁軍上下灰心喪氣，全無鬥志。開始有人開小差，逃兵越來越多，袁軍大營失控了。在這種情形下，曹操果斷出擊，袁軍兵敗如山倒，袁紹帶著八百餘人渡黃河而逃。主帥一逃，士兵們死的死，降的降，由於曹操自己也面臨缺糧的問題，他索性對袁軍俘虜採取坑殺的殘酷手段，前後共殺了七萬餘人。

官渡之戰是東漢末年一場重要的戰役，也是中國歷史上以少勝多的經典戰例。此役袁紹動用了十一萬的兵力，而曹操則僅有兩三萬人。曹操在兵力處於劣勢的情況下，奇蹟般地贏得了勝利，也為統一北方奠定了基礎。

官渡之戰後兩年，即建安七年（二〇二年），袁紹病死。他的兩個兒子，袁譚與袁尚為奪取權力而爭鬧不休，內鬥使得袁氏集團的勢力更加衰微。經過三年多的戰爭，到建安十年（二〇五年），曹操破袁譚於青州，袁譚被殺。袁尚與哥哥袁熙投奔遼西烏桓部落。兩年後，曹操率大軍討伐烏桓，烏桓蹋頓單于與袁尚、袁熙帶著數萬騎兵前來迎戰。曹操登白狼山，使張遼為先鋒，縱兵擊之，烏桓騎兵大敗，蹋頓單于在戰鬥中被殺，烏桓及漢人共有二十多萬人投降。遼東烏桓單于速仆丸與袁尚、袁熙投奔遼東太守公孫康。可是公孫康不給面子，把三個人的腦袋都砍下來，函首送詣曹操。至此，曹操對袁氏集團的戰爭獲得徹底的勝利。

## （二）東南孫氏政權的興起

東南孫氏政權的興起，是孫堅、孫策、孫權父子三人努力的結果。

初平二年（一九一年），孫堅討伐劉表時，中箭身亡，時年三十七歲。他的長子孫策時年十七歲，儘管十分年輕，卻與乃父一樣堅強而勇敢。為了為父報仇，孫策前往見袁術，幾經周折後，袁術把孫堅的舊部一千餘人交給孫策。這麼一支弱小的部隊能打出一片天地嗎？孫策給出了一個肯定的答案。孫策的明智之處，在於他避開了群雄逐鹿的中原地區，把開拓的目標瞄準江東。他是一個極富個人魅力的領袖型人物，在向江東挺進的過程中，他的隊伍不斷地擴大，又得到好友周瑜等人的支持，遂渡江南下，開始經略江東。

當時江東有兩大勢力，一為揚州刺史劉繇，二為會稽太守王朗。自從南渡長江後，孫策的軍隊幾乎每戰必勝，這不僅是因為他擁有非凡的軍事指揮才能，同時也得益於政治措施。孫策的軍隊軍紀極其嚴明，大軍所到之處，絕不擄掠百姓，連貓狗雞鴨甚至是一棵青菜都不冒犯，這樣的軍隊怎麼能不得民心呢？在擊破江東多股勢力後，他揮師進攻揚州刺史劉繇的大本營曲阿。

興平二年（一九五年），孫策在曲阿之戰中大敗劉繇，隨後發布公告，凡劉繇的親友舊部，只要前來歸附者，一律不計前嫌。同時他宣布一條重要政策：只要一家有一個當兵，就可以免除全家稅賦。戰亂時代，各地百姓都擔負沉重的稅賦，而孫策的這個開明政策，確是罕見。孫策不僅是傑出的軍事家，也是傑出的政治家，在他的政治宣傳下，四面八方的人紛紛前來投奔，不到十天的功夫，就新建一支兩萬人的軍隊及一千匹戰馬。至此，孫策的大名威震江東。

第二年（一九六年），孫策發兵攻打盤踞江東的另一位實力派人物王朗，王朗投降，孫策自領會稽太守。在此後的幾年，孫策全力經營江東。由於袁術有稱帝的野心，幻想得到孫策的支持，但孫策無疑是明智的，他斷然拒絕，並與袁術劃清界線。曹操乘虛而入，拉攏孫策，表薦他為討逆將軍，並封吳侯，至此，東吳政權的雛形初現。

袁術對孫策的坐大深感恐懼，他暗中指使祖郎煽動山越人反對孫策。同時，劉繇的部將太史慈佔據涇縣，在山越人的支持下對抗孫策。建安三年（一九八年），孫策攻打陵陽，生擒祖郎。緊接著，他又馬不停蹄，發動對涇縣攻勢，生擒太史慈。孫策果然是胸懷大志之人，他對曾經的敵人展示其寬廣的胸襟，祖郎、太史慈均被招攬於麾下。

由於袁術病故，其部眾大量湧入廬江，廬江太守劉勳的實力迅速壯大，對孫策構成極大的威脅。孫策表面上對劉勳恭敬順從，暗地裡卻慫恿他攻打上繚以略地取糧。劉勳果然中計，當他兵進上繚時，孫策突然發兵攻打他的老巢，攻陷皖城並俘落三萬人。劉勳緊急向江夏太守黃祖求援，黃祖派五千人前往協助，但很快被孫策所擊破。當年孫堅正是死於黃祖之手，如今孫策終於有機會報仇雪恨了。他以水陸兩路合進，進攻黃祖。雙方展開決戰，孫策大破黃祖的荊州兵團，斬俘數萬人，黃祖僥倖逃跑了，但他的妻兒卻被生擒。隨後，孫策南下進攻豫章，豫章太守華歆獻城投降。

正當孫策的事業如日中天時，災難卻突然降臨。建安五年（二〇〇年），孫策被刺客所傷，不治身亡，時年二十六歲。所幸的是，孫策的弟弟孫權也是一位出類拔萃的人物，他以周瑜為中護軍，與張昭共同主持江東軍政。

孫權仍然把荊州作為主攻方向，矢志殺黃祖為父親報仇。建安八年，孫權再度發動對黃祖的進攻，大破荊州兵團，正當他想一鼓作氣攻克江夏時，後方傳來山越人作亂的消息。孫權回師，擊平鄱陽、會稽的山越人，並派遣部將平定樂安、建昌、海昏等地的叛亂。到了建安十三年（二〇八年），孫權最終完成了報仇的心願。這一年，他水陸並進，進擊黃祖，在長江水戰中，大破黃祖艦隊。黃祖退守夏口，孫權以精銳部隊猛攻，黃祖最終抵擋不住，棄城而逃，但被追兵趕上，一刀將其砍死。孫權用木匣子裝著黃祖的腦袋，祭奠父親孫堅，此時距孫堅之死已過十七年。在孫策、孫權兩兄弟的不懈努力下，得以告慰亡父的在天之靈。

在孫權斬殺黃祖不久，荊州牧劉表病死，曹操大舉進擊荊州。面對來勢洶洶的曹軍，孫權與劉備聯手，在赤壁之戰中力挫曹操，奠定了三足鼎立的基礎。

## （三）赤壁之戰與天下三分

與曹操、孫權相比，劉備的道路要坎坷得多，他雖是大漢帝國開國皇帝劉邦的後裔，可卻出身貧寒，是靠自己的努力一步步在政壇上嶄露頭角。劉備常寄人籬下，曾投靠過公孫瓚、陶謙、曹操、袁紹等人，官渡之戰後，他又前往荊州，投靠劉表，屯兵於新野。長期以來，困擾劉備的問題是缺乏一個穩固可靠的根據地，當曹操統一北方、孫權盤踞江東之際，他又要往何處去呢？

建安十二年（二〇七年），劉備得到了一個人的輔佐，這個人便是著名的政治家諸葛亮。當時諸葛亮隱居於鄧縣隆中，時稱「臥龍」。劉備時在荊州遍訪人才，司馬徽與徐庶向他推薦諸葛亮，他三顧茅廬，終於請請葛亮出山相助。諸葛亮為劉備指明了清晰的戰略路線：「東聯孫吳，西據荊益，南和夷越，北抗曹操。」這就是著名的「隆中對」。

可是很快，曹操大軍乘劉表新亡之機，大舉攻略荊州，繼任荊州牧的劉琮沒有抵抗便拱手投降。劉備還沒來得及備戰，曹軍便已長驅而入。情急之下，劉備棄新野而走，退往夏口，曹操進軍佔據江陵。曹操南略荊州，不僅僅是為了打擊劉備，更想一鼓作氣打敗東吳的孫權。為了對付曹操，孫權與劉備聯手是雙贏的選擇。

在孫權一方，魯肅是孫劉結盟的積極鼓動者。前荊州牧劉表去世後，魯肅前去參加弔唁，並乘機遊說劉備安撫劉表部眾，與東吳聯手共拒曹操。在曹操佔據江陵後，積極籌備水軍以順江而下，形勢空前危急。劉備毅然派諸葛亮與魯肅一道前往柴桑會晤孫權，共商抗曹大計。此時，曹操約有軍隊二十萬人，號稱八十萬，而孫、劉聯軍只不過五六萬人。

曹操企圖不戰而屈人之兵，他致書孫權，以武力相恫嚇。鑑於敵我實力懸殊，孫權召集群臣商議，眾人議論紛紛，有的主張戰，有的主張和，爭論不休。孫權只得把名將周瑜召回，周瑜力主抗曹。他向孫權詳細分析了雙方實力，認曹軍長途奔襲，已經疲憊不堪，而且捨棄北方士兵擅長的馬戰，改用舟師，而水戰正是東吳軍隊的優勢；同時，曹操的大後方還面臨西北馬騰、韓遂的威脅，有後顧之憂等等。周瑜的分析，堅定了孫權的抗戰決心，他任命周瑜、程普為左右督，聯合劉備共同抗擊曹操，同時以魯肅為贊軍校尉，幫助籌畫作戰方略。

十月，決定曹、孫、劉三方命運的赤壁之戰打響。周瑜採納部將黃蓋的計謀，以詐降的方式，以十艘艦船靠近曹軍水師，臨近時突然點火，火船衝入曹軍艦船之中，在風勢的鼓動下迅速蔓延開來，曹軍水師損失慘重。火攻得手後，周瑜率主力船隻出擊，曹軍大敗，燒死溺死者無數。曹操無法控制局面，只得領兵西逃，周瑜、劉備水陸並進，追擊至南郡。當時曹軍後勤輜重悉數丟棄，在饑餓與疫病的雙重打擊下，死亡人數過半。

赤壁之戰，以孫、劉聯軍大獲全勝而告結束，是役曹操損失的兵力超過十萬人，他一統中國的夢想破滅了。

赤壁之戰成了劉備生涯的一大轉捩點，他乘曹操新敗之際，南征武陵、長沙、桂陽、零陵四郡，四郡皆降。同時，周瑜也攻克南郡、江夏、彭澤諸郡。當時荊州有八個郡，長江以南四郡在劉備手中，而長江以北四郡由孫權控制。儘管打敗了曹操，可是孫、劉仍是弱者，還有聯合的必要，孫權把妹妹嫁給劉備，以強化同盟關係。

倘若不是周瑜英年早逝，劉備縱然雄才偉略，恐怕也難成大事。周瑜認為劉備乃是當世梟雄，多次勸孫權扣押他，可是孫權沒同意。後來，周瑜向孫權提出向西發展的戰略主張，要求西片奪取蜀地及漢中，如果他的計畫順利實施，那麼劉備將毫無機會了。可是周瑜還未大展身手，便患病而亡，時年三十六歲。周瑜死後，魯肅代領其兵，他勸孫權暫且把整個荊州交給劉備，與之共拒曹操，孫權同意了。

曹操南下遇挫後，遂全力進攻西北的韓遂、馬超，同時派兵攻打張魯盤踞的漢中。益州軍閥劉璋希望劉備入蜀，想藉他的手北擊張魯，不想這正好給了劉備吞併蜀地的機會。建安十七年（二一二年），劉備殺劉璋部將楊懷、高沛，佔據涪城。兩年後，劉備打敗劉璋，完全佔領益州，自領益州牧。自此，諸葛亮在「隆中對」中所提的戰略構想得以實現，曹、孫、劉三足鼎立之勢已成。

在這場逐鹿天下的遊戲中，漢獻帝早已被邊緣化，他只是一名看客，坐著看曹操在台上獨舞大旗。然而在曹操有生之年，並沒有將皇冠帶在自己的頭上，雖然他也有這種欲望與衝動，不過他仍然是無冕之王。

建安十三年（二〇八年），曹操罷三公，自為丞相。

建安十七年（二一二年），朝廷引蕭何故事，准許曹操贊拜不名，入朝不趨，劍履上殿。所謂引蕭何故事，這不過是好聽的說法，還不若說引王莽、梁冀的故事呢。

建安十八年（二一三年），曹操自立為魏公，加九錫，這是典型篡位前的準備。

建安十九年（二一四年），曹操進位諸侯王之上。

建安二十一年（二一五年），曹操進號為魏王。

建安二十二年（二一六年），曹操設天子旌旗。

誰都明白，改朝換代已是不可避免，大漢帝國的身影如斷線的風箏，漸行漸遠。西元二二〇年，這是大漢帝國謝幕的一年，也是曹魏帝國開國的第一年。該年正月，一代雄才曹操病逝。直到死的那刻，他的頭銜仍然只是帝國的丞相，儘管他與皇帝已經毫無差別，僅僅是沒有皇帝的尊號罷了。這張薄薄的窗戶紙終於被曹操的兒子曹丕捅破了，這年十月，曹丕廢漢，改元黃初，國號為「魏」，建都洛陽。漢獻帝被廢為山陽公，他死於西元二三四年，總算得以壽終正寢。曹丕稱帝後第二年，劉備於成都稱帝，建立蜀漢政權。孫權稱帝的時間則在西元二二九年，比曹丕稱帝晚了九年。

從光武帝劉秀稱帝到漢獻帝被廢，東漢的歷史總計一百九十六年，其間有過十四位皇帝，絕大多數是短命皇帝。東漢與西漢並稱兩漢，中間隔了一個新莽王朝，兩漢合計四百一十年，是秦之後中國歷史上最長命的封建王朝，也是中國歷史上最偉大的時代。

在中國歷史上，「強漢」與「盛唐」並稱，東漢在國力上要遜色於西漢，即便如此，在對外戰爭中，東漢仍然是勝多負少，其超級強國的地位並沒有受到動搖。著名思想家王夫之有這樣一句評論：「國恆以弱喪，而漢獨以強亡。」漢亡的主要原因，在於內部因素而不在於外部因素。在這些因素中，東漢歷代皇帝短壽是很重要原因。皇帝早死，幼主登位，外戚把持朝政，及皇帝年長，又藉宦官之力重奪大權。故而東漢的外戚之患與宦官之禍極其慘烈，這也是帝國走向滅亡的原因所在。

沒有永恆的帝國。曾經盛極一時的大漢帝國最後也崩塌。然而其對中國所產生的巨大影響，卻持久存在。兩漢奠定了中國政治版圖的基礎，也見證了一個偉大民族的成長史，這個民族從此有一個名字：漢。

# 東漢大事年表

**西元二十五年（光武帝建武元年）**劉秀於鄗南稱帝，建元建武；公孫述稱帝；赤眉入長安。

**西元二十七年（光武帝建武三年）**漢軍大破赤眉，劉盆子、樊崇降；馮異平定關中。

**西元二十九年（光武帝建武五年）**岑彭破田戎，平荊州；耿弇破張步，平齊地。

**西元三十年（光武帝建武六年）**馬成破李憲，平江淮；吳漢破董憲，平山東。

**西元三十二年（光武帝建武八年）**光武帝征隗囂。

**西元三十五年（光武帝建武十一年）**岑彭征公孫述。

**西元三十六年（光武帝建武十二年）**吳漢平蜀，公孫述死。

**西元三十八年（光武帝建武十四年）**西域諸國請置都護，光武帝不許。

**西元四十三年（光武帝建武十九年）**馬援平交趾之亂。

**西元四十八年（光武帝建武二十四年）**匈奴分裂為南北二部，南匈奴附漢稱臣。

**西元四十九年（光武帝建武二十五年）**馬援破武陵蠻，卒於軍中。

**西元五十七年（光武帝建武建武中元二年）**光武帝死，明帝劉莊即位。

**西元六十六年（明帝永平九年）**明帝立學於南宮。

**西元七十三年（明帝永平十六年）**班超初通西域。

**西元七十五年（明帝永平十八年）**北匈奴圍疏勒城；明帝死，章帝即位。

**西元八十七年（章帝元和四年）**羌豪迷唐叛反；班超破莎車。

**西元八十八年（章帝章和二年）**章帝死，和帝劉肇繼位，竇太后臨朝。

**西元八十九年（和帝永元元年）**竇憲耿秉破匈奴於稽落山，勒石燕然。

**西元九十一年（和帝永元三年）**金微山之戰；置西域都護府，班超為都護。

**西元九十二年（和帝永元四年）**竇憲伏誅，和帝親政。

**西元九十四年（和帝永元七年）**班超破焉耆，平西域五十國。

**西元一〇五年（和帝永元十七年）**和帝死，殤帝即位，鄧太后臨朝；蔡倫改進造紙術。

**西元一〇六年（殤帝延平元年）**殤帝死，安帝即位。

**西元一〇七年（安帝永初元年）**罷西域都護；諸羌反，是為大羌亂之開端。

**西元一〇八年（安帝永初二年）**先零羌起事，滇零自立為天子。

**西元一一二年（安帝永初六年）**滇零死，是為西羌由盛而衰之轉折。

**西元一一五年（安帝元初二年）**虞詡大破羌軍，羌人勢力大衰。

**西元一一八年（安帝元初五年）**平定羌亂，十一年羌亂耗費帝國二百四十億，府帑空竭。

**西元一二〇年（安帝元初七年）**置西域副校尉。

**西元一二四年（安帝延光三年）**班勇擊北匈奴。

**西元一二五年（安帝延光四年）**安帝死；中常侍孫程等立順帝，宦官權勢從此日盛。

**西元一四〇年（順帝永和五年）**南匈奴吾斯叛亂。

**西元一四四年（順帝漢安三年）**順帝死，沖帝立，梁太后臨朝。

**西元一四五年（沖帝永嘉元年）**沖帝死，質帝立。
**西元一四六年（質帝本初元年）**梁冀鴆殺質帝。
**西元一四七年（桓帝建和元年）**梁冀殺李固、杜喬。
**西元一五九年（桓帝延熹二年）**梁冀伏誅。
**西元一六六年（桓帝延熹九年）**大捕黨人。
**西元一六七年（桓帝延熹十年）**禁錮黨人；桓帝死，靈帝立。
**西元一六八年（靈帝建甯元年）**曹節矯殺陳蕃、竇武。
**西元一六九年（靈帝建寧二年）**段熲平東羌；大興黨錮之獄，李膺、杜密死。
**西元一七七年（靈帝熹平六年）**北伐鮮卑大敗。
**西元一八四年（靈帝光和七年）**黃巾起義。
**西元一八九年（靈帝中平六年）**靈帝死，少帝劉辯立；袁紹誅宦官；董卓廢少帝，立獻帝。
**西元一九〇年（獻帝初平元年）**董卓遷都長安。
**西元一九二年（獻帝初平三年）**王允、呂布誅董卓；曹操收降青州黃巾軍。
**西元一九四年（獻帝興平元年）**孫策據江東。
**西元一九六年（獻帝建安元年）**曹操遷帝於許，自是政權歸曹氏。
**西元一九七年（獻帝建安二年）**袁術稱帝。
**西元二〇〇年（獻帝建安五年）**官渡之戰。
**西元二〇七年（獻帝建安十二年）**曹操平定烏桓。

**西元二〇八年（獻帝建安十三年）**赤壁之戰。

**西元二一一年（獻帝建安十六年）**劉備入蜀。

**西元二二〇年（獻帝延康元年，魏文帝黃初元年）**曹操死；曹丕稱帝，國號為魏，建都洛陽；廢漢獻帝為山陽公，東漢覆亡。

# 大地叢書介紹

**作者：姜狼**
**定價：250 元**

三國時代從東漢末年算起，長不過百年，卻英雄紛起，豪傑遍地。一代風流才子蘇東坡迎風高唱：「大江東去，浪淘盡，千古風流人物。」

雖然三國是漢末唐初三百年天下大亂的開始，但畢竟就整個歷史發展階段而言，三國處在了歷史上升時期。三國是亂世，不過卻亂得精彩，因此三國熱自然就歷久不衰。

也許是受到了《三國演義》的影響，我們心中的那個近乎完美的三國，更多的是指西元184年東漢黃巾起義以來，到西元234年諸葛亮病逝五丈原，這五十年的精彩歷史。尤其是東漢末年那二十多年時間，幾乎包攬了三國歷史最精華的部分。比如孫策平江東、官渡之戰、三顧茅廬、赤壁之戰、借荊州、馬超復仇、劉備入蜀，失荊州、失空斬、星落五丈原等。

其實要從嚴格意義上來講，三國真正開始於西元220年曹丕代漢稱帝，曹操、孫策、袁紹、呂布、劉表、荀彧、荀攸、龐統、法正、郭嘉、周瑜、魯肅、呂蒙、關羽都是東漢人。

三國之氣勢，足以傾倒古今，嘗臨江邊，沐浩蕩之風煙，歎一身之微渺；慕鳥魚之暢情，悲物事之牽錮。滾滾長江東逝水，浪花淘盡英雄……

# 大地叢書介紹

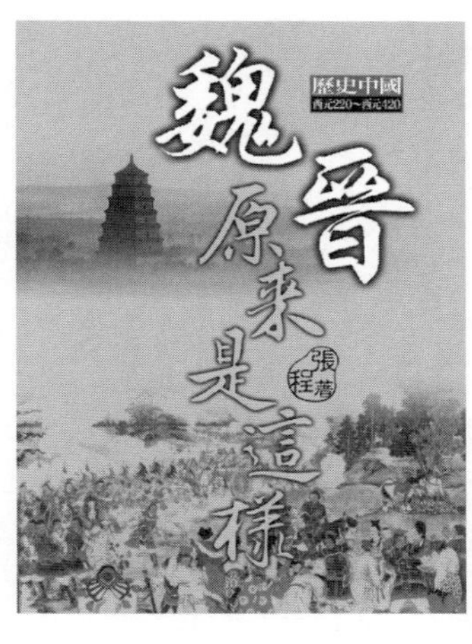


**作者：張程**

**定價：320 元**

魏晉南北朝（西元220年—589年），是中國歷史上一段分裂的時期。這個時期由220年曹丕強迫東漢漢獻帝禪讓，建立曹魏開始，到589年隋朝滅南朝陳重新統一結束，共400年。可分為三國時期、西晉時期（與東晉合稱晉朝）、東晉與十六國時期、南北朝時期。另外位於江南，全部建都在建康（孫吳時為建業，即今天的南京）的孫吳、東晉、南朝的宋、齊、梁、陳等六個國家又統稱為六朝。

189年漢靈帝死後，東漢長期混亂，誕生了曹魏、蜀漢、孫吳三國。到後期曹魏逐漸被司馬氏取代，265年被西晉取代。263年蜀漢亡於魏，280年孫吳亡於晉，三國最後由晉朝統一。

魏：是指曹丕建立的魏國，屬三國時期朝代，與蜀、吳三國鼎立。

晉：即指司馬炎建立的西晉。

西晉皇朝短暫的統一，於八王之亂與五胡亂華後分瓦解，政局再度混亂。在304年因為成漢與劉淵的立國，使北方進入五胡十六國時期。316年西晉亡於匈奴的劉曜後，司馬睿南遷建康建立東晉，南北再度分立。東晉最後於420年被劉裕篡奪，建立南朝宋，南朝開始，中國進入南北朝時期。然而北朝直到439年北魏統一北方後才開始，正式與南朝宋形成南北兩朝對峙。

# 大地叢書介紹

**作者：醉罷君山**
**定價：320 元**

西元前三世紀，秦王朝的暴政天下大亂，使得秦王朝以短時間滅亡，起而代之的是由漢高祖劉邦所創立的漢王朝。

西漢（前206年 ~ 9年），與東漢合稱漢朝。西元前206年劉邦被西楚霸王分封為漢王，而後經過歷時四年的楚漢戰爭，劉邦取勝後，西元前202年最終統一天下稱帝，建國號為「漢」，定都長安。史稱西漢。至西元9年1月10日王莽稱帝，改國號為新，西漢滅亡，一共210年。

劉邦一統天下建立漢王朝，自此帝國進入一個長期的空前繁榮，由文景之治到漢武帝，文治武功達到巔峰。

西漢極盛時的疆域東、南到海，西到今巴爾喀什湖、費爾干納盆地、蔥嶺一線，西南到今雲南、廣西以及今越南中部，北接大漠，東北至今朝鮮半島北部。

項羽以「巴蜀漢中四十一縣」封劉邦，以治所在漢中稱「漢王」，稱帝後遂以封地名為王朝名。又劉邦都城長安位於劉秀所建漢王朝都城洛陽之西，為加以區別，故史稱「西漢」 。而劉邦建立的漢王朝在劉秀所建漢王朝之前，因此歷史上又稱前者為「前漢」。

# 大地叢書介紹

**作者：張程**

**定價：320 元**

南北朝從420年到589年，群雄並起、社會動盪、能人輩出、怪胎不斷、民族融合、文化碰撞……

南北朝是一個大破壞的亂世，也是一個大融合的盛世；是一個分裂了兩百年的鐵血時代，也是一段英雄輩出你方唱罷我登場的光輝歲月。

本書再現了5到6世紀，中國南北對峙、東西分裂，到最終走向統一的歷史。

書中有草原民族拓拔鮮卑的崛起、衰落與滅亡，有一代代被權力擊垮的南朝皇帝的變態，有邊關小兵高歡的艱難奮鬥與失意，有江南的煙雨柔情和在溫柔鄉的魂斷命喪，更有一個民族的掙扎、迷茫與蛻變。這是一曲中華民族形成的關鍵時期的悲歌壯曲，值得每一位中國人重溫與銘記。

**【作者簡介】**

張程，北京大學外交學碩士，《百家講壇》雜誌專欄作家，在《光明日報》、《國際先驅導報》、《經濟參考報》等報刊發表評論，散文多篇，著有《泛權力》、《辛亥革命始末》、《中國臉譜：我們時代的集體記憶》等作品，並翻譯出版了《中國人本色》、《多面中國人》等西方觀察近代中國的作品。

# 大地叢書介紹

**作者：王者覺仁**
**定價：360 元**

唐朝是中國歷史上強盛的朝代之一，隋末民變留守太原的李淵見天下大亂，隋朝的滅亡不可扭轉，遂產生取而代之的念頭，率兵入關中擁立楊侑為帝，是為隋恭帝，西元618年迫隋恭帝禪位，建立唐朝，即唐高祖。

李淵建立唐朝後以關中為基地逐步統一天下，唐朝歷史可以概略分成數期，大致上以安史之亂為界。初唐時期，唐太宗勵精圖治國力逐漸強大，且擊敗強敵突厥，創造了貞觀之治。唐高宗與武后時期擊敗高句麗等強敵建立永徽之治。唐高宗去逝，武則天主政建國號周，女主政治達巔峰，西元705年唐中宗復辟國號恢復唐，一直到唐玄宗繼位女主政治才完全結束。至此進入盛唐，是唐朝另一高峰與轉折，唐玄宗即位革除前朝弊端，政治開明，四周鄰國威服，是為開元盛世。

天寶時期，政治逐漸混亂西元755年爆發安史之亂，唐朝由盛轉衰。中唐時期受河朔三鎮，吐番的侵擾，宦官專權，牛李黨爭等內憂外患的影響國力逐漸衰落。其中雖有唐憲宗的元和中興、唐武宗的會昌中興、唐宣宗的大中之治，都未能根治唐朝的內憂外患。晚唐時期政治腐敗爆發了唐末民變，其中黃巢之亂更是破壞了江南經濟，使唐朝經濟瓦解，導致全國性的藩鎮割據。唐室最後被藩鎮朱全忠控制，他迫使唐昭宗遷都洛陽，並於西元907年逼唐哀帝禪位，唐亡。

東漢原來是這樣 / 醉罷君山著. -- 一版.-- 臺北市：大地, 2014.11

面：　公分. --（History：72）

ISBN 978-986-5800-80-2（平裝）

1. 東漢史　2. 通俗史話

622.2　　103018793

# 東漢原來是這樣

HISTORY 072

| | |
|---|---|
| 作　　者 | 醉罷君山 |
| 發 行 人 | 吳錫清 |
| 主　　編 | 陳玟玟 |
| 出 版 者 | 大地出版社 |
| 社　　址 | 114台北市內湖區瑞光路358巷38弄36號4樓之2 |
| 劃撥帳號 | 50031946（戶名　大地出版社有限公司） |
| 電　　話 | 02-26277749 |
| 傳　　眞 | 02-26270895 |
| E - mail | vastplai@ms45.hinet.net |
| 網　　址 | www.vastplain.com.tw |
| 美術設計 | 普林特斯資訊股份有限公司 |
| 印 刷 者 | 普林特斯資訊股份有限公司 |
| 一版一刷 | 2014年11月 |

定　　價：320元